备一一课线

上

一篇一篇·解读统编

何捷 著

长江出版传媒　长江文艺出版社

图书在版编目（ＣＩＰ）数据

　　一篇一篇 解读统编. 一线备课 ：全二册 / 何捷著
. -- 武汉 ：长江文艺出版社， 2021.10
　　（大教育书系）
　　ISBN 978-7-5702-2307-7

　　Ⅰ. ①一… Ⅱ. ①何… Ⅲ. ①小学语文课－教学研究
Ⅳ. ①G623.203

　　中国版本图书馆 CIP 数据核字(2021)第 160765 号

一篇一篇 解读统编. 一线备课
YIPIAN YIPIAN JIEDU TONGBIAN. YIXIAN BEIKE

选题策划：秦文苑

责任编辑：马 蓓　　　　　　　　　　责任校对：毛 娟

装帧设计：柒拾叁号　　　　　　　　　责任印制：邱 莉　　王光兴

出版：长江出版传媒　长江文艺出版社

地址：武汉市雄楚大街 268 号　　　邮编：430070

发行：长江文艺出版社

http://www.cjlap.com

印刷：湖北恒泰印务有限公司

开本：720 毫米×970 毫米　　　1/16　　印张：27.75　　　插页：2 页

版次：2021 年 10 月第 1 版　　　　　2021 年 10 月第 1 次印刷

字数：336 千字

定价：69.80 元（全二册）

目录 CONTENTS

"我爱阅读"板块究竟怎么教

——以二年级下册为例

小学语文统编教科书低段课外阅读板块由"和大人一起读""我爱阅读""快乐读书吧"三个栏目构成。

"和大人一起读"在一年级教科书的"语文园地"中出现，一学年上下两册共编排 16 次。如这一板块名称"和大人一起读"所示，此板块侧重让"大人"介入阅读，主张在协助和陪伴下，在幼小衔接阶段实现阅读的兴趣和习惯的培养；"我爱阅读"在二年级教科书"语文园地"中出现，一学年上下两册共出现 16 次。"我爱阅读"都在单元课文之后出现，意在让学生从课文学习中获得阅读方法，转为自主的阅读实践活动；"快乐读书吧"编排在每册"语文园地"之后，第一学段两学年四册教科书共编排 4 次。"快乐读书吧"所提供的课外阅读书目，集中解答了这一学期"读什么""怎么读"的问题。

三个栏目，共同构成了第一学段语文教科书中的"课外阅读"板块。以二年级下册编排的 8 次"我爱阅读"为例，先呈现具体的篇目和选文类型，如下表。本文主要以二年级"我爱阅读"板块为例，进行教学价值的厘清与教学操作的解析。

册数	"我爱阅读"篇目	文体
二年级下册	《笋芽儿》	童话故事
	《一株紫丁香》	诗歌
	《小柳树和小枣树》	童话故事
	《手影戏》	小短文
	《好天气和坏天气》	小短文
	《最大的"书"》	小短文
	《月亮姑娘做衣裳》	民间故事
	《李时珍》	小短文

其一，"我爱阅读"板块的选文规律

"我爱阅读"板块的选文，基本与本单元的"人文主题"相匹配，与单元课文的"语文要素"相呼应。例如，第一单元编撰的《笋芽儿》，就与本单元一整组歌颂生命，颂扬大自然生机与活力的课文一脉相承。无论是《古诗二首》《找春天》《开满鲜花的小路》，还是《邓小平爷爷植树》，都与《笋芽儿》形成联动，讴歌春天，字里行间都充满着旺盛的生命力与激情澎湃的生命律动。再如第六单元编撰的《最大的书》，也和本单元"热爱大自然""热爱生活""勇于探索"的选文主题相一致。又比如第七单元编撰的民间故事《月亮姑娘做衣裳》，就和本单元的《大象的耳朵》《蜘蛛开店》《青蛙卖泥潭》《小毛虫》这四篇童话故事同类同质。"我爱阅读"的选文，基本上呈现"单元中读什么，'我爱阅读'就呈现类似与相关的选文"的规律。

其二，"我爱阅读"板块的编撰意图

统编教科书总主编温儒敏教授大力倡导加大学生的阅读量，培养阅读习惯，提升阅读能力。毫无疑问，"我爱阅读"的板块编撰，就有助于实现学生阅读量增加，阅读能力提升，同时还能改变学生对阅读的认识，培植"爱阅读"的意识。

在"语文园地"中编撰"我爱阅读"板块，首先就从数量上实现了增加。而栏目名称"我爱阅读"中的"爱"，就是一种改变，改变学生对阅读的认识，从"要我读"转为"我要读"，再转为"我爱读"。延续一年级的"和大人一起读"，从在大人的辅助下阅读，到自己喜爱上阅读，到能够自觉自愿地去读。在这一系列的转化中，学生去读、能读、乐读、会读，阅读力在实践中得到培养与提升。

其三，"我爱阅读"板块的三维认识

为了较为全面地观照这一板块的教学，我们提出四个维度的认识。

第一维度，认识所处的位置。"我爱阅读"安排在每一单元的"语文园地"中。从"园地"这一特殊的称谓，就能感受到"我爱阅读"应有的教学定位。何为"园地"？《说文解字》中记载："园，所以树果也。"园地的本义指：种蔬菜、花果、树木的地方。可见，"园地"是一个生态圈，是孕育鲜活生命之场所，富含着生命意象。"语文园地"则特指语文学科的"园地"，这里培育耕织的"作物"皆与语文有关，更真切地关乎人的成长，为语文素养的形成与语文能力的培养提供场所，致力于语文核心素养的提升。

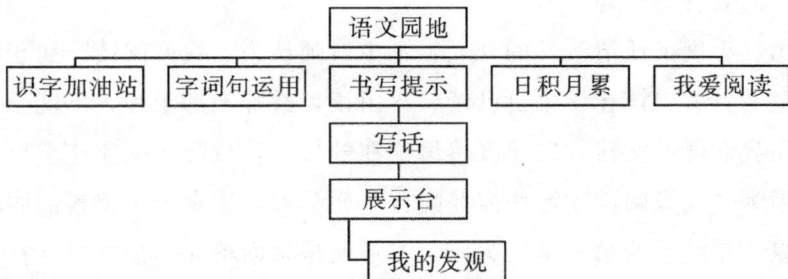

```
                        语文园地
        ┌────────┬────────┼────────┬────────┐
     识字加油站  字词句运用  书写提示   日积月累   我爱阅读
                          写话
                          展示台
                          └─ 我的发现
```

二年级下册"语文园地"板块一共涉及八个栏目："识字加油站"

"字词句运用""日积月累""我爱阅读"为不变的栏目；"展示台""我的发现""写话"则为机动项目；"书写提示"为缀连栏目。其基本结构如上图。其中的"我爱阅读"，由一年级的"和大人一起读"转变而来，体现着"落架"的教学观念，去除"大人辅助"这一支架，转为借助自主阅读能力的提升，依靠识字、写字大幅度增量的学情，实现由"扶"到"放"的自然升级。

来自"园地"的"我爱阅读"，意味着在这一板块学习中，学生的阅读能力需要得到生长，得到养护，教师应该成为呵护阅读生长的农人，在这里进行较为集中的"耕种"——开展阅读活动，指导阅读实践，让学生更为集中地获得锻炼。"园子"里的阅读实践，学习的意味更强，实践的意味更浓，练习的属性更明显。

第二维度，认清存在的价值。具体价值有两方面。第一方面，起到承前启后的作用。从一年级的"和大人一起读"到二年级的"我爱阅读"再到"快乐读书吧"，可以看出"我爱阅读"作为"中转站"的关键价值存在。其关联着前后，让阅读成为一条明晰的发展脉络，呈现着持续加深，逐步向课外延展，越发从外部向内部转变的趋势。第二方面，检测价值也很明晰。在单元学习之后进行拓展阅读，无疑是一种"回测"，而且可测的内容也丰富。例如：同类文本，能读懂吗？本单元要实现的能力提升目标，抵达了吗？已学会的语文知识，已发展的语文能力，在具体的阅读实践中能发挥作用吗？"我爱阅读"无疑是整个单元学习的收官与检验。

第三维度，认清教学的介入。不少教师认为"我爱阅读"属于课外阅读范畴，就应该让学生自己读、自由读，教师不加干涉，不能予以施教。而我们通过实践，发现既然编撰在教材中，教师还是应该予以施教的。因为"我爱阅读"板块需要配合单元学习，实现语文要素的明晰学得。以二年级下册第七单元为例，本单元是童话单元，语文要素在"课后练习"中具体表述如下页表。

册数	单元课文	语文要素
二年级下册	《小马过河》	分角色朗读课文，能读出恰当的语气。能用上提供的词语讲故事。能根据课文内容，说出自己的简单看法。
	《大象的耳朵》	能借助大象的话，说说大象的想法是怎么改变的。结合生活理解"人家是人家，我是我"的意思。
	《蜘蛛开店》	朗读课文，根据示意图讲故事，能根据课文内容展开想象，续编故事。
	《青蛙卖泥塘》	朗读课文，能分角色表演故事。能结合课文内容，展开想象，说一说小鸟、蝴蝶、小兔等说了什么话？

从表中可见，这一童话单元的阅读教学目标大致有四项：第一项：朗读，能正确、流利地朗读，在朗读过程中，感知课文的主要内容；第二项：理解角色，能分角色朗读，借助角色学习表达不同的观点；第三项：借助插图、关键词、示意图等支架，实现复述；第四项：拓展表达，发挥想象，续编故事。四项目标指向朗读、口头表达、理解、想象、提取信息、复述故事等方面的语文要素。目标是否抵达，要素是否落实，教学之后，学生是否具备了应有的能力，都将在本单元"我爱阅读"中的——《月亮姑娘做衣裳》中，得到检测与落实。如果有缺损，还可以实施教学补遗。

基于此，我们提出以"读"代"教"的三种介入：第一种"伴读"。设立专门的课时进行阅读，教师在场，陪伴学生阅读《月亮姑娘做衣裳》。在整个阅读过程中，起到"备咨询"的作用。随时准备接受学生的咨询，进行答疑解惑。第二种"促读"。以各种方式促进阅读。可以用"谈话"的方式促进阅读。例如，聊一聊"月亮姑娘的衣裳"为什么总是不合适？是裁缝错了，还是月亮姑娘的不对？围绕核心问题的交谈，能帮助学生读懂；可以用"分享"的方式进行阅读。例如学生分别读完故事后，集体共享阅读结果。有的分享"月亮姑娘的衣裳"变化中蕴藏的知识，有的分享对"月亮姑娘的体型"的描写，每一位学生在分享中都能获得读与写的进步；可以进行"点拨"，不断推动阅读向着更深处发展。在学生读不懂、读不深、读不透的地方，教师适当讲解，提供信息，推动思考，使其在原有基础上更进一步。例如，提供相关知识，了解"月相"的变化，与故事的想象进行对照与关联等。第三种"引读"。阅读课的不同阶段，进行不同的引导。例如，在阅读之初，创设情境，诵读有关"月"的古诗，或者讲述相关"月"的故事，引导阅读的兴趣；在阅读进行之时，通过前文所述的几种促读方式，将学生的阅读引向更高层次；在阅读之后，还可以布置相关任务，拓展到更广泛的阅读空间去。

其四，"我爱阅读"板块的教学样式

以第八单元"我爱阅读"篇目《李时珍》为例，呈现这一板块教学的助读样式：

1. 故事引入
教师简介《本草纲目》，激趣引导学生初读故事。

2. 沁入故事
师：这是一个读后忘不了的故事。请说一说：读了故事，你记住了……

（学生结合文本中的细节，漫谈感受。教师选取部分段落，细品"难忘"的细节。）为了写这部书，李时珍不但在治病的时候注意积累经验，还到各地去采药。他不怕山高路远，不怕严寒酷暑，走遍了万水千山。他有时上山采药好几天不下山，饿了就吃些干粮，天黑了就在山上过夜。他走了上万里路，拜访了千百个医生、农民、渔民和猎人，向他们学到了书上没有的知识。他还冒着生命危险尝药材，判断药性和药效。

师：读了几遍，你一定也有忘不了的地方，请分享。

（学生朗读课文片段，从片段中精选细节，谈阅读体验）

师：猜一猜，这部书里，记载着……

（学生猜测、交流）

教师分享不同版本的《本草纲目》有关段落，印证学生猜测。

3. 故事推引

结合李时珍相关资料，交流对《李时珍》的阅读感受。

李时珍（1518—1593），明代著名医药学家。后为皇家太医，去世后明朝廷敕封他为"文林郎"。

李时珍自 1565 年起，先后到湖广、安徽、河南、河北等地收集药物标本和处方，并拜渔人、樵夫、农民、车夫、药工、捕蛇者为师，参考历代医药等方面书籍 925 种，历经 27 个寒暑，完成了巨著《本草纲目》。他被后世尊为"药圣"。

师：李时珍是个怎样的人？

（学生结合阅读体验，畅谈对李时珍的印象）

教师引导感受提炼：瞄准"圣人"一词，深度推进对人物品质的理解和学习。

《说文解字》曰：圣者，通也。圣人：德才兼备，至善、至美的人。曾经专指孔子。因为他的思想可以影响一个国家，甚至整个世界。

师：李时珍是药圣，那么他在医药方面，有怎样的历史地位？

（学生结合阅读体验，进一步感受李时珍的人物形象）

4. 故事延展

师：读了《李时珍》，有什么启发？

（生畅谈）

师：这是一个代代相传的故事。传播的方式很多样：拍电影、做动漫、写歌曲、做绘本……你想怎么和别人说这个故事呢？

（学生分享推广故事的方法，制订持续阅读的初步计划）

最后，让我们以云南省昆明市五华区虹山小学张晓洁执教的《最大的"书"》为例，分享教学的实录并进行评析。

【实录】设计理念：《最大的"书"》是二年级下册语文第六单元"我爱阅读"部分的文章，本文与这个单元的主题"自然"有着密切的联系，《最大的"书"》一文引导学生在自然中学会观察和提问，帮助学生获得更多的知识，了解大自然的更多秘密。文章内容以人物对话的形式展开，其中川川的每次提问都会让学生对这本"书"有更多的了解和认识，学生读起来兴趣盎然。读文后进行相关文本、书籍的阅读和推荐，将课内阅读拓展到课外。

教学准备：课件、图片、课外书

课时安排：1课时

教学实录：

一、激趣导入，质疑设问

师：（板书"书"），同学们平时都读过什么书？给大家介绍一下。

生1：我读过童话故事书《安徒生童话》。

生2：我读过《寓言故事》这本书，每个故事都有深刻的道理。

生3：我读过绘本《恐龙大揭秘》，里面有很多恐龙的图画，看起来很真实。

生4：我读过的书里有的大一些，有的小一些。

师：看来同学们日常都有非常良好的课外阅读习惯，老师要为你们点赞。（补充课题）可是今天我们要来读的这本书是"最大的书"。看到这个课题，你有什么想问的呢？

生1：这本书到底有多大呢？是不是巨人的书啊？

师：我为你的想象力点赞。

生2：这本书是什么材料做的呀？

生3：这本书里有什么？要怎么读呢？

师：（梳理学生提问并板书）那就让我们带着问题到课文中找

答案吧！请同学们把课文读两遍，注意标注了拼音的字词要读准，句子要读流畅。

二、读通文章，循问解疑

1. 读通课文

师：让我们来听听同学们是不是已经把课文读通顺了？我请几位同学来读一读吧。

（生分段朗读，师指导读不准确的词句）

2. 同桌合作分角色读书，全班展示，并纠正。

3. 循问解疑

师：针对这本最大的"书"，同学们提出了很多问题，那么请你们再认真读一读课文，找找你们刚才提出的这些问题的答案。

（生读文勾画）

师：让我们请几位同学分享一下自己已经解决的问题吧！

（1）这是一本什么样的书？

生1：我知道了这本最大的"书"是岩石，这本书的样子是一层一层的，就好像我们平时读的厚厚的书。

生2：我知道了这本书有什么。这本书里有字也有图画。

师：字是什么？图画是什么？

生3：雨点儿留下的脚印，叫雨痕；波浪的足迹，叫波痕；还有这些闪光的、透明的，是矿物。它们都是字啊！图画有树叶、贝壳、小鱼。

师：你读书读得真仔细，还圈出来了其中的字和图画分别是什么，大家都要向你学习。那让我们来看看岩石"书"中的字和图画吧！（课件展示图片）

生：哇！

（2）这本书里的内容说明了什么？

师：多么神奇的"书"啊！这些文字和图到底说明了什么呢？勘探员叔叔是怎么介绍的？

（生1读第10自然段）

师：从这段话里你知道了什么？

生2：我知道了这个地方发生过很多变化。

生3：我知道了这本"书"形成的时间很长，要"很多很多万年"。

师：是啊，时间飞逝，沧海桑田，我们今天所见到的景象早就与很多很多年前完全不一样了！这就是地质的变化，大自然的神奇！

师：（出示图片）在离昆明不远的澄江，有一座地质博物馆，那里展示了很多海洋生物化石，这些化石已经距今约5.2亿年，可以通过这些化石得知，在很久远的过去，澄江甚至是昆明地区都是海洋，后来随着地质变化，才形成了今天的高原。

（3）读懂这本书有什么用？

师：那么读懂这本书有什么用呢？

（生1读第12自然段）

师：看来读懂这本书的意义十分重大。其实，我们云南就是全国非常有名的"有色金属王国"，云南有非常丰富的矿藏，希望大家读懂这本最大的"岩石之书"后能发现家乡更多的宝藏！

师：知道什么叫作"刨根问底"吗？

生2：就是很爱问问题，问得很多。

师：是的，遇到不明白的就不断提问，直到弄清楚为止，就是刨根问底。川川就是这样的一个孩子，你数数，川川向勘探员叔叔提了多少问题？

（生数提问数量）

生3：川川提了6个问题。

师：分别是什么问题？大家找出来用波浪线勾画下来。

（生读文勾画）

师：通过学习本单元的课文《要是你在野外迷了路》，我们知道，想发现大自然更多的奥秘，要善于观察和思考，现在我们又找到了新的了解大自然的方法，那就是像川川一样，遇到不懂的问题，就向别人提问请教，直到弄明白为止。

三、拓展延伸，激发兴趣

1. 谈阅读感受，树探索决心

师：这本最大的"书"，你今后愿意去读吗？为什么？

生1：我愿意读这本书，因为这本书非常神奇，让我能了解到这地方曾经发生过的变化。

生2：我也愿意读这本书，我也想发现地下的矿藏，为国家找到宝藏，为国家做贡献。

生3：我也愿意读，有个成语叫"学无止境"，这本书虽然和我们平时读的不一样，但是也同样能让我们了解到很多以前发生的事情。

师：听了大家的感受，老师真的感觉到我们班的同学如此求知若渴，有探索和发现的决心，以后说不准我们班真能出地质学家、考古学家呢！

2. 荐优秀读物，增自然知识

（1）《1＋X小学语文阅读课本》中《大自然的语言》一文

师：大自然不仅有"书"，也有丰富的自然语言，让我们一起走进《大自然的语言》一文，看看大自然到底有哪些语言？

（生读文）

（2）荐书：《中国儿童百科全书》之《地球家园》

师：大自然的奥秘还有很多很多，光靠我们的观察看也看不完，所以老师推荐一本关于地球的书——《中国儿童百科全书》之《地球家园》，这本书里有很多关于地球家园的知识，通过阅读，你会对我们生活的这个星球有更多的了解和认识，你会更加热爱这个美丽的蓝色星球。

【评析】　二年级下学期阶段的孩子对学习的求知欲较强，充满想象力，生动有趣的语文课堂更能激发学生的学习兴趣，调动学习积极性。而"我爱阅读"的教学，正是要激发学生的阅读兴趣，要从"要我读"转为"我要读"，再转为"我爱读"。

张老师的这堂课，我们可以从以下三个方面进行分析。

一、激趣"二问"

《义务教育语文课程标准》（以下简称《课标》）中对低年级的阅读目标第一条就指出"喜欢阅读，感受阅读的乐趣"。本堂课的教学目标是培养学生在自然中学会观察和提问，在课堂中张老师将目标潜藏在文本阅读中，培养学生在文本阅读中学会观察和提问，再从文本阅读的体验延伸到对自然的观察和提问中。在导入部分，就从三个问题中，步步引领学生进入文本学习。

第一问：同学们，你们平时都读过什么书？

张老师这样一个简单的提问"同学们，你们平时都读过什么书？"激活了学生的阅读记忆，激发学生的阅读兴趣，让"我爱阅读"的主题在本堂课的首次发声中有了活力。

从"书"这个字作为导入点，走进学生的生活，击中学生的阅读体验，学生的回答，无论是《安徒生童话》《寓言故事》，还是《恐龙大揭秘》，都是课外阅读的补充，张老师关注学生的课堂生成，抓住契机对学生的回答作出了评价：日常有非常良好的课外阅读习惯。这样的激励性评价语言，也能够在一定程度上激发学生的学习兴趣。

第二问：看到这个课题，你有什么想问的呢？

紧接着，张老师再次从课题《最大的"书"》入手，提问："看到这个课题，你有什么想问的呢？"一石激起千层浪，学生对课题提出疑问：这本书到底有多大呢？是不是巨人的书啊？这本书是什么材料做的呀？这本书里有什么？要怎么读呢？

此问培养了学生的提问能力，并且自然地让"平时看的书"与"大自然的书"之间产生了异同感，张老师将学生的提问写于黑板上，并引导学生进入文本阅读中寻找答案，形成了有目标的阅读形态，让学生从提问中更进一步地增加了阅读兴趣。

"我爱阅读"是本堂课的主题，老师在教学中要达到的目标不正是要激发学生的阅读兴趣，鼓励学生在阅读中享受乐趣？学生在张老师的鼓励下，表现出乐于表达、善于思考的学习状态，想要进入文本寻求答案，让"我要读"变成了"我想读"。

二、解疑"三步"

《课标》中还对低年级的阅读目标指出"结合上下文和生活实际了解课文中词句的意思，在阅读中积累词语。借助读物中的图画阅读"。为了培养学生的阅读能力，张老师从三个步骤中不断引导学生挖掘文本，提炼有效信息，层层推进，呈现出师生互动的活力课堂。

第一步，读

要读通课文，要先读准、读顺。低年级的学生要能够借助汉语拼音，认读汉字。张老师让学生自读课文，并注意标注了拼音的字词要读准，句子要读流畅，培养学生的识字能力。在读准字音的基础上，再提出读顺的要求，分段朗读，教师指导读不准确的词句，最后再进行角色对话训练。张老师在"读"上下功夫，多种形式的读为解读文本做好准备。

第二步，解

这一步是本堂课的重点教学环节，从学生对课题的质疑中，张老师提取了三个关键问题。

这是一本什么样的书？

直击重点，揭露最大的"书"——岩石的本质：有文字有图画。张老师的追问"字是什么？图画是什么？"又再次引发学生思考，聚焦到川川和地质勘探队员的对话中，找到答案：雨点儿留下的脚印，叫雨痕；波浪的足迹，叫波痕；还有这些闪光的、透明的，是矿物。它们都是字啊！图画有树叶、贝壳、小鱼。张老师不仅关注到学生的发言内容，更是关注到学生的阅读好习惯，及时鼓励学生在书中做笔记，圈画出句子。

理解文本的基础上，张老师出示相应的图片，带着学生一起欣赏岩石书中的字和图画，让学生对岩石这本"书"有了更加直观形象的理解，也加深了对文本的理解。

这本书里的内容说明了什么？

当学生还沉浸在岩石的字与图画中，这个追问，让学生更深入地去理解最大的"书"是如何形成的，从勘探员叔叔的介绍中获取答案，感受地质的变化，大自然的神奇！为了解决这个难点，张老师结合实例，以云南昆明当地的澄江为例，图文讲解地质的变化过程，让学生知晓在很久远的过去，澄江甚至昆明地区都是海洋，后来随着地质变化，才形成了今天的高原。

张老师循序渐进地引领学生走进文本的同时，又让学生从文本走向生活，让语文课变得更有生活气息。

读懂这本书有什么用？

张老师很注重让学生了解自己的生活地，在这个问题的解疑上，张老师仍以云南为例，扩展知识：云南是全国非常有名的"有色金属王国"，云南有非常丰富的矿藏。间接培养了学生爱祖国、爱家乡的情感。

第三步，结

如何发现更多的宝藏呢？用"刨根问底"这个词作为燃点，再数一数川川的提问次数，结合本单元的课文《要是你在野外迷了路》，做出总结。启发学生想发现大自然更多的奥秘，要善于观察和思考，鼓励学生像川川一样，遇到不懂的问题，就向别人提问请教，直到弄明白为止。

学生接收到的第一个阅读任务是较为简单，容易完成的"读"的任务，这一课是安排在二年级下册第六单元的园地，这个阶段的孩子已经有了独立识字的能力，拼读生字的学习难度不大，很容易接受并能较好地完成，学生在第一次的读中获得了成功的阅读体验感，更有信心完成个人的朗读任务以及生生配合的角色朗读。让"我想读"向"我爱读"过渡。

延伸"双向"。

"旨"向课堂，旨在课堂中培养学生的学习能力。

这本最大的"书"，你今后愿意去读吗？为什么？张老师的提问，让学生畅所欲言，尊重学生的阅读体验，鼓励学生积极探索。树立探索自然的决心。

"志"向课外，志在课外中实践阅读、观察探索。

张老师提供《1＋X小学语文阅读课本》中《大自然的语言》一文，带领学生感受丰富的自然语言，增长自然知识。最后推荐一本关于地球的书《中国儿童百科全书》之《地球家园》，让课外成为课内的有效延伸。

课堂上的教学，教师心中要有目标，一切的教学活动都要指向语文要素的培养，花哨的教学形式不可取，花架子不实用，只有实实在在地从学生的学习需求出发，从教材本身的特点着手，最大限度地挖掘文本，才能一步一步将语文核心要素落到实处。

课外的知识延伸，切记不可大张旗鼓，大满贯！过多的知识补充，只会是过量摄取，营养过剩。课外的补充，不在于数量多少，而在于"精"。"我爱阅读"就应让学生在课外知识的补充中再次感受到阅读的乐趣，让学生想要继续阅读，想要更多地阅读，爱上阅读。

这节课，张老师陪着孩子们细细阅读"自然之书"，感受大自然的神奇，在课内课外双向中让学生感受到阅读的乐趣，让孩子们爱上阅读。

"口语交际"版块中"交际力"教学的核心

  《诗·大雅》中有歌载："辞之辑矣，民之协矣；辞之绎矣，民之莫矣。"此处的"辑"，就是言语中的和顺之意。"协"提出了言语时的融洽、和谐，而"绎"则表示言说时的喜悦。有了这样的情境，才能"莫"，才有安定。传统文化中如此注重说话，因为言语表达中蕴藏着惊人的力量，言之有礼，言之有情，能促成国泰民安。正因此，孔子的教育分类中专门设立了"言语"科。我们的母语教育，历来重视"说话"。

  《课标》在总目标中提出："具有日常口语交际的基本能力，在各种交际活动中，学会倾听、表达与交流，初步学会文明地进行人际沟通和社会交往，发展合作精神。"① 统编教科书根据《课标》指导编撰，注重传承优秀的历史与文化脉络，重视对学生口语表达与运用能力的培养，致力于提升社会生活中关键的交际素养。在 12 册教科书中，都编撰了"口语交际"板块。

  什么是"口语交际"，查阅辞书发现，这个词是由"口语"和"交际"组合而成。口语，顾名思义就是"口头语言"，和"书面语言"相对，显得轻松自然，不会让人感觉"文绉绉"的。口语大量运用于日常的说话、讨论、争辩等。《辞海》中对"交际"的解释是："泛指人与人的来往应酬。"《现代汉语词典》中的"交际"解释为"人与人之间往来接触"。探寻辞源可知，"口语交际"这样的拼贴组合，就是提示我们在

---

  ① 中华人民共和国教育部. 义务教育语文课程标准（2011 年版）［S］北京：北京师范大学出版社，2011.7.

交际中要见到"人"的因素，要考虑"环境"的干扰，还有基于特殊的"目的"。口语交际就是人与人的互动，其中有各方信息的往来，有各种意思的承接与应对。美国"共同核心州立标准"（CCSS）也有相同观点。此标准在"理解与合作""知识和观点的表达"两个维度的基础上，就"话题""信息""演讲""故事""多媒体""语用"六个角度展开描述，强调了学生的实践性，又注重了学生的交际能力的培养。[①]

复合而成的"口语交际"，内涵不比形式上的简单叠加。首先，可以将其理解为"口语"＋"交际"的并列组合，就是最为基础的能力层——运用口头语言，实现与他人交际往来。其次，将其理解为"交际"＞"口语"，就是提升型的能力层——在交际活动中，交际各方借助口头语言实施交际交往，达成交际的目的。第三，从教学层面上理解，强调了"口语交际"的教学重心应该落实在"交际"上。口语交际不是"对空"的自言自语，而是"对人""对事""对境"言说，是为了交际的实施且存在的。交际，是口语表达的出发点与动力源，仅这一点就给教学重要的启发——不要将口语交际教学简化为纯粹的口语表达训练，不能在教学中本末倒置。

那么，正面应对口语交际，正式开展口语交际教学，我们应具备何种的正确的打开方式呢？有一种力量在口语交际教学中必须得到认识与重视。

一、"交际力"在口语交际中的内涵阐释

从语言学层面看，在言说过程中有不容小觑的力量，这股力量相对有声语言而言，无法纯粹靠"听"来获取，而是要全身心去参与，去感受。这股力量却决定着交际的目标是否达成，是口语交际教学中的核心力，也是最具交际特质的力量，我们暂命名为"交际力"。语言学家艾

---

① 胡小玲. 小学语文口语交际能力的评价研究［D］. 武汉：华中师范大学，2016.5：11.

伯特·梅瑞宾在研究中就发现，一条信息传递的全部效果中只有 38%
是有声的（包括音调、变调和其他声响），有 7% 是语言（只有词）的，
而 55% 的信号是无声的。他提出一个著名的公式：交谈双方的相互理
解＝语调（占 38%）＋表情（占 55%）＋语言（占 7%）①。公式就让
我们感受到交际中有一种力量在运行，在调控，这就是值得关注的"交
际力"。在《语言交际》一书中，卡·W. 贝克专门提示交际中的"副
语"的作用。贝克所指的"副语"具体分为"无声动姿"，指交际时的
点头、拥抱、握手等；"无声静姿"，指交际时相对静止的站姿、坐姿以
及人与人之间保持的距离等；"有声类语言"，指发声时的音调、音量、
节奏等。张年东、魏小娜也认为："在真实的交际中，口语表达和副语
言是相互关联的，人们常用副语言代替口语，辅佐口语，调节口语交
际，弥补有声语言的不足。在实际教学中，我们更要重视副语言对口语
的辅助作用。"② 这些"副语"和交际时使用的"口语"配合完成交际
活动，共同形成一股力量，让交际过程变得更生动，带给交际各方更为
切实的感受。相信大家能从中感受到看不见力量的存在。

　　以上的陈述，都指向不能简单依靠"听"来感受的"交际力"。各
方的描述都让"交际力"不再密闭于黑箱之中，不再是笼统的概念，而
是具有了丰富的内涵：交际力就是构成交际的综合能力。在口语交际过
程中所容纳的听的能力，说的能力，对语言环境的敏感力、反应力，同
时还有交际时的决策力，言语的运用力，语言信息的捕捉、理解、分析
力。统合起来就是交际力。同时还有最为核心的要素——言语运作中的
思维力。"交际力"构成了交际的多样与生动，让交际成为一种艺术，
同时在很大程度上左右着交际的成败。

　　"交际力"在统编教科书中明晰地呈现在各册次口语交际的"具体

---

　　① 孙汝建. 口语交际理论与技巧［M］. 北京. 中国轻工业出版社，2007. 1：22.
　　② 张年东、魏小娜. 口语交际教学内容的反思与重构［J］语文建设，2012. 7－
8：34.

要求"中，见下表：

语文教科书各册次口语交际的要求

一年级	上册	我说你做	1. 大声说，让别人听得见 2. 注意听别人说话
		我们做朋友	说话的时候，看着对方的眼睛
		用多大的声音	1. 有时候要大声说话 2. 有时候要小声说话
		小兔运南瓜	大胆说出自己的想法
	下册	听故事，讲故事	1. 听故事的时候，可以借助图画记住故事内容 2. 讲故事的时候，声音要大一些，让别人听清楚。
		请你帮个忙	礼貌用语：请，请问，您，您好，谢谢，不客气
		打电话	1. 给别人打电话时，要先说自己是谁 2. 没听清时，可以请对方重复
		一起做游戏	一边说，一边做动作，这样别人更容易明白。
二年级	上册	有趣的动物	1. 吐字要清楚 2. 有不明白的地方，要有礼貌地提问。
		做手工	1. 按照顺序说 2. 注意听，记住主要信息
		商量	1. 要用商量的语气 2. 把自己的想法说清楚
		看图讲故事	1. 按顺序讲清楚图意 2. 认真听，知道别人讲的是哪幅图的内容
	下册	注意说话的语气	1. 说话的语气不要太生硬 2. 避免使用命令的语气。
		长大以后做什么	1. 清楚地表达想法，简单说明理由 2. 对感兴趣的内容多问一问
		图书借阅公约	1. 主动发表意见 2. 一个人说完，另一个再说
		推荐一部动画片	1. 注意说话的速度，让别人听清楚 2. 认真听，了解别人讲的内容
三年级	上册	我的暑假生活	1. 选择别人可能感兴趣的内容讲 2. 借助图片或实物讲
		名字里的故事	1. 把了解到的信息讲清楚 2. 听别人讲话的时候，要礼貌地回应
		身边的小事	1. 清楚地表达自己的看法 2. 汇总小组意见时，尽可能反映每个人的想法
		请教	1. 有礼貌地向别人请教 2. 不清楚的地方及时追问
	下册	春游去哪儿玩	1. 说清楚想法和理由 2. 耐心听别人讲完，尽量不打断别人的话
		该不该实行班干部轮流制	1. 一边听一边思考，想想别人讲得是否有道理 2. 尊重不同的想法
		劝告	1. 注意说话的语气，不要用指责的口吻 2. 多从别人的角度着想，这样别人更容易接受
		趣味故事会	1. 运用合适的方法，把故事讲得更吸引人 2. 认真听别人讲故事，记住主要内容

四年级	上册	我们与环境	1. 围绕话题发表看法，不跑题 2. 判断别人的发言是否与话题相关
		爱护眼睛，保护视力	1. 小组讨论时，注意说话的音量，避免干扰其他小组 2. 不重复别人说过的话，如果想法接近，可以先表示认同，再继续补充
		安慰	1. 选择合适的方式进行安慰 2. 借助语调、手势等恰当地表达自己的情感
		讲历史人物故事	1. 用卡片提示讲述内容 2. 使用恰当的语气和肢体语言，可以让讲述更生动
	下册	转述	1. 弄清要点，转述时不要遗漏主要信息 2. 注意人称的转换
		说新闻	1. 准确传达信息 2. 清楚连贯地讲述
		朋友相处的秘诀	1. 根据讨论的目的，记录重要信息 2. 分类整理小组意见有条理地汇报
		自我介绍	对象和目的不同，介绍的内容有所不同
五年级	上册	制定班级公约	1. 发言时要控制时间 2. 讨论后做小结，既总结大家的共同意见，也说明不同意见
		讲民间故事	1. 讲故事的时候，可以恰当丰富故事的细节 2. 讲故事的时候，可以配上相应的动作和表情
		父母之爱	1. 选择恰当的材料支持自己的观点 2. 尊重别人的观点，对别人的发言给予积极回应
		我最喜欢的人物形象	1. 分条讲述，把理由说清楚 2. 听人说话能抓住重点
五年级	下册	走进他们的童年岁月	1. 认真倾听，交流时边听边记 2. 根据整理的记录有条理地表达
		怎么表演课本剧	1. 主持讨论时，要引导每个人发表意见 2. 尊重大家的共同决定
		我是小小讲解员	1. 列提纲，按照一定的顺序讲述 2. 根据观众的反应，对讲解的内容做调整
		我们都来讲笑话	1. 避免不良的口语习惯 2. 用心倾听，做一个好的听众

续　表

六年级	上册	演讲	1. 语气、语调适当，姿态大方 2. 利用停顿、重复或者辅以动作强调要点，增强表现力
		请你支持我	1. 先说想法，再把具体的理由讲清楚 2. 设想对方可能的反应，恰当应对
		意见不同怎么办	1. 准确把握别人的观点，不歪曲，不断章取义 2. 尊重不同意见，讨论问题时，态度要平和，以理服人
		聊聊书法	1. 有条理地表达，如分点说明 2. 对感兴趣的话题深入交流
	下册	同读一本书	1. 引用原文说明观点，使得观点更有说服力 2. 分辨别人的观点是否有道理，讲的理由是否充分
		即兴发言	1. 提前打腹稿，想清楚先说什么，后说什么，重点说什么 2. 注意说话的场合和对象
		辩论	1. 听出别人讲话中的矛盾或漏洞 2. 抓住漏洞进行反驳，注意用语文明

二、"交际力"在不同学段教学中的对应

1. 第一学段

本学段重在"听"与"说"的基础训练上发力。例如一年级上册的《我说你做》，直接提出"大声说，让别人听得见"，二年级上册的《看图讲故事》也提出"认真听，知道别人讲的是哪幅图的内容"，要求中提及了"对方"，提示一年级学生在交际时注意另一方，不要只顾及自己；《用多大声音》提出"有时候要大声说话，有时候要小声说话"，说话声音的大小，考虑到具体交际情境；一年级下册的《打电话》则提出"没听清时，可以请对方重复"，这里的"重复"就产生了交际；二年级上册的《做手工》直接提示"要注意听，要记住主要信息"，关注对方的信息，也是交际意识的培养；二年级下册的《推荐一部动画片》强调"注意说话的速度，让别人听清楚""认真听，了解别人讲的内容"。

显然，第一学段的口语交际教学在听说能力的培养上，是设置并伴

随着交际语境进行的。教学中，以具体的要求提醒教师和学生，不仅注重听与说的单项能力训练，也要注意培植交际意识，提示学生在口语交际时注重交际的另一方，通过听、说中传递的信息，与对方产生互动，完成交际活动。在这一方面，统编教科书口语交际板块编撰思想和《课标》是吻合的。例如，《课标》在这一学段的口语交际目标中就提出："能认真听别人讲话，努力了解讲话的主要内容。""积极参加讨论，对感兴趣的话题发表自己的意见。"

2. 第二学段

此学段在交际力的培植上，应循能力提升的线索，继续强调注重"听"与"说"的基础能力训练。同时更加注重良好的交际习惯养成，鼓励交际个体在交际活动中的积极性和主动性。例如三年级上册《名字里的故事》要求"听别人讲话的时候，要礼貌回应"，这里的"回应"一词是关键；《请教》提出"有礼貌地向别人请教，不清楚的地方及时追问"，追问也是一种"回应"的形式；三年级下册《劝告》中，提出"多从别人的角度着想，这样别人更容易接受"的要求，口语表达要关注彼此双方，要让对方"接受"，交际才算成功；四年级上册《我们与环境》中提出"判断别人的发言是否与话题相关"，不仅要听，还要"判断"；《爱护眼睛，保护视力》中提示学生"如果想法接近，可以先表示认同，再继续补充"。认同的前提就是倾听，之后还要与自己的观点进行比对，最后才是相互补充，完成一系列的交际活动。

第二学段的口语交际教学还特别关注"转述"，因为转述是听与说的纽带。从第一学段的完整复述到第二学段的简要转述，听与说之间的能力提升要求明显。要成功转述，就要在听的过程中提取信息，在说的过程中转化信息，听与说在转述中实现融合。此外，第二学段《课标》在口语交际中对"讲故事"提出了"生动"这一重要的指示，亮明"能具体生动地讲述故事"的学习目标。在三年级则对应地安排了"趣味故事会"，四年级安排了"讲历史人物故事"等，与《课标》紧密配合。

不仅是教学内容的设计，在交际要求中也提出"使用恰当的语气和肢体语言，让讲述更生动"的要求，让目标在教学中得到具体落实。

3. 第三学段

此学段在交际力的提升上更为集中的用功。这取决于《课标》的界定。第三学段口语交际阶段目标中的"与人交流能尊重、理解对方""听他人说话认真耐心，能抓住要点，并能简要转述""能根据交流的对象和场合，稍做准备，做简单的发言"等，都包含着对交际力的指向。对应《课标》，统编教科书的编排也予以高调呼应。例如：五年级上册"制定班级公约"中要求"控制发言时间""既总结大家共同意见，也说明不同意见"，充分对交际另一方予以尊重；"父母之爱"中提出"尊重别人观点，对别人发言予以积极回应"，针对"尊重"给予了"积极回应"的明确操作指导；六年级上册"演讲"中提出"语气、语调适当，态度大方"，针对六年级学生的交际，提出更为精细化、技巧性的要求；"意见不同怎么办"中提出"准确把握别人观点，不歪曲，不断章取义"，同时还强调"尊重不同意见，讨论问题时态度要平和，以理服人"，都属于对交际过程中态度、情感的关注，这是交际力中较为高级的一类。此外，我们还特别关注第三学段口语交际的审美教育。例如六年级下册的"我们都来讲笑话"中，要求"避免不良的口语习惯"；"辩论"中提醒大家"抓住漏洞进行反驳，注意用语文明"等，都配合《课标》，在口语交际中指向语文学科核心素养，提升学生的交际意识，培育公民素养。

三、"交际力"对口语交际教学的启思

上文中我们提出的"交际力"这一概念，涉及口语交际的三大区域。

1. 对交际对象的确认

任何一次口语交际，都不是和不存在的对象进行的，而是要有真实

的交际对象。即便这一对象不在当下，也要在交际中建构起真实感、存在性。例如让其具备真正的个性特点，有真正的习惯爱好等。哪怕交际的对象是一只玩具熊，也要有"我的宠物"的身份标识。对象决定了交际时能说什么样的话，应注意什么样的礼仪，用什么样的语气、手势等。

2. 对话语情境的顾及

在不同的情境中以不同的方式，采用不同的话语系统来交际。丰子恺先生将此生动地表述为"对境心自定，逢人语自新"。在《用多大声音》一课中我们也发现，口语交际中说起话并不是越大声越好，要看场合，要根据情况，要依据需要，要学会调整音量。对话语情境的认识要多样，至少包含：环境因素、时机因素、事件因素，还有交际中的对象因素。

3. 对思维核心的关注

言为心声。说什么话都来自自己的思考。口语交际的质量高不高，效果好不好，最关键也是最核心的，依然是思维。之前说的对象感、情境性，其实也都涉及交际中活跃的思维。思维是语言的支撑，是语言的精神家园。思维作为交际的核心，其一是由于思维本身和语言的关联，其二是指向交际中的运筹、统合、协调等综合处理上。思维让参与交际的人能顾全大局，左右逢源。

"交际力"对口语交际教学带来重要的启发。在教学中注重"交际力"的开发与运用，能让口语交际教学发挥出应有的功能，达到更优质的效果。具体而言，"交际力"在对象、情境、思维这三个方面能让学生的口语交际能力得以提升。

其一，确定交际对象，在瞄准方向中实现能力提升。口语交际不是一个人说话，交际对象的属性决定着"力"的大小，用"力"的方向，"力"的作用等。丢失对象的交际将导致交际无效，让教学成为对学生单方面进行语言的精巧化、标准化、格式化的机械训练。对象缺乏，也就表示交际不是真正存在的。只有面对真实的"人"，因为真切的目的，才有交际的必要，才产生交际活动。

三年级下册的《劝告》就需要设定对象。缺乏对象，很容易将这一课上成"摆事实＋讲道理"的套路表述。这样的口语表达就是典型的停留在臆想之中的完美，真到了现实生活时才发现并不管用。不顾及对象的身份、特点，以毫无感情的生冷语言去劝告，势必带来无效或者负面效果。比如我们劝妈妈不要沉迷手机，一定要关注妈妈的工作性质，性格特征等，不要一味宣讲沉迷手机的害处。也许妈妈的工作就是和手机有关，所谓的沉迷是一种缺乏对妈妈关心的结果。或者妈妈的性情急躁，这样劝告反而会导致不愉快的结果。"交际力"提示我们在交际中必须设定真实的对象，瞄准对象的劝告才是真实、有效的口语交际。

其二，基于生活情境，在解决问题中实现能力提升。交际不是发生在真空中的，生活的情景、真实的问题、达成的意图等，都处于"力"的调控之下。语境的脱离，问题与困难的忽视，让交际仅停滞于表面的成功，一旦到具体情境中去实践，去检验，依然一败涂地。学以致用，在"学"的时候，就要有"用"的意识。

二年级上册"商量"并不是"你来我往的一团和气"。在商量中，必定需要围绕着具体困难，要"有值得商量的事"，要以解决问题为目的进行商量。例如，教材中就创设了"做值日时恰逢生日，要提早走"的情境，这就是一个摆在值日生团队成员面前的困难。各方都要基于这一难点，有商有量。商量着你要是先走了，我能为你做什么？商量着这一次你先走了，下一次我过生日你会怎么办？商量着我们的友情在这一次特殊情况时，该如何处理？总之，商量不是"你好，我好，大家好"，而是"我为你着想，你为我出力"的一种合作状态下共渡难关的协调。在问题情境中的商量有助于在生活实际中运用，遇到类似问题时能够顾及彼此，获得共赢。如果缺乏情境，商量会变成以自我为中心地说大话，说客气话，说盛气凌人压制人的话。在教学中如果总是制造成功的假象，在生活中必定遭遇失败的切肤之痛。

其三，靶定语言思维，在因循逻辑中实现能力提升。思维本身就是一种"力"，在交际力中是重要的组成，是一道强劲的力源。说话与做事都要动头脑，要讲究思维。在口语交际中你要说什么，必须经过思考；说得对不对，思考可以来斧正。听别人说话，能否理解话语中的信息，思维起到重要的作用；自己说出来的话有没有逻辑，能不能让对方明白，也依靠思维。思路清晰，意思明白，交际达成。思维，是语言背后的强有力的支撑，是口语交际成功的保证。

一年级下册"听故事，讲故事"的交际中，思维就起到关键作用。听故事，讲故事，原本就是一年级学生语文学习常见的形式，是学生最喜爱的学习活动。此案将"听"与"讲"联合推出，结合有趣的图画故事进行，对口语交际的两个基本能力进行训练，完全符合第一学段学生的心理特征，契合学习需要。同时，"听"与"讲"，是学生未来继续学习口语交际，获得不断发展与提升的基本能力。在讲述故事前，要记住故事，就要借助思维，不要简单硬记。讲述《老鼠嫁女》故事时，运用了两个策略。一是结合教材，充分引导学生关注教材中《老鼠嫁女》的连环图片，借助图画记忆；一是指明逻辑，记忆不能太机械，应找到内部联系。在讲述故事时，要让学生明白，整个故事以"怕"为线索展开：老鼠怕太阳，太阳怕乌云，乌云怕风，风怕墙，墙怕老鼠，老鼠怕猫。最后，老鼠把女儿嫁给了猫。只要记住"太阳"，就能记住一串。对故事逻辑线索的梳理有助于记忆[①]。以下教学片段，让大家感受第一学段口语交际中思维的存在与作用：

　　师：大家记住这个故事了么？
　　生：记住了。
　　师：不错。好故事就是这样，听一遍就差不多了。不过，要想说好故事，还需要记得牢固点。这个故事配有八张图。大家发现了

---

① 何捷. 统编版小学语文口语交际教学的缺失及指要［J］. 新教师，2019. 3：25.

么，每两张之间是有联系的，都有相似、重复的角色出现哦。这样一来，记住故事就容易得多啦。请小朋友说一说自己的发现。

生 1：老鼠夫妇喜欢太阳，太阳就说自己怕乌云。

生 2：乌云就说自己怕风，一个怕一个。

生 3：风就怕墙壁，还是一个怕一个。

生 4：墙壁就怕老鼠，一个怕一个。（众笑）

生 5：老鼠就怕猫。

师：没错啊，就是这样一个怕一个，所以，我们只要记住太阳，记住这个最关键的"怕"字，就能顺带记住一连串的角色啦。当小朋友们记住故事中的角色时，也就记住故事的内容啦。这样，就能好好讲故事了。

"习作教学"中例文支架的设计

控制论中，通常把未知的区域或系统称为"黑箱"。"黑箱"的内部结构不明，但我们可以通过输入信息对其施加影响，之后关注输出的结果，得到对该系统规律性的认识。例文作为写作教学中最典型且重要的支架，存在着黑箱效应，需要从中实现突围。

例文在写作教学中被广泛运用，但未必都能产生预期效果。具体到不同标的（写作任务）的教学中，例文到底怎么用？到底何时用？用了到底能否起到实效？这些问题一直处于玄妙而笼统的"黑箱"状态。我们试图归纳例文支架在写作教学中呈现的样式，审视其发挥的作用，制定出使用例文支架的教学基本路径，以期达到辅助并提升教学质量，促进学生会写、写好的目标。对例文支架的关注，就是为了让"黑箱"趋于"明朗"，充分发挥例文所具备的优势，让教学效果清晰可见。

统编版小学语文教科书中习作部分的基本编撰思路，已经确证使用了例文支架。三到六年级每册教材中，基本编撰有专属的习作单元，每个单元都编排有"阅读课文"和"习作例文"。以六年级上册的习作单元为例，第五单元编撰的课文为《夏天里的成长》和《盼》，习作例文为《爸爸的计划》和《小站》。我们特别关注习作例文的精心设计，编者为每一篇习作例文设计了旁批，提示学生关注本文的写作要点，借助批注进行过程化指导。所有的指导，皆与本单元习作主题相呼应。第五单元习作主题为"围绕中心意思写"，习作例文《小站》就批注着：小站的"小"，可以从哪些语句中看出来？这些批语提示学生关注体现

"小"的表达，学习习作例文中"围绕中心意思写"的方法。学生经由单元课文的学习，再集中借助习作例文的示范和模仿，基本可以实现从读到写，"不待老师讲"而"自能作文"的效果。

在日常教学中，使用例文作为支架已经成为一种共识，观摩了公开示范的习作课，无一例外地借助例文作为支架进行教学。我们在对教学案例中的例文支架进行观察与分析中，也发现了问题——例文使用不当，不但不能提供支撑与辅助，还构成一种信息干扰。具体情形分为两类。

第一类情形：遥不可及。教师提供过于玄妙、精致的例文，意在激发学生的写作动机。然而，美国学者 M. 戴维·梅里尔博士则认为：动机常常被人误解。动机是学生本身的一种状态，是学习的结果，人生来就是好学的。以例文为动机去刺激学习，激励效应会因为例文过于"炫目"而无法产生效果。教师倾向于选择源自名家经典的例文，因为其语言细腻，风格显著，写法卓绝。但这类例文让学生在阅读之后，感觉无法超越，例文的介入造成的是疏离感。还有在学生习作之前就提供精致的例文，有的是只提供而不进行讲授、拆分、解析，整体打包甩给学生，这样强势地先入为主，反而增加了学生自己动笔时的困难。

第二类情形：不知所云。例文质量过低，或者不加选择地随意提供，无端堆砌了信息，更构成干扰。因为阅读例文就占据了有限的教学时间，造成低效。例文要成为可供攀爬的支架，应是经由教学需要而选择的。例如，语言适合，搭载的方法适切，同时本身应具备一定的"结构化"。结构化框架是首要教学原理中的概念，指的是通过组织旧知识来帮助学习者调试已有的心智模式或建构新的心智模式，以便能更好地掌握新知[①]。一个有效的结构化框架，就是学生相对熟悉，至少是能理解，愿意接受的内容，它必须包含一些与标的相似的要素。同时，必须

---

① ［美］M. 戴维·梅里尔著，盛群力、钟丽佳等译. 首要教学原理［M］. 福建：福建教育出版社，2016.7：338.

要比标的内容更简单、更易懂。因此，随意提供，适得其反。

此外，随意选择例文还表现出对学情的漠视，简单地以为"依葫芦画瓢"是万用的教学方法。其实，从写作心理学上看，"自由目标效应"（自由命题）和"样例效应"（提供示范）都对学生写作水平产生影响。"自由目标效应"对高水平写作者有促进作用，但会降低低水平写作者的成绩；"样例效应"对低水平写作者有促进作用，但对高水平写作者的写作成绩无显著影响[①]。因此，例文选择随意，会让学生不知所云，丧失了支架效应。

例文支架的助学效果究竟如何，原本就具备黑箱效应，而因为其他因素，还造成了这一效应的叠加。因此，有必要重新审视例文支架，做好其在教学中运用的精准定位。

首先，从"五个维度"审定例文作为支架的基本条件

例文是文章编码的最终结果。我们以其为支架，就要从结果出发，解码并追溯到编码之初。而作为结果必定是综合体，是例文作者在解决某个问题，或者完成某个任务时，所需要的知识与技能的组合。要想将其作为支架，就要有一种解剖的视角，从不同维度去审定它，检验其是否具备成为支架的必要条件。

第一维度：是什么。所选择的例文必须是能够辅助学生写作，符合基本学情的，具备让绝大部分学生模仿借鉴的优质文本。美国写作教学专家格雷汉姆研究发现，例文学习可以促进学生写作水平的提高。在研究报告中还提到"设定作品目标"这一策略具有 0.7 的效应值[②]。"设定作品目标"要求例文很有针对性，能为学生提供具体的、可达到写作

---

① 朱晓斌、张积家. 自由目标效应与样例效应对学生写作成绩影响 [J]. 心理科学，2005 年第 28 期.

② 荣维东. 写作教学中的范文支架及运用原则 [J]. 中学语文教学参考（高中），2019.9：15.

目标的示范。可见，选择例文不能草率。例如我们在统编三年级上册第二单元习作《写日记》中，就选择了《金鱼日记》，其中金鱼"一天就写一句日记"的示范，带给学生好奇感，激活学生好胜心，起到良好的效果。

第二维度：有什么。作为支架的例文应起到辅助学习的效果，具备四个"有"：有内容，这点毋庸置疑；有技法，能从中抽取可供模仿，值得借鉴的写作技法；有结构，即前文所述的，具备结构化框架；有意图，集中指向最终要写成的习作，服务本次教学目的的达成。例如四年级上册第二单元《小小"动物园"》，选择《我家是动物园》中的一段自我介绍为例文："嗨，大家好，我是祥泰。其实……我是小猴子。我最爱吃香蕉，爬树很拿手，还很会模仿。"这段例文中，祥泰先介绍自己叫什么，之后用比喻的方法，说出自己像什么，最后一连说了三个理由，集中佐证自己为什么像一只小猴子。这样的例文，内容上完全吻合即将要写的《小小"动物园"》的需要，段落的结构明晰，使用的方法也极为简单但有效，能有效地满足学生模仿学习的需要。

第三维度：哪一类。教学中提供例文为支架，必须明确提供的是哪一类。从来源看，可作为支架的例文有四类：名家经典、教师下水、同伴话语、反面例文。叶圣陶先生特别主张选用"教师下水"为例文。我们在教学中也常使用"伙伴话语"，经过教师的改造与加工后，作为例文呈现。之前说的过于精致的名家经典，在使用时务必经由节选、改造，否则容易造成距离感。而"反面例文"则在习作评改阶段采用更为合适。审视"哪一类"，不仅是对例文类型的选择，其实也是适合性的调校。

还可以从功能划分来区别例文的种类，可参考王荣生博士的划分：其一为"定篇"，这是学生必学的篇目，主要是文学经典名篇。在统编教科书中的篇目，都可以看作是定篇，定篇即是教材内容，也是语文课程内容。在习作教学中，我们也是特别主张"以课文为例"。一来，学生普遍熟悉，节省阅读时间；二来，教学中经过讲解，学生对其结构框架较为明确，有助于模仿与迁移；三来，语言的规范性，也决定其成为例文中的最佳范本。例如五年级上册第五单元习作《介绍一种事物》，习作例文中的《鲸》就是最佳例文。语言浅显且极具说明属性，结构明晰，内容板块非常清楚。

除"定篇"外，还有"例文""样本""用件"和"引子"四种类型。例文，"例"的是知识；样本，"样"的是方法；用件，"用"的是选文；引子，"引"的是全文或全书①。可以根据不同的标的，不同的教学时段采用。

第四维度：做什么。这是指使用例文支架融入教学的操作流程，即例文介入教学后要如何实施？是关于"怎么教"的设计上的思考。美国学者格兰特·威金斯和杰伊·麦克泰格在合著的《追求理解的教学设计》中说："精心设计的体验是将观念变为现实的唯一途径。"② 可见，"如何做"在五个审核维度中，是核心维度。而研究表明，最有效的学习成果往往源自聚焦问题的，并包含由激活旧知、示证新知、应用新知和融会贯通四种不同的教学活动所构成的学习体验循环圈③。因此，在例文支架的教学设计上，我们可以据此来设计写作学习的程序性，并以此为支撑展开有焦点的学习活动。例如五年级上册第五单元习作《介绍一种事物》，教学就聚焦在习作目标——"了解基本的说明方法"与"搜集资料，用恰当的说明方法，将事物介绍清楚"之上，将《鲸》作为例文引入，进行示范讲解，全过程展示对其"说明性"的分析。从例文中提取方法，立刻在写作实践中运用。最后再引入相关资料，增补与修改，进行前后两稿的比对，体会"资料介入后的效果"，完成本次习作教学。

---

① 李冲锋. 基于课标使用语文教材［J］. 语文建设，2017.9：22.

② 格兰特·威金斯，杰伊·麦克泰格（著）闫韩冰、宋雪莲、赖平（译）. 追求理解的教学设计［M］. 上海：华东师范大学出版社，2017.3：15.

③ M. 戴维·梅里尔著. 盛群力、钟丽佳等译. 首要教学原理［M］. 福建：福建教育出版社，2016.7：20.

第五维度：发生了什么。借助例文支架后，引导学生比对，发现习作结果的改变，体验例文产生的作用。例如六年级上册第六单元习作《学写倡议书》，学生自己根据教材要求，先自定主题，自由写出一份倡议书；之后例文介入，结合样本进行倡议书标题拟定的专项指导，以及倡议书写作对象的设定、倡议书基本格式的校订等。随后让学生修改，最后比对前后两稿，完成倡议书的写作。

根据不同写作目的，审核并选定不同的例文作为支架。教学的有效性，取决于硬件的精心装备，同时更仰仗于软件的设计，如教学流程设定、执教过程的具体操作等。一句话：例文是个好支架，材料好，还要用得好。

其次，用"波式设计"实现例文支架的敞亮突围

犹如在黑暗中摸索，你最需要的就是一盏明灯。例文支架要从教学的"黑箱"中突围，设计步骤必须明晰，设计，就是突围时照亮前途的光。在每一步教学中，例文与教学环节之间的关联是什么？具体应起到何种作用？这些都不是随机生成的，可以事先预设。特别是写作教学，目标是既定的，没有理由不预设。预设得当，教学才能环环相扣。我们将基于写作目标达成的，环环相扣的设计，形象地称为"波式设计"（如图）。从投石入水的靶心开始，向外扩散出各层波环，设计出教学步骤。在设计中，例文是否介入？如何发挥其支架作用？在每一环节中都可以清晰定位。

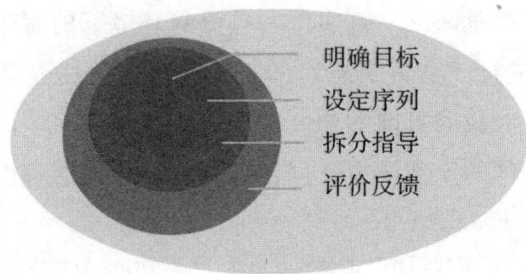

明确目标
设定序列
拆分指导
评价反馈

聚焦 1 号靶心，明确目标。投入水中的石块，就是写作教学的目标。在教学之初，最为精练的设计就是直接"投石"，亮明目标。统编版教科书在 3—6 年级每册教材的每个单元前，都安排了导读。可以根据导读，在出示写作内容时直接给出此次写作的训练目标。例如五年级上册第六单元的目标为"用恰当的语言表达自己的看法与感受"。本单元写作内容为《我想对您说》。教学开始，就应该让学生明确：本次习作，不管对爸爸还是妈妈，或者是老师、亲友等来表达，不管用什么文体、式样来写作，都应该注重恰当性，都要抒发自己的真情实感，展露真实想法。

引申 2 号波环，设定序列。这是教学设计中最应该考虑的一环，先做什么，再做什么，最后做什么。序列的设定根据目标。以上文例子中的目标为例，为达到"用恰当的语言表达自己的看法与感受"，首先，应对"恰当的语言"进行教学指导。选用的例文，可以使用定篇，更倾向于"课文为例"，让规范的表达先入为主。还可以提供不同文体的例文，让学生有所选择。例如，可以引用优质的"书信""诗歌"等，让学生知道"可以写成什么样""什么样的表达方式更恰当"。此环节也可以用反向例文，让学生在"不恰当"中理解"恰当"。其次，还应涉及对"真实"的指导。魏小娜教授对"真实"的研究，尤其值得我们关注，过于关注写作主体的情感真实和写作内容的真实，而没有重视写作的"修辞环境（读者、目的、任务、情境）"的真实：学生面对"教师"这个唯一的读者，最主要的目的是为了获取高分，写作任务也大多是"茫然"的，写作的"情境"多半是测评文化浓重的教室或考场。可以想象，在这样严重缺乏"真实"写作修辞环境下的写作，学生是很难"自说自话"地进行"真情实感"的表露。因此，加强真实写作的"修辞环境"创设，对我国目前的作文教学显得尤为迫切①。因此，在这一环节教学上，教师的干涉要少，同伴的合作，个体的自由表达要多。例

---

① 魏小娜. 国外"真实写作"的研究及启示［J］. 中小学教师培训，2010.8：64.

文则不宜过度介入。

转化 3 号波环，拆分指导。靶心提供的"目标"，更准确应该称之为"训练点"，仅把教材提供的"训练点"告知学生，是无效的。即便用了例文，也只佐证了训练点的存在，无法让学生转化为自己的知识系统，更无法转变为写作实践。此环节，我们要做拆分指导。先从"训练点"到"写作知识"的转化①，让学生明确，要达到这一目标，需要用哪些方法。此环节可以提供例文，让学生借助支架，精准明确方法，因此提供的例文要明显搭载着方法写成的，类似教材中的"习作例文"；再由"写作知识"转化为"实际操作"，借助教师与同伴对例文的细读、理解、分析，掌握例文中使用的方法，进行写作实践。

在使用例文为支架时，不能仅提供"信息"，而应该予以"示证"。教学，不是信息展览，而是要让学习者获得抵达目标的方法。示证是"首要教学原理"中出现率较高的词。示证就是采用部分或整个问题中的一个或多个样例，一是向学习者展示在具体的情境中，如何运用信息。其中的"示"，倾向于讲解，对这一知识点的简练讲解，让学生明白"是什么"；其中的"证"，倾向于拆解、展示，即让学生明确"如何做到"。统编教科书在习作例文的编撰中，采用的批注，就是以文字在示证。教学中借助例文为支架时，更应该做足示证，让学生看到文章是什么样，用什么方法，如何写成。例如五年级下册第五单元习作"把一个人的特点写具体"，学生需要掌握的是"写具体"的具体方法，而不是仅得到"写具体"的抽象指令。以下教学实录片段让我们感受借助课文为例，可以如此示证：

> 师：当选好人之后，就要拟定题目，写好开篇。我们可以向课文学习。请回顾本单元经典的《刷子李》，其中有方法可以借鉴。

---

① 魏小娜. 从"训练点"到"教学知识"：统编小学语文习作教材的教学加工 [J]. 江苏教育，2019，33 期：8—9.

阅读下面这个片段，你觉得作者是怎么写好开篇的？[课件展示]

　　刷子李专干粉刷这一行。他要是给您刷好一间屋子，屋里什么都不用放，单坐着，就如同升天一般美。最让人叫绝的是，他刷浆时必穿一身黑，干完活，身上绝没有一个白点。别不信！他还给自己立下一个规矩，只要身上有白点，白刷不要钱。

　　生：开篇就亮出特点——专干粉刷。而且写出了技艺特别高超。

　　师：真不错，这是习作单元，我们就从单元经典课文中，尝试模仿写。注意习作要求。根据各自选定的人，以"特点＋人"的方式拟题，并写出开篇一段话，亮出最突出的特点。

　　（生各自按要求写出开篇，略）

　　师：具体的第一个要求就是真实可感，要写出一些和特点相配合说明的事例，证明人物有这个特点。例如绘本《我家是动物园》中，祥泰介绍自己的特点像"猴子"时，一口气就例举三样。请看范例。（课件展示）

统编五下五单元习作

事例1：他读了一本故事书，能把所有的细节都记下来。

事例2：他记住了我昨天说过的一句话。

叔叔记忆力超群

事例3：他竟然能记住我的生日。

事例4：那幅地图他只看了一遍，就能一点儿不差地画下来。

具体 真实可感

【习作要求】
　　加写一段，至少列举三件事，集中表现特点。

集中表现特点

[总]借助比喻写"特点"

嗨，大家好，我是祥泰。
其实……我是小猴子。
我最爱吃香蕉，爬树很拿手，还很会模仿。

[分]三件事集中写"特点"

师：他先总地借助比喻，写出特点，再分开用三个事例，集中
写出像猴子的特点。这个写法，让读者在第一时间里，就觉得人物
的特点很突出。我们可以学习这样的写法。在开篇后立刻加写一
段，至少列举三件事，集中表现特点。

（生各自按要求加写事例，略）

顺延 4 号波环，评价反馈。习作初稿完成之后，进行同伴共赏，教
师参与评价反馈。此时每个学生手中的初稿，就是同伴间可以相互借鉴
的例文，最好的支架无疑来自"伙伴语言"。倘若之前的教学扎实，此
环节组织好集中评议、合作评议、自主修改，基本就能达到预期的
效果。

此环节运用例文，能让我们有更为深切的感受——例文支架并非
"用了就好"，要管用、好用，需要与教学匹配。其一，本身要搭载写作
的知识与技法；其二，要便于对知识、技法的拆分与讲解；其三，还要
处在最近发展区，高于现有的写作水平，促进有所进展。可见，例文支
架在教学中的运用，确实要依托教师的教学设计，从学生的需要出发，
从服务目标的本位去提供。

最后，在"写作全程"中把握例文支架投放时机

美国学者劳拉·布朗在其《完全写作指南》中，形象地绘制了"写
作过程罗盘图"①（如下图）。借助此图我们清晰地看见，写作不是混
沌、笼统的，不是直接授命后"一口气"写下来的。其间要经历确定目
标，设定读者，构思的头脑风暴，语言的组织，初稿的写作以及修改等
环节，每个环节都有具体的项目。那些强调倚马可待，一挥而就的，是

---

① ［美］劳拉·布朗著. 袁婧译. 完全写作指南［M］. 南昌：江西人民出版社，
2017.3.

让我们欣赏作家的创作激情与奇闻轶事。学生学习写作，需要有其必经的过程。在教学领域中的写作"全过程"，较为公认的说法包括：预写、起草、修改、校正、发表五个环节。预写，就是预先的构思，是用大脑进行的写作。起草，就是大家所说的"打草稿"，将之前的构思转化为文字并立刻写就。修改就是对草稿进行增、删、调、换，使之更加契合构思，更具表现力，尽可能去实现写作初设定的目标。校正，就是在修改的基础上进行微调，让文字更趋于完美，更具语力，能实现功能。发表就是将语篇付诸流通，在具体的交际环境中实现以文会友，完成人际交往，思想交锋。

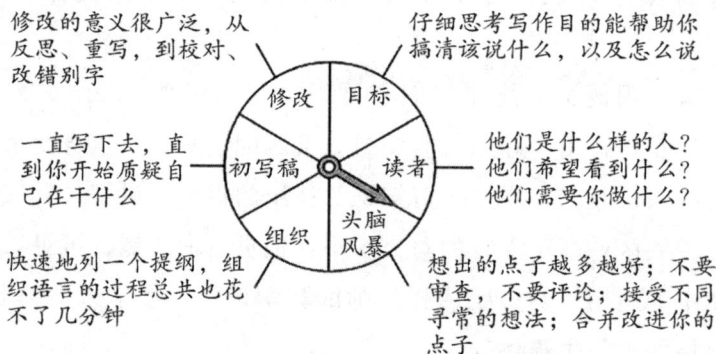

修改的意义很广泛，从反思、重写，到校对、改错别字

仔细思考写作目的能帮助你搞清该说什么，以及怎么说

一直写下去，直到你开始质疑自己在干什么

他们是什么样的人？他们希望看到什么？他们需要你做什么？

快速地列一个提纲，组织语言的过程总共也花不了几分钟

想出的点子越多越好；不要审查，不要评论；接受不同寻常的想法；合并改进你的点子

预写：最好不提供例文，以防过早形成思维定势。此时的例文，犹如罩住跳蚤的玻璃盆，是障碍。但我们也看到不少教师很心急，生怕学生不会，此环节就直接拿出一篇例文，甚至是以"某学生"的作文为例，并从此开始所有的教学，这是不妥当的。这无异于让所有的学生都向这个也许并不存在的"某学生"学习，且学习的"天花板"就矮得可怜，伸手可触。

起草：在起草中提供例文，是最为常见的。特别是在教学中的起草，不要让学生自行完成所有的草稿。不要以一句"开始写吧"作为指导的终结者。学生开始写之后，在不同的写作环节，可以提供不同的例文，以突破局部写作的实际困难。例如四年级下册第八单元习作《故事

新编》中，如何确定新编的《龟兔赛跑》全新的结局，可以提供不同的文章中的结局为例；如何设定意外的情节，也可以提供相关例文片段，做头脑风暴；具体的细节指导，也可以有不同风格的细节为示范。总之，教师在写作教学中的行为不能冷漠，不能一声令下"开始写"，之后当甩手掌柜，不管不顾。美国学者对教学过程中"教师形象"的比喻，称之为"篮球教练"。这是很有启发性的，意为"我在现场""我发现问题""我随时叫停""我提供辅导"，一切都为了"你可以继续写"。

修改：此环节适合用反向例文，帮助学生发现问题，自我纠偏，非常合适。同时，伙伴之间的草稿，也都可以成为相互观摩的例文，组织合作学习。例如统编五年级上册第四单元习作为《二十年后的家乡》。在修改阶段，组织合作小组互换初稿阅读，推荐出优质的例文。学生就发现部分同学把"我"写到文中的习作，显得特别有真实感，有真情。比对自己的习作，单纯描绘二十年后的家乡的样子，显得生硬与空泛，缺乏人情味。之后，集体决定增补，将"我"融入文中，进行二次修改。同伴例文在此发挥了作用。

发表：共同观摩优秀的例文，促进学生之间相互学习，取长补短。

例文支架，在写作教学中运用最广，效果也极为凸显。这是由写作学习的规律以及学情共同决定的。作为教学用件的例文虽好，还要教师精心选择，适当使用，确保其能用、管用、好用，发挥出应有的作用，才能促进学生能写、爱写、写好。

正确认识"写作支架"的"支点"

"支架"是从建筑行业中引申到教育领域中的概念，目前在教学中得到广泛运用。经由心理学家、教育学者的理论表述以及一线教师的实践，已发展为"教学支架""支架式教学"等完善的教学系统。其基本操作法为，在教学中为学习者建构关于知识理解、能力提升等学习目标达成的相应辅助。这就要求教师在执教前充分设计，将"打包后的学习任务"加以分层、分解、分化、分发给学习者，以将其逐步引向并抵达目标。

一、介入的优势

统编版小学语文 3—6 年级上下册教材，共编撰"习作"58 次，将"支架"这一重要的设计理念运用其间，涵盖二、三学段的习作教学全过程（如第 41 页图，以三年级为例）。所涉及的支架类型有五种：问题支架、建议支架、图例支架、表格支架、例文支架。支架运用在习作的四个重要阶段：构思阶段、起草阶段、修改阶段、发表阶段。可见，统编版小学语文教材编撰中对支架的高度重视，这是对教学效果的一种预期，希望一线教师在执教过程中，能对支架设计予以理解和运用，让其发挥应有的作用，辅助学生完成习作，提升能力。

相对于以往习作教学中的三个"直接"：直接讲授后写，直接简单给指令后写、不讲不管，直接凭旧经验写，教师使用统编版教科书进行习作实践中，发现支架的确能起到更为有效的功能，促成了教学效果更优质的呈现。

教材位置	习作命题	内容	支架类型	应用阶段	教材表述摘要
三上 1	猜猜他是谁	人物	例文/问题/建议支架	构思/起草/修改/发表	四个小片段。1. 你选的是谁？2. 他有哪些地方让你印象深刻？写好以后，读给同学听……
三上 2	写日记	应用文	例文/问题支架	构思/起草	例文。1. 写日记有什么好处？2. 日记的格式是怎样的？3. 日记里可以写些什么？
三上 3	我来编童话	想象	问题/建议支架	构思/修改	1. 故事里有哪些角色？2. 事情发生在什么时间？是在哪里发生的？3. 他们在那里做什么？他们之间发生了什么故事？
三上 4	续写故事	叙事	图例/问题/建议支架	构思/修改	1. 下图讲的是什么事情？2. 接下来可能会发生什么？写好以后小声读一遍，用学过的修改符号把有明显错误的地方改过来。
三上 5	我们眼中的缤纷世界	状物	图例/建议支架	构思	1. 观察时要细致一些，观察时不仅用眼睛看，用耳朵听，还可以用手摸。2. 观察时要注意事物的变化。
三上 6	这儿真美	景物	建议支架	构思/修改/发表	1. 写的时候，试着运用从课文中学到的方法 2. 围绕一个意思写。写好以后自己读一读。
三上 7	我有一个想法	叙事	例文/问题/建议支架	构思/起草/修改/发表	1. 什么问题引起了你的关注？2. 你对这些现象有什么想法？写的时候……写好以后……
三上 8	那次玩真高兴	叙事	图例/问题/建议支架	构思/修改	1. 你平时喜欢玩什么？2. 有没有哪次玩得特别开心，印象特别深刻？3. 回忆一下你当时是怎么玩的？如果让同学看不明白的地方，可以修改一下。

其一，品味格调的锚定

支架让"写什么"的预先构思更为灵动宽广，这将促使学生在自己设定的方向上，在自己可控的范围内，最大限度提升即将写就的语篇的整体品格。凡事预则立不预则废，作前构思在很长一段时间内被"开始写吧"的命令所取代。学生养成了"拍脑袋"写的不良习惯：写不出，硬挤也要挤出来；不会写，重复写之前写过的；不知道怎么写，就随意编。作前构思是写作全程的起始环节，无可替代。而统编版教科书以各种支架，不断提示：构思在先，动笔随后。

例如：五年级上册第五单元习作《介绍一种事物》，教材中提供了构思列表，还做了文字提示：如果要选择一种你了解并感兴趣的事物介绍给别人，你打算介绍什么？下面表格中的提示和题目是否对你有启发？配合建议支架，表格中左边第一列，提示了介绍的事物可以与动物有关，与植物有关，与物品有关，与美食有关，以及其他感兴趣的内容；表格的右侧则一一对应地列出了各种可写的话题，同时还在文字表述上做了区别。比如，有的直接以名称为题"恐龙"，有的赋予了文学性的修饰，如"种子的旅行"等。这样的一张表格，拓展了思路，开拓了学生的视野。学生感受到介绍一种物品，完全可以写得耳目一新，在支架的辅助下，选材就得到突破，摒弃了过去写说明性文章的"老三样"：笔盒、电冰箱、电视机。

又如五年级上册第六单元习作《我想对您说》，要求学生给父母写心里话。教材给出的建议支架是：可以回忆你们之间难忘的事，表达你对他们的爱；可以讲述你对一些事情的不同看法，让他们了解正在长大的你；可以关注他们的生活，向他们提出建议，改掉一些你认为不好的习惯等。建议支架的搭建，让学生在"对父母亲倾吐心声"这一类语篇写作中，寻找到了真实的、新颖的写作话题。同时，在交际交往的功能驱动下，写作成为真正的交流方式，所写的文章自然和以往完成任务式的写给爸妈一段话，大不相同。

其二，隐性运思的亮相

支架让玄而又玄的"怎么写"变得清晰可见，这将有助于学生突破写作"黑箱"的封锁，让整个写的过程都敞亮起来。在运思的作用和主导下，写作成为学生充分具备主导权的学习活动，伴随着"我可以做主""我可以改变"的建构过程，不断实现内部语言向外部语言的转化，并在全过程中实现认知的生长——明白可以这样写。这样的写作活动，还伴随着愉悦的心理体验和正向的迁移，每次写都将认定自己更擅长，更胜任，也更爱上写作。

例如：四年级上册第二单元习作《小小"动物园"》，教材设计了图例支架，让学生清晰地看到如何把"妈妈"写成一只"绵羊"。左图是妈妈，右图是绵羊，中间以虚线强调关联：都是波浪卷；都爱吃素；性格都很温和。如此一来，学生就能借助支架，模仿图例，将原本谙熟于心的内部言语运作，以准确的外部言语展现出来。内部运思——中介转化——外部语言，这一隐性的言语运作的思维过程，在图例的辅助下变得清晰明朗。实际上，这一转化就是本次习作是否成功的决定因素——会写好"妈妈"，就能够复制方法，写好全家，完成"家庭动物园"的全面写作。

又如：四上第五单元习作《生活的万花筒》，在运思的指导上就更为简单与突出了。教材直接设计了一个表格，让学生在写作之前仔细想想：这件事的起因、经过、结果是怎样的？借助表格，先填表，先构思，然后再提取表格中的元素，进行文字加工和组合。写作过程变得有序列，很轻松。而在自己运思主导下，写好一段有逻辑关联的话，正是第二学段写作教学的要义，是学生需要形成的能力。通过表格支架，学生能清楚地认识段落结构，写成有逻辑、有条理、有核心意思的语段。

其三，美好结果的预约

支架将"写成什么样"的结果直接呈现给学生，让其看到未来，增强信心，"写出来""写成功"变得更加有把握，更触手可及。特别是例文支架，在"预约"成功上提供了最可靠的保障。当然不仅仅是提供例文这样简单，从之前的构思、起草等环节开始，各个支架的合力，就注定写作能在运筹帷幄之中，获得决胜千里之效。步步为营的过程性写作，让美好的结果可期。

例如：三年级上册第二单元习作《写日记》，教材中就提供了例文支架——一则标准的日记，有格式、有内容、有童趣。学生看到这个日记，可以借助支架，实现直接模仿，能轻松成文。再如三年级上册第七单元习作《我有一个想法》，教材中就配套出示了两个片段，分享了两种想法：第一种是针对现存的问题，提出建议，"对爱玩手机的人予以提醒"；第二种是对美好的未来提供的设计，关于"开辟植物角的建议"。两个片段提供，不仅让学生看到想法该怎么写，明确想法该往哪个方向写，还在语言文字上给了学生规范的引导。模仿是学习写作最常用、最管用的方式，例文支架在第二学段的写作教学中，起到了非常实在的辅助作用。

其四，关键能力的弥补

支架让"修改""发表"，这些曾经缺失的一环得以修复。特别是对修改的提示，几乎覆盖了 58 次习作。且修改的方式多样，形式灵活。例如，提示自己多改，提醒同伴互相改，小组合作改，还有让家人辅助改。修改之后的发表，也以张贴、朗读、交换、收藏等方式进行。我们都知道"修改""发表"的意义，教材以"建议"给了我们提示，教师在教学中必定会更为重视。至此，全程写作中曾经被忽视的修改重新回到写作之链中，过程更全，效果更佳，因为重要的一环回到系统中，合力发挥更大的作用。

以下呈现何捷老师执教的六年级上册第六单元习作《学写倡议书》实录片段，特别关注"建议支架""例文支架"在教学中的运用，感受支架发挥的轻松、便捷、有用的教学实效。

(1) 明晰写作要求

师：请翻看课本，看清要求，这次习作，到底要我们写什么？

生：写倡议书。

师：倡议书，这是我们第一次遇到的写作内容，教材中具体是如何要求的呢？我们一起读一读。（课件展示教材的要求）

如果你有一个想法，希望得到大家的支持，并一起去实施，可以写一份倡议书。如，号召同学节约用水、不使用一次性用品，倡议居民进行垃圾分类。读读倡议书，和同学交流写倡议书需要注意什么。

师：谁来说说，要求是什么？

生1：先想好倡议什么，主题是什么。

生2：再看看课本中的倡议书，看看写的时候要注意什么？

(2) 提炼写作要素

师：看来，倡议书就是将"我的想法"转化为"我们的行动"，变成大家的共识。而且，倡议和命令之间有什么区别？

生：命令是强制的，一定要做到。倡议是建议，让大家这样做。

师：非常好。记住"自觉自愿"这四个字。倡议书的写作和宣读，就是让听的人产生自觉自愿的状态，接受倡议，转化为行动。用一句俗语说就是"别逼我，是我愿意的"。

（生齐笑）

(3) 写作指导

师：请大家读一读教材中的倡议书，和同学交流：写倡议书需要注意什么。

生1：要有标题，标题就是倡议的主题。

生2：要有写作对象，就是这个倡议书，写给谁，要写明白。

生3：一点一点写出倡议。

生4：要署名，还有要注意落款写好时间。

师：很不错。大家都六年级了，自己能写吧。老师发现，所有的提醒都在教材中的提示框里写得很明白，希望大家在写前看清楚，边写边对照。大家要记住老师给大家的提示。（课件展示：确立主题、注重格式、写好倡议）

生：记住了。

师：写的时候，有具体的要求。第一，每个人的倡议书中，至少要写三条倡议。第二，写后要对照范文，调整好格式。包括：标题，分点，署名日期。要和范文对照，写到"像样"就好。

（生自由写作）

二、存在的问题

支架的设计，让统编版语文教科书中习作板块的整体架构得到提升，让写作的学理变得更加科学完整，也帮助教师教学更为精准、轻松。可以预想，借助这套教科书进行习作教学，学生的写作能力将得到更为有力提升。在实际运用中，我们也发现三个问题，属于有待改良之处，具体阐述如下：

第一个问题：支架的堆积

支架在一篇教材，在一次教学中，过于集中的呈现。这样的堆积容易让支架本身回到简单讲授的窠臼之中。数量不是问题，关键在于提供的信息构成干扰，就成为问题。美国学者 M. 戴维·梅里尔在其《首要教学原理》一书中指出，信息的提供并不能等同于教学的实施。有时候，过多的信息还构成无法取舍，重复使用的干扰。

例如：四年级上册第一单元习作《推荐一个好地方》，教材提供了图例支架和建议支架。其中的图例分选了水乡村落、游乐场所、森林美景、阅读场馆。这四幅图有一定代表性，但又无法涵盖学生所认识的"好地方"。同时在建议中，专门提示并例举了"推荐古镇"，具体写道：

这个古镇很美；在那里可以了解前人的生活；这个古镇有很多好吃的……将大部分的注意力集中到对古镇的关注。前后两个支架，未能形成合力，相互之间还有干扰，同时信息的零散，也不利于其构成有效的教学资源。

再如，六年级上册第一单元的习作《变形记》，教材给出了建议支架、例文支架、图例支架，信息过多，且并未集中提供精准的帮助，分散了学生的注意力。特别是提供的图例，一来，不能起到激发写作兴趣的作用，二来，与例文描述不符合。例文表述为：如果你变成一盏路灯，你将无法移动，每天都有形形色色的人从你面前走过，你会看到许多发生在路上的故事。但很明显，图例中的人举着一盏路灯正在移动。文字和图有矛盾。随后，教材再次通过图例让学生尝试拟题。似乎对写作每个局部都关注到，但作为第三学段六年级学生，究竟该怎么构思，如何布局，写作上位的指导却没有提供。

第二个问题：支架的空搭

"支架"起源于建筑行业。要依靠着建筑体搭建，从来没看到在空地上搭建支架的。教材中的部分支架搭建，有落"空"的问题出现。支架介入教学，要在写作这一特殊的学习活动的过程中提供辅助。但部分教材提供的支架，更多的是以"终结者"的姿态呈现。这样的呈现导致两个显而易见的落空：

第一类落空：参与度不够。支架中开放的空间不足，学生没有完全融入，无法从中获得足够的辅助。例如：四年级上册第八单元习作为《我的心儿怦怦跳》，原本这是一篇极为开放的习作，关注和书写的是作者"我"的内心体验。但在支架提供上，教材给的指导，带有过强的指示性，限制了学生的思路拓展。如，写什么，提供了参加百米赛、参加班干部竞选、当众讲故事等；还将心情也做了提示，惊喜、害怕、紧张、激动等，还提供了相关的词语，如，提心吊胆、心急如焚、胆战心惊等。如此周到的信息，犹如密不透风的屏障，让学生不需要过多的思考，只要做简单的信息组合就能写成。而正是这样的低成本写作，让"自我"真正逃离了写作过程，没有真实的参与感受。

第二类落空：学和写的脱节。支架归支架，写作归写作，没有交集，未能在过程中嵌入，未能产生作用。例如：四年级上册第六单元习作为《记一次游戏》。写游戏，动感十足，游戏本身就是最好的活动支架，最有效的指导就是伴随游戏的过程化指导。因此，教材中所给定的建议，诸如：游戏前该做什么？游戏中该做什么？游戏结束后该怎么做？还有如何拟定题目，如何更多书写感受等，基本属于指令，可以与整个游戏隔离。试想一下，真要开始游戏了，会有哪个学生去做各种策划？所以，这样指令式的建议支架，与实际写作实践分离，起不到辅助的作用。

第三个问题：支架的错位

对写作的困难的了解不足，对学情的估计不够充分，导致部分支架没有瞄准靶心，没有针对本次写作中最为突出，学生可能遇到的最难解决的问题来搭建。介入教学后，支架未能起到帮助学生解决写作障碍的实效。例如六年级上册第四单元习作为《笔尖流出的故事》。要求学生通过想象，创编一个故事，属于虚构性写作。教材提供的支架很丰富，例如用表格展示了三处不同环境，不同人物构成的故事基本框架，让学生从中选择或者自己创设。又如，教材还提出了写作建议：故事要围绕主要人物展开；要把故事写完整，情节尽可能吸引人；要试着写出故事发生的环境，还可以写一些人物的心理活动等。看起来围绕着写好故事的"三要素"搭建支架，对情节、环境、人物三要素做了细心的指导。但是，当学生真正写到故事细处时，环境如何描写？如何匹配情节推进的需要？如何刻画、描写人物？怎样才能塑造出典型的人物形象？这些核心的指导并未予以提示。其实，本单元的阅读篇目中就藏有写作密码，如《穷人》《桥》等，都做了极好的示范。而教材提供的支架中，并未基于相关的例文解析。因此，当学生写到细腻处时，就会感到力不从心了。错位搭建的支架，不能给予具体可用的辅助。

三、改良的设想

结合对统编版教科书习作教材中支架的设计以及运用的分析，我们尝试着提出改良的三条建议。

第一条建议：嵌入式。在全程写的不同环节，面临的难点以及需要的支架都是不同的。因此，不要扎堆地呈现支架，也不要集中在写作前呈现各种支架；而应该将有效的支架搭建在写作的各个流程之中，与写作的各个部分分散进行。支架所提供的辅助，应融合在写作的过程之中，与写作相得益彰，镶嵌在一起，实现全程辅写。

第二条建议：刚需款。支架的提供，不以数量取胜，而应该以质量求得生存。在需要处提供必要的支架，让支架的搭建与写作的需求紧密缝合。支架本身成为刚需，才能真正起到辅助作用。

统编教科书"写人"类习作梳理

册次	习作	目标
三上第一单元	《猜猜他是谁》	体会习作的乐趣。用几句话或一段话写一写。
三下第六单元	《身边那些有特点的人》	尝试写出人物的特点。
四上第二单元	《小小"动物园"》	把印象最深的地方写出来。从外貌、性格、爱好、特长等方面发现人的特点，并与某种动物关联。
四下第七单元	《我的"自画像"》	从外貌、性格、爱好、特长等多个方面写出人物的特点。
五上第二单元	《"漫画"老师》	结合具体事例写出人物的特点。
五下第四单元	《他___了》	把人物当时的样子写具体。
五下第五单元	《把一个人的特点写具体》	把人物的特点写具体。（选材、描写、环境）
六上第八单元	《有你，真好》	通过事情写一个人，表达出自己的情感。联系某个场景来写人。

第三条建议：细致化。要帮忙，就要帮到底。支架的搭建，也不能

笼统、松散。既然搭建了，就要让支架本身也做到表述清楚，结构明晰，指导性、示范性、操作性都很强。统编教材习作中，有八次涉及写人（如上图）。可见，会写人，写好人，是写作内容上必须达到的要求。我们就以点带面，选择最为常见的写人类习作，并设定四年级上学期为基本的学情，尝试做一次设计。让改良的支架更精密地嵌入教学中，全程陪伴学生习作，提供坚实有力的支持，发挥更有效的作用。下文呈现设计样张：

给漫画家写信

情境与任务：

大家一定都很喜欢漫画吧。想不想拥有一幅自己的漫画呢？要实现这个愿望并不难，你可以给漫画家写一封信啊。也许，这个小小的愿望就能实现啦。

学习要点：

学习相貌特征的观察与描写。

写作进行时：

看一看：

请小伙伴看一看自己带来的漫画。你能认出漫画中的人物是谁吗？如果认出来了，请和大家交流，说说你是怎么认出来的，把自己的发现以及判断的理由和小伙伴讲清楚。

请写下对漫画作品的欣赏吧：

_____

【提示】如果就是和这幅漫画的作者写信，这段对漫画的欣赏，会让漫画家读信后产生怎样的感受呢？

> 泡泡：漫画可真有意思啊

聊一聊：

漫画创作真有趣，寥寥几笔就能让我们一看就感到有意思，就能够认出。请小伙伴聊一聊：漫画家创作人物肖像漫画时，都用了哪些方法？

泡泡：别人发言时，做好记录哦

分享常用肖像漫画创作方法吧：

其一：夸张，把人物肖像中最突出的特点更加突出地表现出来。

其二：浓缩，除突出特点外的其他部分，尽量简单化，缩小化。

其三：配套。用和人物关系密切的"道具"，帮助读者识别。

这些常用的方法大家记牢喽，这不光是漫画创作方法，也是写出自己的特点的好方法哦！

找一找：

请小伙伴照照镜子，找一找自己面部最突出的特征，记录下来。如果觉得自己看得不够清楚，可以请同伴帮助看看，之后互相补充。把特点找准、看细。

可以在这四个方面发现形状上的特征。如：发型、眼形、眉形、鼻子的形状。特征抓得准，才容易创作成漫画哦。

我的面部特征是：＿＿＿＿＿＿＿＿＿＿＿＿＿＿

【提示】把自己的面部特征表述清楚，有助于漫画家的创作哦。至少，画出来的漫画能被大家认出来。

例文展台：

我这人的特点十分明显。两颗门牙很大，有时候我连闭上嘴都觉得有点别扭。我还有一双水汪汪的大眼睛，黑白分明，特亮。人们总说我长得有福气，长大后会很有成就，因为我有一对很厚很大的耳朵，耳垂也很有特点，人称"弥勒佛耳"。别以为我只是长得有意思，我还会弹钢琴呢，自弹自唱，人称"小小歌唱家"。

特征之一，最明显的特征最先写，印象深刻。

特征之二，提供多个特征，加深印象。

特征之三，借助别人的评价，再次加深印象。

特征之四，特长介绍，能为创作时提供灵感。

写一写：

万事俱备啦，可以开始写信喽。写好这封信，需要注重四个方面。

其一，问候。写信是为了交流；其二，把自己的面部特点讲清楚；其三，还可以说说自己的性格爱好等信息，以供漫画家创作时参考；其四，提出请求，"能为我创作一幅漫画吗?"写信的目的在最后要表述清楚。

> 泡泡：祝你心想事成！

修改与交流：

信写好后，读一读，改一改。

把同伴当作漫画家，交换书信读一读，听听同伴的意见，看看能否达成心愿。也可以请老师试着帮助联系真正的漫画家，寄出这封信哦。

校订清单
语段中错别字请改正。
标点符号请书写正确。
段落格式符合要求。
修改时务必注意整洁。

请你按照以下两条标准，给同伴的书信打分，满分为五颗星：

＊看了信，就觉得像　　★ ☆☆☆☆

＊被打动，答应请求　　★ ☆☆☆☆

以上案例中，提供了例文支架、活动支架、方法支架、建议支架。切记，作为设计的重点，并非考虑支架的多少，而是侧重于如何嵌入。案例中可见，支架与学生写作的全过程相契合，分步在构思、起草、修改、拓展等各个环节。支架的搭建，集中辅助突破"如何突出表现人物特征"这一写作难点上。此外，设计也要考虑提供的支架是否清晰。支架不能仅仅简单呈现，借助文字表述，支架本身也做到具体、可感、好操作，达到学生"一看就懂，一学就会，一会就用"的效果。此案用以试教，支架实现了对写作的辅助。

不同学段"习作修改"的核心要求

　　《课标》在三个学段的写话、习作的修改要求中，做了这样的安排。第一学段：无要求。第二学段提出"学习修改习作中有明显错误的词句""根据表达的需要，正确使用冒号、引号等标点符号"。第三学段提出"修改自己的习作，并主动与他人交换修改，做到语句通顺，行款正确，书写规范、整洁""根据表达需要，正确使用常用的标点符号"。可见，《课标》重视习作的修改，同时根据学情与年龄特征，做了阶段学习任务部署。各个学段的修改，带有本学段的特征，服务于本学段习作教学目标，并能形成螺旋上升的总体发展态势。

　　配合《课标》编撰的小学语文教科书，在各年级的习作教学板块也对"修改"做出具体的指示，实现了"修改支架"的全面覆盖。梳理统编教科书习作修改要求，如下表：

册数		习作题目	修改要求
三年级	上册	1. 猜猜他是谁	读给同学听，看看他们能不能猜出你写的是谁。
		2. 写日记	坚持写下去，你一定会大有收获。
		3. 我来编童话	写完之后小声读一读，看看句子是否通顺。
		4. 续写故事	写完以后小声读一遍，用学过的修改符号把有明显错误的地方改过来。和同学交流习作之后，说说你更喜欢谁写的故事。
		5. 我们眼中的缤纷世界	写完后，把你认为写得好的部分读给小组同学听，展示你的观察所得。交流习作之后，试着用一句话说说最近的观察感受，和同学分享心得。

续 表

册数		习作题目	修改要求
三年级	上册	6. 这儿真美	写好后自己读一读，改正错别字。然后读给同学听，和同学分享你发现的美景。
		7. 我有一个想法	写好以后读给同学听，看看他是否明白你的想法，再问问他对这个问题有什么看法。
		8. 那次玩得真高兴	写好大声读一读，看看你写的内容有没有表达出当时快乐的心情。和同学交流习作，如果有让同学看不明白的地方，可以试着修改一下，让别人更明白。
	下册	1. 我的植物朋友	写完后，把自己的习作读给同学听。写同一种植物的同学还可以一起交流。
		2. 看图画，写一写	写完后，同学交换习作读一读，互相评一评：图画的内容是不是介绍清楚了？有没有错别字？根据同学的意见修改习作。
		3. 中华传统节日，写一写过节的过程	展示活动成果，本组同学可以补充，其他小组的同学可以提问，最后评一评哪个小组的活动开展得好。
		4. 我做了一项小实验	写完后，交换读一读，再评一评：实验过程是否写清楚了？有没有用得不合适的词语？
		5. 奇妙的想象	写完后，可以交换习作。说说自己最喜欢同学写的什么内容，什么地方需要修改。
		6. 身边那些有特点的人	写完后取个题目，用上表示人物特点的词语。如果有可能，还可以给你写的那个人看看，听听他的评价。
		7. 国宝大熊猫	写完后，自己读一读，看看还需不需要补充新内容。如果有不准确的内容，试着用学过的修改符号改一改。可以跟同学交换习作，互相检查一下对大熊猫的介绍是不是准确。
		8. 这样想象真有趣	写完后，用学过的修改符号修改自己的习作。

续　表

册数		习作题目	修改要求
四年级	上册	1. 推荐一个好地方	写完后，自己先读一读，看看有没有把这个地方介绍清楚，有没有把推荐理由写充分。再读给同学听，请他们提出修改建议。
		2. 小小"动物园"	写好了读给同桌听，看看有没有不通顺的句子；回家读给家人听，请他们评评写得像不像。
		3. 写观察日记	整理观察日记，在小组内分享。评一评，谁观察得细致，内容记得准确。
		4. 我和＿＿过一天	写完后，听听同学的意见，认真修改，最后誊写清楚。
		5. 生活万花筒	写完后，读给同学听，请同学说说这件事是否写清楚了，再参考同学的建议修改。
		6. 记一次游戏	写好后，给习作拟一个题目，最好能反映自己的感受。然后，自己读一读，用修改符号改正其中的错别字和不通顺的句子，最后誊写清楚。
		7. 写信	写好的信要寄出去，还需要有信封，和同学交流一下写信封的注意事项。
		8. 我的心儿怦怦跳	写完后先修改，再誊写清楚。
	下册	1. 我的乐园	写完后，把习作读给同学听，让他们也来感受你的快乐。
		2. 我的奇思妙想	写完后，把习作读给同桌听，请同桌说说你是否写清楚了。
		3. 我的动物朋友	写完后，同桌互相评一评，看看是否根据需要写出了动物的特点。
		4. 游＿＿	写完后，与同学交换习作，互相看看游览的顺序、景物的特点是否写清楚了，并提出修改意见。
		5. 我学会了＿＿	写完后，读读自己的习作，改一改不通顺的地方，和同学互换习作，看看学习的过程是否写清楚了。
		6. 我的"自画像"	写完后，读给家人听，请他们说说哪些地方写得像，哪些地方不像，再根据他们的建议改一改。
		7 故事新编	编完后，可以配上插图，把习作贴在教室的墙壁上，大家一起分享这些有趣的故事。

册数		习作题目	修改要求
五年级	上册	1. 我的心爱之物	办一期"我的心爱之物"习作专栏，贴上习作和图片，和同学分享。
		2."漫画"老师	写完后，可以读给你写的老师听，问问他对你的习作有什么意见或建议。
		3. 缩写故事	缩写完成后，与原文比较一下，看看故事是否完整，情节是否连贯，语句是否通顺。
		4. 二十年后的家乡	写完后，跟同学互换习作，提出修改建议，再根据同学的建议认真修改习作。
		5. 介绍一种事物	写好后，与同学交流分享。如果别人对你介绍的食物产生了兴趣，获得了相关知识，你就完成了一次成功的习作。
		6. 我想对你说	信写好后，可以装在信封里送给爸爸妈妈，也可以使用电子邮件发给他们。
		7. _____ 即景	写好之后读一读，看看是不是写出了景物的变化，对不满意的地方进行修改。
		8. 推荐一本书	写好后，把自己的习作读给同学听。大家交流一下，看谁的推荐能够激发起其他人阅读的兴趣。
	下册	1. 那一刻，我长大了	写完后和同学交流，看看有没有把"那一刻"的情形写具体，根据同学的意见进行修改。
		2. 写读后感	写完后读一读，看看有没有把自己的感想表达清楚，再和同学交流。
		3. 他___了	写好后，和同学交流，看看有没有把人物当时的表现写具体，反映出他的内心，然后对不满意的地方进行修改。
		5. 形形色色的人	写完后，和同学交流，看看有没有具体地表现人物的特点，再根据同学的意见进行修改。
		6. 神奇的探险之旅	写完后，认真修改自己的习作。
		7. 中国的世界文化遗产	写完后，和同学交流，互相评一评介绍得是否清楚，再根据同学的意见修改。
		8. 漫画的启示	写完后，同学互换习作读一读，看看从漫画中获得的启示是不是写清楚了，再根据同学的建议修改。

续　表

册数		习作题目	修改要求
六年级	上册	1. 变形记	写完后，和同学交换习作，看看他们对你的"世界"是不是感兴趣，再根据意见修改自己的习作。
		2. 多彩的活动	写完后读给同学听，根据他们的建议，用修改符号修改自己的习作。
		3. ____让生活更加美好	写完后，开展一次"共享美好生活"主题班会，与全班同学分享各自的心得体会。
		4. 笔尖流出的故事	写完后，在班里开一个故事会，说说你最喜欢的故事。
		5. 围绕中心意思写	写完后，请同学读读，看看他能不能体会到你写的中心意思。
		6. 学写倡议书	根据倡议的对象，将倡议书发布在合适的地方，如校园的公告栏、小区的布告栏、网络论坛。
		7. 我的拿手好戏	写完后读一读，看看是否通顺，重点部分是否写具体了，再改一改。
		8. 有你，真好	写完后读一读，看看是不是把事情写具体了，是不是融入了自己的情感，如果有可能，把这篇习作与文中的"你"分享。
	下册	1. 家乡的风俗	写好以后和同学分享，根据同学的意见进行修改、完善。如果有条件，可以将全班同学的习作集中在一起，变成一本民俗作品集。
		2. 写作品梗概	选择你读过的一本书写梗概。写好以后读给同学听，看他们是否能明白书的大意，然后根据他们的反馈，对没写清楚的地方进行修改。
		3. 让真情自然流露	写完后，和同学交换读一读，互相说说哪些地方较好地表达了真情实感。
		4. 心愿	写好以后认真读一读，用修改符号修改不满意的地方，使语言更加通顺、流畅，意思更加清楚、明白。
		5. 插上科学的翅膀飞	写好以后和同学交流，看看谁写的科幻故事奇特而又令人信服。

　　根据此表，对照《课标》，结合具体教学实践，我们对其做如下三方面的思考。

一、"修改要求"的教学匹配分析

微观比对，统编教科书各册习作修改要求与《课标》呈"紧密配合"状态。统编教科书就是依据《课标》编撰，其中提出的具体学习任务，罗列的各项学习指令等，都对应着《课标》，且成为《课标》中较为笼统要求的细化分解。这些细致的要求，最后也成为教学实践中的行动指南。

习作教材中涵盖的修改要求，在编撰总思路的指导下，在各册的具体要求中向《课标》靠拢，实现与目标的紧密配合。这样的编撰让教学后"达标"得到更大程度的保障。例如三年级上册的《续写故事》，修改要求提出："用学过的修改符号把有明显错误的地方改过来。"此条要求明晰地提出"修改明显错误"，对应着《课标》。五年级上册的《二十年后的家乡》修改要求提出："和同学互换习作，提出修改建议，再根据同学的建议认真修改习作。"此条要求强调"同伴互换"的修改意识培植，促进互改能力的形成。六年级上册的《我的拿手好戏》也提出："写完后读一读，看看是否通顺，重点部分是否写清楚了，再改一改。"这一极其细致的修改要求，对"通顺""重点突出"做了强调。以上列举的修改要求属于明晰、公开、直接地与《课标》呼应。

如四年级上册《生活万花筒》，修改时提出："读给同学听，请他说说这件事是否写清楚了，再参考同学的建议修改。"六年级上册的《围绕中心意思写》，提出："与同学交流，看他是否能找出你表达的中心意思。"这些要求从读者角度关注了"表达的需要"。这一类的要求需要作者在修改时调整写作方向，明确表达意图，之后借助行文中的语言内容、标点符号等细节来实现。此类要求较为隐蔽，指向《课标》目标内涵的隐性配合。

宏观而言，统编教科书各册习作修改要求与《课标》习作学段目标呈现"集中指向"状态。以第二学段习作教学目标为例。《课标》提出的教学关键点在于"乐于表达"。要达到快乐，就要有自信，要在宽松的心境中表达。因此《课标》在这一学段分项列出"乐于书面表达，增强习作的自信心"以及"不拘形式表达"等指导意见。可见，在《课标》所设定的习作起步阶段，表达中的"形式自由""心态舒畅"，即是需要确保的基础，也是值得努力的方向。在这一理念的指引下，第二学段习作教学，应注重让学生大胆"写出来"，努力"写清楚"，同时乐于主动与他人分享。写作情志、意识的培植，在这一学段的教学中成为关键。第二学段的目标达成涉及习作的基础能力，也关乎着未来的持续提升，尤其需要得到教科书编撰者的注意，并在教材呈现的细节中凸显。

修改要求在这一大方向上努力与《课标》保持一致，集中指向目标的达成。例如，关于"快乐自由的表达情态"三年级上册的《那次玩得真高兴》的修改要求为"写好后大声读一读，看看你写的内容有没有表达出当时快乐的心情；和同学交流习作，如果有让同学看不明白的地方，可以试着修改一下，让别人更明白。"此条中的"大声读"，培植了作者的自信心，增强了作者本人对作品写就后的自豪感，同时也极为有助于提升作品质量。"大声读"，就是叶圣陶先生指导叶至善等子女的修改"秘方"，经过实践证明，有利于作者发现文章中不够"通顺""达意"之处。而要求中的"是否表达出当时快乐的心情"则更为直接作出"表达快乐"的提示，邀请同伴在互评互改中协助达成，让快乐的氛围在修改中被传递、被分享。又如四年级上册《写观察日记》中的修改要求为："小组内分享，评一评，谁观察得细致，内容记得准确。"要求提出以"小组合作"的形式互评互改，修改的形式能营造愉悦的评改氛围，也能让习作水平在同伴互助中得到提升。同时"谁观察得细致，内容记得准确"则引入了游戏精神，竞赛感觉，增强了互动性，叠加了快乐的体验。可见，修改要求有助于第二学段的"写出来"与"写清楚"的目标达成。

再看第三学段的习作目标。本学段侧重于"学会表达"。具体包括：学习表达目的。如《课标》中提出"懂得写作是为了自我表达和与人交流"；学习文体表达。如《课标》中提出"写简单的记实作文和想象作文"；学习主动表达。本学段目标中最为隐蔽却也属于核心部分的就是引导、鼓励学生在习作实践中，逐步从"要我写"到"我要写"的状态转变，从"自由写"到"学习写"的能力提升，在写作主体的主观能动下，主动表达，并在表达中更为自觉地发展自我。例如《课标》中提出"有意识丰富自己的见闻，珍视个人的独特感受"等，倡导习作主体在观察等写作实践中更加主动。总体而言，第三学段的习作要注重"学会写"，要将自己的内心的意思清晰、具体、真实地表露出来，在文字中展示个人的独特见解、感受，融入情感。

例如五年级上册的《＿＿即景》修改要求为："写好之后读一读，看看是不是写出了景物的变化，对不满意的地方进行修改。"特别关注要求中提出的"写出景物变化"。本单元习作目标就是"学习描写景物的变化"。可见这一修改目标就是本次习作的核心目标，"写出变化"必须在习作中去体现，还要在修改环节进行确保。又如五年级上册的《缩写故事》，修改要求提出："与原文比较，看看故事是否完整，情节是否连贯，语句是否通顺。"这一修改要求中提出了写作的专业术语——故事的情节。在缩写这一特殊形式的习作中，学生要学习的就是"缩写的方法"。从更大的范畴看，还应该关注故事的情节把握，要完成本单元学习目标中的"提取主要信息"的任务。作为故事而言，情节就是最为主要的信息。这可以视为更为上位的学习内容。修改要求虽然只是提及"比较"，使用"看看"这样的轻描淡写的词汇来阐述指令，但在教学实践中务必注重落实，这是对本学段"学习写"特质的强化。

二、"修改要求"的教学运用阐释

习作是一个系统完善的整体工程，分为预写、起草、修改、校正、发表五个环节。其中的修改环节尤为重要，在很大程度上对文章品质起到决定性、逆转性作用。俄国作家契诃夫就将修改直接定义为"写作的艺术"。他认为写作的实质就是"删去写得不好的东西的艺术"。这句话的直白解释就是"好文章是改出来的"。我国历代作家也尤其注重修改，留下不少传奇佳话。最有名的估计是贾岛的"推敲"与王安石的"春风又绿江南岸"，已成为修改上的公案。修改的重要性不言而喻，修改本身也是写作的核心能力，是一道不可或缺的"工序"。

较之其他版本，统编教科书对"修改要求"设计编撰的重视，更是让人欢欣鼓舞，感受到编撰者对写作学科高层次的专业认知。习作板块中"修改支架"的全覆盖，无疑是给了习作教学中"客观忽略"与"主观回避改"以当头棒喝。至此，"要不要改"已无须讨论，定性为习作教学的公知。而"怎么改"也逐步明朗化。教科书中直接提出修改要求，同时设计了"自读自改""同伴互改""家人辅改""读者专改""公众示改"等各种形式，让"怎么改"有了明确的操作路径。小学生改作文，是需要指导，或者说需要明确指示的。如郑桂华教授所说："学生在写作文的过程中虽然伴随着一定的反思与修正活动，但这种意识和能力都不够，所起的作用也不大。因为初学写作的人，对什么是好文章、应该怎么写，缺乏客观的衡量标准，较难做出合理判断。"① 此时，教科书中的修改要求，无疑让改的意义被凸显，让修改成为习作提升的"脐带"，一端连着作者，一端连着写作，经过改，习作水平不断提升。

根据教科书修改要求，在习作教学中的修改教学环节，可以有三类设计。

其一，依序而行。根据教科书的设计，按部就班执行教学，将修改纳入习作原有的流程中。例如统编四上第六单元习作《记一次游戏》。教材提出的习作序列非常明确：游戏前你做过哪些准备？游戏中你做了什么？印象比较深的是什么？游戏后你有什么想法和感受？教学时，先让学生按照设定序列写出来。之后再根据教材提出的"写好后给习作拟一个题目，能反映自己的感受"完成初步起草。紧接着，再次根据教材

① 郑桂华. 作文的批阅与讲评［J］中学语文教学，2011（3）：25—26.

的设定，进入"读一读，用修改符号改正其中错别字和不通顺的句子""誊写清楚"，全面完成整个习作流程。类似这样的直接使用，在第二学段习作教学中比较常见。

教材中提出修改要求，就是给教师和学生重要的提示：不要以为写完草稿就是完成习作。不断修改，不断校正，最后誊写、发表，都是习作"一整套"流程之内的。而流程的完备，也为习作目标达成提供了可靠保障。

其二，情境创设。修改，光是提出要求还不够，有时候需要借助教材，创设情境，将习作安置在特殊的习作任务中，让改成为作者自觉的需要。以统编四年级下册第七单元习作《我的"自画像"》为例，当学生以陈旧的套路，再次写下笼统的"自画像"时，应充分借助教材提示予以提醒：这一次的"自画像"，可是有特殊功能的。班级中有个"新来的班主任"，他要了解同学，才请大家写"自画像"。设想一下，在此情境中介绍自己，该突出的是什么呢？难道还是"水汪汪的大眼睛"，还是"能说会道的嘴"。当然不是。在此情境中，自画像要完成"优先被认识"的功能。修改时，可以在两方面下功夫：第一方面，可以突出自己的特长，向新班主任展示自己能为班级所做的贡献，让班主任优先使用自己，重用自己。第二方面，表露自己的薄弱，让新班主任知道自己的缺点，优先认识自己，提供帮助。情景的创设，习作任务的明晰，让修改有了明确的方向，也使文章更符合写作任务的需要。

其三，读者介入。教材是既定的，设计是活络的。二者碰撞会有无穷的灵感。教学时，还可以根据写作教学上一些专业元素予以设定。例如，可以为文章设定"专属读者"对习作进行检视，让修改更有方向。以统编五年级上册第八单元习作《推荐一本书》为例。第一轮习作，学生会大而泛之地写下一本书的优点，以为这样就能推荐成功。此时，可以让一个特殊的读者介入——不爱读书的同学。让其作为这篇文章的指定读者，听一听泛泛而谈的推荐语，看一看能不能引发"阅读的兴趣"。本单元习作目标为"根据表达的需要，分段表述，突出重点"。可见，兴趣的激发是教材中明确提出的习作目标，是此次习作的"表达意图"。有了这样一个特征性很强的读者介入，作者一下子明白过来，大而泛之的推荐是起不到任何作用的。不爱读书的读者，无法在这样没有诱惑力的文字中获得阅读兴趣。更不要说，阅读的书可能难度大、内涵深、耗时长。于是，作者会在书目选择上重新考虑，会在推荐语言上重新斟酌，同时会在文章的发表形式上重新设定。例如，用短小的微信文，配合图画，组成"图文并茂"的推荐；又如，设计成一个游戏，让其参与到书本所提及的游戏中，先产生兴趣，然后再迁移到阅读上。读者介入，为修改带来全新思路，提升了习作的品格。

三、"修改要求"的优化改良建议

最直接的建议："过程化"研制。统编教科书习作板块中罗列"修改要求"，确实对"要不要改"做了明确指示，也对"如何改"提出了指导意见。但落实到具体教学实践中时，还可以细化，给出"究竟怎么改""改到什么程度"的意见。真实的学情是，学生需要"流程清晰的过程指导"，而不能直接给"描述结果的终极指令"。在习作过程中，不同学情的学生依然会遇到许多的盲点，如果教科书中的要求能更多服务学习，基于学情，给予清晰的指令，无疑将更加亲和，更显实效。相反，笼统的指令有可能导致修改要求的落空。

例如上文说到的《缩写故事》，要求中提到要与原文比较，要看看故事是否完整，情节是否连贯，语句是否通顺等。这些都是对修改的结果描述。但在修改时学生会遇到真正的疑惑：故事要完整，情节要连贯，如何操作，怎样修改，改到什么程度？我们可以在修改要求上设定几个流程。第一，圈画出原文故事中的人物、事件起因、经过、结果等，在缩写后的故事中查看、比对，检查与修改，确保完整保留；第二，在原文情节的几个关键节点上做记号，在缩写的故事中比对，确保节点存在，并使用连接词让其通畅地表达。带有"过程化"的修改要求，能让学生在具体修改时有法可依，能为修改提供切实有力的帮助。

最重要的建议："方向性"调整。郑桂华教授在《基于语文核心素养的小学写作教学思考》一文中指出："在建构书面语表达机制的各项要素中，也存在一个先与后，主与次，核心与边缘的问题。帮助学生建立对书面语言的亲近感、运用书面语言的成就感，就比掌握句式和修辞手法重要；让学生把大体意思、大致经过介绍清楚，就比文从字顺重要；引导学生将阅读中获得的语感、阅读中积累的语言模型转化为书面表达能力，就比准确记忆某个标点符号的作用、正确区分'的''地''得'重要。"① 这段阐述带来修改方向调整的重要启示——修改应力争"上游"：改在预写时的构思，改在对文章的整体布局，改在对材料的选择与运用等"上游"环节。

之前的修改，大多瞄准文字调校，在写作后进行人为的美化，周子房博士形象地称其为"治病式教学"②。仅止于此的修改处于"下游"——纠缠文字表达的对或错，美或丑，优或劣，期待通过修改抵达对文字美化的追逐。改文字细节，更类似于"校正"，不是修改的核心环节，不应在修改中耗时太多。对文字的推敲与打磨，更适合于一个成熟的作者，或者说有较多阅读历史，生活阅历，表达经验的写手。对于学生而言，过早的进入推敲琢磨，会耗损表达热情，导致对文章构思的忽视，无法抵达写作的上游环节，无法形成对文章整体布局，宏观设计的真正的写作意识。③

例如统编六年级下册第四单元习作《心愿》的修改要求为："写好以后认真读一读，修改不满意的地方，使语言更加通顺流畅，意思更加清楚明白。"这与第二学段的修改要求极为接近，未能体现第三学段最

---

① 郑桂华. 基于语文核心素养的小学写作教学思考［J］. 语文教学通讯（小学），2017（7－8）：6.

② 周子房 于龙 邓彤. 写作教学内容三人谈［J］. 语文教学通讯（小学），2015（7－8）：114.

③ 何捷. 教得上位才教得精彩［J］. 小学语文教学，2017（12）：6－7.

后一个学期的修改层次。本单元的习作要求是"习作时选择适合的方法进行表达"。修改不妨瞄准目标，从"文体的选择"入手，让这一次的修改更加契合目标，与其他的修改区别开来。在这样的修改方向上，学生可能会改为以书信的方式表达，或者将心愿以短信息的方式传递，也可以将心愿写成小小的便利贴，或者写成诗歌……同时，面对不同的读者表达心愿，使用的文字风格也应有所不同。修改要求还可以提示学生"研究读者，采用不同的语言"。这样的修改要求，让习作真正起到传情达意的功能。

最大胆的建议："一体化"设想。上文摘选了《课标》第一、二、三学段中对"修改"的专项要求。修改虽然已成公知，但细读《课标》发现问题依然存在。《课标》对修改的宏观要求也存在"断档"现象。例如第一学段的"无修改"要求，因空缺而造成的硬伤，不免让人遗憾。在"写话"时，就不注重意识的植入，错失修改培养的第一黄金时间。再如，第二学段提及针对"明显错误的词句"进行修改，将修改锁定在文字表达的结果层面，导致修改时对文章的立意、选材、布局等基本写作意识缺乏重视。我们常将此归因于"第二学段重在写段"上，其实张志公先生早就提出"麻雀虽小五脏俱全"的观点。张志公先生曾为姚德先生发表的《段落教学》写过序言，阐述了段落写作训练的重要性："一段话不连贯，疙疙瘩瘩的，前言不搭后语，自相矛盾，这样组成的一篇文章，怎么可能是好文章呢？能够写好一段连贯的话，正误优劣以至趣味风格都显示清楚了，几乎可以断言，也一定能写好一篇。"即便可以等待吧，然而在第三学段中，《课标》依然没有予以弥补，只是模糊地提出"修改自己的习作""主动与他人交换修改"的要求。针对修改的结果指标，也只是提出"语句通顺，行款正确，书写规范、整洁"等，其实，这些要求在第二学段习作中已经在训练了。

可见，从《课标》的宏观层面上，缺乏对"修改"提出细化要求，做出层级化推进。固然这不属于"教科书习作修改要求"范畴，但因《课标》对教科书影响巨大，因此我们给出的第一个建议就是：注重修改《课标》中各学段习作的目标，做好承接性强，推进度明确的要求，让修改成为"写话""习作""写作"三位一体的目标。例如：第一学段的修改重在"启蒙意识"的形成，每次写都提示学生"改一改"；第二学段，可以在文字通达上提出修改要求，让"写清楚"经由改得到落实；第三学段针对"学会写"，在修改上配合提出注重文体特征的清晰，表述过程的细腻，情感表达的融洽的要求，根据表达目的整体调整文章。

"习作例文"中"批"和"注"的教学侧重点

统编教科书三年级上册开始到六年级下册为止，每一册都安排了专属的"习作单元"。此单元为统编教科书的特殊单元，是每一册教材教学的重点单元，凸显了习作在小学语文教学系统中不可或缺的地位，显示了统编教科书的编者对习作教学的认识与重视。这无疑是统编教科书相对于其他版本教科书的一大特色。习作单元的位置相对固定，除六年级下册因为单元总数减少而安排在第三单元之外，其余都在第五单元。在单元导读页面，用"一支笔"作为图标进行识别。

一、习作单元基本认识

习作单元的编排体例是比较固定的。单元导语中列出单元学习目标，目标中有关于精读课文的学习目标，也有专门指向习作的学习目标。其实，习作单元的课文学习就是为了习作顺利，因此二者可以在"表达"这一关键动词上实现统一。同时，非常关键的"交流平台"，对本单元习作方法进行梳理与总结。"初试身手"类似小练笔，让表达的频率增加，花样变化。最具特色的就是"习作例文"，选编两篇，配合批注，积累语感，展示成品。纵观每一组习作单元都能发现，两篇课文与两篇习作例文共同为"写出习作"打基础、给示范、做引导。例如三年级上册习作单元的学习目标是"体会作者是怎样留心观察周围事物的"，选编的课文就是《搭船的鸟》《金色的草地》，都与"留心观察周围事物"有关。再如五年级上册的习作单元学习目标中有"阅读简单的说明性文章，了解基本的说明方法"，课文就编排了《太阳》《松鼠》，都是说明性文章，都使用了基本的说明方法，但语言风格有所不同，同时提供给学生学习，能更为全面地了解说明文的特点。

同时我们还发现，不论是"课文"的编排，还是"单元学习目标"的设定，或者是二者的匹配，都在《课标》的阶段目标统摄下进行，都与不同学段的教学目标极为吻合。例如，第二学段《课标》的习作目标中提出："能不拘形式地写下见闻、感受和想象，注意表现自己觉得新奇有趣的或印象最深、最受感动的内容。①"三年级下册习作单元就编排了《宇宙的另一边》《我变成了一棵树》，教科书中的学习目标就设定为："走进想象的世界，感受想象的神奇"；第三学段《课标》的阅读教学目标中提出"阅读说明性文章，能抓住要点，了解文章的基本说明方法。②"对应安排的习作单元，就要求用说明方法"介绍一种事物"。第三学段《课标》中的习作教学目标提出："养成留心观察周围事物的习惯，有意识地丰富自己的见闻，珍视个人的独特感受，积累习作素材。③"六年级上册习作单元的课文部分就选编了《夏天里的成长》和《盼》，教科书中提出的学习目标就是"体会文章是怎样围绕中心意思来写的"。六年级下册的习作单元学习目标就是"体会文章是怎样表达情感的"，配合编排了《匆匆》和《那个星期天》。课文、学习目标、《课标》要求三位一体，协同互助，让学生在习作实践中能做到目标清晰，方向明晰，学练一体。

---

① 中华人民共和国教育部. 义务教育语文课程标准（2011 年版）[S] 北京：北京师范大学出版社，2011.7.

② 中华人民共和国教育部. 义务教育语文课程标准（2011 年版）[S] 北京：北京师范大学出版社，2011.7.

③ 中华人民共和国教育部. 义务教育语文课程标准（2011 年版）[S] 北京：北京师范大学出版社，2011.7.

二、例文中"批注"的重点关注

习作单元中的"习作例文"中，无一例外，都出现了批注。《现代汉语词典》对批注的解释为：作为动词，加批语和注解。同时，还可以作为名词，指批评和注解的文字。《辞海》对"批注"的解释是：评定、审定。统编教科书四年级上册第六单元"交流平台"中，提出"批"和"注"的差别。"批"更多指用文字写下读者的理解、体会、感悟，对文本进行解释、补白、拓展、指引。"注"更多指在阅读中进行点、圈、画、写等，以符号标注出文本中的重要信息。从小学一年级起，学生就在学习中开始"注"，而"批"则需要学习。习作例文中的"批注"，是以"批"的方式呈现。

例文中的批注，都属于旁批，也叫侧批，将批语写在正文的侧边。批注不是独立于文本存在，而是要与文本一同研读。批注，也称之为"副文本"。法国作家热拉尔·热奈特在 1987 年出版的《门槛》一书中提出十三类的"副文本"，例如：作者名、标题、插页、献词和题记、序言、内部标题、提示等。"批注"就是其中之一。热奈特阐述了"副文本"的主要功能："它们包围并延长文本，精确说来是为了呈示文本……保证文本以书的形式在世界上在场，'接受'和'消费'。其美学意图不是要让文本周围显得美观，而是要保证文本命运和作者的宗旨一致。没有副文本的文本是不存在的。"①可见，批注在生成之后，就和原文本形成一体化的理解结构，是解读原文本的重要参考。在阅读时，首先被关注和阅读的是文本本身。而批注作为副文本出现后，读者需要认真阅读，并结合不同的生活经验，阅读理解去接受文本以及副文本带来的不同阐释。文本的开放性，加上批注赋予的全新解读，使得批注在作

① ［法］热拉尔·热奈特著，史忠义译. 热奈特论文选·批评译文选［M］. 河南：河南大学出版社，2009：58－59.

者、读者、批注者三者之间构成了对正文本更加充分和精准的认识，完成了一次全新的意义建构，这类似于一次再创作。

批注，是阅读时的一种行为，也是一种独特的阅读方法。历史上著名的批注都让原作更丰富。例如金圣叹评点的《水浒传》，毛宗岗评点的《三国演义》，脂砚斋评点的《石头记》等。批注融入语文学习，发展为"批注式阅读"，更加强调批注者的评价、鉴赏、体悟，体现阅读者对文本的第一直觉审美，真实主观评价，批注在回应文本召唤的同时，赋予文本全新的生命。

批注并不是随意发几句牢骚，而是体现阅读素养的全新创造。批注时要调动读者的内驱力，打破读者与文本之间的隔阂，让读者直面文本与之进行正面对话。语文学习中的批注还能有效锻炼学生的思维，通过对文本的欣赏、质疑、感悟、关联、推断等，摒弃阅读时的一味接受，拒绝思考的惰性，以个性化的解读结果实现对文本意蕴的再创造。统编三至六年级教科书八次习作单元的具体内容如下表。

分析此表内容可知，习作例文中的批注大致有三种，第一种为分享型。批注者和学生分享阅读习作例文的感受、情绪体验等。第二种为指导型。批注重点突出对本次习作的要点、难点的指导，以简洁的语言提示读者予以关注，看到文本中最需要看到的关键之处。第三种为质疑型。针对文本进行质疑，有的疑惑指向文字表达方式，有的疑惑指向语篇的结构奥秘等。质疑是为了引发学生发现例文中蕴藏着写作密码。例如三年级习作例文《我家的小狗》中，编者就做了两处批注：其一，作者观察得真仔细，他发现"王子"学"狗"的时候叫得最欢；其二，"王子"竟敢跟火车赛跑，真有趣。第一处批注指示内容的独特性。第二处批注指出意境的趣味性。两处批注都在和学生分享阅读时的感受，引发学生的表达兴趣。六年级上册习作例文《爸爸的计划》中的批注，第一处为："罗列爸爸给每个人订的计划，突出了爸爸爱订计划的特点。"指向对文本具体内容的关注；第二处为："两个典型的事例，让人印象深刻。"批注者分享者阅读的感受。第三处为："订暑假计划这个事例，

册次	单元教学目标	课文篇名	例文篇名	每篇例文中配合的批注	单元作文题
第五册	1. 体会作者是怎样留心观察周围事物的；2. 仔细观察，把观察所得写下来。	《搭船的鸟》《金色的草地》	1.《我家的小狗》2.《我爱故乡的杨梅》	《我家的小狗》1. 作者观察得真仔细，他发现"王子""狗"的时时候叫得最欢。2. "王子"竟敢跟火车赛跑，真有趣。《我爱故乡的杨梅》1. 作者把杨梅的变化观察得这么具体，让人想亲自尝一尝它的滋味。2. 作者把杨梅的味道写得多仔细啊！	我们眼中的缤纷世界
第六册	1. 走进想象的世界，感受想象的神奇；2. 发挥想象，创造自己的想象世界。	《宇宙的另一边》《我变成了一棵树》	1.《一支铅笔的梦想》2.《尾巴它有一只猫》	《一支铅笔的梦想》1. 铅笔有了梦想……它会想些什么呢？2. 豆角、丝瓜和铅笔，都是细长的。铅笔想成为"长长的豆角""嫩嫩的丝瓜"，我觉得这样的想象很自然、合理。3. 铅笔想为小松鼠当标枪，为小猴子当标枪。它为什么会这样想呢？《尾巴它有一只猫》1. 猫有尾巴，尾巴怎么能有一只猫呢？2. 像这样反方向去想象，尾巴就能有一只猫了，真有意思！	奇妙的想象
第七册	1. 了解作者是怎样把事情写清楚的；2. 写一件事，把事情写清楚。	《麻雀》《爬天都峰》	1.《我家的杏熟了》2.《小木船》	《我家的杏熟了》1. 开头是通过"说否""数否"，介绍了杏好、杏多。2. 交代了事情的起因。3. 奶奶"打杏""分杏"的动作，语言写得很清楚。4. 结尾交代了奶奶"分杏"这件事对"我"的影响。《小木船》1. 事情是围绕"小木船"来写的。2. 简单介绍陈明和"我"是好朋友。3. 友谊破裂的过程写得很清楚。4. 这段话交代了"我"和陈明和好的过程。	生活万花筒

续 表

册次	单元教学目标	课文篇名	例文篇名	每篇例文中配合的批注	单元作文题
第八册	1.了解课文按一定顺序写景物的方法;2.学习按游览的顺序写景物。	《海上日出》《记金华的双龙洞》	1.《颐和园》2.《七月的天山》	《颐和园》1."来到有名的长廊",交代了游览的地点。2."走完长廊,就来到了万寿山胸下",过渡很自然。3."抬头一看""向下望",观察不同位置的景物时,视角也有变化。4.湖面静得像一面镜子,游船在湖面慢慢滑过,多美的画面! 《七月的天山》1.从高耸的雪峰,到峭壁断崖上飞泻下来的雪水,再到山胸下的溪流,写得很有条理。2.野花像锦缎、像霞光、像彩虹,真美啊!	游—
第九册	1.阅读简单的说明性文章,了解基本的说明方法;2.搜集资料,用恰当的说明方法,把某种事物介绍清楚。	《太阳》《松鼠》	1.《鲸》2.《风向袋的制作》	《鲸》1."近四十吨重""约十八米长",用词非常准确。2.通过作比较,列数字。鲸的庞大就感受可见了。3.这段话具体描述了不同种类的鲸的食物类型和捕食方式。4.很形象地写出了鲸的呼吸。 《风向袋的制作》1.首先介绍制作风向袋需要准备的材料和工具。2.用"第一""第二"等词语,有条理地写出了制作风向袋的步骤。3.运用列数字的说明方法,把制作过程写得更清楚。	介绍一种事物
第十册	1.学习描写人物的基本方法;2.初步运用描写人物的基本方法,具体地表现一个人的特点。	《人物描写一组》《刷子李》	1.《我的朋友容容》2.《小守门员和他的观众们》	《我的朋友容容》1.课文细致地描写了容容的动作。2.容容一天没有取到报纸就发脾气,来说明她取报纸的不容易,这个事例体现了她"忠于职守"。3.容容追问"我"的话,显露出她的天真、好奇。4.容容的动作、神态和她忍不住告诉"我"的话,突显了她的可爱。 《小守门员和他的观众们》1.课文对小守门员穿着的描写,符合他的身份;对他的守门动作描写,表现出他是个尽责的门员。2.课文描写了观众的外貌、动作或神态,表现了他们不同的特点。	形形色色的人

续 表

册次	单元教学目标	课文篇名	例文篇名	每篇例文中配合的批注	单元作文题
第十一册	1. 体会文章是怎样围绕中心意思来写的； 2. 从不同方面或选取不同事例，表达中心意思。	《夏天里的成长》 《盼》	1.《爸爸的计划》 2.《小站》	《爸爸的计划》 1. 罗列爸爸给每个人订的计划，突出了爸爸爱订计划的特点。 2. 两个典型的事例，让人印象深刻。 3. 订暑假计划这个事例，写得很具体。 《小站》 1. 小站的"小"，可以从哪些语句中看出来？ 2. 最后两段没有再写小站的"小"，这在表达上有什么作用？	围绕中心意思写
第十二册	1. 体会文章是怎样表达情感的； 2. 选择合适的内容写出真情实感。	《匆匆》 《那个星期天》	1.《别了，语文课》 2.《阳光的两种用法》	《别了，语文课》 1. 用几个具体事例写出了"我"对语文课的情感变化，读起来非常真实自然。 2. 这段独白，更加直接而强烈地表达了心情。 3. 写告别语文课，可能有很多事情可写，这里选择了老师留言和同学送书两件事，把心气与心情显示出来。 《阳光的两种用法》 1. 通过讲述母亲想地把"老阳儿"叠在被子里的事情，作者的情感自然地流露出来。 2. 作者反复提到的"老阳儿"，起到了贯穿全文情感脉络的作用。	让真情自然流露

写得很具体。"这是针对写作要点进行提示。三年级下册的《一支铅笔的梦想》第一处批注为："铅笔有了梦想……它会想些什么呢?"提出质疑的同时,引导学生跟着问题往下阅读,问题本身就像写作时的构思,借助问题这一支架,完成对文章内容布局的设计。第二处批注为:"豆角、丝瓜和铅笔一样,都是细长的。铅笔想成为'长长的豆角''嫩嫩的丝瓜',我觉得这样的想象自然、合理。"此条批注以分享阅读体验的方式,揭示文本中想象自然、合理的特色,暗藏着对写作的指导。第三处批注依然提出质疑"铅笔想为小松鼠当撑竿,为小猴子当标枪。它为什么会这样想呢?"指导学生学会在行文构思时"提出问题",之后"回答问题",依次完成习作。

三、例文中"批注"的教学运用

习作例文带有批注,在教学中具有三大功能。

第一,透露隐蔽的编撰意图。习作例文中的批注是编者写下的。毫无疑问,批注内容体现着编写的意图,并对本次习作要点做出了重要的指导。编者精心选择了例文,但还有许多"话"无法说出,正好借助批注来实现与学生的"对话"。文章中一些藏而不露的文本秘妙,需要借助批注透露。例如《我爱故乡的杨梅》批注中写道:"作者把杨梅的味道写得这么具体可感,让人想亲自尝一尝它的滋味。"此处的"具体可感"就是文本最妙之处,又是学生容易忽略的地方,编者就借助批注显露出来。还有一些是言之未尽的,也需要借助批注尽情道出。例如《七月的天山》中的批语:"野花像锦缎、像霞光、像彩虹,真美啊!"对这些优美词句的欣赏与积累,借助批注再次提醒,以免学生身在宝山而错过宝藏。有些批注针对的是写成这篇文章最为关键的,需要指明之处,依然通过批注的方式"亮剑"。例如《鲸》一文中的"'近四十吨重''约十八米长',用词非常准确""通过作比较、列数字,鲸的庞大就具体可感了",都属于直接指导学生掌握说明的基本方法和具体的使用技巧。

批注，可以看作是编者和学生的对话，也可以看作是编者代文本和读者的对话，批注就是教师备课时的研究要点，也是学生学习的重点。

第二，遏制对例文简单模仿。美学大师朱光潜总结学习写作的经验说："我们不必唱高调轻视模仿，古今大艺术家，据我所知，没有不经过一个模仿的阶段的。第一步模仿可得规模法度，第二步才能集合诸家的长处，加于变化，造成自家所特有的风格。"① 模仿对于学习写作而言，是必经阶段。这也是统编教科书编撰习作例文的根本原因。但不少教师也发现，提供习作例文模仿是"双刃剑"，学生喜欢直接拿来，照抄或者进行套写，导致全班写作千篇一律。例如，三年级下册习作单元要求写《奇妙的想象》，习作例文中有《尾巴它有一只猫》，喜爱此文的学生可直接套写《尾巴它有一只猴》《尾巴它有一只狗》，如此写作的成本是很低的。而增加了批注，能起到对简单模仿的遏制作用。以此文为例，批注中提示"猫有尾巴，尾巴怎么会有一只猫呢？"对文本中逆向构思做了点拨，同时还批下"像这样反向去想象，尾巴就能有一只猫了，真有意思！"鼓励学生激活思维，改变思考方向，掌握逆向构思的方法。习作例文的批注既指出"文本好在哪里"让学生有可欣赏之处，又指导"是怎么写出"的，让学生有可用的方法。这样一来就化解了对例文的野蛮与简单的模仿，破除了例文带来的思想禁锢，不沉沦于简单的套作。

第三，展示习作应有的过程。完成的习作是有必经过程的，大致分为构思、起草、修改、校正、发表五个环节。批注的出现，让学生对习作应有的过程有所认识，在习作的各个关键处让学生得到指导。例如习作例文《我家的杏熟了》中的批注分别为：开头通过"说杏""数杏"，介绍了杏好、杏多；交代了事情的起因；奶奶"打杏""分杏"的动作、

① 朱光潜. 朱光潜谈文学［M］合肥：安徽教育出版社，2006：144.

语言写得很清楚；结尾交代了奶奶"分杏"这件事对"我"的影响。四处批注有指导如何开头，提示学生要主动、简洁地亮出事件的；有交代了事件的起因，提示学生在"写清楚"一件事时，要注重对事件起因的表述的；还有对如何写清楚进行细节上的指导，教会学生从例文中学习"写清楚到底该怎么做"；最后一处批注还提示了文章的结尾该怎么写，让学生关注到结尾，重视叙述事件的完整性。四处批注让学生充分感受到文章从无到有的建构过程，让构思、起草的环节不至于笼统草率，在修改时也能有所侧重，对"写清楚"进行有的放矢的润色与加工。

认识了例文中批注的功能，在教学中我们能怎么用？

1. 在批注后再自行批注。习作例文中的批注，在单元学习目标的统领之下，指示着本单元习作的关键处，为习作提供可攀爬的支架。建议在教学中可以让学生细读批注，并跟随批注的指引再做批注，将教材编者提示的学习要点转化落实到个体的学习体验中。例如，四年级下册单元习作话题为《游____》，单元学习目标为"学习按游览的顺序写景物。"本单元习作例文《颐和园》的批注有四条："来到有名的长廊，交代了游览的地点。""走完长廊，就来到了万寿山脚下，过渡很自然。""抬头一看、向下望，观察不同位置的景物时，视角也有变化。""湖面静得像一面镜子，游船在湖面慢慢滑过，多美的画面！"教学时可以在这四处批注的指引下，让学生在《颐和园》原文中圈画出作者游览颐和园时所写到的各个不同的景点，再寻找从 A 景点到 B 景点的过渡语句，并将其圈画出来，与景点合并，列成表格。这样一来，就清晰地看见这一篇游记的写作框架，提取出习作例文中可用的写作模板，完成"学习按照游览的顺序写景物"这一目标中最核心的"学习"过程。之后，再根据所学，自己选定内容，设定游览顺序，选择过渡词，结合自己的游览经历完成游记。习作例文提供了写作框架与写作模板，批注指引我们寻找到这些核心用件。跟着批注做批注，习作的学习过程完整，学习意味浓厚，学得更为有效。

公园特点	美丽			
题目	颐和园			
开头	北京的颐和园是个美丽的大公园。			
脉络	顺序	地点	见闻	承接词
发展中间结构	1	长廊	柱子、栏杆、横槛上都有五彩的画、花木	进了、绕过、就来到
	2	万寿山脚下	佛香阁、排云殿	走完、就来、抬头
	3	佛香阁	树丛、屋顶、宫墙、昆明湖、游船、画舫、城楼、白塔	登上、站在
	4	昆明湖	堤岸、石、杨柳、小岛、十七孔桥	从……下来
结尾	颐和园到处有美丽的景色，说也说不尽，希望你有机会去细细游赏。			

2. 在批注中提取写作知识。教材编者精心选择并编撰的例文以及批注，提供的就是本次习作最为迫切需要的"知识干货"。批注中携带着本单元习作最核心的要义，提供着最精准的知识。在熟悉文本的同时，可以简洁地从批注中提取出这些知识，运用在习作实践中。例如六年级下册单元习作话题为《让真情自然流露》，本单元学习目标为"选择合适的内容写出真情实感"。在这一单元的习作例文《别了，语文课》中就做出三次批注："用几个具体事例写出了'我'对语文课的情感变化，读起来非常真实自然。""这段独白，更加直接而强烈地表达了心情。""写告别语文课，可能有很多事情可写，这里选择了老师留言和同学送书两件事，把气氛与心情突显出来。"研读这三次批注发现，第一条批注提出的"几个具体事例"，就对应着本次单元学习目标中"合适的内容"。什么是合适的内容？就是需要环节清楚，细节清晰的若干事例。也许例子数量多，但要从纷繁复杂的事例中选择，能具体描述的事例，有两三件足已支持表达。再如本单元学习目标中提出"表达真情实感"。第二、三两段批注就提供了表达情感的两种方式。第一种方式是

"用一段独白直接抒发情感",另外一种方式是"将情感夹杂在事件叙述过程中",一边叙述,一边注重环境、心境等描写,烘托气氛,表露心情。对批注的仔细研读,就可以让学生直接获取本次习作的知识干货。

3. 在批注的启发下从容实践。习作例文中附带批注的最大的意义在于让学生自觉获得帮助,化解习作难点,更加从容面对单元习作。统编教科书编撰习作单元的意图也正在于此。不论是精读课文的学习,还是习作例文的学习,都是为了最终达到"自能作文"的效果。因此在教学习作例文时,可以增加对批注的关注,让学生自主地探索关注中的写作指导信息,主动迁移到自己的实践中。例如四年级上册的习作例文《小木船》中的四处批注,很有特色:"事情是围绕'小木船'来写的""简单介绍陈明和'我'是好朋友""友谊破裂的过程写得很清楚""这段话交代了'我'和陈明和好的过程"。首先,这四处批注能让学生看清文章结构,明白"作者是怎样把事情写清楚的",有助于达到本单元习作学习目标"写一件事,把事情写清楚"。其次,《小木船》的四处批注中出现两次"我"字,而故事也围绕"我"和同伴陈明而展开,可见,"我"就是故事的"男一号",是事件的"当事人"。故事围绕着我的所见所闻、所思所想展开,在叙述事件的过程中,"我"和同伴都发生变化,逐渐明白道理。在完成本单元习作《生活万花筒》时,就可以从"我"的视角去叙述事件,分享感受。因为是写"我",所以更加直接,有更多细节,化解了旁观视角去写时的困难。再加上之前精读课文《爬天都峰》,也是从"我"爬天都峰的经历来组织材料,这都构成对学生习作关键能力的强化。借助批注,明确写作视角,让"写清楚"的目标更容易达成。

4. 批注与例文的教学联动。批注不是孤立地存在,是结合例文进行的。对批注的教学运用,自然也可以联动例文,形成互助合力。以四年级下册《游____》为例,分享教学片段,关注在教学中批注与例文的联动设计。

（1）学习范文中的开篇写法

师：接下来，具体该怎么写好印象呢？这个习作单元，课文与习作例文值得我们借鉴。例如《颐和园》，我们可以读读第一句，如何写印象，非常简单。

［课件展示］

北京的颐和园是个美丽的大公园。

生：直接写，"美丽"就是印象。

师：一开篇，就要简介明确交代"游览了什么地方"。请大家模仿习作例文，用最直接、最简单的词，在作文的开篇，写出对景物的最深的印象。

（生各自写开篇，略）

师：大家的印象，受到范文的影响，都是"美丽"。其实，如何表达印象，可以更个性一点。并不都是"美丽"哦。再看《七月的天山》，这么写。

［课件展示］

七月的新疆，最理想的是骑马上天山。

生：作者写的印象，就是骑马去天山，是个很有意思的经历。

师：是啊，写印象，也可以通过经历来写。请大家修改一下自己的开篇，让特别的"印象"，刻到读者心里。

（生各自修改开篇，略）

（2）学习范文中的景物写法

师：既然是印象深刻的景物，不如就直接先写一段自己印象最深的景区吧，怎么写，还是向我们的范文学习。请大家看《颐和园》中的这一段。大家说说作者是如何写的。

［课件展示］

进了颐和园的大门，绕过大殿，就来到有名的长廊。绿漆的柱子，红漆的栏杆，一眼望不到头。这条长廊有七百多米长，分成二百七十三间。每一间的横槛上都有五彩的画，画着人物、花草、风景，几千幅画没有哪两幅是相同的。长廊两旁栽满了花木，这一种花还没谢，那一种又开了。微风从左边的昆明湖上吹来，使人神清气爽。

生1：作者直接写了自己看到的长廊什么样、画是什么样。

生2：作者还写了花儿有多美。

师：对，请关注这里编者写的批注——"'来到有名的长廊'，交代了游览的地点。"针对这一个游览地，作者结合自己的直观印象，集中写"看得见的美丽"，写"看得见的印象"。再看一段《记金华的双龙洞》，写法不同，孔隙里漆黑一片，什么都看不见，如何写？

[课件展示]

我怀着好奇的心情独个儿仰卧在小船里，自以为从后脑到肩背，到臀部，到脚跟，没有一处不贴着船底了，才说一声"行了"，船就慢慢移动。眼前昏暗了，可是还能感觉左右和上方的山石似乎都在朝我挤压过来。我又感觉要是把头稍微抬起一点儿，准会撞破额角，擦伤鼻子。

生：看不见，就写感觉。

师：是的，同样是印象，有的是看见的，有的是感受到的。如今我们身在课堂，写景不容易，使用方法要讲究。大家觉得写看得到的合适还是写感受到的合适？

生：感受得到的印象，更合适。

师：是啊，其实叶圣陶爷爷的文字，真的帮上大忙了，他就是使用了"景物描绘＋感受表达"的方法。例如"我怀着好奇的心情……自以为从后脑到肩背，到臀部……眼前昏暗了，可是还能感觉……我又感觉要是把头稍微抬起一点儿……"都是"景物描绘＋感受表达"。接下来我们也写一处景物。注意，文题下预留三行。选取一个景区，抓住一个印象；使用一种方法，集中写一段话。

（生各自写出印象深刻的一段，略）

以上案例中，教师在指导四年级学生习作，分步骤、读原文、看批注，教得有条不紊。教学中，不是笼统地提出要求让学生自己写，而是结合例文和批注，不断"指给你看"。既然是课堂教学，就要教给方法，就要让学生有所学得，过程性写作教学的操作，让四年级学生每一步写，都不茫然，都有提升。

对习作例文中批注的关注，让学习写作的体验更加真实，让学生与例文，与习作的对话更多元。对批注的精读与研究，让学生在与文本更真实、更自由、多声部的对话中实现再创造。这和习作最本质的"创造"特性极为吻合。在对习作例文批注的关注和学习中，学生能更加主动发现文本与习作的联系，师生共同构建更为开放的学习。

（福州教育研究院/何捷　深圳市龙岗区南湾学校/田丽）

"写作教学"有效的三个关键问题

写作，难教，教了又无效，真让人苦恼。

一线教师想出不少办法，试图扭转"败局"，但出现"教得越用力，收效越微弱"的反效。统编教科书使用以来，这样的困局有所改观，但还没有得到实质性的改变。原来，是三个必须重视的关键问题没有得到解决，导致南辕北辙，适得其反。

写作训练的落空——不及物空写

我们究竟要让学生进行怎样的训练？或者说，我们认同怎样的训练呢？看过许多热爆的短视频，发现基本上是进行不及物的"空"写。"不及物动词"在英语学习中常见，也称"自动词""内动词"，就是不带宾语的动词，如："游行、睡觉、带头、躺、来"等。借助"不及物"指喻写作训练上的落空，就是说——我们总让学生闭门造车，对空练习，练出一种花拳绣腿。看起来一个个很会写，练就许多写得美，写得好的"技巧"，但在未来的真实写作中，这些在空练中练出来的技巧，根本不管用。

什么是"不及物空写"呢？就是脱离语境，漫无目的，仅对某一个方面进行极致性地装修。这像极了"没有观众的自我陶醉式表演"，而且演出的内容是很老套的。明明知道都是空泛的，但表演时依然能沉醉其间。以下举出典型的例子，也是最近常在微视频中看见的——写冷不用冷。

不用冷字怎么写冷呢？就写出门时迎面的寒风凛冽，就写自己下意识地把围巾又绕了一圈，就写自己加快脚步要进屋……这么一写，确实感觉到冷了，同时也觉得学到了一招，还有名字呢——写冷不用冷。

就在大家沾沾自喜地以为"我会了"的时候，许多"以冷写冷"的例子就将其摧毁得不堪一击了。例如《十里长街送总理》，写天气就一句：又阴又冷；再如《卖火柴的小女孩》，写天气也一句：天，冷极了。写冷，为什么刻意不用"冷"呢？为什么非要教给学生这样蹩脚的"文章制作法"呢。意外的是，当我和个别父母交流这个问题的时候，却被反驳：这么教才好，我的小孩一学就会，作文字数变多，分数也高。原来，我们要的就是"立竿见影的文章制作效果"。

这如同知道自己开启的是"美颜"功能，却还要发朋友圈说"天生丽质"。当我们的写作训练偏执于形式上的装修时，在未来的真实写作面前，会显得不堪一击。一旦有写作的明确任务、具体的话语环境、精准的文体要求等呈现，类似"写冷不用冷""提示语的百种使用法"等技巧，真的无用武之地。

真实性写作所需的训练项目，需要在教学中设计，我们却没有给予。

学科本位的出让——阅读混淆写作

自希腊哲学创立以来，模仿就成了创作的基本方法。写作学上的模仿，也是抵达写作高地的路径。"依托例文，学习写作，实现读写同步发展"是一条正路。路虽正，但也有走弯的时候。关键看用以阅读的例文是什么，例文怎么用。

阅读和写作有关联，但阅读依旧是阅读，写作就是写作。读写，是组合的缩略语。

常见教师出示例文后告诉学生：瞧，人家写得多好！你知道是怎么写的吗？之后，教师进行例文分析，解释出例文中"用了这个方法"。实际上，作家在创作时，从来不是想好用什么方法再写的。这就等于走路前，从来没有人去想要先迈左脚，再挥右臂，都是自然而然，迈步行走的。而我们则挟持例文，将学生带入"技法"的死胡同。

此外，用什么做例文是很讲究的。以学生习作为例，切忌例文本身就是硬邦邦的"方法套作"，是为了讲方法而制造的；用经典片段为例，切忌"完美片段"的孤立存在，如空中楼阁般飘浮云端，即便是学生能借助方法这一梯子登堂入室，也觉得高不可攀；以某种写法为例，最后就是照猫画虎，活生生写成"翻版文"……

例如，太多老师喜欢以萧红《祖父的园子》一文中的片段为例，介绍一种"随意"的写法：倭瓜愿意爬上架，就爬上架，愿意开朵黄花就开朵黄花……这里的方法就是"谁愿意如何就如何"。果然，很快就看到无数的倭瓜，无数的黄花，无数的"萧红"，可学生哪里能体会作家心中的意念，只是以为用方法写成类似的，就大功告成了。这样的教学，无异于向阅读出让了写作的本位，将阅读直接覆盖写作，最终写成"四不像"——不像原作，更不像原创，不像小孩写的，更不像成熟的作品。

从例文学写作没有问题，关键看如何教。我们强调的是——借助例文学习写作，而不是学习例文是如何写的。

例如，我读小学时就有一课"学写新闻稿"，教材中使用的例文是《解放军百万雄师渡长江》。此新闻稿作为写作的范式展示，学习时能看到新闻是什么样，如新闻的标题、导语、主体分别是什么样；此新闻稿作为研究的样本陈列，让我们去分析、比对，知道标题要怎么写，导语要怎么写，主体和标题、导语之间，如何关联；此新闻稿作为学习的媒介出现，让学生经由例文的学习、对照，模仿，自己写出一篇新闻稿，而不是去模仿写出小学生版本的《解放军百万雄师渡长江》。

例文是用来学习的，不是玄虚高妙的崇拜对象，更不在于抽离出所谓"管用的写法"。例文是学习的凭借，是梯子，是支架，让学习例时有借鉴，有代入感。最终学生学到的是写作，写成的是自己的作品。

方式序列的错位——前与后的纷争

写作教学的方式与顺序，历来是争论的焦点。序列排放无非三类：我做，你们看；你们做，我看；我们一起做，我们一起看。这里的"我"，指的是"教师"，"你们"指的是"学生"。

序列一：我做，你们看。教师先讲，先提要求，之后学生再写，写的内容必须符合教师提出的要求。

序列二：你们做，我看。学生先写，之后教师评点、挑错，随即学生修改。改的目的就是让文章符合教师评点的意图。

两个序列看起来有差别，也一直存在着"作前教学"与"作后教学"的纷争，但实则没有多少不同，本质上是没有变化的——写作的目的就是为了达成或是满足老师提出的要求。因此，无须在教学的先后顺序上过多纠结，更不要以序列为教学流派的界碑。对于学生而言，先教还是后教，实质的改变并未曾发生。

还有第三类序列，也许会带来真正的改变。

序列三：一起做，一起看。面对同样的写作任务，教师并不是置身事外，也不是高高在上，而是作为"学伴"，与学生一起构思，卷入头脑风暴。师生共同分析与写作相关的语境、任务，选择适当的文体、表达形式等，之后一同进入起草、修改、校正、发表等流程。教师并非要动笔写，而是全程关注指导，排解写作困难，准备着应对学生在实际写作活动中遭遇的困难，做好"备咨询"的工作。教师的介入，能有效推进写作目标的抵达。

这样的序列，让教师也成为写作活动的受益人。教师获得写作过程中攻克难点的真切体验，在下次指导时转化为更精准的指导。一句话，教师提升了写作的执教水平。

一起做，一起看，学生更会写，教师更会教。师生共同成为"认知学徒"。基于此，我们提出全程写作教学法，形象地称为"写作教学进行时"，用之进行教学，能在很大程度上解决问题，实现教学有效。学生写作不简单。它不是命题布置后的完全放手，也不是"想怎么写就怎么写"的放任自流，不是想象中的活动参与后自能表达，更不是写作后的不管不顾。学生写作，需要的是方法指导，过程关注，困惑解疑，亲情陪伴，互助协作。

三问"写作教学进行时"

1. 教什么

可以教给写作方法，起到引领、示范、解惑的作用。学生习作是学习过程，自然需要方法指导。方法不是生冷的文字，不是僵硬的指令，它是写作内隐的动力。方法经过作者的理解、实践，融会贯通后，可以转化为写作的驾驭能力，写作行为的控制力，对写作的条件反射。因此，方法极具"教"的价值。但方法教学不能简化为穿靴戴帽的概念讲授，生搬硬套的简单叠加，而应该结合具体的写作实践施与。例如夏丏尊、叶圣陶在三十年代合著的《国文百八课》就是非常有益的尝试。先以"文话"具体明确地呈现写作知识；再配以"文选"展示与体现这些知识在文字中的运用；跟进练习、讲解、疑难问答，"在游泳中学游泳"，读与写相辅相成，技法与实战相互映衬体现，是非常经典的技法教授范例①。写作"教学进行时"强调在写作的过程中，在学生遇到困难，产生需要的时候，教给切实可用的方法，让学生感受成功的喜悦。

可以给予更多关注，起到备咨询，有效监控的作用。学生习作的过程中会遇到不少障碍。例如，不会写的字，语言储备中缺少的词汇，素材的调用，句式结构的组合，困难时的鼓励，构思中疑惑的解决等。全

---

① 夏丏尊、叶圣陶. 国文百八课 [M] 北京：三联书店，2008.

过程如果有教师的陪伴，学生就更具有写作的底气。这也是为什么有家长在一旁写起来"如有神助"的原因，其实是一种良性的心理暗示与慰藉。专业教师的写作陪伴作用不止于此，它能根据不同情况，对集体或者个体的问题进行纠偏，针对集体或个别的困惑积极予以解决。通过在写作过程中的暂停与重启，谈话与互动，鼓励与提示等行为，促进学生将写作顺利地进行到底。有时候，即便教师什么也不做，只要在场就是价值，就有一种教育力。特别是小学学生，容易对教师产生崇敬、依赖，在教师处获得安全感。所以，伴随着写作进程，教师不离左右的身影，端庄的形象就共同构成良好的写作环境。

可以组织头脑风暴，起到激活思维、创意共享的作用。学生写作陷入困境，最缺乏的是什么？最有力的牵引又是什么？都是思维。思维是写作成为一种艺术的核心价值，是文章能够表情达意的关键。思维的缺位也是造成写作失效、文章缺乏阅读价值的主要原因。在写作过程中实施教学，随时随刻掀起阵阵头脑风暴，就能将思维激活，实现共享、互利，相互刺激。学生在思维碰撞中能感受到不同的思维结果，欣赏不同的创意，同时也锻炼了自己的思维力。在不断开展的作中教学，思维力在多次实践中不断提升。最终能靠思维去组织、转化、输出语言，把原先"脚踩西瓜皮"式的随意型写作拉回正轨，让思维成为语言的先遣部队。

可以引发情感的共鸣，在师与生、人与文的情感融合中实现共同升华。在写作过程中施以教学，其行为本身就让人倍感亲切，既是有效的教学情境创设，也是教师情感的自然植入，还能成为师与生、人与文情感共融的心灵牧场。于个体而言，有针对性地解决个体写作的困难，让写作的信心倍增，对写作产生好感；于集体而言，情与境相伴相生，师生间的情感加深。情感成为学生习作的动力依存，亲师信道能逐渐迁移至爱师、爱语文、爱写作。一次次的化难为易，思维互动，快乐共享，一次次切身的体验，都将汇聚成学生参与写作的源源内驱力。

2. 怎么教

章熊先生说：把语文知识转化为教学程序，关键的是练习设计[①]。写作就是言语表达的练习，设计的优劣直接决定教学的质量。所以，针对课堂教学范畴内的"怎么教"的讨论，更趋于对教学设计的研究。

其一，形式上化整为零。将原本集中的教与写两个环节打散，重新穿插、融合，化成篇的写作为片段写作。教师则在学生写的过程中，随时辅之以"教"。就像美国创意写作名家多科特罗说：写一本书就像开车走夜路，你最远只能看见车头灯所照之处，但你可以就这样一路走完全程。教，就像车灯，照着学生写的每一步，特别是当下的这一步，同时也引领其一步步迈向成功，最终写就完整的篇章。

其二，重点在思维的拓展与发散。写作过程中的"教"着力于激活、发散思维，改变以往"想好了就这样一路往下写"为"一边写一边想，一边想一边调整写作思路"。这样的"教"是触及学生写作思维的，是能够给予学生有效的提示、鼓励、激发学生的写作全程思维参与的。长久坚持，他们就能习惯于用思维解决写作中遇到的诸如构思、选材、表达等困惑，让写作更加有理、有序、有法、有度。

其三，不放弃基本技法的传授。让必备的写作知识与写作实践紧密相连，达到学以致用的教学目标。写作进行时的教学设计不回避技法教学内容，但不是知识点的生硬套用，而是紧密结合每次的片段练习，应对学生在实际写作中遇到的困难，需要时给予。知识点出现在学生写作需要之时，如同暗夜里的一盏灯，在第一时间让写作者体验写作的明晰快感。

写作进行时的教学，着力于设计如何教给写作方法，促成写作构思，启活写作思维，是一种写作策略的提供。这样的教也让教师的角色发生转变，真正能起到教者应有的引领、辅助、给予、启发作用，让教师成为学生写作之路上的掌灯引路人。

---

① 章熊. 思索 探索——章熊语文教育论集 [M] 北京：人民教育出版社，2003.7.

在此设计理念的指引下，"写作教学进行时"的课堂教学具有以下的基本范式：其一，有明确的教学主题。在设计一节课之前就要想清楚：这节课，学生可以得到什么？在整个学期的习作指导规划时要想清楚：这个学期的几节课，能否提供学生具有序列性，相互衔接的有效教学？两个"想清楚"就是教学的主题，落实在每一步的设计中。其二，有高频的片段练习。"写作教学进行时"与其他类型作文教学的最大区别是写作以片段呈现。课堂上写片段具有以下几个特征：写的是片段，短小但结构完整；当堂写的片段是全文的难点，课堂上集体实施攻坚；写在当下，具有现场感，能发现问题并有针对性地解决；马上写，马上互动评改，得到的是最及时的信息反馈。一节课下来，学生不用长篇大论，不需耗费精力却仅思考了"如何开头"。他们面临的是最真切的片段练习，旁的不说，单是化难为易这一项就具有推广的价值。更何况扑面而来的片段写作让每个学生的思维立刻被激活，高频率写作，越写越熟悉，耗时越短，写后立即互动议改，收获真实可感。其三，有显而易见的发展。参与过"写作教学进行时"的学生都感觉进步了。首先是主题教学任务的达成就是最显而易见的收获；其次是现场的片段练习，带来的是实打实的言语训练后的提升；每个学生个性化的写作困惑在教师的监督与陪伴下解决，产生的喜悦是良好的情绪体验；师生的频繁互动，课堂真正成为学生言语实践的主场，写作水平在实践中提高。

3. 为什么可以这么教

写作自然是天赋所秉。持小学五年级文凭的莫言获得诺贝尔文学奖再次铁铮铮地印证了"写作不需要教"这一事实。但是，当我读到中国人民大学刁克利教授的一段话时，好像在混沌中看到了希望之光。"我们依然相信文学创作需要天赋。但事实上我们也知道，没有人能够靠天赋或者灵感写一辈子。即便是天才的作家，一旦真正的写作开始，鸿篇巨制的写作也会变成一种劳役。很多作家创作生涯延续多年，除了让人羡慕的天分外，他们有保持文学热情的良方。这是可以传授和分享的。"

问题聚焦在"良方"上，教学良方是什么呢？良方就是科学的写作技法训练，不同体裁，各种类型作品的写作方法和技巧，包括集体写作教学中可执行的训练科目，还包括热爱写作的个体实现无师自通的途径，就是要创意地写作。"写作教学进行时"就是激活学生的写作创意，让写作成为思维舞蹈平台的一次大胆尝试。

形式上，通过情境创设、时间限定、梯度设计等系列措施，全力保证学生在写作过程中思维与表达的顺畅转化。写作是语境要素间的潜在互动，语境要素包括具体情景、写作目的、作者等，它们将决定并制约着文章形态。如果写作时建立一个真实或模拟的情境，进行基于情境认知下的真实感强烈的写作，那么，如动机缺失、内容贫乏、语体文体不当等问题就有可能解决；评价上，在片段写作过程中提供的帮助，体现为一种过程的关注、辅助、提醒、修正。这符合教育学家如克拉申的评价观。他指出：教师只有在作文的过程中为学生初稿提供反馈，才会对学生有所帮助，而不是在完成的作文上精批细改，写上满篇的评语；能力提升上，片段设计再添加更多的创意元素，如设计贴近生活的具体情境，让学生融入情境中写，扮演不同的角色写，自觉调用各种技法写，更精准地瞄准目标写等。因此，我们坚信，写作可以科学地教，可以从学情立场去教，可以教得有效。

"写作教学进行时"的操作流程

"写作教学进行时"的常规化教学可以分三个阶段推进。

1. 起步阶段。起步阶段的创意就体现在"低要求"上，力求让学生做到"想得到，写出来"。我们提出"只要是你想得到的，就值得写"的写作纲领，符合中国传统作文教学理论中的"放胆"说。宋代谢枋得编写的《文章轨范》，在"放胆文"的引言中写道："凡学文，初步胆大，终要小心——由粗入细，由俗入雅，由繁入简，由豪荡入纯粹，此集皆粗枝大叶之文……初学熟之，开广其胸襟，发舒其志气，但见文之易，不见文之难，必能放言高论，笔端不窘束矣。"① 清代王筠也曾以驯马为例，说明习作要先放后收。他认为作文必须放，放之如野马，踢跳跑嗥，不受羁绊，久之必自厌而收束矣。此时加以衔辔，必俯首乐从。"放"就是学生写作开放自由的情态，是无拘无束地写作享受。"放"需要借助"胆"。胆量来自何方？来自教师对文质的不苛求；来自将学生放归生活，像作家常说的那样"先写自己熟悉的"。

2. 推进阶段。顺利通过第一阶段的写作预备后，学生能搬开阻塞在通往写作之门前的巨石。接下来要引导学生进入"想清楚，写出来"的质变阶段。此阶段尤重"创意"。"想清楚"就是强调作前构思，是思维参与的信号。我们要求学生在写之前想清楚："我"将以什么角色来写，写给谁看；"我"在写的时候，可以运用什么方法让对方看明白；"我"要融入什么样的情境写；"我"写下的这段话要达成什么样的目标；"我"将如何安排这些文字，让它们显得更加清晰……

这个阶段的"教"要在以下几个方面用心：第一，让情境创设更具"陌生化"。写作要在一定的情境中进行，情境要与学生生活关联，但又要有一些陌生化。"陌生化"这一概念由俄国形式主义理论家什克洛夫斯基提出。他从主体的感觉出发，认为人的一般感觉是对熟悉的事物趋向于机械的、习惯的、自发的感知。艺术的目的与功能在于使观赏主体的感觉陌生，要克服习惯的、机械的认知，达到对事物内在生命的体验②。将"陌生化"原理运用于写作教学，就是要瓦解学生对惯性思维的依赖，即要根据自己的切身体验，又要避陈去俗，翻新出奇，从新的角度、新的层面去感受和发现旧对象的新意义，调动写作积极性。那些生活中经历过，但又不常被提及与察觉的情境就是我们需要发掘创设的；第二，让作前要求更明确到位。以往的作文在命题要求上基本都

① 胡建次. 古代文学评点体例与方式的传承［J］咸阳师范学院学报，2006（1）：36—40.

② 诺亚卢克曼著. 唐奇 李永强译. 情节！情节！［M］北京：中国人民大学出版社，2012（7）.

提："字数达到多少，语句通顺，不写错别字"这些空话、套话，提了与没提一样。"写作教学进行时"的要求则不同，要求中必须指定写作的阅读对象，即写给谁看；限定写作外围，即发挥想象所受的制约，不能随意；设定写作时作者的角色，处在的场景；设定好写作的目标……这好似赛前说清楚规则，把写作当成一种有规矩的特殊的言语表达经历。第三，让评价更有针对性。我们一再强调对学生创意写作的评价也要有创意，没有统一的格式或要求，要根据创意的不同而实施针对性评价。评价者自己要先进入情境中，设身处地"下水"感受，尝试表达，知冷暖，体察创意的难点、亮点。之后再根据明确的要求对照评价。

例如统编三年级上册第四单元习作《续写故事》，在正式续写前务必要求学生"读懂故事"，可以用"我"的身份先进入故事情境之中。想一想：在这样特别的生日来临时，父母不在身边，"我"最需要什么？心里最敏感的又是什么？同时，"我"能够做些什么？这些思考无疑给续编写这个故事带来指引。而在真正编写时，还可以跳出"我"的局限，从同学的角度来思考为故事中的人做些什么？满足他的需求等。这样编写的故事，才让前后衔接更紧密，情节更完整，更有可读性。在此基础上写出来的故事，评价的时候也可以针对"是否合理""是否与之前的故事衔接紧密""是否满足读者期待"等方面，对整个故事的续写进行综合评定，让本次写作和本单元预测的学习相呼应。

3. 提升阶段。随着学生写作能力的提升，"写作教学进行时"将进入由段到篇的阶段"想得妙，写出来"。不同之处在于，这里的篇是由各个独立段串联起来，写的过程仍旧以段的形式出现，写段后组合成篇。这样设计，一来降低了笼统成篇的难度，避免了混沌的篇章练习中贪多求全的目标混乱，让学生更加充分细腻地体验创意写的过程。

我们欣赏学生天马行空的思维驰骋，但也重视表达是否符合命题的范围与限制，让其思维不断趋于合理，具体来说从四个方面训练：第一，要求学生作前构要想充分、持久，不要贸然动笔，随意行文，训练全面思维；第二，要求学生作文全程的构思要多角度，不要陷入单一死板的牛角尖，训练发散思维；第三，要求学生的表达抓住关键处，不要不着边际或是平均用力，训练集中思维；第四，要求学生在写作或是写作后的自查自改时，能有选择地从反向逆推，反弹琵琶以求证，训练逆向思维。

例如统编六年级上册第五单元习作《围绕中心意思写》，在写之前就要明确什么叫"围绕中心意思写"。之后再思考：围绕着自己确定的中心，可以如何选材？怎么安排文章的结构？哪些部分的素材能够有效地凸显中心？真正到了写的时候应该如何让其发挥应有的作用？同样，可以反过来想一想：在中心意识已经突出的前提下，哪些内容可以删减，让文章更干净？这样的构思无疑是很理性的，让学生在实践中不断提升应有的写作素养。

"习作起草后"的教学指令

统编教科书在"习作起草之后"这一阶段，都提出了相关的教学要求，而这些要求往往被忽略。这一现状的背后，折射出的问题是对习作教学"究竟是怎么回事"的茫然。

一、写作过程的认识

荣维东教授梳理了写作教学发展的三个范式。第一，传统的"文章写作"范式。如从语言学角度，评判文章是否"文从句顺、合乎语法"；从修辞学角度，分析文章的艺术技巧；从文章学角度，分析文章的"内容、中心、结构、语言"等。这种以"写作结果"为关注重心的写作范式，目前在我国依然是主流。这种写作教学依据的是行为主义学习理论，强调"刺激—反应"的连接。写作教学目的是要制作出一篇合格的"文章"。第二，"过程写作"范式。过程写作由关注"结果"转向关注"写作过程"，由关注"写作产品"到关注"写作主体"，由关注"外在结果"到关注"内在心理"，这是写作范式的重大转换。第三，"交际语境写作"范式。建构主义写作观认为写作是作者和读者之间的互动、对话、交流，是作者和读者基于知识、信息、情感的交际语境的意义生成和共享。这种以"读者中心""意义建构"为目的的写作，因为作者有了直接的或潜在的对象，明确或者潜在的目的，写作成为一种主体间广泛的心灵对话，这样的写作，对学生来说，是有动力的、有意义的、真实的写作。①

其中的第二范式——过程写作，依然为"习作教学"领域中应有的认识，也是最为通用的方法。也就是说，从事习作教学，应该明白"习作是怎么写出来的"，教学要与习作产出的流程相匹配。教育家顾黄初先生在《语文教育论稿》中说："过去我们的作文教学，成绩不能令人满意。原因在哪里？有人说是指导不得法，有人说是命题不恰当，也有人说是批改不起作用，如此等等，大家都能言之有理，持之有故。但是在这众多的原因里头，什么是最根本的原因呢？我想，根本的原因恐怕就在于：教学的程序与文章产生的自然程序严重地不一致。"也就是说，我们先前乃至现在的写作教学，大多从事着"半截子训练"，缺乏一个与文章产生的自然程序相一致的日常作文训练过程。顾先生说的"半截子训练"，就是针对教学现状中对"过程"的忽视导致效果的低损。

习作的过程是什么样的？

20世纪70年代对写作过程研究中，具有代表性的成果是弗劳尔和黑斯等人的理论。他们采用"有声写作分析法"，分析写作者的心理活动。这种方法要求受试者在录音机前写作，同时把头脑中的思维说出，即有声思考，然后对录音材料进行分析。他们发现过去把写作过程看作一个直线发展的三阶段模式，即写前思考—动笔写作—完稿修改，不能反映出写作过程的真实情况。他们提出了一个认知过程模式，把写作过程中人的心理活动概括为三个基本的认知过程：构思、译写和修改。这三个过程并非直线排列，而是互相渗透，互相依赖，任一过程都可能在另一过程的进行中出现，并如此循环发展，贯穿整个写作过程。② 今天的世界上，有许多国家的课程纲领性文件中，也主张这一说法。例如，美国《加利福尼亚公立学校阅读/英语语言艺术课程框架（幼儿园至十

---

① 荣维东. 写作课程范式研究［D］上海：华东师范大学博士学位论文，2010（4）.

② 蔡芸. 写作过程与写作能力［J］现代外语，1991（1）.

二年级）》中，每一年级都贯穿了"过程写作"的理念：学生通过以下写作步骤获得进步，如预写、起草、修改、编辑等。美国写作教材将写作学习的过程划分为五个阶段。例如，《作者的选择》第七册第二单元——"写作过程"第一课的主题是"运用写作过程"，这一课就对写作过程的五个阶段进行了全面的界定和功能定位。预写：在这个阶段你要发现和探索想法，并考虑写作话题。起草：将思想、词、词组转换为句子和段落。修改：通过查看自己的文章，以确保它是清楚的，有条理的。编辑、校订：聚焦于文章的技术方面。出版、呈现：在写作的最后阶段，向读者呈现自己的作品。在教材中，配以样例，便于学生形象地感知写作过程的五个阶段。我国学者对这一问题的认识也是很清晰的①。劳拉·布朗在《完全写作指南》一书中分享了一种每个人都能用得上的写作构思方法——"旋转罗盘"构思法（如图）。图中的罗盘提示写作的六个流程，分别是：确定目标、设定读者、头脑风暴、组织呈现、写下初稿、修改加工。在任意旋转罗盘，让指针落在任何一个部分时，我们可以从这一环节开始进入这一项目的构思。需要特别说明的是，其中的"写初稿"就是起草，而初稿完成之后，还有"修改"环节，修改也可以看作是下一次写作的启动环节，暨初稿写成后进入"二次习作"，继续围绕目标构思、书写。

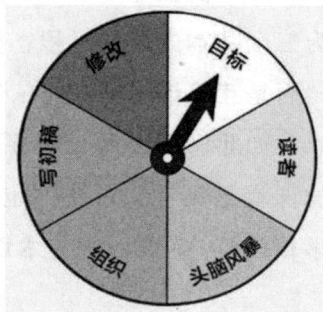

① 周子房. 写作教学设计的基本取向 [J] 语文教学通讯. 2015（6）：8.

二、"起草"后的教学指令解读

1. 起草后的教学指令概览

可见，合理、完整的写作过程，至少应该包含五个环节：预写、起草、修改、校正、发表。《课标》在第二学段的习作教学目标中提出："学习修改习作中有明显错误的词句。根据表达的需要，使用冒号、引号等标点符号。"在第三学段习作教学目标中提出："修改自己的习作，并主动与他人交换修改，做到语句通顺，行款正确，书写规范、整洁。根据表达需要，使用常用的标点符号。"[①] 可见都是对习作过程的重视，特别是对起草后修改环节的强调。在上述的五个环节流程中，我们最为熟悉的就是"起草"，即习作的初稿完成。大多情况下，我们将习作的初稿完成，视为习作完成。在统编语文教科书中，编撰者不遗余力地给我们提醒——起草之后，还要继续。在 3－6 年级的所有习作教材页面中，"起草后"均提出了进一步的要求，列出了指令，具体见下表：

册次	单元	教学目标	习作课题	起草后的指令
三年级上册	一	体会习作的乐趣。	猜猜他是谁	写好以后，读给同学听，看看他们能不能猜出你写的是谁。也可以把全班同学的习作贴在墙报上，大家一起来猜一猜。
	二	学习写日记。	写日记	准备一个日记本，开始写日记吧！坚持写下去，你一定会大有收获。
	三	试着自己编童话，写童话。	我来编童话	写完以后小声读一读，看看句子是否通顺。你还可以试着给故事加一个题目，注意题目要居中。

———————

① 教育部. 义务教育课程标准（2011 年版）［S］北京：北京师范大学出版社. 2012.1.

册次	单元	教学目标	习作课题	起草后的指令
三年级上册	四	尝试续编故事。	续写故事	写好以后小声读一遍，用学过的修改符号把有明显错误的地方改过来。 　　和同学交流习作之后，说说你更喜欢谁写的故事。
	五	仔细观察，把观察所得写下来。	我们眼中的缤纷世界	写完，把你认为写得好的部分读给小组同学听，展示你的观察所得。 　　交流习作之后，试着用一句话说说最近的观察感受，和同学分享心得。
	六	习作的时候，试着围绕一个意思写。	这儿真美	写好后自己读一读，改正错别字。然后读给同学听，和同学分享你发现的美景。
	七	留心生活，把自己的想法记录下来。	我有一个想法	写好以后读给同学听，看看他是否明白你的想法，再问问他对这个问题有什么看法。
	八	学写一件简单的事。	那次玩得真高兴	写好以后大声读一读，看看你写的内容有没有表达出当时快乐的心情。 　　和同学交流习作，跟他们分享你的快乐。如果有让同学看不明白的地方，可以试着修改一下，让别人更明白。
三年级下册	一	试着把观察到的事物写清楚。	我的植物朋友	写完后，把自己的习作读给同学听。写同一种植物的同学还可以一起交流。
	二	把图画的内容写清楚。	看图画，写一写	写完后，跟同学交换习作读一读，互相评一评：图画的内容是不是介绍清楚了？有没有错别字？根据同学的意见修改习作。
	四	观察事物的变化，把实验过程写清楚。	我做了一项小实验	写完后，交换读一读，再评一评：实验过程是否写清楚了？有没有用得不合适的词语？

续 表

册次	单元	教学目标	习作课题	起草后的指令
三年级下册	五	发挥想象写故事，创造自己的想象世界。	奇妙的想象	写完后，可以交换习作。说说自己最喜欢同学写的什么内容，什么地方需要修改。
	六	写一个身边的人，尝试写出他的特点。	身边那些有特点的人	写完后取个题目，用上表示人物特点的词语，如"我们班的昆虫迷""家有虎妈""戏迷爷爷"。
	七	初步学习整合信息，介绍一种事物。	国宝大熊猫	写完后，自己读一读，看看还需不需要补充新内容。如果有不准确的内容，试着用学过的修改符号改一改。
	八	根据提示，展开想象，尝试编童话故事。	这样想象真有趣	写完后，用学过的修改符号修改自己的习作。
四年级上册	一	推荐一个好地方，写清楚推荐理由。	推荐一个好地方	写完了，自己先读一读，看看有没有把这个地方介绍清楚，有没有把推荐的理由写充分。再读给同学听，请他们提出修改建议。
	二	写一个人，注意把印象最深的地方写出来。	小小"动物园"	写好了读给同桌听，看看有没有不通顺的句子。回家读给家人听，请他们评评写得像不像。
	三	进行连续观察，学写观察日记。	写观察日记	整理观察日记，在小组内分享。评一评，谁观察得细致，内容记得准确。
	四	展开想象，写一个故事。	我和____过一天	写完后，听听同学的意见，认真修改，最后誊写清楚。
	五	写一件事，把事情写清楚。	生活万花筒	写完后，读给同学听，请同学说说这件事是否写清楚了，再参考同学的建议修改。
	六	记一次游戏，把游戏过程写清楚。	记一次游戏	写好后，给习作拟一个题目，最好能反映自己的感受。然后，自己读一读，用修改符号改正其中的错别字和不通顺的句子，最后誊写清楚。

册次	单元	教学目标	习作课题	起草后的指令
四年级上册	七	学习写书信。	写信	写好的信要寄出去，还需要有信封，和同学交流一下写信封的注意事项。 请给你的亲友或者其他人写一封信，可以通过邮局寄给对方，也可以通过电子邮件发给对方。
	八	写一件事，能写出自己的感受。	我的心儿怦怦跳	选一件令你心儿怦怦跳的事情写下来，写清楚事情的经过和当时的感受。写完后先修改，再誊写清楚。
四年级下册	一	写喜爱的某个地方，表达出自己的感受。	我的乐园	写完后，把习作读给同学听，让他们也来感受你的快乐。
	二	展开奇思妙想，写一写自己想发明的东西。	我的奇思妙想	写完后，把习作读给同桌听，请同桌说说你是否写清楚了。
	四	写自己喜欢的动物，试着写出特点。	我的动物朋友	写完后，同桌互相评一评，看看是否根据需要写出了动物的特点。
	五	学习按浏览的顺序写景物。	游＿＿＿	写完后，与同学交换习作，互相看看游览的顺序、景物的特点是否写清楚了，并提出修改意见。
	六	按一定顺序把事情的过程写清楚。	我学会了	写完后，读读自己的习作，修改不通顺的地方。和同学互换习作，看看学习的过程是否写清楚了。
	七	学习从多个方面写出人物的特点。	我的"自画像"	写完后，读给家人听，请他们说说哪些地方写得像，哪些地方不像，再根据他们的建议改一改。
	八	按自己的想法新编故事。	故事新编	编完后，可以配上插图，把习作贴在教室的墙报上，大家一起分享这些有趣的故事。

续 表

册次	单元	教学目标	习作课题	起草后的指令
五年级上册	一	写一种事物，表达自己的感情。	我的心爱之物	办一期"我的心爱之物"习作专栏，贴上习作和图片，和同学分享。
	二	结合具体事例写出人物的特点。	"漫画"老师	写完后，可以读给你写的老师听，问问他对你的习作有什么意见或建议。
	三	提取主要信息，缩写故事。	缩写故事	缩写完成后，与原文比较一下，看看故事是否完整，情节是否连贯，语句是否通顺。
	四	学习列提纲，分段叙述。	二十年后的家乡	写完后，跟同学互换习作，提出修改建议，再根据同学的建议认真修改习作。
	五	搜集资料，用恰当的说明方法，把某一种事物介绍清楚。	介绍一种事物	写好后，与同学交流分享。如果别人对你介绍的事物产生了兴趣，获得了相关知识，你就完成了一次成功的习作。
	六	用恰当的语言表达自己的看法和感受。	我想对您说	信写好以后，可以装在信封里送给爸爸妈妈，也可以使用电子邮件发给他们。
	七	学习描写景物的变化。	＿＿＿即景	写好以后读一读，看看是不是写出了景物的变化，对不满意的地方进行修改。
	八	根据表达的需要，分段表述，突出重点。	推荐一本书	写好后，把自己的习作读给同学听。大家交流一下，看谁的推荐能够激发起其他人阅读的兴趣。

续　表

册次	单元	教学目标	习作课题	起草后的指令
五年级下册	一	把一件事的重点部分写具体。	那一刻，我长大了	写完后和同学交流，看看有没有把"那一刻"的情形写具体，根据同学的意见进行修改。
	二	学习写读后感	写读后感	写完后读一读，看看有没有把自己的感想表达清楚，再和同学交流。
	四	尝试运用动作、语言、神态描写，表现人物的内心。	他＿＿了	写好后，和同学交流，看看有没有把人物当时的表现写具体，反映出他的内心，然后对不满意的地方进行修改。
	五	初步运用描写人物的基本方法，具体地表现一个人的特点。	形形色色的人	写完后，和同学交流，看看有没有具体地表现出人物的特点，再根据同学的意见进行修改。
	六	根据情景编故事，把事情发展变化的过程写具体。	神奇的探险之旅	写完后，认真修改自己的习作。
	七	搜集资料，介绍一个地方。	中国的世界文化遗产	写完后，和同学交流，互相评一评介绍得是否清楚，再根据同学的意见修改习作。
	八	看漫画，写出自己的想法。	漫画的启示	写完后，同学互换习作读一读，看看从漫画中获得的启示是不是写清楚了，再根据同学的建议修改。

续　表

册次	单元	教学目标	习作课题	起草后的指令
六年级上册	一	习作时发挥想象，把重点部分写得详细一些。	变形记	写完后，和同学交换习作，看看他们对你的"世界"是不是感兴趣，再根据他们的意见修改自己的习作。
	二	尝试运用点面结合的写法记一次活动。	多彩的活动	写完后读给同学听，根据他们的建议，用修改符号修改自己的习作。
	三	写生活体验，试着表达自己的看法。	让生活更美好	写完后，开展一次"共享美好生活"主题班会，共同分享各自的心得体会。
	四	发挥想象，创编生活故事。	笔尖流出的故事	写完后，在班里开一个故事会，说说你最喜欢的故事。
	五	从不同方面或选取不同事例，表达中心意思。	围绕中心意思写	写完后，请同学读读，看看他能不能体会到你写的中心意思。 可以用你选的字作为题目，也可以另外拟一个题目。
	六	学写倡议书。	学写倡议书	根据倡议的对象，将倡议书发布在合适的地方，如校园的公告栏、小区的布告栏、网络论坛。
	七	写自己的拿手好戏，把重点部分写具体。	我的拿手好戏	写完后读一读，看看是否通顺，重点部分是不是写具体了，再改一改。
	八	通过事情写一个人，表达出自己的情感。	有你，真好	写完后读一读，看看是不是把事情写具体了，是不是融入了自己的情感。如果有可能，把这篇习作与文中的"你"分享。

续　表

册次	单元	教学目标	习作课题	起草后的指令
六年级下册	一	习作时注意抓住重点，写出特点。	家乡的风俗	写好以后和同学分享，根据同学的意见进行修改、完善。如果有条件，可以将全班同学的习作集中在一起，变成一本民俗作品集。
	二	学习写作品梗概。	写作品梗概	写好以后读给同学听，看他们是否能明白书的大意，然后根据他们的反馈，对没写清楚的地方进行修改。
	三	选择合适的内容写出真情实感。	让真情自然流露	写完后，和同学交换读一读，互相说说哪些地方较好地表达了真情实感。
	四	习作时选择适合的方式进行表达。	心愿	写好以后认真读一读，用修改符号修改不满意的地方，使语言更加通顺、流畅，意思更加清楚、明白。
	五	展开想象，写科幻故事。	插上科学的翅膀飞	写好以后和同学交流，看看谁写的科幻故事奇特而又令人信服。

2. 起草后的教学指令解读

分析"起草后"的教学指令，具有鲜明的三大优点，具体表述如下。

其一，后续环节全面覆盖。三至六年级习作起草后的教学指令，实现了在五十七次习作教学中的全面覆盖，进行了全程式的提醒。学生从三年级参与习作起，到六年级完成小学阶段的所有习作为止，都会在起草之后接受"继续"的指令，完成规定动作，体验习作的完整流程。

（1）起草后要求包含"修改"。例如：三年级上册第六单元《这儿真美》提出"写好后自己读一读，改正错别字。然后读给同学听，和同学分享你发现的美景"，三年级下册第八单元《这样想象真有趣》提出"写完后，用学过的修改符号修改自己的习作"。

（2）起草后要求包含"分享"。例如：六年级上册第四单元《笔尖流出的故事》，要求"写完后，在班里开一个故事会，说说你最喜欢的故事"，六年级下册第五单元《插上科学的翅膀飞》提出"写好以后和同学交流，看看谁写的科幻故事奇特而又令人信服"。

（3）起草后要求包含"发表"。例如：六年级下册第二单元《写作品梗概》中提出"写好以后读给同学听，看他们是否能明白书的大意，然后根据他们的反馈，对没写清楚的地方进行修改"，这是向同伴发表。六年级上册第六单元《学写倡议书》中提出"根据倡议的对象，将倡议书发布在合适的地方，如校园的公告栏、小区的布告栏、网络论坛"，这是结合习作的特殊功能，在需要的地方发表。

（4）起草后要求包含"交际"。例如：三年级上册第一单元《猜猜他是谁》中提出"写好以后，读给同学听，看看他们能不能猜出你写的是谁。也可以把全班同学的习作贴在墙报上，大家一起来猜一猜"。以习作为媒介，进行猜测、互动，进行个体交流，而张贴后的共享，则实现群体交往。三年级上册第七单元《我有一个想法》中提出"写好以后读给同学听，看看他是否明白你的想法，再问问他对这个问题有什么看法"，借助习作进行思想互换，如萧伯纳所言"我们共同拥有了对方的思想"。

其二，指令表述清晰明朗。起草后的指令表述得相对清晰，让教师明确地指导学生"该做什么""要如何去做"以及"做到什么样的程度"。当然，不同年级的要求层级不同，有的仅简单提出单方面的要求，有的则是较为完整的涵盖三个方面。例如三年级上册第二单元《写日记》就提出"准备一个日记本，开始写日记吧！坚持写下去，你一定会大有收获"，明确指导学生"该做什么"。四年级下册第四单元《我的动物朋友》中提出"写完后，同桌互相评一评，看看是否根据需要写出了动物的特点"，让学生明白"如何去做"——同桌互评，"做到什么程度"——衡量写作结果，是否突出动物特点。完整的表述如六年级下册第一单元《家乡的风俗》中提出的"写好以后和同学分享，根据同学的意见进行修改、完善。如果有条件，可以将全班同学的习作集中在一起，变成一本民俗作品集"。在这一要求指引下，学生明确要去修改习作、完善表达，同时还要主动将各自的习作进行交流与分享。最后还需要"集中在一起，变成一本民俗作品集"，合作实现作品集的编撰工作。

其三，与《课标》遥相呼应。统编教科书的编撰，紧密围绕课标，是课标要求的细化。因此，习作后提出的指令也与目标呼应，是《课标》的细化落实。例如，《课标》第二学段的习作教学目标中和起草后最为密切相关的是提出"修改明显错误"的要求。根据表达的需要，使用冒号、引号等标点符号。"三年级上册第四单元《续写故事》中就提出"写好以后小声读一遍，用学过的修改符号把有明显错误的地方改过来"。这里的"明显错误"又与之前语文园地中提出的"增删""调整顺序""替换错别字"相对应，让教师和学生都对"什么是明显错误""如何修改""用什么符号修改"有了清晰的认识，《课标》中的要求才落到实处。又如四上第六单元《记一次游戏》中提出"写好后，给习作拟一个题目，最好能反映自己的感受。然后，自己读一读，用修改符号改正其中的错别字和不通顺的句子，最后誊写清楚"，也清楚地指出要"用修改符号改正其中的错别字和不通顺的句子"，之后还要"誊写清楚"。这些指令让起草后究竟该做什么，不再是一笔糊涂账。

三、"起草"后的教学指令改良建议

同时，"起草后"的教学指令依然存在以下三个遗憾，在教学中应引起重视，适当弥补。

其一，指令的发布位置僵化导致教学操作忽视实际需要。按照写作应有的流程，修改、校订、发表等环节，应在草稿拟定后提出。统编教科书中习作部分的编撰，也将这些指令安置在起草后发布，基本排列在最后的环节。这一位置是无法变更的。由于陈旧的教学思路，导致在教学操作中这些指令容易被忽视。老师和学生都以为起草之后就是习作完

成之时，很容易人为地删除这些教学环节。因此，建议教师在备课与设计中，应重视给予提醒，对学生进行要求和指导，跟踪并落实。例如：六年级上册第七单元《我的拿手好戏》中提出"写完后读一读，看看是否通顺，重点部分是不是写具体了，再改一改"，教师应切实做好这些规定动作，先读，再针对"写具体了么"进行增补，随后调整文字、标点等，进行校订，最后可以以朗读的方式进行发表。

其二，指令的环节粘连导致教学系统缺漏。所谓的系统，依然指过程性写作的五个环节，构成一个自恰的系统。特别是起草后的修改、校订、发表环节，应该清晰明确，不能含混，更不能缺损。当然，并非都要按部就班，顺序推演，可以调整变化，顺应需要，但完整、清晰的过程性指导，能有助于产生期待中的教学效果。例如：三年级上册第八单元《那次玩得真高兴》中，提出："写好以后，大声读一读，看看你写的内容有没有表达出当时快乐的心情。""和同学交流习作，跟他们分享你的快乐。如果有让同学看不明白的地方，可以试着修改一下，让别人更明白。"这里的"读一读""分享快乐"是一种形式的发表。在发表之后要求学生根据同伴的评价，再试着修改。指令将修改、校订、发表三个环节粘连在一起。这样操作未尝不可，但如果清晰地分为"对表达快乐的修改""对语言文字细节的校订"，之后再进入"相互评改"的第二次修改、评价，环节清晰则更容易促使效果的凸显。

其三，指令的泛化雷同导致教学意义消损。总体浏览五十七次习作起草后的教学指令，发现基本上都是"读一读""改一改""和同伴互换""张贴"等，要求雷同率较高，容易因操作的频繁导致兴趣的减损。同时，这样的指令也存在泛化特点，在操作多次后，较难让作者体验修改、校订、发表等实施的真正意义。以美国为例，在 2011 年 NAEP 写作评价试题的编制具有鲜明的"功能性"取向。这是基于"写作的本质是交际性"的理念提出的。《2011NAEP 写作框架和说明》中将写作划分为"叙述类的写作、信息类的写作、劝说类的写作"三种，进一步强化了写作分类的功能取向，把交际目的性较强的"叙述类写作"视为写作手段，广泛使用在各写作类型中，重新划定了三种写作类型的三种交流目的："为了劝导说服、为了解释说明、为了传递经验（真实的或虚构的）。"① 这一"说明"指导下的写作活动目标明确，功能性突出。当作者明白"写下的文章有什么用"时，起草之后要怎么修改，就更加了如指掌了。

例如五年级上册第八单元《推荐一本书》，此文写作，可以划归为"为了劝导说服"。因此，起草后的修改等环节的指令，应瞄准"劝导说服"进行。统编教科书中提出的指令为："写好后，把自己的习作读给同学听。大家交流一下，看谁的推荐能够激发起其他人阅读的兴趣。"显得轻描淡写，可有可无。根据写作功能与目的，可以将指令改为过程性、操作性明确，功能性突出的这几条。

（1）找一位对这部书不熟悉或者不爱阅读的同学，将文章读给他听，观察他的反应，听取他的意见。

（2）请这位同学提出"接受你的劝告，阅读这部书"的具体要求。

（3）结合观察以及第一次交流的信息，做好内容的修订、增补。调整好语言细节，争取让这位同学能接受你的推荐。

（4）将习作分享给更多同学，采集不同的意见，完善习作内容，让其成为一篇优秀的推荐文。

修改后的指令有以下三个特点：第一，分步执行，清晰明确。修改后的指令分为四步，每一步做什么都非常清楚。教师和学生可以依据步骤逐一执行，教师教得轻松，学生做得明白。第二，针对性强，避免雷同。这一次写的是《推荐一本书》，草稿写就后的指令就针对这一次的习作，不会出现与其他次的相似、混淆、交叉，避免了雷同。这也让起草后的操作环节更有趣，更有意思，更有意义。第三，瞄准上位，实质改变。我们经常将对文章整体框架、结构、布局、构思等提升文章品质的修改环节混同于对文字细节的增删、替换，对标点符号的选用等校订

---

① 周子房. 写作教学设计的基本取向［J］语文教学通讯. 2015（6）：7.

环节，总是在文章的"结果制作"上孜孜以求。这样的笼统含混，剔除了修改的真正价值。"好文章是改出来的。"这里的改，更多指向对文章具有实质性改变的修改环节。经过分层指导，发出的指令有助于让教师与学生将更多的注意力集中在修改层面，取法乎上，改变文章整体品质。

　　统编教科书习作部分在起草后的教学指令，是教科书编撰的一大进步，弥补了写作中不可缺失的重要环节，让过程性写作的范式在教学中真正得到落实，变得更加具体可操作，写作效果也随之可见。由于习作内容不同，写成的语篇功能性也有所差别，起草后的教学指令可以不断改进、细化，更有针对性，更加贴切教学需要。期待借助指令，让曾经的"半截子教学"不再困扰教师和学生。

"观察能力"的教学及改良建议

观察能力（下文称"观察力"）是什么？有多重要？

一、概念的厘清

观察力，顾名思义就是观察的能力。鲁迅说："为要创作，第一须观察。"可以说，没有观察力，就没有写作。那么，何谓"观察"？《现代汉语词典》中解释为：有目的、有计划的知觉活动。对观察的理解随即转为对"知觉"这一心理学词汇的认识。知觉的意思是："直接作用于感觉器官的事物在脑中的反映，是人对感觉信息的组织和解释的过程。"可见，大脑认为自己"看见"的，其实是一种投射反映，是大脑对事物信息的加工、重组、处理、成像。回过头来看"观察"，就容易理解其不是"直接看见"，而是伴随着感知、理解、分析、思考等综合活动的高级别感知，包含着丰富且积极的思维活动。只不过，观察总是留给人轻描淡写的"看见"的表象。

观察力，就是观察主体综合处理信息的能力，其中最大的区域就是思维。看见的，其实就是想看见的。从写作心理学角度看，作者要将信息转译为文字输出，而信息的摄入，在很大程度上仰仗于观察力。因此，观察力又可以看作是写作的前提与保障，是基础的写作能力。当我们觉察到观察力的重要时，同步也发现有趣的现象：大众都知道观察力的重要性，但真正要落实到教学中，相对却显得轻描淡写。

二、标准的观照

首先，从《课标》来看，对观察力虽有要求，但也显得含糊笼统。如《课标》第一学段写话教学目标中，唯一提及观察的是夹杂在此句中的"对写话有兴趣，留心周围事物，写自己想说的话，写想象中的事物①"。其中的"留心周围事物"，权且看作是对观察的呼吁。但仅仅是一个"留心"，含混不清的表述让第一学段写话前的观察变得无从下手。而"对写话有兴趣"挤压在前，真的有本末倒置的意味。兴趣，很大程度上不是"有没有"的，而是培养出来，体验出来，或者说是观察实践中带来的。观察力，是写话的"先遣部队"。《课标》第二学段习作教学目标中提及："观察周围世界，能不拘形式地写下自己的见闻、感受和想象，注意把自己觉得新奇有趣或者印象最深、最受感动的内容写清楚。"② 此处直接提出"观察周围世界"，依然是一种大而泛之的呼吁，只是从"留心"直接提及"观察"。其实，"留心"就是为了学会看见，如《爬山虎的脚》一课中有"以前我只知道这种植物叫爬山虎，可不知道它怎么能爬。今年我注意了，原来爬山虎是有脚的。"这里的"注意"就是留心观察。而观察也从不会少了"心"。所以，看起来有提升，但实质上要求依然不明确。《课标》第三学段习作教学目标："养成留心观察周围事物的习惯，有意识地丰富自己的见闻，珍视个人的独特感受，积累习作素材。"③ 如果前两个学段的观察是笼统的，没有具体实施路径的，到此时要"养成习惯"，自然也是没有着落，更是无法检测效

---

① 中华人民共和国教育部. 义务教育语文课程标准（2011 年版）[S] 北京：北京师范大学出版社，2011.7.

② 中华人民共和国教育部. 义务教育语文课程标准（2011 年版）[S] 北京：北京师范大学出版社，2011.7.

③ 中华人民共和国教育部. 义务教育语文课程标准（2011 年版）[S] 北京：北京师范大学出版社，2011.7.

果的。

其实,《课标》三个学段都涉及观察,已经实属可贵。从"国家标准"层面看,确实无法过细地给出指标。况且,拟定的初衷是在观察力的培育上形成螺旋上升的发展趋势,建构布鲁纳所说的"螺旋式课程"。布鲁纳提出:"螺旋式课程的排列应采取螺旋式的形态,即小学低年级到中学阶段的教学,对于同一种基本概念,采用螺旋式数次反复上升排列。这种排列方式的第一原理为:第一次螺旋是属于动作的次元;第二次螺旋是属于形象的次元;第三次螺旋是属于符号的次元等等反复上升而形成的……如果尊重成长中儿童的思想方法,如果想方设法把材料转译成儿童的逻辑形式,并极力鞭策诱使他前进,那么,就可能在他早年介绍这样的观念和作风,以使他在日后的生活中成为有教养的人。"①观察力,作为小学六年的"同一种基本概念"持续被关注,反复被提及,不断被训练,明显的呈现螺旋上升的态势。例如,第一阶段特别在意的"动作次元"是主动去留心;第二级形象次元则在意观察并获得各种见闻、感受、印象;第三次的符号次元则将观察上升为一种意识,一种习惯,让个体拥有与众不同的标志——具有观察能力的,有教养的人。

三、教材的解读

1. 教材寻踪"观察力"

之前的分析中,我们也看出《课标》的语言显出生冷、简约、泛化,随之导致的问题是,螺旋上升的框架搭架后,应有的效果并未显露。更为隐蔽的原因在于,布鲁纳的螺旋上升课程建构中有一句极易被忽略的提示:"想方设法把材料转译成儿童的逻辑形式。"《课标》不直

---

① 布鲁纳著. 邵瑞珍译. 王承绪校. 教育过程［M］. 文化教育出版社,1982:64－65.

接面对学生，需要依靠教科书实现转化，才能成为符合不同年龄层学生不同认知水平的，具有"儿童逻辑"的喜闻乐见的形式，到这一步，课程才能得到实施，效果才能得到体现。于是，我们有一次聚焦统编教科书，寻找"观察的影子"，发现其星罗棋布，遍地开花。

例如：二年级上册第一单元"大自然的秘密"中《小蝌蚪找妈妈》一课，对小蝌蚪的生活环境以及外貌、动作进行了生动的描写。《我是什么》采用拟人的手法，介绍自然界中水的变化和利害。《植物妈妈有办法》通过介绍蒲公英、苍耳、豌豆传播种子的方法，激发学生探索植物知识的愿望，培养学生留心观察周围事物的习惯。口语交际《介绍一种动物》，要求能说出有趣之处，"有趣"的角度可以是特别的外形、特殊的习性、独特的功能等。本单元的"观察"都是看表象，要求学生发现一些"不同之处"，并能够用自己的语言表达出来。

三年级上册第五单元"留心观察欣赏美"中，《搭船的鸟》强调观察事物要抓住特点，从多个角度观察。《我爱故乡的杨梅》则主张多种感官参与观察；观察不仅可以用眼睛看，还可以用耳朵听、用手摸、用鼻子闻、用嘴尝。《金色的草地》提出观察事物的变化，比较事物的不同之处，会有奇妙的发现。《我家的小狗》提示观察事物要抓住特点。习作《我们眼中的缤纷世界》引导学生"细致观察"一种事物或一处场景，记下来。本单元的"观察"不只是看，而是要通过多个角度观察、运用多感官参与，发现事物的特点，并记下来；可以写观察日记，也可以写一篇作文。

四年级上册第三单元"连续观察生动描写"中，《爬山虎的脚》介绍爬山虎的特点，以及它爬墙的过程。《蟋蟀的住宅》介绍住宅的特点和修造经过，注意连续动词的使用。《古诗三首》抓住事物的特点，运用合适的修辞方法，体会描写的准确。习作《写观察日记》用"连续观察"的方式记录对一种事物的观察，发现变化，感受作者连续、细致的观察。细心地观察；按照一定的顺序全面观察；从观察方法和过程中表现观察者的想法和心情。

五年级上册第七单元"四时景物皆成趣"中,《古诗三首》区分和认识动态描写和静态描写。《四季之美》在区分动态描写和静态描写的基础上,用联系上下文、抓关键词等策略体会重点句子蕴含的景物动态美,从而领悟文本景物描写的语言魅力。《鸟的天堂》去体会美感的不同,通过把握朗读的语气、节奏的变化,理解和展示动态描写和静态描写。《月迹》体会景物的变化,体会作者的感受。习作要求按一定顺序、有条理地写,注意动态变化,使画面鲜活;强调学习动态描写和静态描写。

六年级上册第一单元"触摸自然"中,《草原》写了一碧千里的草原风光和远迎、相见、联欢、话别等动人情景。《丁香结》从视觉和嗅觉的角度描绘了丁香花的形状、颜色和气味,表达了作者对丁香的喜爱以及对人生无常的豁达情怀。《花之歌》以拟人手法写出花的生存空间、做出的贡献和花的高尚追求。《古诗三首》通过对不同地点、不同时间的自然景物的描写,展示了诗人不同的心境和情感。习作《"变形记"》,达到了"观察"的高层次,要求学生全面观察某一事物,抓住事物的主要特点,并对事物的主要特点进行加工和想象,把观察者的个人情感融入其中①。

纵观以上各年级的选文以及口语交际、习作的教学安排,内容都与观察有关,教学目标也涉及了观察力的培养,习惯的呵护,能力的分项训练等,同时也注重各年级的螺旋上升,但是总体而言,布局相对零散,且层级之间的逻辑关联不明晰,大有各自为政的格局。最为集中的是三年级上册第五单元,以完整的习作单元,整体进行观察力的训练,具有相对集中的样本研究价值,我们基于此做具体分析。这一单元的编撰情况如下表。

---

① 杨永乐. 从观察类单元看统编教材"螺旋式上升"特色 [N]. 语言文字报,2020－6－3(5).

	三年级上册第五单元
单元目标	1. 体会作者是怎样留心观察周围事物的。 2. 仔细观察，把观察所得写下来。
课文篇目	**15《搭船的鸟》**
课后练习	1. 读课文，想想作者对哪些事物做了细致观察，说说你是从哪里看出来的。 2. 读下面这段话，注意加点的词语，想象翠鸟捕鱼的情景。 我正想着，它一下子冲进水里，不见了。可是，没一会儿，它飞起来了，红色的长嘴衔着一条小鱼。它站在船头，一口把小鱼吞了下去。
课文篇目	**16《金色的草地》**
课后练习	1. 朗读课文，一边读一边想象课文描写的场景。 2. 仔细读读第 3 自然段，把下面的内容补充完整，体会作者观察的细致。 早上，草地_____，因为蒲公英_____； 中午，草地_____，因为蒲公英_____； 傍晚，草地_____，因为蒲公英_____。 3. 只要我们稍加留意，就会发现事物是变化着的。如，向日葵会随着太阳转动，含羞草被触碰后会"害羞"地低下头……你留意过哪些事物的变化？和同学交流。
	交流平台
一次平常的探亲之旅，因为留心观察，作者认识了一个可爱的新朋友——会"搭船"的翠鸟。 窗前的草地对作者来说再熟悉不过了，但作者稍加留意，就发现了奇妙的变化。	留心周围的事物，我们就会有新的发现。
翠鸟的美在于它有着色彩艳丽的羽毛和敏捷的身手。 草地的色彩会发生奇妙的变化，原来是因为蒲公英的花有时张开有时合拢。	细致的观察可以让我们对事物有更多更深的了解。
	初试身手
你在生活中观察到了什么？用几句话写下来和同学交流吧！	
	习作例文
	《我家的小狗》
例文批注	作者观察得真仔细，他发现"王子"学"狗"的时候叫得最欢。 "王子"竟敢跟火车赛跑，真有趣。

续　表

三年级上册第五单元	
例文练习	经过仔细观察，作者发现了"王子"的淘气可爱。把你觉得它淘气可爱的部分找出来和同学交流。
《我爱故乡的杨梅》	
例文批注	作者把杨梅的变化观察得多仔细啊！
	作者把杨梅的味道写得这么具体可感，让人想亲自尝一尝它的滋味。
例文练习	认真读课文，填写下面的表格，体会作者观察的细致。 杨　梅　　特　点 外　形　　_____ 颜　色　　_____ 味　道　　_____
习作：我们眼中的缤纷世界	
写作内容	把最近观察时印象最深的一种事物或一处场景写下来。
分享心得	观察时要细致一些。 观察时不仅用眼睛看，用耳朵听，还可以用手摸，用鼻子闻，有时还可以尝一尝。 观察时要注意事物的变化。

优点：目标统一，聚力聚气。整个单元围绕着观察力的训练，目标极为统一。单元目标就设定为"体会作者是怎样留心观察周围事物的"，并要求"仔细观察，把观察所得写下来"。依据目标，编撰的两篇精读课文都非常贴切。《搭船的鸟》在课后练习第一道题中就提出"想一想，作者对哪些事物做了细致观察？说说你是从哪里看出来的？"课后练习这一助力系统明确指向对观察力的训练以及检测。《金色的草地》则设计了"把内容补充完整，体会作者观察的细致"这一练习，再次回顾课文中若干处细致观察的描述。交流平台则采用"摆事实，讲道理"的方式，列举课文内容，强调了"留心周围事物会有新发现"以及"细致的观察能够让我们对事物有更多的了解"，让学生从课文学习中明理得法。习作例文不仅出示样张，还予以批注，集中地指向观察力的提升。例如

《我家的小狗》的批注中直接提示"作者观察得很仔细"。《我爱故乡的杨梅》批注中则点明"作者把杨梅的变化观察得很仔细",还提示学生"要注意杨梅的味道,写得很具体,可以尝一尝"。在最后的习作《我们眼中的缤纷世界》中,按照《课标》"不拘形式"的提倡,让学生自由写印象最深的事物,写自己观察的一处景物,回应整个单元的观察力的训练,借助表达进行检测。同时在提示语中强调"不仅用眼睛看,用耳朵听,还可以用手摸,用鼻子闻",多角度去观察,丰富观察结果的表达。

遗憾:支架缺乏,贪多求全。这一单元的教材布局,缺乏对那些观察力不强、观察水平较低的学生的关注,未能提供有效的支架辅助。仅靠精读两篇课文,提供两篇习作例文,能观察、有实力的同学自然"自能作文"。而不善于观察,甚至不会观察的同学,依然感到无从下手。观察力的获得,绝对不是纸上谈兵,而必须是身临其境的。大千世界,气象万千,要观察的有形形色色的人象、纷繁复杂的事态、变化多端的物象,还有瑰丽奇幻的景色,观察的结果不能自动跳进作者大脑中,更不会自觉排列输出,需要作者本人去思索、去判断、去选择。观察材料与观察力的获得,都需要观察者付出努力。一种能力,要通过实践,经历体验,在深入介入之后方能转化为实战的力量。这一习作单元的设计,缺乏了具有观察特质的"活动支架"的设计,没有给观察力的提升提供应有的活动支架。

然而,在此前提下,又对于习作的产出抱有极大的热情与期待,要求一步到位。在一篇观察作文中,要体现多感官,全方位的观察,这是一种高层次的观察力才能支撑的写作,不应作为三年级起步阶段的要求。从螺旋上升的课程系统看,也应暂时处于较低层次的。这一学段的观察力培植,完全可以缓步走。例如,先将观察能力分为"眼力观察""触摸观察""嗅觉观察""听觉观察"等几个小项目,注意细化,切口要小,效果就好。同时还要在习作指导中提供"过程性辅助"。例如,可以先进行活动布置,创设情境。在全过程中,鼓励学生进行观察笔记，积累原始素材。最后再将活动体验和素材转化成文，写的时候强调切中观察力的某一方面，依然可以用自己擅长、喜爱的形式，自由表达。而现有的教材，阅读学习成分远远超过习作，大有反客为主的趋势。真正的到了习作部分，又简化成一道"命题"，这不得不说是一种遗憾。

作为与习作密切相关的观察力训练单元，虽然归属于"习作单元"，但从教材的布局上看，"阅读"的意味更加浓厚。虽然编撰者也强调阅读就是为了习作，但这显然对学生能否真正通过读而实现写欠缺考证。不妨再比对同样强调观察力训练的四年级上册第三单元，这是统编教科书中典型的阅读教学单元。从整体布局上看，除了没有编撰"习作例文"这一专属项目外，几乎找不到差别。而本单元的习作任务——《写观察日记》实则更加适合三年级撰写。其一，日记写作，具有良好的持续性，是习惯养成的必经阶段，也是最优化路径；其二，每天写日记，能在每一次的片段式习作中，分解观察力的训练项目，缓和了提升的梯度，让学生更容易掌握；其三，日记写作更接近真实性写作，不会导致学生因参与"习作"而对"写作"这件事都产生误解，认为写作就是按照命题写一篇"作文"。要知道，这样的误解可能是长期的指令性写作造成的。四年级上册第三单元布局如下图：

四年级上册第三单元	
单元目标	1. 体会文章准确生动的表达，感受作者连续细致的观察。 2. 进行连续观察，学写观察日记。
课文篇目	9《古诗三首》（《暮江吟》《题西林壁》《雪梅》）
课后练习	1. 有感情地朗读课文。背诵课文。默写《题西林壁》。 2. 想象"一道残阳铺水中，半江瑟瑟半江红"的景象，用自己的话说一说。 3. 说说你对下列诗句的理解。 不识庐山真面目，只缘身在此山中。 梅须逊雪三分白，雪却输梅一段香。

四年级上册第三单元	
课文篇目	**10《爬山虎的脚》**
课后练习	1. 朗读课文。说说从哪些地方可以看出作者观察得特别仔细。 2. 根据课文内容，说一说爬山虎是怎样往上爬的。 3. 找出课文中你觉得写得准确、形象的句子，抄写下来。
资料袋	要写好观察日记，必须仔细地观察事物并做好观察记录。参考下面两种记录形式，把自己的观察所得记录下来。
课文篇目	**11《蟋蟀的住宅》**
课后练习	1. 默读课文，说说课文围绕蟋蟀的住宅讲了哪些方面的内容，作者是怎样观察的。 2. 用自己的话介绍蟋蟀住宅的修建过程，想想为什么蟋蟀的住宅可以算是"伟大的工程"。 3. 课文把蟋蟀比作人，把蟋蟀的巢穴比作人的住宅，说说这样写的好处。读下面的片段，想想在表达上与课文有什么不同。 　　蟋蟀体型微扁，头部圆形，触角长、呈线状。有翅时，翅平叠于躯体上。多数体色呈褐色或黑色，深浅不一。雄虫利用位于前翅基部的脊产生求偶鸣声。多数雌性的产卵器很显著，呈筒状或针状。——选自英国麦加文的《昆虫》，王琛柱译，有改动
阅读链接	《燕子窝》（6月28日　6月30日）——选自苏联比安基的《森林报·夏》，王汶译，有改动
口语交际：爱护眼睛，保护视力	
习作：写观察日记	
习作要求	试着进行连续观察，用观察日记记录自己的收获。
内容提示	• 我在花盆里种下几粒种子，观察种子发芽的过程。 • 秋天到了，有的树叶开始变色了，我要记录树叶颜色的变化。 • 月亮有时圆圆的，有时弯弯的，我要观察月亮变化的过程。 • 我要观察家里养的小猫。
习作要点	观察日记，主要记录观察对象的变化，还可以写写观察的过程，观察者当时的想法和心情，如果能附上图画或照片就更好了。 　　整理观察日记，在小组内分享。评一评，谁观察得细致，内容记得准确。

续　表

四年级上册第三单元	
语文园地·交流平台	
只有进行细致的观察，才能写得准确。	它用前足扒土，还用钳子搬掉较大的土块。它用强有力的后足踏地。后腿上有两排锯，用它们将泥土推到后面，倾斜地铺开。
作者不但观察细致，还连续观察了一段时间。	爬山虎的脚要是没触着墙，不几天就萎了，后来连痕迹也没有了。触着墙的，细丝和小圆片逐渐变成灰色。
观察不仅要用眼睛看，还要用耳朵听，用心想。	那微斜的门口，经过仔细耙扫，收拾得很平坦。这就是蟋蟀的平台。当四周很安静的时候，蟋蟀就在这平台上弹琴。

　　从两表中，能看出这一单元和"习作单元"的差别吗？如果不事先说明，我们很可能混淆。可见，在"阅读"和"写作"的界别上，教科书的定位还是比较模糊的，对写作能力的发展指导上，还有提升的空间。两个单元比对后，我们可以对统编教科书"观察力"教学部分的编撰上，提出一些改良的建议。

　　2. 教材建设"观察力"

　　其一，微调。在统编教科书的阅读教学板块，凡是涉及观察力指引的，建议做一些微调。例如增加批注的次数，随文批注，指出"作者在哪些地方运用了观察力"，引导学生欣赏"这样的力量是如何转化成文字的？""是怎么写出来的？""写的内容，究竟好在哪里？"同时，还可以借助"泡泡提示语""课后练习""交流平台"助学系统，更多地在"怎么做"的过程与方法上进行指引，不是一味强调"要做什么""要做得多好"。

　　微调还包括涉及观察力的阅读课文，在出现的顺序上应该符合"螺旋上升"的基本逻辑关系。即先是"爱观察"，让学生感觉到观察很有趣，之后是"会观察"，让学生学习到观察的具体方法。接下来，才是"能观察"，提升观察力，为日常生活以及写作提供保障。全过程都包含着观察习惯的养成。到最后阶段，期待形成"主动观察"的意识。微调的整体架构为"有趣—有法—有力—有为"。清晰的发展线索，让学生借助教材在六年学习中，形成系统的、强大的观察力，这股力量不仅仅服务于写作，更能有益于人生。

其二，增容。增加观察力训练的教科书编撰容量。特别是习作单元，触及观察力训练的内容要适当增加。叶圣陶认为："写作材料都是诸位生活里原有的，不是从生活以外去勉强找来的。换句话说，这些写作材料都是自己的经验。"① 经验的获取，绕不过的就是实践。例如苏霍姆林斯基就主张"小学阶段进行观察作文"，从一年级开始到六年级，几乎全部都"观察后写作"。他提出：没有亲自观察，没有经历过程，没有留下切身体验，就像"没有阳光、空气、水分，植物无法生长一样"，是无法想象的。而且年纪轻轻，不要陷入回忆，不要依靠加工记忆成文，更不能仰仗技法写就。他呼唤：面对自然时，你还需要一份怀疑与惊讶。苏霍姆林斯基则坚持这样做，为小学1—6年级学生，列出了详细的写作计划。以下表格源自网络：

苏霍姆林斯基的"观察作文训练体系"	
一年级	1. 学校的果园。2. 校舍旁边的花。3. 当太阳没入乌云的时候。4. 我们到森林去的一次游玩。5. 晚霞。6. 我们的池塘里有些什么生物。7. 春天的第一朵花。8. 鸽子、燕子和麻雀都怎么飞的。9. 黄昏。10. 鱼缸里的小鱼。
二年级	11. 夏天和秋天。12. 蓝天鹤群。13. 棕鸟南归。14. 刺猬准备过冬。15. 燕子筑巢。16. 我们怎样招来飞鸟。17. 冬天太阳暖和的时候。18. 森林积雪下还有生命。19. 西瓜熟了。20. 我们的葡萄园。21. 粮食怎样变成面包。22. 大风前的日落。23. 晴天之前的日落。24. 和煦的微风。25. 寒风。26. 春日暖阳。27. 炎热的夏日。

---

① 叶圣陶.落花水面皆文章：叶圣陶谈写作［M］.北京：开明出版社，2017：54.

	苏霍姆林斯基的"观察作文训练体系"
三年级	28. 小麦怎样抽穗。29. 荞麦开花。30. 日出。31. 果园秋景。32. 林中。33. 秋色。34. 蜜蜂怎样劳动。35. 田野与草地（比较）36. 鸟类——我们的朋友。37. 春天的花。38. 夏天的花。39. 秋天的花。40. 冬天的花草世界（温室内）41. 第一场雪。42. 傍晚黄昏。43. 空中飘雪。44. 橡树上的啄木鸟。45. 彩虹。46. 苹果树开花的时候。47. 我们的桃园。48. 鸟群从温暖的地方飞来。49. 我的小狗。50. 我的小猫。51. 我的养鱼缸。52. 按舍万德罗诺娃的画《在乡村图书馆里》作文。53. 春雨。54. 晴日蓝天和雨前阴天。
四年级	55. 池塘与河流（比较）。56. 初秋时节。57. 阳光明媚的林间旷地。58. 窗外寒风。59. 雏鸟从巢里掉落下来（暑假回忆）。60. 暴风雨初起。61. 冬季日出时的雪堆。62."一朝遭蛇咬，十年怕井绳"。63."种瓜得瓜，种豆得豆"根据俗语写作文。64. 假如我变成隐身人……（幻想）。65. 真理是什么。66. 如果我有一根魔杖……（幻想）。67. 夜晚……麻雀一家。68. 霜是从哪里降下来的。69. 最美的与最丑的。70. 现象、原因、结果（逻辑练习）。71. 春汛。72. 鹤鸟飞到哪里去。73. 夜晚降临。74. 我的小树。75. 按瓦斯涅佐夫的画《勇士们》作文。76. 我想成为怎样的人。
五年级	77. 童话《莫罗兹科》里的什么人、为什么遭到惩罚。78. 普希金在《死公主和七勇士的故事》中是怎样谴责邪恶和不正义的。79. 夏天的早晨（尼基金诗《早晨》读后）。80. 女主人使格拉西姆遭到什么不幸（根据屠格涅夫的短篇小说《木木》写作）。81. 朝霞和晚霞。82. 窗外秋雨绵绵。83. 树上挂满寒霜。84. 初射的阳光照亮了什么。85. 绚丽的晚霞。86. 在草场上（暑假回忆）87. 深秋乍寒。88. 候鸟飞往温暖地带。89. 林中之夜。90. 鹤。91. 现象、原因、结果（逻辑练习）。92. 人生活在世上为的什么。93. 透过滴水看世界。94. 透过天蓝色玻璃看世界。95. 根据列维坦的画《三月》作文。96."念难见挚友"（依谚语作文）。97. 致外国同龄朋友的信（读文章或报纸简介之后）98. 让天空永远洁净，愿世界永无战争。
六年级	99. 壮士歌中的勇士伊利亚·穆罗米茨保护什么人，跟什么人做斗争。100. 杜布罗夫斯基的什么吸引了我（根据普希金的中篇小说《杜布罗夫斯兹》作文）。101. 人民的忠实儿子奥斯坦和叛徒安德·列（根据果戈里的小说《塔拉斯·布利巴》作文）。102."懒汉怨日出""平放的石头，流不过水去"（以谚语为题作文）。103. 我以什么人为榜样（我的理想人物）。104. 凋谢的叶子呈现什么颜色和色调。105. 晚秋草原的变化。106. 冬季林中。107."初秋有段虽短暂但是极美妙的时节……"（丘特切夫语）。108 春天的溪流。109. 丁香丛林。110. 按库英杰的画《乌克兰的夜》作文。111. 按佩罗夫的画《三套车》作文。112. 按普里亚尼什尼科夫的画《渔童》作文。113. 草场之夜。114. 按巴克舍耶夫的画《蔚蓝色的春天》作文。115. 和平时期能表现出坚定和勇敢精神吗？116. 人生中什么最珍贵。117. 我认为谁是最凶恶、最坏的人。118 宇宙飞行幻想曲。119. 全世界劳动人民的孩子都是我的朋友。

　　提供苏霍姆林斯基的观察作文训练系统，并不是要求统编教科书的编撰完全采纳，而是希望适当增加对观察力训练科目的设计。特别是在第二阶段，让学生参与相对细化的观察力分项练习，更多频次地涉及对观察力的培养，让这一基础能力更为扎实牢固。同时，在第一学段的写话教学板块中，也能设计更多的对图像的观察，或者参与更多与观察相关的游戏、活动，产生观察真实体验。同时，更早地启动"持续性观察"，让观察力的训练伴随着日常的，真实的写作，尽早养成观察的习惯。

　　其三，变式。改变一成不变的命题布置的设计模式，多安排游戏式、体验式、实验式等和观察本质更为匹配的教材形式。统编教科书确实有相类似的习作教学设计，如进行小实验、小制作等，但依然带有强烈的耳提面命式的指导模式。教科书中仅呈现要"做什么"的内容，之后就是布置任务，让学生自己完成过程操作，最后提交一篇"完美的结果"。观察力的提升是要经历学习的，不能一下求结果。

　　美国著名的课程改革专家罗伯特·J·马扎诺博士提出"学习维度"理论。马扎诺主张将学习分为五个维度，具体为：态度与感受；获取或整合知识；扩展与精炼知识；有意义地运用知识；良好的思维习惯。单就"运用知识"而言，还涉及五种推理或思维过程：（1）决策，提出并根据标准，从似有雷同的不同方案中做出选择；（2）解决问题，指克服达到目标道路中的限制或障碍；（3）创见，指形成原创性的产品或过程以满足具体需要；（4）实验探究，是对所观察的事物提供解释和加以检验；（5）调研，消除模糊观点或对事件提出建议及辩护[①]。可见，任何一项能力的获得，都是注重过程的。而真正在富有情境的过程中观察，才是对学生观察力的生长、变化、发育有着重要的意义。因此，建议除了在内容上有所改变之外，教科书的呈现形式也希望有所变化。例如可以设计成全程辅助写作的模式。下文提供一份适合于四年级的观察习作设计，具有全程辅写的意味。

---

　　① 马兰 盛群力."学习维度论"要览［J］.上海教育科研：2004.9：35.

设计厕所标识

情境与任务：

上厕所，这可是每天都要做的事。不过你是否想过，要是到了语言不通的国家，你该怎样区别男生或女生的厕所，又该进哪一间呢？万一走错了，那可是很尴尬的事。让我们一起来设计厕所的标识吧，用"图像"这个世界通用的语言，来帮助区别。

学习要点：

结合图像，用简单的语言来说明。

写作进行时：

谈一谈：

让我们先来聊聊"上厕所"这件事吧。

上厕所时，你怎样分辨"男女"，不会走错？

也许你会说：太简单啦，看清楚"男"和"女"这两个汉字呗。这有何难？

大家是否想过：如果有个不懂中文的朋友，他又该如何分辨呢？

也简单，看标识呗。瞧，这是 2008 年北京奥运会期间，曾经使用过的厕所标识。相信不管是哪一个国家的朋友来到中国，看一眼，便知哪一间才是自己该进入的吧。

标识，就是世界通用语言。

泡泡：哇，我能区别哦

看一看：

再来看看三组有趣的厕所标识吧，相信小伙伴一眼就能区分出"男""女"哦。绝对不会遭遇尴尬。

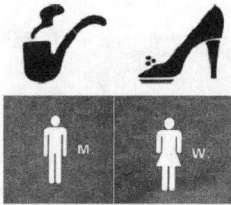

男　　MAN　　女　　WOMAN

试一试：

　　请小伙伴展开想象，也来为设计"男""女"两个厕所的标识图吧。

　　首先，请好好构思，设计一幅女士厕所的标识图和一幅男厕所的标识图。

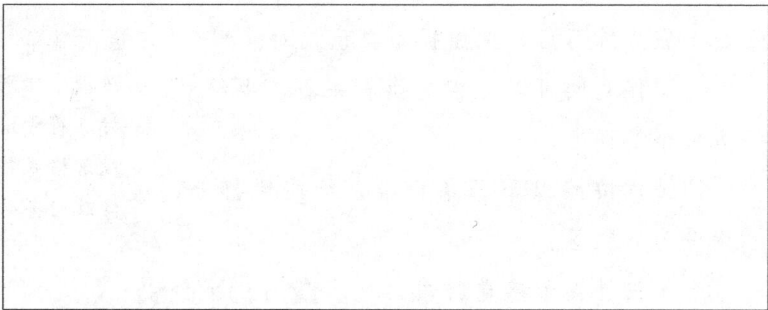

　　其次，用一段文字来说明，向小伙伴介绍清楚自己的设计

一、我的设计。女士、男士的厕所标识，分别是什么样的。请
　　用简单的一两句话，概括地说明。

　　————————————————————————————

二、我的理由。我为什么会这样设计？请说明自己的设计
　　依据。

　　————————————————————————————

三、我的特色。这样设计，方便大家辨识么？请说明自己设计
　　的特色。

　　————————————————————————————

泡泡：欣赏一位小伙伴的设计吧

例文展台：

> 先总的说说设计出的不同标识。

我设计的女厕所标志是一把梳子，男厕所标志是一把剃须刀。这是根据女士和男士不同常用生活物品设计的。女士有美丽的长头发，一早醒来总是拿起梳子，梳理自己的头发。所以，一把头梳代表着"女"；男士会长胡子，我常看到爸爸用剃须刀剃胡子。所以，一把剃须刀就代表着"男"。

> 再分别说明，不同的标识，是如何构思出来的。

作者：（中国 福州）代陈琳

练一练：

完成练习后，按照提示自己校对。

同伴之间可以互相交换看一看，也给对方一个好评吧。

请你按照以下两条标准，给同伴打分，满分为五颗星：

　　*设计图形感觉新颖　　★☆☆☆☆

　　*设计说明看得明白　　★☆☆☆☆

校订清单

语段中错别字请改正。

标点符号请书写正确。

段落格式符合要求。

修改时务必注意整洁。

古诗词"课后练习题"的教学内涵和重点

　　致力于提升学生的语文学科核心素养，统编教科书在编撰时尤为注重传统文化的继承与发扬，让学生成为优质文化的传承者与担当者。较之其他版本，统编本所编撰的古诗词呈现起步早、容量大、体裁多的三大特色。从第一学段的一年级上册开始，教材中就出现古诗。直至第三学段六年级下册，小学全学段十二册共选古诗几占所有选篇的三分之一。从最早的诗歌总集——《诗经》中的古风、民歌，到承载盛唐气象的律诗、绝句，再到风格独特的宋元词曲，明清诗品，统编教科书中的古诗词教学内容成了学生继承与发扬中华传统文化的奠基之石。

　　统编教科书编撰了三大系统，单元导读为"导航系统"，课文内容为"内容系统"，其他的辅助设计为"助学系统"。在"助学系统"中的"课后练习题"成为教学的关键切入点与重要抓手。在全十二册的统编古诗词教学中编撰的"课后练习题"如下表。

册数	篇目	练习题内容
一年级上册	《江南》《画》	《江南》：朗读课文，背诵课文。 《画》：朗读课文，背诵课文。
一年级下册	《静夜思》《池上》《小池》	《静夜思》：朗读课文，背诵课文。 《池上》《小池》：朗读课文，背诵课文。 读一读，记一记。泉水 清泉 荷花 荷叶 水流 踪迹 足迹

续　表

册数	篇目	练习题内容
二年级上册	《登鹳雀楼》《望庐山瀑布》《夜宿山寺》《敕勒歌》	《登鹳雀楼》《望庐山瀑布》：朗读课文。背诵课文。 读诗句，想画面，再用自己的话说一说。 白日依山尽，黄河入海流。 飞流直下三千尺，疑是银河落九天。 读一读，记一记。 穷尽：山穷水尽，层叠：层林叠翠，云：烟消云散，山川：名山大川 《夜宿山寺》《敕勒歌》：朗读课文。背诵课文。 读诗句，想画面，再用自己的话说一说。 危楼高百尺，手可摘星辰。 天苍苍，野茫茫，风吹草低见牛羊。
三年级下册	《村居》《咏柳》《晓出净慈寺送林子方》《绝句》	《村居》《咏柳》：朗读课文。想象画面；说说诗句中春天的美景。背诵课文。 读一读，填一填。 ＿＿＿＿＿＿莺飞＿＿＿＿＿＿，拂堤杨柳＿＿＿＿＿＿。不知细叶谁裁出，＿＿＿＿＿＿＿＿。 读一读，记一记。 河堤 堤岸 杨柳 柳条 吹拂 春风拂面 化妆 梳妆打扮 《晓出净慈寺送林子方》《绝句》：朗读课文。背诵课文。 读下面诗句，说说你看到了什么样的画面。 接天莲叶无穷碧，映日荷花别样红。 两个黄鹂鸣翠柳，一行白鹭上青天。
三年级上册	《山行》《赠刘景文》《夜书所见》《望天门山》《饮湖上初晴后雨》《望洞庭》	《山行》《赠刘景文》《夜书所见》：有感情地朗读课文。背诵课文。默写《山行》。 这三首诗写的是哪个季节的景色？你是从哪些地方发现的？ 结合注释，用自己的话说说下面诗句的意思。 停车坐爱枫林晚，霜叶红于二月花。 一年好景君须记，最是橙黄橘绿时。 《望天门山》《饮湖上初晴后雨》《望洞庭》：有感情地朗读课文，想象诗中描绘的景色。背诵课文。默写《望天门山》。 用自己的话说说下面诗句的意思。 两岸青山相对出，孤帆一片日边来。 湖光秋月两相和，潭面无风镜未磨。

续 表

册数	篇目	练习题内容
三年级下册	《绝句》 《惠崇春江晚景》 《三衢道中》 《元日》 《清明》 《九月九日忆山东兄弟》	《绝句》《惠崇春江晚景》《三衢道中》：有感情地朗读课文。背诵课文。默写《绝句》。 结合诗句的意思，想象画面，说说三首诗分别写了怎样的景象。 《元日》《清明》《九月九日忆山东兄弟》：有感情地朗读课文。背诵课文。默写《清明》。 这三首诗分别写的是哪个传统节日？写出了什么样的节日情景？
四年级上册	《暮江吟》 《题西林壁》 《雪梅》 《出塞》 《凉州词》 《夏日绝句》	《暮江吟》《题西林壁》《雪梅》：有感情地朗读课文。背诵课文。默写《题西林壁》。 想象"一道残阳铺水中，半江瑟瑟半江红"的景象，用自己的话说一说。 说说你对下列诗句的理解。 不识庐山真面目，只缘身在此山中。 梅须逊雪三分白，雪却输梅一段香。 《出塞》《凉州词》《夏日绝句》：有感情地朗读课文。背诵课文。默写《出塞》《夏日绝句》。 结合注释，说说下列诗句的意思。你从中体会到了什么？ 但使龙城飞将在，不教胡马度阴山。 醉卧沙场君莫笑，古来征战几人回。 生当作人杰，死亦为鬼雄。
四年级下册	《四时田园杂兴》 《宿新市徐公店》 《清平乐·村居》 《芙蓉楼送辛渐》 《塞下曲》 《墨梅》	《四时田园杂兴》《宿新市徐公店》《清平乐·村居》 有感情地朗读课文。背诵课文。默写《宿新市徐公店》。 读下面的诗句，说说你眼前浮现了怎样的情景。 日长篱落无人过，惟有蜻蜓蛱蝶飞。儿童急走追黄蝶，飞入菜花无处寻。 大儿锄豆溪东，中儿正织鸡笼。最喜小儿亡赖，溪头卧剥莲蓬。 《芙蓉楼送辛渐》《塞下曲》《墨梅》：有感情地朗读课文。背诵课文。默写《芙蓉楼送辛渐》。 说说下面诗句的意思，再想想这些诗句表现了怎样的精神品格。 洛阳亲友如相问，一片冰心在玉壶。 欲将轻骑逐，大雪满弓刀。 不要人夸好颜色，只留清气满乾坤。

续　表

册数	篇目	练习题内容
五年级上册	《示儿》 《题临安邸》 《己亥杂诗》 《山居秋暝》 《枫桥夜泊》 《长相思》	《示儿》《题临安邸》《己亥杂诗》：有感情地朗读课文。 背诵课文。默写《示儿》。 读懂诗歌的题目有助于我们理解诗歌的内容。从三首诗的题目中，你能了解到哪些信息？ 结合注释和相关资料，说说下列诗句的意思，再想想它们表达了诗人怎样的情感。 王师北定中原日，家祭无忘告乃翁。 暖风熏得游人醉，直把杭州作汴州。 我劝天公重抖擞，不拘一格降人才。 《山居秋暝》《枫桥夜泊》《长相思》：有感情地朗读课文。 背诵课文。默写《枫桥夜泊》 读一读，想象诗句描绘的景象，体会其中的静态描写和动态描写。 明月松间照，清泉石上流。竹喧归浣女，莲动下渔舟。 月落乌啼霜满天，江枫渔火对愁眠。 借助注释，理解《长相思》的意思，试着体会作者的思想感情，和同学交流。
五年级下册	《四时田园杂兴（其三十一）》 《稚子弄冰》 《村晚》 《从军行》 《秋夜将晓出篱门迎凉有感》 《闻官军收河南河北》	《四时田园杂兴（其三十一）》《稚子弄冰》《村晚》 有感情地朗读课文。背诵课文。默写《四时田园杂兴》（其三十一）。 读下面的诗句，说说你眼前浮现出怎样的画面，体会其中的乐趣。 童孙未解供耕织，也傍桑阴学种瓜。 稚子金盆脱晓冰，彩丝穿取当银钲。 牧童归去横牛背，短笛无腔信口吹。 选做：根据古诗内容，展开想象，选择其中一首改写成短文。 《从军行》《秋夜将晓出篱门迎凉有感》《闻官军收河南河北》 有感情地朗读课文。背诵课文。默写《从军行》《秋夜将晓出篱门迎凉有感》 借助注释，说说下面诗句的意思，再想想它们表达了诗人怎样的感情。 黄沙百战穿金甲，不破楼兰终不还。 遗民泪尽胡尘里，南望王师又一年。 白日放歌须纵酒，青春作伴好还乡。

续　表

册数	篇目	练习题内容
六年级上册	《宿建德江》《六月二十七日望湖楼醉书》《西江月·夜行黄沙道中》《浪淘沙（其一）》《江南春》《书湖阴先生壁》	《宿建德江》《六月二十七日望湖楼醉书》《西江月·夜行黄沙道中》 有感情地朗读课文。背诵课文。默写《西江月·夜行黄沙道中》 《宿建德江》《西江月·夜行黄沙道中》都写了月夜的景色，表达的情感却不一样，结合诗句说一说。 《六月二十七日望湖楼醉书》每一句诗都是一幅画，说说你"看"到怎样的画面。 《浪淘沙（其一）》《江南春》《书湖阴先生壁》 有感情地朗读课文。背诵课文。默写《浪淘沙（其一）》 读读《浪淘沙（其一）》，说说你从哪里体会到了黄河的磅礴气势。 想一想《江南春》抓住哪些景物写出了江南春天的特点。 读读下面的诗句，说说你发现了什么。 一水护田将绿绕，两山排闼送青来（我想起了其他古诗里这样的诗句）
六年级下册	《寒食》《迢迢牵牛星》《十五夜望月》《马诗》《石灰吟》《竹石》	《寒食》《迢迢牵牛星》《十五夜望月》：有感情地朗读课文。背诵课文。 结合牛郎织女的故事，说说《迢迢牵牛星》表达的情感。 《十五夜望月》中的"不知秋思落谁家"委婉地表达了思念之情，在你读过的古诗词中，还有哪些类似的诗句？和同学交流。 选做：这三首古诗分别与哪些传统节日有关？还有一些古诗也写到了传统节日和习俗，查找资料了解一下。 《马诗》《石灰吟》《竹石》：有感情地朗读课文。背诵课文。默写《竹石》。 借助注释，说说下面诗句的意思。 何当金络脑，快走踏清秋。 粉骨碎身浑不怕，要留清白在人间。 千磨万击还坚劲，任尔东西南北风。 三首古诗分别表达了诗人怎样的志向？表达的方法有什么共同特点？

一、特征分析

纵览上表，可以发现统编古诗词课后练习题的设计具有三个明显特征。

其一，充分依据《课标》制定。《课标》对不同学段的不同课程做了阶段目标设定。统编古诗词课后练习的设计，充分依据《课标》研制，与《课标》形成良好的呼应关系，为课程目标在教学中真实有效地落地实施提供有力保障。例如《课标》第二学段针对着古诗词教学，提出"诵读优秀诗文，注意在诵读过程中体验情感，展开想象，领悟诗文大意"① 的教学目标。其中"体会情感""展开想象""领悟大意"为这一目标表述的关键点。在统编三四年级上下册的古诗课后练习中，就特别注重对这三个关键点进行应对，设计了"有感情地朗读课文，想象诗中描绘的景色""结合诗句的意思，想象画面，说说三首诗分别写了怎样的景象""读下面的诗句，说说你眼前浮现了怎样的情景"等练习题。

其二，充分关注各学段的学习特质。修订版布鲁姆教育目标分类学中认知目标的向度，由较低层级的记忆、理解、应用、分析，到较高层级的评价、创造，呈现出逐级提升的发展趋势，且各级目标还形成密切关联。可见，不同学段的学习具有不同特质，具备相对集中的能力落脚点，需要在具体学习实践中予以强化。统编古诗词课后练习的设计，充分关注了这一特性，做了梯度推进，缓步提升的设计。例如第一学段的课后练习特别注重积累，毫无遗漏地提出"朗读"与"背诵"的要求，设计了"读一读，记一记"这一有助于"记忆"目标达成的练习，同时兼顾"想象"与"表达"能力的发展，设计了"读诗句，想画面，再用自己的话说一说"的练习题。而第二学段则更加侧重对诗意的理解与体

① 中华人民共和国教育部. 义务教育语文课程标准（2011 年版）［S］北京：北京师范大学出版社，2011.7.

会，第三学段练习则关注诗歌的情感，注重评鉴能力的养成，设计了"借助注释，说说下面诗句的意思，再想想它们表达了诗人怎样的感情""古诗分别表达了诗人怎样的志向？表达的方法有什么共同特点"等练习题。

其三，充分遵循古诗词学习的传统方法。"熟读唐诗三百首，不会作诗也会吟"，诵读、记忆、积累，就是古诗词学习中最为传统的方法。古人也提出了"好读书，不求甚解"的学习观。在私塾教育中还有先对经典篇章进行诵读记忆，之后再逐句批注解释，最后才进入仿写创作课程设计。虽然古今时代变迁，学习的路径、方式以及意义、功能等有所发展改变，但最为精髓的理念可以秉持。统编古诗词课后练习的设计，充分遵循了"古法"，保持了古诗词学习最优良的传统。例如，几乎每一组课后练习都设计"朗读"的练习，并指定背诵部分篇目。第二学段开始注重对个别诗句的解释，频繁设计了"结合注释，用自己的话说说下面诗句的意思"的题型。第三学段更多提出"借助注释，理解诗意"的要求。同时关注古诗词的表达形式的学习，设计了针对"表达的方法有什么共同特点"的思考与练习。在十二册的古诗文课后练习设计中，有两处选做题，分别为五年级下册的"根据古诗内容，展开想象，选择其中一首改写成短文"和六年级下册的"这三首古诗分别与哪些传统节日有关？还有一些古诗也写到了传统节日和习俗，查找资料了解一下"。其中一处指向基于古诗词内容与想象的创意表达，另一处则服务于信息素养，鼓励查找资料，对接现状，让古往的诗文在今天的生活中复活。

二、类型划分

将全册古诗词课后练习题做个类型划分，大致可以归属在语言积累、意蕴理解、能力提升三个类型范畴内，每个范畴又可以再分为一些小的类别。小学 1—6 年级 12 册统编教科书古诗词的课后练习中，朗读、背诵的练习占比均为 100%，默写占比为 27.9%，对诗词大意的理解练习占比为 63.9%，对诗人情感的理解练习占比为 23%，对意境意蕴的体悟练习占比为 19.7%，对画面想象与创意表达的练习占比均为 41%，对信息搜集的练习占比为 18%，关于方法探究的练习占比为 29.5%。不同年级的练习，在对应与体现年级特征上，也有相应的占比数。以六年级上下册共 12 篇古诗词为例，朗读和背诵的练习占比 100%，默写占比 25%，对诗词大意的理解与对诗人表达情感的练习占比 58.3%，对诗歌意蕴理解的练习占比 25%，要求进行画面想象的练习占比 16.7%，进行创意表达的练习占比 25%，关于信息搜集的练习占比为 41.7%，而在读、写等方法探究的练习占比为 75%。可见，小学六年级作为第三学段最后一年的学习，具备着明显的"高年级"学习特色，力主方法探索，注重个人体验，强调信息素养的培育。

其一，语言积累型。每一篇古诗词的课后练习都涉及"语言积累"。例如"朗读""背诵""默写"，全面鼓励积累"古诗词"这一独具特色的语言形式，抓住机会形成特殊的语言图式。语言积累的同时还有助于丰厚学生传统文化的底蕴，形成"腹有诗书气自华"的诗性风范与温文尔雅的诗人气质。

其二，意蕴理解型。古诗词为中华文化的"大观园"，是语文学习的"集散地"。学习古诗词，要触及字词意思的理解，诗词大意的把握，诗歌意境的感受，古诗意蕴的体悟。统编古诗词的课后练习，对这四个层次的学习都做了设计，合理有序地分布在不同年级的学习中。例如三年级上册的"结合注释，用自己的话说说下面诗句的意思"，让学生关注重点诗句的意思；三四年级中经常出现的"对下列诗句的理解"，直接提示学生注重古今对译，扎实掌握诗词大意；四年级上册的"想象'一道残阳铺水中，半江瑟瑟半江红'的景象，用自己的话说一说"，鼓励学生展开想象，携带着个性化的阅读实践，融合个人的阅读感受；六年级上册的"《六月二十七日望湖楼醉书》每一句诗都是一幅画，说说你'看'到怎样的画面"，让学生体悟诗画同框，品味诗人在"醉"字中蕴藏的纵情于雨景，沉醉于山水的独特意韵。

统编六年级语文教材古诗词课后练习分类

册数	篇目	语言积累型练习			意蕴理解型练习			能力提升型练习			
		朗读	背诵	默写	诗词大意	诗人情感	意境意蕴	想象画面	创意表达	信息搜索	方法探究
六上	《宿建德江》	1	1	0	1	1	0	0	0	0	1
	《六月二十七日望湖楼醉书》	1	1	0	0	0	1	1	1	0	0
	《西江月·夜行黄沙道中》	1	1	1	1	1	0	0	0	0	1
	《浪淘沙·（其一）》	1	1	1	1	0	1	1	0	0	1
	《江南春》	1	1	0	0	0	1	0	0	1	1
	《书湖阴先生壁》	1	1	0	0	0	0	0	1	1	1
六下	《寒食》	1	1	0	0	0	0	0	0	1	0
	《迢迢牵牛星》	1	1	0	0	1	0	0	0	1	0
	《十五夜望月》	1	1	0	0	1	0	0	1	1	1
	《马诗》	1	1	1	1	1	1	0	0	0	1
	《石灰吟》	1	1	0	1	1	0	0	0	0	1
	《竹石》	1	1	1	1	1	1	0	0	0	1
	数量（占比）	12 (100%)	12 (100%)	3 (25%)	7 (58.3%)	7 (58.3%)	3 (25%)	2 (16.7%)	3 (25%)	5 (41.7%)	9 (75%)

其三，能力提升型。统编教科书提出重要的"双线编撰"理念，主张从"知识""能力""策略""习惯"四个方面落实语文要素，对一线教师给予强调提醒——在教学中关注最为关键且必要的元素。其中特别提及对"关键能力"的重视。古诗词课后练习设计，在能力提升上的部署则让语文要素实现在教学中的软着陆。例如六年级上册的"读读下面的诗句，说说你发现了什么"，在朗读诗句，理解诗意的基础上提升学习中重要的发现力。又如五年级上册"读一读，想象诗句描绘的景象，体会其中的静态描写和动态描写"，同样也是在朗读与理解的基础上，培养锻炼想象力与感受力，同步在诗词学习中，提升审美鉴赏力。

三、教学建议

结合古诗词课后练习题的设计依据以及类型划分，在教学实践中，我们给出如下的教学建议。

其一，加强积累，确保基础性。古诗词课后练习题中位列第一的，基本上是朗读、背诵、默写等积累题。我们称之为"首要第一题"。教学中，应确保"首要第一题"的落实，加强开口诵读，实现熟读之后的背诵，在背诵的基础上实现无误差默写。古诗文的字数少，指定默写的篇目应将差错率控制为"0"。积累字量少，韵味浓，带有既定格调等创作规律的传统古诗文，如果还出现错别字，会让积累的意义大打折扣。况且，部分特殊字本身就是赏析时要捕捉的"诗眼"，更应该做好精准积累。例如二年级下册的《咏柳》的"碧玉妆成一树高"的"妆"字，在积累时容易错写成"装""状"，而诗人贺知章使用"妆"字，让柳树多了一份生命的动态与多姿的妩媚，审美的层次也在此体现。默写时要特别注重写对，理解清楚。这也可以看作教学向传统文化的致敬。

不同年级也讲究不同层次的积累。如第一学段，强调朗读与背诵；第二学段，升级到默写；第三学段积累，还注重相关的拓展，如同体裁诗词拓展，作者其他诗词拓展，同题一组古诗词拓展等，可以由此及彼地进行关联，加大积累量。

其二，按部就班，确保渐进性。教学中可以按照古诗词课后练习题的排列顺序，按部就班地推进教学。以六年级上册第三课的《古诗词三首》为例，课后练习依次为：第一，有感情地朗读课文，背诵课文。默写《西江月·夜行黄沙道中》；第二，《宿建德江》《西江月·夜行黄沙道中》都写了月夜的景色，表达的情感却不一样，结合诗句说一说；第三，《六月二十七日望湖楼醉书》每一句诗都是一幅画，说说你"看"到怎样的画面。教学时，先组织学生开口诵读，鼓励学生带着自己对诗句的基本理解，有感情地朗读课文。熟读之后，可以趁热打铁，立刻组织背诵。而默写《西江月·夜行黄沙道中》的练习可以作为课末的作业完成。在背诵的基础上，让学生理解诗意，借助资料和教师的讲解，揣摩诗歌表达的感情，畅谈学习体会。其中，在教学第二首《六月二十七日望湖楼醉书》时，立刻结合进行想象画面，完成第三道练习。

统编古诗词的课后练习设计，原本就有其序列性，按部就班地教学，能让学习有序迈向深度，学的层次不断提升。教学时按照序列执行，无异于遵循着教材编者精心设计的学习逻辑，让学习结果更容易获取，效果也更为扎实牢靠。当然，练习题的序列并非一成不变，也讲究灵活变通。如上文例子中的"默写"安排在课末或者课后，而执教第二首时优先完成第三道练习题，这些都可以在具体的教学中视学情而微调。

其三，重视开放，确保适度性。统编古诗词课后练习中有不少开放题，在教学中应组织学生充分互动，多元理解，尽可能地对古诗词进行个性化解读。古诗词理解要开放，但不是完全放开。文学阐释论中提出"一千个读者有一千个哈姆雷特"的解读观，福建师范大学赖瑞云教授提出"多元有限"的解读原则，提醒"哈姆雷特还是哈姆雷特"。教学注重开放度，确保差异性的同时，也应对传统文化有着敬畏心。尊重理解的差异性，要基于对诗词的准确理解基础之上，还要在资料的采集与参照上下足功夫，同时结合学生的年龄特征，做到适度、合理、个性。

例如四年级上册的一道练习："想象'一道残阳铺水中，半江瑟瑟半江红'的景象，用自己的话说一说。"学生可以从直观的色彩上来说想象，也可以从"露"和"月"的视觉形象上来想象，还可以借助个人的观景经验上来想象。开放，让学生能够从不同渠道进入想象空间，让不同层次的学生都有话可说，但不管怎么想，如何说，都需要与诗歌的基本意思，整体意境保持一致，都是为了去领悟诗人在特定境遇下的独特审美体验。

总体而言，统编古诗词的课后练习，类似我们的"教学指南"。教学中，充分关注、解读、落实课后练习，做到由"练"而入，扎实开展教学；依"习"而教，尊重学生学习的主体性，开放度，让学生充分与古诗词相遇、相融、相知；借"题"而升，在古诗词学习中，获得能力的发展，审美的升格，成长为中华民族优秀传统文化的传承者和传播人。

"单元作业设计"手把手教操作

什么是"单元作业设计"？顾名思义，就是以统编教科书中完整的一个单元为基本单位，针对整个单元的知识点、能力训练点，结合学情以及学习的需要设计作业。系统的作业设计并非"出几道题"，也不是随意"拼凑练习"，而是对整个单元进行系统梳理，统筹考虑后，针对学业质量提升而进行的检测与评定。作业设计是提升教师执教能力的全新形式，是教师专业素养发展的全新路径。语文学科的作业设计与教科书"单元统合"的编撰理念相契合，成为教师教学中的又一全新探索领域。

对单元作业设计的认识，可以从"作业"这一概念入手。"作业"一词在《辞海》中解释为："为完成生产、学习等方面的既定任务而进行的活动。"可见，作业基本归属于"活动"，活动重在过程，活动讲究成果。作业设计与单元测试的最本质的差别就在于：作业设计重在过程，讲究伴随着"完成作业"这一实践活动的过程体验，意在学习结果的巩固，学习能力的提升。我们很容易将其与"单元测试"混淆。测试更侧重于学习结果的检测。《教育大辞典》中将作业分为"课堂作业"和"课外作业"两大类。课堂作业是教师在上课时布置学生当堂进行的各种练习，课外作业是学生在课外时间独立进行的学习的活动。单元作业设计，完成的时间周期长，设计的实践项目丰富，选择、判断、阅读理解、情境表达、习作、综合实践等，属于"课外作业"范畴。但设计要与课堂教学中应知应会的知识点、能力点相匹配，要服务于课堂教学，助力于学习结果的生成与获取。

接下来以福州市仓山实验小学刘歆卢团队设计的"统编教科书小学语文四年级下册第二单元作业"（以下简称"本案"）为例，详细解读一份单元作业设计应涵盖的内容。

设计一份"单元作业"，提供给学生端的作业设计内容包括：完成作业的时间、作业题、材料包等。教师端需要设计的有：作业设计的双向细目表、作业参考答案。

一、设计的前期准备

1. 寻找理论依据。教师设计前，应充分解读教科书，特别是针对要设计的单元教材进行精细化的准备。具体包括：核准设计的理念，解读好整个单元，思考好作业设计的板块，确定好双向细目表。以本案为例，单元作业设计的理论依据有四项。

其一，参照重要的文件精神。特别是党中央国务院、教育部在一定时期颁布的文件，要吃透精神，认真贯彻。例如，中共中央国务院《关于深化教育教学改革全面提高义务教育质量的意见》及教育部《关于加强和改进新时代基础教育教研工作的意见》等文件精神，对作业设计有重要的指导意义。指示我们在作业设计中，既要确保基础性，更要体现实践探索性，还要注重学科属性，紧贴学生实际，以及设计的质量。其二，参照《课标》的理念与要求。《课标》将语文课程界定为"综合性、实践性的课程性质"，提出"突出工具性与人文性统一"的特点，意在"全面提升学生的语文核心素养，促进学生的阅读思考，推动课堂教学改革，实现减负、增效、提质"[1]。其三，参照统编教科书的编撰特点。单元作业设计要准确把握统编教科书"双线编撰"的特点，涉及教科书中的"识字与写字""阅读""习作""口语交际""综合性学习""快乐读

---

① 中华人民共和国教育部. 义务教育语文课程标准（2011 年版）[S] 北京：北京师范大学出版社，2011.7.

书吧"等单元教学内容，让作业更有贴合感。其四，认知学习的相关理论。例如参照布鲁姆教育目标分类学（2001 版）理论体系以及国际阅读素养测试的基本理念，这些理论让单元作业设计更加科学、规范、精准。

2. 精细研读教材。有了设计理念，接下来就要深入研读教材。本单元学习围绕"自然奥秘、科学技术"这一人文主题编排，有两个学习要素：阅读时能提出不懂的问题，并试着解决；展开奇思妙想，写一些自己想发明的东西。单元内容系统如下：

类型	内容	作者	教学要点
课文	《琥珀》	柏吉尔（德）	1. 认识 43 个生字，读准 2 个多音字，会写 45 个字，会写 45 个词语。 2. 能提出问题，并尝试通过不同的方式解决问题。 3. 能理解并说出课文的主要内容。 4. 热爱科学，关注科技发展。
	《飞向蓝天的恐龙》	徐星	
	《纳米技术就在我们身边》	刘忠范	
	*《千年梦圆在今朝》	人民教育出版社小学语文室编写	
口语交际	说新闻	——	1. 能讲述一则新闻，准确传达信息。 2. 能把新闻说得清楚、连贯，并发表自己的看法。
习作	我的奇思妙想	——	1. 发挥想象，写出想要发明的事物。 2. 能够借助图示，清楚地介绍自己要发明的东西。 3. 能够根据别人的建议修改习作。
语文园地	交流平台	——	1. 梳理、总结遇到不懂的问题，解决问题的方法。 2. 认识"宾""吉"等 12 个生字。 3. 理解一些词汇的新含义，并能积累一些具有新含义的词汇。 4. 能够运用做比较的方法，介绍一种事物。 5. 朗读、背诵《江畔独步寻花》。
	识字加油站	——	
	词句段运用		
	日积月累	杜甫（唐）	
	快乐读书吧《十万个为什么》（苏联 米·伊林）	——	产生阅读科普作品的兴趣，能提出不懂的问题，并运用多种方法解决。

统编教科书编撰时为学生设计了不少"助学系统",本单元的学习重点"提问"和"解决问题",都能借助助学系统完成,例如三篇课文的课后都有"提问题并解决"的要求,"语文园地"中的"交流平台"也总结了解决问题的三种方法。这是继四年级上册第二单元学过的提问策略之后的巩固和提升。基于以上分析,本单元的学习细化目标可以列为三类四项:其一,基础知识目标。认识本单元 43 个生字,读准 2 个多音字,会写 45 个词语;理解课文主要内容,体会严谨的表达,学习用对比列举的方式介绍事物,并尝试运用查资料等方法解决。其二,基本能力目标。能讲述新闻,准确传达信息,并发表自己的看法。其三,习惯素养目标。产生阅读科普作品的兴趣,能提出有价值的问题,梳理解决问题的方法。

3. 全面统筹考虑。基于理论与教材内容,设计本案的双向细目表,这是确保设计的完整、科学与系统性。表格如下:

模块设置	题号	知识点/能力点	作业设计形式	材料选择	题型	记忆	理解	应用	分析	评价	创新	题目来源	预估值	实做难度
表达与交流	1	听新闻把握要点	扫码听新闻,选择新闻来源	央视新闻网	客观		√					原创	0.8	0.7
	2	找到显性的信息	比对判断信息正误		客观			√				原创	0.6	0.7
	3	口头表达观点	倾听表述分享		主观						√	原创	0.7	0.6
积累与运用	4	拼读、字形	在具体语境中拼写	单元课文词语	客观	√						原创	0.8	0.7
	5	字音	认读易混淆生字		客观	√						原创	0.9	0.8
	6	形近字读音	判断读音相近的字		客观			√				原创	0.7	0.6
	7	辨别字形	选择含错别字的项		客观	√						原创	0.7	0.8

续　表

领域	序号	考查内容	具体说明	材料来源	题型						命题		
积累与运用	8	四字词语理解	判断四字词语是否恰当	单元课文词语	客观	✓					原创	0.8	0.7
	9	比较、理解词汇新含义	比较意思是否相同		客观	✓					原创	0.9	0.8
	10	单元重点词语选用	结合语境填入恰当词语		客观		✓				原创	0.7	0.7
	11	说明方法	判断比对说明方法	科普书籍	客观		✓				原创	0.6	0.6
	12	说明文用词	判断用词对句子表达影响	单元课文	客观		✓				原创	0.7	0.8
	13	文学常识	科普作品及作者	《快乐读书吧》《资料袋》	客观	✓					原创	0.8	0.8
	14	古文语句典故	理解古文语句判断出处	《嫦娥奔月》古文	客观		✓				原创	0.7	0.6
	15	古诗默写及书写	直接型默写	《江畔独步寻花》	客观	✓					原创	0.9	0.9
阅读与欣赏	16	提问和评价	提问并评价问题的价值	卢锡嘉主编的新世纪版《十万个为什么》少年儿童出版社1999年9月	主观				✓		原创	0.6	0.6
	17	查资料的方法	选择查找资料渠道，说明理由		主观			✓			原创	0.5	0.5
	18	资料选择	根据问题筛选有用的资料		客观		✓				原创	0.6	0.7
	19	知识分享	QQ群分享解决方法		主观					✓	原创	0.8	0.7
	20	检索信息	找到显性的信息	"少年科学丛书"刘后一《大象的故事》少年儿童出版社1985年8月	客观	✓					原创	0.8	0.8
	21	内容理解	理解文章的主要内容		客观	✓					原创	0.7	0.6
	22	表达顺序	排列关键事件的顺序		客观		✓				原创	0.7	0.6
	23	信息印证	根据推想寻找依据		客观			✓			原创	0.6	0.5
	24	说明文用词	评价判断说理		主观				✓		原创	0.6	0.6
	25	文章标题	批判创新说理		主观					✓	原创	0.5	0.5
表达与交流	26	习作	按"事物的几个方面"的顺序，用恰当的说明方法介绍事物。	学生习作	主观					✓	原创	0.7	0.6

读表可知，本案设计共分"表达与交流""积累与运用""阅读与欣赏"三个模块，共计二十六道作业。涉及的知识点、能力点有倾听、口头表达、字音、字形辨析、词语理解运用、表达方法掌握、文学常识积累、阅读中的信息检索、理解、印证等能力，全面覆盖本单元。设计的材料选自央视新闻网、单元课文、出版书籍、学生习作，主客观题兼容，原创题为百分百。各题练习中触及记忆、理解、应用、分析、评价、创新这六个思维层次，完全服务于学生的素养成长。同时，我们还注意到作业设计的规范性。设计之初进行了难度预估，完成之后，增补表格补充了实测难度系数。一张表，让设计者自己看清单元作业的全貌。可以预想，这样的单元作业让学生在完成过程中，不至于厚此薄彼，顾此失彼，能实现全面发展，综合提升。

二、设计的实例分析

选取本案几道典型作业，予以分析说明。

小贴士：

认真倾听理清内容表明看法：

[原创] 1. 这则新闻来源于哪里？（　　）

A. 报纸　B. 广播　C. 电视　D. 网络

扫一扫，听新闻

[原创] 2. 以下哪一项不是新闻的内容？（　　）

A. 中国抗击新冠肺炎疫情的有力举措和积极成效受到国际社会各界人士高度关注。

B. 国际社会各界人士认为，中国迅速采取措施防止疫情蔓延，为全球防控疫情作出贡献。

C. 中国的防控举措及时、有力、高效，在如何应对大规模公共卫生危机方面，经验值得借鉴。

D. 中国近期新冠肺炎新增确诊病例数下降趋势明显，国际社

会应充分利用中国争取来的"机会窗口"。

[原创] 3.听完这则新闻,你有什么看法?请你说给家人听。

评一评你能得到几支火箭

认真倾听　　🚀　🚀　🚀

理清内容　　🚀　🚀　🚀

表明观点　　🚀　🚀　🚀

1.听新闻。上图为作业中的第一道听新闻。为增加情境体验,设计时撰写了导语,对"怎样做"给予说明。例如导语中写道:"欢迎来到火箭发射指挥控制中心,运载火箭已经准备就绪,请扫描右侧二维码,听录音,明确本次发射任务,注入超能推进剂,第一级火箭发动机、助推器点火、发射!"随即让学生借助选择来判断"这则新闻来源于哪里?""以下哪一项不是新闻的内容?"同时要求"听完这则新闻,你有什么看法?请你说给家人听"。最后进行自我评价。《课标》在第二学段阅读目标中指出:"养成读书看报的习惯""能清楚明白地讲述见闻,说出自己的感受和想法。"[1] 本题依据这一理念,选择与设计之时处于最热点的"新冠肺炎疫情"相关的新闻。同时,听新闻也构成本单元口语交际《说新闻》的强化延伸训练。扫码听新闻既训练了学生认真倾听的能力,也增强了学生作业时与网络的互动性。要求听后准确捕捉新闻的来源及内容,同时向家人表达自己正能量的看法。在语文学习过程中,培养爱国主义、集体主义、社会主义思想道德和健康的审美情趣,提升学生理解、分析、运用、评价等综合能力。

2.默写古诗词。作业中选择第15题要求默写杜甫的《江畔独步寻花》(要注明诗人的朝代)。同时设计了方格,书写了"用笔在心,心正则笔正,笔正乃可法矣"的提示语。《课标》在第二学段阅读学习目标

———————

① 中华人民共和国教育部. 义务教育语文课程标准(2011 年版)[S]北京:北京师范大学出版社,2011.7.

中指出："诵读优秀诗文""背诵优秀诗文 50 篇（段）""能使用硬笔熟练地书写正楷字，做到规范、端正、整洁。"本题还匹配单元中《日积月累》的古诗词默写，具有一定的检测掌握情况的功能。同时在书写上提出要求，意在培养习惯。

［原创］15. 默写杜甫的《江畔独步寻花》（要注明诗人的朝代）。

用笔在心，心正则笔正，笔正乃可法矣。

3. 阅读理解。设计的第一道阅读理解作业，节选自卢锡嘉主编新世纪版《十万个为什么》中的《为什么烧肉不加盐就不鲜》，设计了"读了文章，你想提什么问题，并在评价栏上判断提出问题的角度。""查找资料的渠道很多，有：图书文献、网络电视、报纸杂志、请教他人……你最常用的是什么？请说明理由。"两道主观题，还有一道判断选择"选择和使用资料，也是一门学问。下面哪一项资料，不能帮我们解决'盐是百味之王'这个问题？"安排了真实的实践题"把你的答案分享到咱们班级 QQ 群吧！""阅读与欣赏"推荐了阅读链接"读一读叶永烈爷爷写的《十万个为什么》，相信你能得到更多收获！"本单元的阅读学习目标是："阅读时能提出不懂的问题，并试着解决。"本单元是四年级上册第二单元提问策略的承接单元。本题设计引导学生回顾旧知，结合文本，先从不同角度提问，充分发挥学生的主动性与创造性，再结合"交流平台"部分，针对资料的渠道来源与所提供的资料选择上，依

据学生日常生活、课文所学和所提供的材料，说明自己日常查找资料途径的原因。尝试根据现有资料进行筛选及使用。同时，巩固对提问角度的判断，学习提有价值的问题，并进行自我评价，让能力稳着陆。在文章的选材上，考虑到第二学段学生的阅读速度和理解能力，未选择篇幅过长的篇目；题材上紧扣单元主题，内容十分新颖有趣，也贴近学生的生活实际。在最后的资料分享与阅读链接的设计上，利用班级QQ群分享资料的形式，为学生充分创设有利于自主、合作、探究学习的环境；阅读推荐部分推荐了叶永烈的《十万个为什么》，让整个阅读模块形成一个阅读的"闭环"模式。希望能借助完整的阅读模块，培养孩子提问、解决、分享的能力。

[原创] 18. 选择和使用资料，也是一门学问，下面哪一项资料，不能帮我们解决"盐是百味之王"这个问题？（　　　）

A.

百味之王

B.

无机盐的种类	缺乏时的症状	主要食物来源
含钙的无机盐	儿童缺钙易患佝偻病（鸡胸，X形或O形腿）；老年人特别是妇女缺钙，易患骨质疏松症	奶类、豆类、虾皮等
含磷的无机盐	厌食、贫血、肌无力、骨痛等	瘦肉、鱼类、奶类、蛋类、豆类等

C. 高盐膳食所致摄盐量过高，是诱发高血压的一个重要因素，膳食摄盐量高会促使肾脏血管发生病理性改变，加重肾脏的负担，影响肾脏功能；膳食盐量是排钙的主要决定因素，摄盐量越高，尿钙也就越高。

D. 咸味自古就被列为五味之一。烹饪应用中咸味是主味，是绝大多数复合味的基础味，有百味之主之说，不仅一般菜品离不开咸味，就是糖醋味、酸辣味等也要加入适量的咸味才能使其滋味浓郁适口。人类认识并利用咸味的历史已相当悠久，文献记载中国最早利用食盐约在 5000 年前的黄帝时期。咸味调料包括：酱油、食盐、酱甜味调料。

第二篇阅读材料《黄河象》是四年级孩子喜欢阅读的文艺性说明文，有新鲜感，又很有亲近感。设计的作业旨在引导学生实践理解文章内容、检索信息、分析、运用等能力。通过练习，能用语言文字贯串自己的认知层次，整合文本解决问题。不同的是，比前面出现的检索要求有所提升，看似这些语句都来源于文本，但有的做出改变，也有故意断章取义，练习需要在检索后理解分析再运用。同时，让学生练习以选择的方式，联系上下文、理解、分析，密切配合第二学段学习目标的抵达。

4. 习作。本次习作设计最大的特点是极为注重过程性。从命题出示到最后完成，作业设计了分解式的练习，陪伴学生逐步完成练习任务。练习开始，先提出文中的要求"世界上有些奇妙的发明物，它的存在让人感到意外、新奇。它会是什么样的呢？让我们学习按照'事物的几个方面'的顺序，用上恰当的说明方法，尝试把它的样子写下来吧。比一比，谁的想象更丰富，谁的内容更生动。"命题的表述完整，还具有作业的提示性和指导性。之后模拟教材中人物对话的形式，引导学生进行构思，如"介绍一种事物可以从哪些方面入手呢？""可以写它的样子、材质、种类、功能、使用方法……""是呀，这样读者可以全面了解它。那我们怎样才能把事物介绍得更清楚呢？""我们可以用上列数字、举例子、做比较、打比方等说明方法。"对话伴随着学生作前构思。接下来展示了片段作为例文，并对其进行批注解读。在"小试牛刀"部分，分段提出习作要求："一开始，亮出你的心目中魔法书的样子的特点""接着，写这本书的大小、形状"，继续补充协议"还有想到的其他方面，也可以写下来"。每列出一个要求，就安排一次片段练习，串联完成起草。之后提出"把自己写的内容读几遍，然后将各部分内容按次序摘录在下面，组合成一段连贯、通顺的话。注意句子与句子之间的联系。如果你愿意也可以配上修改符号"。还列出了"校正"清单，让学生对照着完成。清单上的提示内容为"语段中错别字请改正；标点符号请书写正确；段落格式要符合要求；修改时用上修改符号"。本单元教材习作题为《我的奇思妙想》，要求学生用说明文的方式展开想象习作，本道题则比较灵活地、有层次性地指导学生学习想象说明文的习作顺序和表达方法，给予学生阶梯式的练习。从回顾旧知到例文阅读，从可视化的例文表达顺序、表达方法解析到实际操作，从段落到篇章训练，从习作到分享评价。体现了从扶到放的过程。目标是增强学生的习作自信心，降低习作难度，激发学生写作的兴趣，用我手写我心，使学生乐于表达。

[修改与交流]

　　把自己写的内容读几遍，然后将各部分内容按次序摘录在下面，组合成一段连贯、通顺的话，注意句子与句子之间的联系，如果你愿意也可以配上修改符号。

修订清单

语段中错别字请改正

标点符号请书写正确

段落格式要符合要求

修改时用上修改符号

[练习加油站]

　　有一天，你真的发明了一本有魔法的书，而且申请了专利权，今天是宣传这本书的记者招待会，请按"事物的几个方面"，顺序，用上说明方法，好好介绍它吧。这就完成一篇有意思的作文啦，题目自拟。

[评价与分享]

　　按照以下两条标准，自己评一评，欢迎你把习作与同伴分享。

评一评你能得到几支火箭

按"事物的几个方面"顺序写	🚀 🚀 🚀
用上说明方法	🚀 🚀 🚀
使用修改符号	🚀 🚀 🚀

三、设计的特色解读

纵观本案设计，具有以下两大特色。而这特色也将成为未来设计所需要考虑的要素。

1. 结构科学，题型丰富。积累与运用、阅读与欣赏、表达与交流，三大模块既体现第二单元的内容训练重点，也同时涵盖单元课文学习内容与基础知识，整份练习的结构体现了知识、能力、素养的三维目标融合。丰富的题型让"作业"面貌一新。首先，设计中运用了全新的情境性。作业设计整体以单元科技主题为线索，创设"长征5号"的发射为作业四大闯关情境——"点火""储能""探测""遨游"一脉相承。版面配图设计也凸显科技为风格，如：开篇导语的宇航员、小贴士栏的WiFi信号图、评价栏的火箭等都与之呼应，相得益彰。无声的作业有效地激发了学生答题的积极性，给孩子创设愉悦的练习氛围。其次，设计中带有新颖的时代性。设计时正值新冠肺炎疫情时期，选取的新闻具有时代感；链接阅读叶永烈创作的《十万个为什么》，既与本单元人文主题相符，也表达对离世的叶永烈先生的怀念。同时，积极运用现代化信息技术于作业中，如：扫二维码听新闻、QQ群分享等，实现线上线下相结合的作业新模式。最后，设计中启动了新型的功能性。在作业前有助学小贴士，图文结合可视化强，为学生提供了方法引领。作业后每个模块设计了相应的评价栏，分别从听、说、读、写、书等方面凸显自我评价功能，科学评价。助学指导巧妙融合，实践了基于任务的学习设计及其运用，具有高效辅助功能。

2. 选题用心，以生为本。设计要依据校情学情而定。作业适用于"福建省省级达标校"。依据该校"学生网络使用情况及智能手机使用率达100%"的特点，设计中大胆让学生采集互联网信息，促进学生紧跟时代步伐。同时，学校地处福州市，学生方言中"1、r"不分现象严重，前后鼻韵混淆。设计也考虑到这些因素。作为作业最重要的是针对性，予以梯度的区分。值得一提的是阅读材料的命制，呈现思维梯度的爬升。如："阅读与欣赏"模块的两篇选文，第一篇侧重提问和解决问题能力的运用，第二篇则侧重引导学生关注内容理解、推测依据、用词表达等。"习作"模块从回顾旧知到例文阅读，从可视化的例文到实际操作，从段落到篇章，从习作到分享评价，阶梯式的设计，体现了从扶到放的学习过程。

四、设计的后续分析与改进

单元作业设计，并不是一劳永逸，也不可能一锤定音，而是要不断改进、不断调整，让本次设计更科学，给下次设计做准备。

1. 对比改进。本套设计题目100%原创。摒弃了以往那种支离破碎的分析、单调枯燥的考查，题目表述和指向明确、清晰、直接，确保题目规范性。设计后进行实做，并通过多维分析，不断改进。第一是题量调整，如：最开始的设计为共28题，其中选择为21题，非选择7题（含习作），考虑主观书写题量不足，调整为共26题，选择19题，非选择7题（含习作）；第二为降低难度，如：第4题"看拼音写词语"原有8个拼音后调整为6个；原第5题"下列四组词语中，加点字读音完全正确的是哪一项？"答题选项中由8个词减少至4个，降低难度系数。第三为题型改进，如：《黄河象》阅读第25题，原题为："下列最适合这篇文章的题目是哪一个？A. 化石 B. 黄河象 C. 化石的形成 D. 考古工作者的推想"。实做中发现答题选项会误导学生，且此题学生思维增长量也不高，故调整为主观书写题："有读者认为'黄河象'作为题目不太合适，你的观点是什么？请结合文本说明理由。"调整后的主观作答则提升到思维能力层级中质疑创新能力的评测。调整后的整体难度约0.66，难易适中；鉴别力为0.46，能比较科学地区分学生的学业水平。

练习各题实做难度、鉴别力表

题号	难度	鉴别力	题号	难度	鉴别力
1	0.7	0.43	14	0.6	0.55
2	0.7	0.43	15	0.9	0.22
3	0.6	0.55	16	0.6	0.55
4	0.7	0.43	17	0.5	0.62
5	0.8	0.31	18	0.7	0.43
6	0.6	0.55	19	0.7	0.43
7	0.8	0.31	20	0.8	0.31
8	0.7	0.43	21	0.6	0.55
9	0.7	0.43	22	0.6	0.55
10	0.7	0.43	23	0.5	0.62
11	0.6	0.55	24	0.6	0.55
12	0.8	0.31	25	0.5	0.62
13	0.8	0.31	26	0.6	0.55

2. 系数测定。一套优质的作业设计，正式发布之前，是需要测试信度、效度、区分度的。当然我们也知道这很难在常态教学中实现。作为作业设计的方法介绍，我们还是将这一部分和盘托出。我们在这套作业发布之后，做了一些测定，以反观设计的实效性，为下一次设计做好准备。

本次作业的知识维度上，主要关注汉字拼音、词句、文学常识、古诗文、表达修辞、现代文阅读、习作等学习与应用；在技能上，关注了学生体会、领悟、应用、表达、解释、推断、总结技能；在能力倾向上，关注了语言理解、社会认知、词语运用、合情推理能力；在思维倾向上，关注了分析型思维、实用性思维及创造性思维。各个知识点的测定考查率占比见下页表。

各维度信度值情况表

维度	指标	Cronbach 信度	整体 Cronbach 信度
知识维度	拼音	0.65	0.78
	字词	0.57	
	句子	0.40	
	文学常识	0.40	
	语法修辞	——	
	现代文阅读	0.50	
	古诗文	0.52	
	习作	——	
技能维度	识记	0.63	0.86
	理解	0.56	
	运用	——	
	分析	0.53	
	评价	0.66	
	创新	0.37	
能力倾向	词语运用	0.26	0.83
	语言理解	0.64	
	逻辑分析	——	
	社会认知	——	
	自我认知	——	
	合情推理	——	
思维倾向	分析性思维	0.71	0.88
	实用性思维	0.72	
	创造性思维	——	

经过分析可知，本次作业中对知识维度是极为重视的。其中对习作的关注占 30%，现代文阅读占据 33%，可见，第二学段四年级中的知识重点在现代文学阅读中，结合学习对读写基础知识的建构是此学段的学习主要任务。同时，作业中也提倡对古诗词、语法修辞等知识的积累，符合第二学段学习特色。从技能维度上说，占比最大的是理解性的技能，其次是应用性的技能，这与布鲁姆教育目标分类学的理论指导相吻合，也与《课标》中第二阶段的指导方向相对应。从能力维度看，语言的理解能力和运用能力成为关键，因为这就是中年级语文学习的核心能力。最后从思维发展倾向上看，分析性思维占据 48%，实用性思维

占据 34%，也都体现了第二阶段的学习总特征。而创造性思维占据 18%，则有待于在第三阶段学习中花更多力气培育。

我们还收集了相关的测量数据。针对这份作业设计，做了难度系数和鉴别力测定。本设计同时关注到学习能力有差异的孩子，设计分值 p（难度系数）有一定科学比例，整体难度适中。鉴别力是指测试题目对考生知识掌握的区分程度或鉴别能力。本套设计能将不同水平的学生区分开来。（如下图）

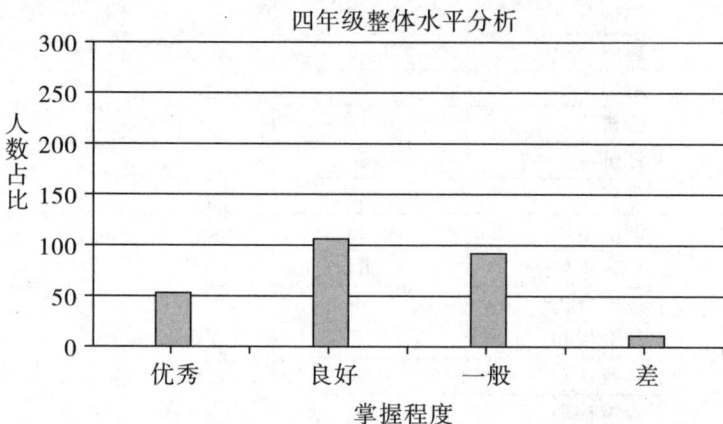

四年级整体水平分析

人数占比

掌握程度

我们还做了信度与效度测定。信度与效度是衡量测量工具的指标。抽取省级示范校四年级全年级学生作为测定对象，取样人数 272 人，由家长监督完成答题，由多位老师共同评价。本份作业实践可信且有效，整体信度比高。本套设计整体信度为 0.87，较为真实地反映了学生的水平。

所有的测定数据都将作为下一次测试的依据与参考，让作业设计越来越趋于科学与规范，在真正提升学生能力，助力学生学习方面，发挥更大作用。同时，需要强调的是，这样的单元作业设计工作量大，在常态设计中无法达成。本文详细列出过程，做出解释，最大的价值在于提供了一个完成的样本，清晰地呈现单元作业设计的全过程，希望这样的精细化示范能为常态的作业设计带来更多的借鉴和启发。

"文言文教学"的基本认识与执教范式

　　王力教授界定的文言文是"以先秦口语为基础而形成的上古汉语书面语言以及后来历代作家仿古的作品中的语言①"。统编教科书尤为重视选择编撰文言文篇目，从三年级上册开始到六年级下册为止，累计编排了 13 篇次。其中，第二学段选编 5 课，第三学段选编 8 课。选文都是短小精练的，最少的内容仅两句话，30 字，最多的不到两百字。选编的文言文题材丰富，有奇闻逸事、寓言、成语、名人传记、民间传说等。选文内涵呈现多样化，有弘扬读书，介绍读书方法、劝勉勤奋，催人向上、分享生活智慧，讲述生活道理、展现言语的风趣，体会言语智慧、介绍艺术形式，叙述传奇故事等。

　　2017 年教育部颁布的《普通高中语文课程标准》中明确指出："语言建构与运用是语文学科核心素养的基础，在语文课程中，学生的思维发展与提升、审美鉴赏与创造、文化传承与理解，都是以语言的建构与运用为基础，并在学生个体言语经验发展过程中得以实现的。"②《课标》在总目标中也提出："认识中华文化的丰厚博大，吸收民族文化智慧。关心当代文化生活，尊重多样文化，吸取人类优秀文化的营养。"③

---

　　① 　王力. 古代汉语（第 1 卷）[M]. 北京：中华书局，1999.3：5.

　　② 　中华人民共和国教育部. 普通高中语文课程标准（2017 年版）[S] 北京：人民教育出版社，2017.11.

　　③ 　中华人民共和国教育部. 义务教育语文课程标准（2011 年版）[S] 北京：北京师范大学出版社，2011.7.

我们从选编的文言文篇目来看，文言文的阅读与教学有助于学生积累与建构特殊的语言，有利于发展思维，提升审美鉴赏力，启迪生活智慧。作为承载着传统文化精髓的文言文，在传承中华民族优质文化上具有无可替代的价值。教学文言文，能让师生共同回到文化的源头去驻足思考，去重新认识母语无限的文化价值。因此，教学必须精心策划，科学合理地实施，这样才能让学生在文言文学习中感受言简义丰的语言魅力，体悟温文尔雅的文化内涵，接受本民族特有的精神洗礼。

在我们观察到的文言文教学中，发现有两种需要警惕的取向。其一，逐字逐句串讲。看注释讲字义，之后串联讲句意，随之灌输"道理"，最终以背诵、默写作为教学的终结。这类专为考试服务的"讲考点"式的教学，让学生在接触文言文时就败坏了学习的胃口，丧失了对文言文应有的审美情趣，是杀伤力极强的毁灭性教学。其二，高深莫测型。短短一篇文言文的教学容量被无限放大，肆意拔高。教学时引经据典，四下关联。看起来教学意蕴丰厚，文化氛围浓郁，实则上大大超出了学生的认知水平，同时抛弃了《课标》与教科书设定的目标，让教学成为空中楼阁。这类教学也造成了学生对文言文的学习恐惧感。

实际上，作为教科书入选篇目的文言文，教学上应有清晰的定位，同时也有基本的范式，可操作的方法。我们列表呈现，尝试发现其中奥义。统编教科书文言文的编排情况如下表：

册次	单元教学目标	课文篇名	课后练习题内容
三上第八单元	学习带着问题默读，理解课文的意思。	《司马光》	1. 跟着老师朗读课文，注意词句间的停顿。背诵课文。 2. 借助注释，用自己的话讲一讲这个故事。 3. 这篇课文的语言和其他课文有什么不同？和同学交流。

续 表

册次	单元教学目标	课文篇名	课后练习题内容
三下第二单元	读寓言故事，明白其中的道理	《守株待兔》	1. 把课文读通顺，注意读好"因释其末而守株"。背诵课文。 2. 借助注释读懂课文，说说那个农夫为什么会被宋国人笑话。 3. 读读"阅读链接"，和同学交流：故事中的坐车人错在哪里？ （阅读链接：《南辕北辙》）
四上第四单元	1. 了解故事的起因、经过、结果，学习把握文章的主要内容。 2. 感受神话中神奇的想象和鲜明的人物形象。	《精卫填海》	1. 正确、流利地朗读课文。背诵课文。 2. 结合注释，用自己的话讲讲精卫填海的故事。 3. 精卫给你留下了怎样的印象？和同学交流。
四上第八单元	了解故事情节，简要复述课文。	《王戎不取道旁李》	1. 正确、流利地朗读课文。背诵课文。 2. 结合注释，用自己的话讲讲这个故事。 3. 说说为什么"树在道边而多子，此必苦李"。
四下第七单元	从人物的语言、动作等描写中感受人物的品质。	《文言文二则》（《囊萤夜读》《铁杵成针》）	1. 正确、流利地朗读课文。背诵《囊萤夜读》。 2. 借助注释，理解课文中每句话的意思。 3. 照样子，根据课文内容填一填。 胤恭勤不倦。（疲倦） 家贫不常得油。（　　） 世传李太白读书山中，未成，弃去。 （　　　　）
五上第八单元	根据要求梳理信息，把握内容要点。	《古人谈读书》	1. 正确、流利地朗读课文。背诵课文。 2. 借助注释，用自己的话说说课文的大意。 3. 联系自己的读书体会，说说课文中的哪些内容对你有启发。

续　表

册次	单元教学目标	课文篇名	课后练习题内容
五下第六单元	了解人物的思维过程，加深对课文内容的理解。	《自相矛盾》	1. 正确、流利地朗读课文。背诵课文。 2. 联系上下文，猜测加点字的意思。 誉之曰："吾盾之坚，物莫能陷也。" 其人弗能应也。不可同世而立。 3. 想一想："其人弗能应也"的原因是什么？ 4. 用自己的话讲讲这个故事。
五下第八单元	感受课文风趣的语言。	《杨氏之子》	1. 正确、流利地朗读课文，读好下面的句子。背诵课文。 孔指以示儿曰："此是君家果。" 儿应声答曰："未闻孔雀是夫子家禽。" 2. 借助注释了解课文的意思，说说从哪里可以看出杨氏之子的机智。
六上第七单元	借助语言文字展开想象，体会艺术之美。	《文言文二则》《伯牙鼓琴》《书戴嵩画牛》	1. 正确、流利地朗读课文。背诵《伯牙鼓琴》。 2. "伯牙破琴绝弦，终身不复鼓琴，以为世无足复为鼓琴者。"说说这句话的意思，再结合"资料袋"和同学交流感受。 3. 用自己的话讲讲《书戴嵩画牛》的故事。
六下第五单元	体会文章是怎样用具体事例说明观点的。	《文言文二则》《学弈》《两小儿辩日》	1. 正确、流利地朗读课文。背诵课文。 2. 联系上下文，说说加点字的意思。 通国之善弈者也。 思援弓缴而射之。 孔子不能决也。 3. 对照注释，想想每句话的意思，再连起来说说故事的内容。 4. 在《两小儿辩日》中，两个小孩的观点分别是什么？他们是怎样说明自己的观点的？

一、文言文教学本质的认识

1.服务于目标的达成。入选教科书的文言文，可以视为特殊的课文。说特殊，主要是语言形式，而作为单元中的精读课文，其必须符合《课标》要求对其的统领，也要遵循单元学习目标对其的规约，教学就要服务于目标的达成。文言文作为单元学习不可或缺的一个部分，在编撰上已经给出明显的提示。例如三年级下册的《守株待兔》归属于第二单元。本单元学习目标为："读寓言故事，明白其中的道理。"本课的课后练习就设计了"借助注释，说说那个农夫为什么会被宋国人笑话"。课后的阅读链接，也提示学生关注"故事中的坐车人错在哪里？"本课中作为助学系统的课后练习，明确集中指向"明白道理"这一目标的达成。再如四年级的《精卫填海》隶属于四年级上册第四单元。本单元的学习目标为："了解故事的起因、经过、结果，学习把握文章的主要内容。""感受神话中神奇的想象和鲜明的人物形象。"课后练习也引导学生"结合注释，用自己的话讲讲精卫填海的故事"。完成此项学习任务的同时，学生必然要理解故事的主要内容，抵达第一个学习目标。之后的"精卫给你留下了怎样的印象？"则让学生在对话、交流、畅谈共享中感受神话人物的形象。我们还可以从《课标》第二阶段的阅读教学目标中感受到这一特质。例如，第二学段的阅读教学目标为："能对课文中不理解的地方提出疑问。""能初步把握文章的主要内容，体会文章表达的思想感情。"[1] 可见，文言文的教学，必须依"标"而教，要因"需"而学，学习的过程就是朝着目标的迸发历程。

2.属于精读教学范畴。统编教科书的每个单元都编撰了精读与略读两类课文，教师面对不同类型的课文也分别实施不同类型的教学，组

---

[1] 中华人民共和国教育部. 义务教育语文课程标准（2011年版）[S] 北京：北京师范大学出版社，2011.7.

织进行教读与自读，鼓励课外阅读。文言文篇幅短小，位列单元首篇，确证为单元的精读范畴。作为精读课文，教学中注重落实四个"能"。

其一，能读。例如每一课的课后练习的第一道，几乎统一表述为"正确流利地朗读课文。背诵课文"。其二，能说。不少课后练习都安排学生进行口头表达，同伴交流，做出"用自己的话讲一讲"的提示。五年级上册的《古人谈读书》中还提出"联系自己的读书体会，说说课文中的哪些内容对你有启发"。不仅要说，还要结合自己的体会说出学习的收益。说，即是学习的行动方式，也体现着学习成果中的能力生长。其三，能懂。读懂文言文，懂得字词大意，懂得文字背后的深意，第三学段还注重借助资料拓展学习，学习能力的提升在教学中不容忽视。例如六年级上册《伯牙鼓琴》中就提出"'伯牙破琴绝弦，终身不复鼓琴，以为世无足复为鼓琴者。'说说这句话的意思，再结合'资料袋'和同学交流感受"。资料袋中的资料能帮助学生理解知音含义，认识到对艺术的共同认知是交往的基石，从而产生对艺术审美的追求与向往。其四，能用。作为特殊的语言形式，文言文的"用处"有三样，用在积累语感上，用在对生活的启迪上，用在文化的传承上。例如学习五年级下册的《杨氏之子》就能积累语言，能在言语表达的机智上有所启发，还能感受到《世说新语》中魏晋名士们风流、幽默的言说风格。

配合着精读，老师也要实施教读，优先让学生充分自主研读，其间实施教学辅助，整个过程努力形成学练一体。例如，关于字词的理解，可以结合注释，实施自学。虽然《课标》在第四学段的阅读教学目标中才提出"阅读浅易文言文，能借助注释和工具书理解基本内容[①]"。但实践证明，学生完全能够面对浅显的文言文与简单的几个注释，实现一一对应的自学。从一年级入学起统编教科书就安排了古诗词的学习，这让学生积累了体式语感和基本的解读能力，在三年级上册第一次遇到

---

① 中华人民共和国教育部. 义务教育语文课程标准（2011 年版）[S] 北京：北京师范大学出版社，2011.7.

《司马光》的学习时，能发挥应有的作用。

3.体现着独特的价值。文言文是文明演化中所沉淀下来的精品，反映了中华民族的精神内涵，体现着中华文明与世界其他文明的差异化特征。作为一种独特的文体，文言文自然有着独特的教学价值。最为明显的价值是对文体特征的辨识。让学生在小学就更为广泛地接触文言文，对之后的延续学习将起到良好的铺垫、辅助作用。熟能生巧，阅读量的增加将消减陌生感，增强自信心。此外，学习文言文还有助于获得学习路径的开掘。小学三到六年级的文言文学习过程中，学生通过十余次的实践，能渐渐摸索出从"言"到"文"，再从"文"迈向深度的学习之路。

第一个"言"是语言。学习文言文，自然要优先扫除文字障碍，获得通关的第一把钥匙。学习中会遇到诸如古今异义、一字多义、通假字等特有的字词运用规律，需借助实例，巩固地把握理解。其间还可能涉及指称、省略、替代、典故等特有的语法现象的认知，这些都是持续深入学习文言文所必备的基本功。语言学家洪堡特说："民族的语言即民族的精神，民族的精神即民族的语言，二者的同一程度超过了人们的任何想象。"[1] 作为第一层次的语言文字的学习，也有着无可替代的民族标识。例如三年级下册《守株待兔》中有"兔走触株，折颈而死"一句。其中的"走"就是"跑"的意思。将"走"译为"跑"，教师需要讲解"走"字的演变，出示"走"的汉字演变图例，让学生借助可视化思维，明白古今异义的缘由，形成深刻而稳固的知识链。

第二个"文"指的是文章。如果将学习文字界定为微观的价值，中观的价值则在文章层面体现。通过简短却又包罗万象的文字缀合，探寻文章的表达意图与写作的精神主旨，在字里行间往来沉迷。文言文虽然短小，但也是一个闭环的语篇系统。和现代文不同的是，文言文中的

---

① ［德］洪堡特著. 姚小平译. 论人类语言结构的差异及其对人类精神发展的影响［M］. 北京：商务印书馆，1999：52.

字、词、句、篇以特有的方式组合，这决定了语篇的独特性，展示了差异化的语言风格。语篇之中的各个部分存在着密切的逻辑关联，整个文言文是语义连贯、和谐统一的整体。因此，在学习时就要对文言文的文体特点有清楚的认识，发现文中的逻辑关系，分析言语特质，借助资料等辅助手段探查写作目的，进行文言文特有的体式审美。例如三年级上册第一次文言文学习《司马光》，课后练习要求"用自己的话讲一讲这个故事"。通过白话文的故事转述，再次巩固对文言文语篇的学习结果。同时课后还提出"这篇课文的语言和其他课文有什么不同？和同学交流"。通过对比、辨析，加深对文言文体式的认识，记住文言文的文句短小简约，古今表意不同，语言内涵丰富这三个最为显著的差别，整体进一步认识文言文。

第三个"文"是文化。钱理群教授说："经典是民族与人类文明的结晶，是历代前人智慧与创造的积淀；而真正的经典又总是超越民族与时代的，具有超前性。文、史、哲的经典更是关注人性的根本，不懈地挖掘着人类灵魂的深度。"① 文化就是文言文学习的最高精神享受，也是学习价值的最大化。学习文言文，是必要触及文章中所承载的文化信息，要揣摩文字背后的气象万千，要与古人借助文字，思接千载，脉脉神交，共享传统文化的丰盛滋养。例如六年级下册中的《两小儿辩日》，选自战国思想家列子的散文。学习此文，不能仅局限于"太阳大小远近之争"。列子及其弟子编著了这样的故事，难倒了圣人孔子的同时，隐喻着天下之大无奇不有的求真精神，也对孔子的"知之为知之，不知为不知，是知也"的诚恳治学、谦恭有礼的态度予以高度赞扬。教学也应引导六年级学生进一步感受春秋战国时期百家争鸣的思想自由与开放，激发其对人文科学的思考与探索。

---

① 钱理群. 新语文读本编写手记 [J]. 教师之友，2001.6：20.

二、文言文教学的基本范式

1. 朗读，是范式的"先遣部队"。文言文是世界上唯一一种有音乐性的语言。文言文教学的范式之一就是朗读。《课标》中提出"诵读优秀诗文，注意通过语调、韵律、节奏等体味作品的内容和情感"① 是有依据的。汉语，尤其是古汉语最讲究的是韵律，双声、叠韵、叠音、音调等声音因素，再辅以音韵、停顿、骈散交错、长短相间等手段，使汉语具有押韵和律、抑扬顿挫、悦耳动听的音乐美②。

以下分享《守株待兔》教学片段，从教学实景中看到这一范式的具体操作：

（1）尝试读准确

师：同学们，本文很短，请大家结合注音，自由试着读一读，读准就行。

［课件展示］

统编三下第5课

宋人有耕者。田中有株。兔走触株，折颈而死。因释其耒而守株，冀复得兔。兔不可复得，而身为宋国笑。

读得准准的
读得顺顺的
读得古古的

本文选自《韩非子·五蠹》

---

① 中华人民共和国教育部. 义务教育语文课程标准（2011 年版）［S］北京：北京师范大学出版社，2011.7.

② 张鹏. 小学文言文教学的意义、策略与旨归［J］. 教育视界，2020.1：32.

（生尝试自由读准。个别汇报试读结果）

（2）尝试读流利

师：真不错，大家读得准准的。接下来，再读一两遍，试着读得顺顺的。

（生尝试自由读通顺，流畅。个别汇报试读结果）

（3）尝试复古读

师：上学期我们学习了《司马光》知道古文原先是竖排的，让我们尝试读竖排的文言文，读出古老的滋味。（课件展示）

（生尝试读竖排文言文。个别汇报试读结果）

师：不仅是竖排，文言文最开始的时候，是没有标点的，也来试一试吧。（课件展示）

（生尝试读竖排无标点文言文。个别汇报试读结果）

师：真棒，一读啊，就穿越回古代了。

曾国藩曾说："非高声朗读则不能展其雄伟之概，非密咏恬吟则不能探其深远之韵。"教学文言文的课堂，第一标志性教学就是师生共读，书声琅琅。不读通、读准、读流畅，不开讲。朗读就是教学手段，也是教学的目的。以上教学片段中就组织了反复多次的朗读，展示了学习文言文因循古法，循序渐进的范式。读代替教师串讲，也能有效引导学生亲近文本，逐步进入学习状态。除了大环节注重以读为主，朗读指导也注重小细节。例如《守株待兔》中的"因释其耒而守株"，朗读准了也就理解了。如果读成"因释/其耒/而守株"，则属于读错，读破，而读成"因释其耒/而守株"时，不讲其意已明。再如《司马光》一文，朗读"光持石击瓮破之"就要读得连贯、紧凑，营造出危急感。而读到"儿得活"时，则可以舒缓、拉长，读出获救时的放松与喜悦。

2. 思辨，是范式的"精锐主力"。书声琅琅并不是学习的全部。文言文教学最为精彩的部分应当是思辨。詹丹教授认为："对经典文本的思辨性阅读不是对文本中的观点或内容提出颠覆性的见解，也不是要对文本本身做是非判断，而是在传承古代优秀文化的同时，能意识到现代社会与古代社会的根本差异。一方面能够对古代与现代的文化断裂，保持一种敏感和警觉；另一方面，能够对一些看似不合时宜的糟粕，也有着客观的、公正的而非判决式的评价。"① 具有思辨能力的学习者，既不会全盘接受，也不会一味否定，而是在传承的同时发现差异，做出有利于认知生长的判断与选择。

什么是思辨？萨特在《七十岁自画像》中所说的："当人们用自己的眼睛去读的时候，这个反省批判成分是始终在脑子里的，而在高声朗读的时候，这个成分就不那么清楚了。"② 思辨的外显特征就是"辨"，从不经思考的张嘴就说，转为沉静下来的深入思考、辨析。有声到无声，是思辨的外在形式，而更为核心的是"阅读者能够清晰理解自身的当下立场与传统经典依托的各自背景差异，不是将自己的思想与经典简单对接③"。具有思辨精神的学习，即便是面对堪称经典的文言文也保持清醒，对其复杂性有更充分的预估和更持久的琢磨，在反复的比对、查证、思考、搜寻中发现差异。

教学中，第一范式之后，应进入第二范式——思辨。设计上，教师可以致力于设计具有思辨色彩的环节，让学习在课堂上发生，让这一环节成为范式中的核心。具体而言有三步。其一，让思维向教学目标不断靠拢。不管思考什么，都朝着教学目标走；其二，借思考在关键节点上打通。并非什么都要思考，而是要在问题最为集中，交汇的点上进行思考，留下较多的时间，予以攻关；其三，寻思路在文化背景中延展。文言文的思考，不是坐而论道的清谈，而是要借助背景资料，关联历史文脉，放置在大环境下才能有所得，思考也才有出路，才能走正道。以五年级下册《杨氏之子》为例。《课标》第三学段的阅读教学目标提出

① 詹丹. 从经典的吟诵到思辨性阅读［J］. 语文学习，2015.1：12.

② （法）萨特著. 施康强译. 萨特文论选［M］. 北京：人民文学出版社，1991：358.

③ 詹丹. 从经典的吟诵到思辨性阅读［J］. 语文学习，2015.1：13.

"在阅读中揣摩文章的表达顺序，体会作者的思想感情，初步领悟文章基本的表达方法。在交流和讨论中，敢于提出自己的看法，作出自己的判断①"。本单元学习目标为"感受课文风趣的语言"。如何达标，完成学习任务？这是个问题，因为本篇通读后发现不那么"好笑"，反倒是感觉孔君平很尴尬。这里就构成问题"节点"，就值得组织思辨教学。基于此，教师提供了著名的美学家朱光潜先生的审美言论"语言的德性就在于精准妥帖"，让学生辨析杨氏之子说话是否不大合适——面对父亲的朋友来访，妥帖吗？引发学生思考。随后提供《世说新语·言语》中的"小时了了，大未必佳"继续将思辨推向高潮。让学生明白：聪明很重要，但是语言德行更重要。特别是要做一个"会说话"的人，必须注意，不要取巧，更要注意场合。最后提供《世说新语》中介绍的"排调"，让学生明白此案中特殊的幽默风格——排调，流行于魏晋名士之间的独特幽默，相互的嘲戏言行。在思辨中不断触及单元学习目标。最后提示学生"德不孤，必有邻"，做个幽默的，有德性的人，受大家喜欢的人。

3. 活动，是范式的"策援奇兵"。文言文教学第三个范式是组织活动。不要将"活动"窄化为情境表演，课本剧排练，角色模拟表达等。活动包括且不仅限于此。作为针对文言文的学习活动，有一类需优先强调——言语理解的实践活动。

理解就是一种活动，也是我们说的"教学范式"。文言文的字词、句子的意思，理解文字背后的思想、情感、道理等，不能靠串讲，需要借助学习实践活动，特别注重让理解粘连着具体的语言环境。串讲，就是把字词看作孤立的学习单位，特别是在文言文学习中，人为地割裂其文化关联。带有活动意味的理解，是将字词置于文化缘起以及特定语境中，在横向类比、跨域转化中形成有效的学习方式，挖掘语言所承载的

① 中华人民共和国教育部. 义务教育语文课程标准（2011 年版）［S］北京：北京师范大学出版社，2011.7.

文化意蕴，在已积累的语言材料之间建立有机的联系，获得对语言和文学形象的直觉体验，从而积累文化经验，发展思维能力①。理解的活动可以多样化、游戏化、情境化，符合学生的年龄特点。例如四年级下册《文言文二则》中的《铁杵成针》，教学时有这样一个环节。

师：第二篇《铁杵成针》共计45个字，大家阅读之后，我也提出三个问题。请继续"坦白说"。回答我的第一个问题：文章写了谁？

生：写了老媪和李太白。

师：第二个问题，文章写了什么事？

生1：老太太在磨杵。

生2：我觉得还写了李白弃学的事。

师：简洁的文言文，语言描写三个字，我们能感受到哪个人物，什么样的品质？我的第三个问题，你从故事中感受到人物什么品质？

生1：我感受到老太太的坚持不懈。

生2：我感受到李白的知错能改。

师：坦白说，你们这一次的分享很真实，但产生的感受却有点模糊。短短45个字，为何不能准确感受？细读古文，有一字道破天机，圈画出来。

生：我觉得是文中一个"传"。说明这一切都是传说。

师：是啊，而且，这一篇文言中，离奇的事还真不少，至今难断真假，例如，文章一开篇就写到一个离奇的地方。

生：磨针溪。

师：还有离奇的吗？

生1：还有一个离奇的人物——老媪。我感觉有点像山里的神

---

① 汪梅林. 文言文教学中的文化表达［J］. 中学语文教学参考，2019.8：46.

仙。（众笑）

生 2：这位老神仙还在做一件离奇的事——磨铁杵。要用针，有必要这样做吗？很显然，是别有用心的，可能是为了教育李白，更有可能是编故事的人编的。（众笑）

生 3：我觉得最离奇的是，这山里居然藏着大名人——旷世奇才李太白。这样一来，故事就流传出来了，而且这个磨针溪也出名了，很多人会来拜访李白，这有点像今天的旅游景点，都要说有谁在此住过，谁在这里出生，等等。（众笑）

师：非常棒的分析啊。的确，这篇文言，选自《方舆胜览》。这是南宋时祝穆编撰的地理类书籍，全书共七十卷。主要记载了南宋临安府所辖地区的郡名、风俗、人物、题咏等内容。大家可以想象，地理志的写作意图，在于引人入胜，醉翁之意不在酒。看起来写人，写传说故事，实际上，是在介绍这个地方特有的风情、文化。

如果机械地讲述、翻译这个"传"字，学生会觉得很枯燥，也很快丧失学习的兴趣。教学中引入"坦白说"，进行一问一答的活动，让文言文教学变得生动，吸引学生。这样的"游戏化"活动设置，对于文言文这一类"远古的语言样式"的学习，能起到良好的效果。此外，诸如《守株待兔》中的演一演，劝一劝；《自相矛盾》中的讲一讲、演一演等活动，都是范式的体现，都能为学习文言文增添趣味，提质增效。

文言文教学，是"打精神底子"的教学，将对学生的语文学习与终身发展带来深远的影响。希望学生在教学中成为有丰沛的情感，有丰富的内涵，积极主动的文化传承者和开创者，具有中华民族特质的生命个体。

"名著阅读"单元的教学"C位"

国家语言资源监测与研究中心发布的"2018年度十大网络用语"为"C位"这一网络流行语正名。"C"是英文"center"缩写，指的就是中心、中部、中央。位列"C位"的必定是最重要、最受关注的。统编教科书在五、六年级下册的第二单元，都安排了"阅读名著"单元。其中，五年级优先阅读中国古典名著，六年级推荐阅读世界名著。总主编温儒敏教授在多次讲话中都指出统编教科书的编撰要解决语文教学最大的弊病，要治一治"不读书、少读书"的病。两个单元的布局设计正体现了统编教科书"鼓励海量阅读"的编撰理念。毫无疑问，这两个非常醒目的单元，应在统编教科书中占据"C位"，应成为教学的高光亮点。

一、精准明晰的定位

1. 为什么会出现"名著阅读"单元

1923年颁布的《新学制课程标准纲要》中，最早将语文学习的内容分为精读（文选教材）和略读（整部的名著）两部分，"精读选文由教师拣定书本，大半在上课时直接讨论；略读部分包括整部的名著，由教师指定数种，大半由学生自修，一部分在上课时讨论"①。1941年，

① 王本华. 名著阅读课程化的探索——谈谈统编语文教材名著阅读的整体设计与思考［J］. 语文学习，2017.9：5.

叶圣陶在《论中国国文课程标准的修订》中说道："把整本书作主体，把单篇短章作辅佐。"可见，阅读整本书并非是空穴来风，应当属于优秀传统。

《普通高中语文课程标准（2017 年版）》"学习任务群"中的"整本书阅读与研讨"，在 18 个"任务群"中稳居"第一"，覆盖语文学习的"必修、选择性必修、选修"三个阶段①。《课标》在总目标中就提出："具有独立阅读的能力，注重情感体验，有较丰富的积累，形成良好的语感。学会运用多种阅读方法。能初步理解、鉴赏文学作品，受到高尚情操与趣味的熏陶，发展个性，丰富自己的精神世界。能借助工具书阅读浅易文言文。九年课外阅读总量应在 400 万字以上。"同时还在教学建议中指出："广泛阅读各种类型的读物，课外阅读总量不少于260 万字。"② 这都是从国家标准的高级层面，提出对整本书阅读明晰的教学站位以及数量定位。

在教材中出现"名著阅读"单元，势在必行且意义重大，是落实《课标》要求的最为牢靠的保障与依存。

2. "名著阅读"单元的存在价值

基于《课标》理念编撰的统编版教科书，更为注重对标准中提出的要求予以落实。人民教育出版社王本华编审阐述了统编教科书"三位一体"的编写体系："统编语文教材的阅读教学，以各单元课文学习（分教读课文和自读课文）为主，辅之以名著导读和课外古诗词诵读，共同构建一个从教读课文到自读课文再到课外阅读的'三位一体'的阅读体系，并在这方面凸显特色，以更好地贯彻课程标准提出的'多读书，好

---

① 中华人民共和国教育部. 普通高中语文课程标准（2017 年版）[S] 北京：人民教育出版社，2018.11.

② 中华人民共和国教育部. 义务教育语文课程标准（2011 年版）[S] 北京：北京师范大学出版社，2011.7.

读书，读好书，读整本的书’的倡议。"① 什么是“好书”？两个单元的编撰做出了有力的回答——经典。

阅读经典，是学校教育、学科教学义不容辞的责任。卡尔维诺说："无论你愿不愿意，学校都要教你读一些经典作品，在这些作品当中（或通过把它们作为一个基准）你以后将辨别‘你的’经典作品。"② 卡尔维诺将推荐与阅读经典的意义和任务，做了清晰的指向。统编教科书在编撰中，关注、推荐、引导阅读经典，就是体现着温暖人心，陶冶性灵的教育本质。如叔本华所说的："运用各种语言撰写的浩繁书海中，大约只有十万分之一的书才能作为真正具有永久价值的文献传诸后世。"③ 两个单元选编的经典书目，是全人类共同拥有的宝贵遗产，是不可多得的巨大财富。其中五年级编撰的“中国古典名著”堪称璀璨的明珠，见证了中华民族悠久灿烂的文明史和文学史，展示了特定历史时期的繁荣、兴衰、演绎、变迁，是中华母语的活化石，资料库展示的正是文学、文化、文艺研究的聚焦点。每一部古典名著都代表着不同时代的中华文化特征，至今广为流传。六年级编撰的“外国名著”深受学生喜爱，是经得起“时间考验的书”，是曾经带给全世界亿万读者人生启迪和发展智慧的书。今天丝毫不减阅读热情，依然被争相传看，是脍炙人口的“我正在重读”的书。阅读这些“支撑着人类文明”的书，可“掌握跨越时空的普世真理④”。

统编名著阅读单元，不仅选编了名著节选，还在单元中提供了导读提示，配套安排了口语交际、习作。形成了一个小型的“名著阅读系统

---

① 王本华.守正创新，构建“三位一体”的语文教科书编写体系——部编义务教育语文教科书的主要特色［J］.语文教学通讯（B），2016.9：8.

② ［意］卡尔维诺.为什么要读经典作品？［N］.黄灿然译.华夏时报，2002－2－25（15）.

③ ［德］叔本华著.范进，柯锦华译.叔本华论说文集（论文学艺术）［M］.北京：商务印书馆，1999：388.

④ ［日］斋藤孝.超级阅读术［M］.赵仲明译.北京：北京联合出版公司，2016：34－35.

课程"。同时在语文园地的"交流平台"中给出了适合于本单元的阅读方法、读书策略等。每个单元还设计了快乐读书吧，借助"你读过吗"，对单元中出现的某一部名著予以重温、回应、细化；借助"相信你可以读更多"，延伸推荐相关书目，鼓励课外继续阅读，"相信你可以"这一行字，显露出编者的柔软与亲和，只有让学生在非强制的阅读之中，才会碰到卡尔维诺说的"你的书"，才可以让经典沁入人心。

综上所述，统编教科书"名著阅读"单元体现了教科书编撰的明显意图：让学生多读书，读好书，读书不局限在课内，在课外要主动阅读同类经典，要在肥沃的经典土壤中延伸、汲养。同时，阅读并非都是"想怎么读就怎么读"的，教科书不仅推介书目，也注重提供方法指导，"一本名著，一种读书方法"或"一类书，一套阅读策略"切实提升学生的阅读素养。

二、教学实施的靶向

1."名著阅读"单元概览

阅读下表，我们先整体观照两个"名著阅读"单元。除了在内容上区分为"中华传统经典"与"外国文学名著"之外，这两个单元的编撰体系是一致的。

2."名著阅读"单元置说

"置"，可以当作动词使用，理解为"放""摆""搁"，体现主体在处理安放客体时的主观意识，这影响着处理的结果；也可以理解为"设立"，看重其在整个行动过程的谋略、设计、部署，切中思维上的整体规划，同样也决定着行动的效果。我们提出的"教学置说"，分为三个方面的"置"。

	五年级下册第二单元
单元目标	1. 初步学习阅读古典名著的方法。 2. 学习写读后感。
课文篇目	**5《草船借箭》**
课后练习	1. 默读课文，按照起因、经过、结果的顺序，说一说故事的主要内容。 2. 读下面的语句，回答括号里的问题。课文中还有一些体现人物特点的语句，画出来和同学交流。 　　诸葛亮说："怎么敢跟都督开玩笑？我愿意立下军令状，三天造不好甘受重罚。"周瑜很高兴，叫诸葛亮当面立下军令状，又摆了酒席招待他。（三天造十万支这么难，诸葛亮为什么主动立下军令状？他立下军令状后，周瑜为什么很高兴？） 3. 读课文前，你对课文中的人物有什么了解？读课文后，你对哪些人物有了进一步的了解？你还想了解《三国演义》中的哪些故事？ 4. 读下面的"阅读链接"，找出课文中对应的段落。 （注：文段选自元末明初罗贯中的《三国演义》第四十六回）
课文篇目	**6《景阳冈》**
课后练习	1. 默读课文，遇到不懂的词语，如"梢棒、筛酒"，可以猜一猜意思。 2. 按照故事的发展顺序，把下面的内容补充完整，再说说故事的主要内容。 　　喝酒→（　　　）→（　　　）→（　　　） 3. 用自己的话详细讲述武松打虎的部分，可以加上适当的语气、表情和动作。 4. 对课文中的武松，人们有不同的评价。你有什么看法？说说你的理由。 　　⊙武松真勇敢，"明知山有虎，偏向虎山行"。 　　⊙武松很要面子，有些鲁莽，不听别人善意的劝告。
课文篇目	**7《猴王出世》**
阅读提示	默读课文，遇到不明白的语句，可以猜猜大致意思，然后继续往下读。读后用自己的话说一说石猴是怎么出世的，又是怎么成为猴王的。
课文篇目	**9《红楼春趣》**
阅读提示	《红楼梦》中的许多故事，在我国广为流传。这篇课文讲述的是宝玉、黛玉等在大观园里放风筝的故事。默读课文，能大致读懂就可以。读后和同学交流：宝玉给你留下了什么样的印象？
口语交际：怎么表演课本剧	
习作：写读后感	

续　表

	语文园地
交流平台	掌握阅读方法： 　1. 联系上下文猜测语句的意思。 　2. 遇到一些较难理解的语句，不用反复琢磨。 　3. 借助资料对人物有更多的了解。 　4. 结合看过的电影、电视剧，加深对课文的理解。
	快乐读书吧
读古典名 著，品百味 人生	1. 你读过吗？（《西游记》） 　古代长篇小说多是章回体。这些作品里，一回或若干回组成一个相对完整的小故事，连起来就串成了一个长篇故事。 　我很喜欢读回目，只要看一下某一回的标题就可以猜出它主要讲了什么故事。 2. 相信你可以读更多。（《三国演义》《水浒传》《红楼梦》）
	六年级下册第二单元
单元目标	1. 借助作品梗概，了解名著的主要内容。 2. 就印象深刻的人物和情节交流感受。 3. 学习写作品梗概。
课文篇目	5《鲁滨逊漂流记（节选）》
课后练习	1. 默读梗概，想想这部小说写了鲁滨逊流落荒岛的哪些事，用小标题的方式列出来。 　流落荒岛→ 　2. 读节选的片段，说一说：鲁滨逊克服了哪些困难？他的心态发生了什么变化？你觉得鲁滨逊是一个什么样的人？和同学交流。 　选做 　最近你遇到什么困难和烦恼了吗？像鲁滨逊一样把坏处和好处列出来，再说说这样做对你是否有帮助。
课文篇目	6《骑鹅旅行记（节选）》
阅读提示	《骑鹅旅行记》是享誉世界的儿童文学作品。读读下面这个片段，说说小男孩尼尔斯变成小狐仙之后，他的世界发生了什么变化。作品中还有许多有趣的故事，如"鹤之舞表演大会""大海中的白银"，猜猜它们又将讲述怎样的传奇。有兴趣的话可以找来原著读一读。
课文篇目	7《汤姆·索亚历险记（节选）》
阅读提示	汤姆·索亚是美国作家马克·吐温笔下著名的儿童形象。默读课文，说说哪些情节特别吸引你。你觉得汤姆是一个怎样的孩子？在他身上，你能找到自己或是身边伙伴的影子吗？如果你还想知道汤姆的其他故事，就去读一读《汤姆·索亚历险记》这本书吧。

续　表

	口语交际：同读一本书
	习作：写作品梗概

语文园地	
交流平台	1. 读名著时，对书里的人物作出自己的评价。 2. 特别留意描写人物语言、动作、神态的句子，从中可以看出一个人的性格。 3. 每个人都是立体的、多面的，评价人物时角度不能太单一。

快乐读书吧	
漫步世界名著花园	1. 你读过吗？（《鲁滨逊漂流记》） 有些名著读起来比较难，不像流行读物那样通俗易懂，但想到能成为经典的书不简单，是人类智慧的结晶，你就会让自己沉下心来读，越读越有味。 先大致了解名著的写作背景，能帮助我们理解作品的内容和价值。读的时候如果能做一些读书笔记，收获就更大了。 2. 相信你可以读更多。（《爱丽丝漫游奇境》） 我们可以在页面的空白处随时写下自己的感触。 读到特别喜欢的段落，可以摘抄在笔记本中，并把页码标注出来。 遇到人物关系比较复杂的情况，可以画一个人物图谱，以便阅读时随时查阅。 读完整本书以后，还可以写出全书的结构，以及作者在书中想要表达的一些想法

其一，位置。"名著阅读"单元都编撰在第三学段下册的第二单元，这就是一种"C位"的体现。学生进入高年级后，对阅读的需求量增加，阅读的品位也必须得到提升。此时进行名著阅读，极为合适。入学后的第一单元，在教学中更多涉及学习状态调整，学习习惯恢复，并不是最佳的学习时间。在稍作稳定之后进入的第二单元学习，正是精神头最足，学习效果最佳的时候。此时选编名著阅读，编者的用意很明确——准备好了吗？开始阅读吧。

第二单元依然为万象更新的初始阶段。学习本单元之后，还要进行其他单元的学习，伴随着大量的课外阅读。因此，"C位"还体现在学习时间的保障上，往后学，可以"一路学，一路伴随着名著阅读"。这样的位置，让阅读成为一个学年起始阶段的最美发端，时间的保障，有助于习惯养成。再从教学指导的空间上看，在第二单元的学习中得法，可以用在不同的空间，例如，其他单元的阅读课文学习中；其他板块的教学中；课外阅读之中；班级阅读活动中等。使用的空间广，使用方法的频数增大，方法掌握得更加牢固，用法的效果也越发好。学了要能用，要有空间，有时间去用。第二单元的"C位"，让"用"成为必然。

　　其二，设置。名著阅读的两个单元都做了同样的设置。先是出示单元学习目标。例如五年级下册第二单元的目标为"初步学习阅读古典名著的方法"和"学习写读后感"。单元中结合目标，选取了经典名著的片段，并做了改变，或是创编了课题。五年级下册第二单元选编的是来自《三国演义》的《草船借箭》；来自《水浒传》的《景阳冈》；来自《西游记》的《猴王出世》以及《红楼梦》中的《红楼春趣》。在课后练习中，设计了具体的练习项目，无一不对应着《课标》以及单元学习目标，为抵达目标指示方向，建构学习的模板。例如，《草船借箭》中就设计了"默读课文，按照起因、经过、结果的顺序，说一说故事的主要内容"。此题让学生了解阅读名著的方法，建设从整体关照到细节品味的学习路径。又如第二题"读下面的语句，回答括号里的问题。课文中还有一些体现人物特点的语句，画出来和同学交流"。问题是"三天造十万支这么难，诸葛亮为什么主动立下军令状？他立下军令状后，周瑜为什么很高兴？"此题切中对经典人物的思想、品性、谋略的体会，是阅读名著的基本方法，也是名著阅读中的"规定动作"。我们在此列出《课标》第三学段阅读教学目标中的若干条，对照着前文所叙，编撰意图可见一斑："能联系上下文，理解词句的意思，体会课文中关键词句在表达情意方面的作用。""能初步把握文章的主要内容，体会文章表达的思想感情。""能复述叙事性作品的大意，初步感受作品中生动的形象和优美的语言，关心作品中人物的命运和喜怒哀乐，与他人交流自己的阅读感受。"①

单元的口语交际和习作也完全与本单元的气质相匹配，"语用"的理念在编撰中的设置也凸显出来。例如五年级下册的口语交际就是《表演课本剧》，而课本剧的剧本，可以选自单元课文，也可以选自经典的名著片段；习作则安排了《写读后感》，更简单直接与单元课文对应。在语文园地的交流平台中，罗列了读名著的具体方法："联系上下文猜测语句的意思。""遇到一些较难理解的语句，不用反复琢磨。""借助资料对人物有更多的了解。""结合看过的电影、电视剧，加深对课文的理解。"这些阅读名著的具体方法，让学生在复习巩固时，更为注重学得方法。在快乐读书吧中，则彰显着"读一本，带多本"的粘连式设置。"你读过吗？"对《西游记》进一步介绍，激发阅读兴趣；指出了阅读整本书的方法，如："古代长篇小说多是章回体。这些作品里，一回或若干回组成一个相对完整的小故事，连起来就串成了一个长篇故事。""我很喜欢读回目，只要看一下某一回的标题就可以猜出它主要讲了什么故事。"而在"相信你可以读更多"中，一次性推介《三国演义》《水浒传》《红楼梦》，让单元精读中的学习和整本书的阅读构成一个系统，鼓励学生整体阅读中国古典四大小说。

其三，安置。安置意思是"安排他在指定的地方"。这一地方，就是我们说的"C位"，而统编教科书"名著阅读单元"在这一"C位"上，究竟安置了"谁"？

首先，从内容方面看，安置了中华文化，安置了与小说相关的文史知识。这些知识都是学生语文学习的必备且关键知识。可以说，学语文，没有读过名著，不知道世界名著，就是白费功夫。借助福建师范大学潘新和教授的"不写作，枉为人"，我们几乎可以认定"未曾阅读名著，枉为语文学习者"。其次，从素养层次看，安置了阅读学习的能力

---

① 中华人民共和国教育部. 义务教育语文课程标准（2011年版）[S] 北京：北京师范大学出版社，2011.7.

训练点、提升点，安置了阅读名著的自觉意识，养成阅读的习惯。第三，从教学角度看，安置了微型、自洽的课程。

我们说名著阅读单元是小课程，并非肆意扩大，也不是当作一种学习的点缀，而是根据教科书的编撰系统，把名著阅读作为课程化的学习，有目标、有计划、有指导、有评估，最后有成果。课程目标就是单元学习目标。课程的检测系统就是一次次的课后练习，一项项需要结合阅读完成的学习任务。课程资源也较为丰富，有文本，也提示学生可以参考电影、动漫、电视剧等。课程的实施与推进有对精读课文的教读，对自读课文的扶读，在课外阅读中的自由阅读。同时，课程的属性与语文学科的本质属性之一"实践性"相一致。课程中不断提供语用契机，让学得的知识在真正的实践中能用得上，能好用。听、说、读、写、思五个维度的实践都在名著这个节点上汇聚，形成相得益彰的协同发展状态。整个单元的小课程，构成一个圆满闭环的时刻，又以"阅读"为线头再次延展开来。联通着更为丰富、多样、精彩的文学世界。

最为温馨的无疑是安置了读者的文心。试想一下，在这个单元中，学生学习经典，课堂在高雅文学的场域中流转；课后学生读经典，阅读的视线在人类最为灿烂的文化中穿梭；最后修炼而成的，是一颗崇尚文明，亲近经典的温暖文心。当读者的心安放在经典的领域之中时，必定与经典同呼吸，产生更多的共鸣。这如同和古圣先贤的智慧交往，阅读名著让我们倍感荣幸，让学习不断迈向更高的层级。

3. "名著阅读"的教学建议

结合对名著单元的教材解读和教学分析，我们提出由"点"到"线"，再到"面"的三层教学建议，希望最大限度开发名著阅读单元的教学价值，让学生在学习实践中获得阅读能力的提升和阅读素养的发展。

其一，"点"的精教。统编教科书阅读分为精读和略读两类课型，自然对应着精教和略教两种教法。名著阅读单元中的经典篇目，可以选定一两篇，定为重点，实施精教。

　　例如五年级的《草船借箭》，堪称经典，值得精教。所谓精教也是分层次的。保底的教学，要做好品味语言文字的功夫。经典篇目源自名著整书的节选，提炼出片段之后，也更倾向于归属"定篇"型文本。因为是选取出局部作为课文，缺乏前后的语境观照，语意关联，因此针对单篇在写法上去关注"如何行文布局""怎样写成"，教学的滋味相对较寡淡。节选的片段也应放置在整个语境中才能尽显风流。我们可以更多地将注意力转移到对语言文字的品评。如文中写周瑜说："军情紧急，可不能开玩笑。"诸葛亮笑说："怎么敢跟都督开玩笑？我愿意立下军令状，三天造不好，甘受惩罚。"这里的"笑"意蕴非常，一段不长的话中诸葛亮笑了不止一次，每次笑的背后，都有着不同的思维结果。而这一次，在周瑜的步步紧逼之下，诸葛亮笑着说要立下军令状，更是值得推敲。并非周瑜要求"立状"，一个"愿意"表示诸葛亮早已成竹在胸，反倒是周瑜被蒙在鼓里还自鸣得意。普通的字眼，暗藏玄机，不驻足停留，很容易轻易滑过。

　　保底之余，还有提升的教法。如果仅一味停留在对局部语言文字的品位，则又陷入碎片化教学的泥潭，教得支离破碎，让经典情何以堪。我们力主教学要引导学生"感受文字背后的意蕴"，同时还兼顾学得一定的阅读方法。以《草船借箭》为例，诸葛亮的神机妙算，这是一号主角最为显要的特征；周瑜嫉妒心强，同样也可以明确地感受到，而要细品的是鲁肃，作为本文的"第三号人物"，却显得平庸、愚钝。鲁肃的忠厚老实到底能不能成为定论？难道作为东吴后续军队统领的他，只是傻乎乎地跟着诸葛亮去"借箭"，事后真的不报告周瑜？人物的性格特征要在文字中咀嚼，更要回到整个文本中去求证。再如《骑鹅旅行记》中那个调皮的小男孩，他是那样淘气顽劣，欺负各种动物，几乎是一个"坏透了的"小孩。真的吗？如果是那样，又怎会以他为主角写下一段传奇的故事？这样的体验、感受、领悟、理解，都是阅读经典名著时要去努力攀爬的云梯。

　　温儒敏教授就坦言："比起其他版本，'部编本'语文教材更加重视多种阅读方法的教学，比如默读、浏览、跳读、猜读、比较阅读、读整本的书等。"① 部编教材名著阅读单元也注重阅读方法的授予，读一本名著，获取一种读书方法，或者是形成读一类书的阅读策略。

特别提醒教师在教学中，应注意教授基本的读书方法，如统编教科书其他阅读单元中提及的精读、略读、跳读、速读、批注、摘抄等，鼓励学生运用于阅读不同类型书籍的实践中，形成"用恰当的方法阅读"的策略。

其二，"线"的连缀。名著阅读单元，教好单篇绝非"终止符"。教学要力图拓展，这才是这一特殊单元的教学要义。"点"教得精这是基础，各"点"要连接成线，这才是目的，也才让教学成体统。

单篇教完，直接引发阅读原著整本书，这是最为直接的连缀，也是教学带来的一大收益。在这一点上，教科书的编撰为我们做了非常好的提示。例如《汤姆·索亚历险记》中的阅读提示，就直接写明"汤姆·索亚是美国作家马克·吐温笔下著名的儿童形象。默读课文，说说哪些情节特别吸引你。你觉得汤姆是一个怎样的孩子？在他身上，你能找到自己或是身边伙伴的影子吗？如果你还想知道汤姆的其他故事，就去读一读《汤姆·索亚历险记》这本书吧"。我们一定发现了编者的呼告："读一读《汤姆·索亚历险记》这本书吧。"同样《骑鹅旅行记》的提示也是点出"《骑鹅旅行记》是享誉世界的儿童文学作品。读读下面这个片段，说说小男孩尼尔斯变成小狐仙之后，他的世界发生了什么变化。作品中还有许多有趣的故事，如'鹤之舞表演大会''大海中的白银'，猜猜它们又将讲述怎样的传奇。有兴趣的话可以找来原著读一读"。这里的"兴趣"就要靠教学点燃。《鲁滨逊漂流记》最后一段，则写下了意味深长的文字，在课堂现场就引发读者对原作阅读的兴趣。文中写道："现在，我对自己的处境稍稍有了一点焉知非福的想法。我不再远眺大海，一心想看到船的踪影了。我着手调整我的生活方式，尽可能把

---

① 温儒敏. 把学生败坏了的阅读胃口调试过来 [J]. 内蒙古教育，2017 第 23 期.

一切安排的舒舒服服。"到底鲁滨逊是怎么面对荒岛恶劣的生存条件？他的未来会有新的磨难吗？他的结局会怎样？教学时就要有连线的意识，教学后更要注重拓展，让阅读成为教学中顺势引发而出的绵长的学习线。

连缀成线还可以在单元统整教学中进行。基于统编教科书的编撰特色，名著阅读单元在连缀教学上已经做了安排。教学单篇，就可以连缀本单元的习作、口语交际、园地等，进行统整教学。尤其是交流平台，需要高度关注，可以提前响应，更早介入。例如，在《骑鹅旅行记》这课的教学前，可以直接引用交流平台中的话："每个人都是立体的、多面的，评价人物时角度不能太单一。如，很多人觉得尼尔斯太淘气、太顽皮，但是当我们读到'他心里想，父母从教堂回来时发现雄鹅不见了，他们会伤心的。'我觉得尼尔斯其实也是一个体贴父母的孩子。"这句话可以作为全文教学的切入口，让学生沿循"找句子—找证据—找到人物品质真相"的流程推进学习。学习时，注意前后关联，用足统编教科书中的助学系统，就能有效连点成线，更为系统的进行学习，拥有更加周全、完善的学习结果。

莫提默·J.艾德勒与查尔斯·范多伦合著的《如何阅读一本书》中提到阅读的四个层次：基础阅读、检视阅读、分析阅读、主题阅读。"[①] 线的连缀则让整个单元的阅读学习更倾向于"主题阅读"层次——不断聚拢各个小点，积攒成为一个共同的话题圈。这是一个有召唤功能的迷离圈，可以不断吸纳与此话题相关的，更多的散点融合进入。例如我们阅读了《鲁滨逊漂流记》之后，可以对"冒险"一类进行主题阅读。阅读了《三国演义》，还可以拓展阅读《三国志》。当然，线的延伸有多长，耗时要多久，都取决于学生的阅读习惯养成和阅读品质高低，是长效的工程。无论如何，线的连缀，主题的获得，都成为学生

---

① 莫提默·J.艾德勒，查尔斯·范多伦. 如何阅读一本书［M］. 郝明义，朱衣译. 北京：商务印书馆，2014.1.

在本单元学习中的更高层次的收益。

其三，"面"的拓宽。花开两朵，各表一枝。要拓宽的第一面是"知识面"。名著阅读单元的知识，包括文学常识，这是陈述性知识，描述了这一文本客观的特点及相关的信息。例如，这一类文本的文体式样，写作规范，成功要素等，这是学生在第三学段的阅读学习时必须获得的。第二种是文创背景知识。任何一部名著的创作都有其背后的故事，这些故事能够帮助我们理解文本，走进作者的精神世界，有助于更好地开发与领悟，继承和发展经典中的精髓。例如《红楼梦》的创作，有许多流传下来的故事，还有文学史上的公案，曹雪芹"满纸荒唐言，一把辛酸泪"的创作历程，"批阅十载，增删五次"的修改经过，能够为我们解读文本，学习经典，开拓出一条全新的路径。前两类的是打底的知识，只有对这些相关的概念、命题、表征有所了解，才有可能进一步发展。第三类是相对基础的文艺理论知识。例如如何去评价一个文本、如何去鉴赏一个文本等，这也是第三学段阅读学习中必须具备的，也是从知识转化为能力的必经过程。这是一类程序性知识，让学生具备进一步掌握经典文本的基本操作步骤，具体面对文本时，知道要"做什么"，同时也知道要"如何做"。例如，在阅读中圈画批注，查证史料，引发对焦点问题的争议等。在《草船借箭》中，学习时查阅史料能发现，"草船借箭"这一故事发生在吴主孙权身上，而不是诸葛亮。《三国演义》却将这些故事全部叠加在诸葛亮身上，以至于鲁迅留下的评价是"诸葛之智近乎妖"，而毛宗纲的评价又对诸葛亮大加赞赏，认为他是"古今贤相第一人"。到底诸葛亮的人物形象如何塑造才好？到底这样的改变创造是为什么？这些知识都会对今天的我们阅读经典产生全新的影响，也都可以在争议中引发学生迈向更高层级的学习。

这一面要拓宽，教学时当讲则将，该教的要教。教学相长，让学生尽快在一个个不断更新的知识平台上抬升。对于一线教师而言，打铁还要自身硬，要求就会高一些。同时，学生也不是空手进入课堂，必须做好阅读准备，带着咨询和问题进入学习，这样才能在学习中有更多发展。

第二个要拓宽的"面"，是学生应对人生，展望世界，面向未来时的精神层面，即树立良好的世界观、人生观与价值观。这是阅读时最为强大且内隐的收益。卡尔维诺称经典书为："一本表现整个宇宙的书，一本与古代护身符不相上下的书。"名著中蕴藏的是千百年积淀下来的文化、智慧、为人处世的正道，是让学生能够不断判断、修正、改良自我的，能知人论世，能迎接挑战的秘技。名著中的故事也好，塑造的人物性格也罢，都给我们正能量的引导，教会我们如何去面对不同的人，处理复杂多样的事，应对随时随刻生发的情感情绪。当我们能够自我克制，自我养成，自我提升时，就在成就自我的同时服务大众。真、善、美是名著中的永恒经典，即便是分崩离析的结局，是小人得志的短期结果，也是给我们一种警示，引导学生学会辨析、选择，不断向上、向光成长。

这一面的拓宽，要留给课外阅读，让时间和丰富的阅读经历为学生保驾护航。同时，阅读和实践并轨，"读万卷书，行万里路"，让生活也成为教学的一种延展，成为检验名著在时代变迁中的信度和效度最灵敏的测量仪。

"单元整体设计"的论证与教学策略

　　统编教科书以不同的学习"单元"为基本单位，以"双线并轨"的结构进行编撰。每一个单元都设定了"人文内容"为主题，同时将"语文要素"设定为另一条并行的编撰线索，安排了基础的知识学习，基本的技能训练，同时还涉及学习策略的获得，学习习惯的养成。每个单元中分为"精读"和"略读"两类课型，以便于教师结合不同课型，进行"教读""自读""课外阅读"三位一体的教学设计。

　　叶圣陶先生在《教学二十韵》中说："作者思有路，遵路识斯真。"根据作者思路才能使教学循序进行。以往的教学，我们习惯于线性推进的教学设计：逐课教，每课"各教各的"，教完一课再教下一课。其实，这等于没有设计。统编教科书的单元编撰模式，提示我们可以进行"单元整体式"教学设计。田本娜教授指出："设计"一词，已经预示着教学是一种策划。"设"即筹划；"计"即计谋、策略，"设计"即筹划与策略。从普遍意义讲，"设计"就是在正式做某项工作之前，根据一定的目标要求，预先策划制定的策略、方法、样式等。具体而言，小学语文教学设计，就是在小学语文课上课之前，对该课教学、该单元教学，根据教材内容及学生的具体情况，预先制定的教学策略、教学思路、教学过程和教学方法、手段的综合方案。也就是上课前所做的一切准备工作。①

---

　　①　田本娜. 小学语文教学设计原理（上）［J］. 课程·教材·教法，2001.9：35.

　　我们提出的"单元整体式"教学设计，是基于《课标》的相关要求，立足于对单元教学目标、教材内容的全面解读，充分考虑对应学段学生的基本学情，所采用的面向全单元的整体式教学设计。

一、系统考量教学的目标

　　我们对教学目标的考量，并非纯粹限制于阅读"单元导读"中的描述。而是体现在三处的聚焦，让目标本身也成为一个融洽的系统。

知识类型	行　为
技能	表现某一技能
事实	回忆事实
概念	能够鉴别某一概念的新例子

　　1. 聚焦知识。本单元需要教什么，学生要掌握什么，教师在过程中要教些什么，在设计前都必须明确。例如统编四年级上册的第六单元目标是学习"批注"，聚焦知识就要让学生认出"批注什么样"；了解"什么是批注"，要能够"实行自由批注"。可以看出，我们对知识的聚焦，落实在三个描述学习效果的关键词上：知道、理解、能够。同时，对"知识"的理解，不局限于静态的陈述性知识，而是丰富立体的三维构成，采用美国学者斯蒂芬·耶伦博士的知识类型说。（如表①）知识可以表现为一种事实，需要积累、记忆；知识还是一种概念，能运用于鉴别同类与相关拓展；知识还变现为一种技能，掌握知识的目的在于运用自如；融会贯通后，知识还可能形成一种处事原则，或者是获得新知识的原理。

　　2. 聚焦问题。聚焦知识让教师明确本单元要学的内容是什么？要能操练的技能是什么？要获得生长的认知系统是什么？而在此前提下，

---

① ［美］斯蒂芬·耶伦著. 艾维李协编. 目标本位教学设计［M］. 白文情，任露铭译. 福建：福建教育出版社 2015.4：76.

关联着考虑到两点：已有的知识是什么？掌握本单元的知识，需要的支撑知识是什么？依然以统编四年级上册的第六单元"批注"为例，学生之前进行过批注么？这是全新的、陌生的学习内容么？要能够批注，需要了解的是什么呢？例如"可以用什么符号或文字批注""可以从哪些角度批注""批注的形式可以是什么样"。学习批注，需要具有对文本的信息提取、分析、理解、运用、鉴赏、评价等能力，这些能力对于四年级而言，哪些是重点？哪些是已学？哪些可以浅尝辄止？哪些是在螺旋上升的过程中？

这些问题，就构成了对教学目标考量的进一步细化，也让教学目标从相对笼统、含糊的表述中，逐渐清晰、明朗起来。教师知道自己要教的是什么，可以列出一个个"教学点"，而这些"点"都统整于单元教学的系统之中，整个单元的教学完成后，学生能在原有基础上，形成更加完整的知识系统。

3. 聚焦学习。统编教科书的编撰，让整个单元为教学提供了便利，呈现了相对宏观的结构。但落实到每堂课的学习，才是师生互动的重点所在。不可回避的是，学生的学业进步，需要经由学习过程获取，而学习过程就是以"学时"的形式呈现。学时，就是我们所说的"每一节课"。一堂课到底怎么学？学习活动如何设计？这就成为达成目标的致命一环。

我们的整体式教学设计与其他的大单元整合设计不同。我们并不主张老师随意打乱顺序，自由编排课文内容，重组单元结构，任意拖拽相关的互文，这会让教学变得臃肿与零乱。我们特别提醒一线教师要理解教科书的编撰系统，在此基础上顺势而教，尽力让学习在每一节课上真正发生，这就是一线教师最应该去做的，也是可以做到的。相反，单个教师个体的教学重构行为，个性化的教学编排，都无法和教科书编写团队的集体智慧相比。贸然改变教科书系统，无疑是邀约学生和教师一同冒险。因此，我们提出的整体式教学设计，更倾向于针对学习本质的研究，对不同位置，不同课型的教材的学习进行精细教学，让不同气质的学习充盈在单元学习过程中，最后期望单元中的学习能形成合力，一起促进学生的整体水平提升。

聚焦学习，就是让学习活动充分展开，有序推进，实现在不同维度上的生长、变化。学习维度论是美国著名的课程改革专家罗伯特·J.马扎诺博士提出的。马扎诺主张将学习分为五个维度，具体为：态度与感受；获取或整合知识；扩展与精炼知识；有意义地运用知识；良好的思维习惯。[①] 学习维度论的五个维度实际上涉及了学习过程中的认知、情感、策略三方面。其中"态度与感受"提示教学应注重激发兴趣，让学习具备应有的积极的情感；其中的"获取或整合知识"与"扩展与精炼知识""有意义地运用知识"，针对之前聚焦的单元学习知识，实现了知识从信息的提取到个体的实践内化，之后到自动化地匹配不同情境、需要的灵活应用，实现了个体对知识的同化与顺应。而"良好的思维习惯"则是最有价值的核心学习目标——发展学生的批判性思维与创造性思维。

田本娜教授认为：学生的学习从本质上看是由认知因素构成的特殊的认识活动。学习过程中的认知因素和一般的认识因素既相同，又有区别。一般的认识因素包括感知、思维、实践三因素，而学生学习过程中的认知因素则包括：感知、思维、记忆、运用四因素。这是由学习是特殊的认识过程的特点决定的。[②] 我们以马扎诺博士提出的学习维度模型，与学习过程中的认知生长轨迹极为吻合。我们主张将其运用在单元整体式教学设计的每一课教学中，同时配合设计教学的检测环节，力求促进学习在课堂上真正地发生。

---

① ［美］罗伯特·J.马扎诺，黛布拉·J.皮克林著.培育智慧才能——学习的维度教师手册［M］.盛群力等译.福建：福建教育出版社 2015.4：4—5.

② 田本娜.小学语文教学设计原理（下）［J］.课程·教材·教法，2001.10：32.

二、精细规划教学的流程

依据对单元目标的设定，以及对学习的聚焦，我们在单元整体式设计中，特别在意精心规划教学的流程，不让教学停留在"拼凑活动"层面，而是推动教学进入"课程建构"层面。单元的备课与设计基本遵循以下流程：明确目标—教学定位—逐篇施教—统整提升。其中的"教学定位"指的是根据统编教科书单元中不同篇目的不同属性，精炼出适合本课的教学细化目标，进行定位教学。其他环节在下文中借助实例详细介绍。

落实到每一课，面对着本课在学习中需涉及的事实、概念、技能、原理等不同类型的知识，我们强调设计相匹配的课堂教学流程，在教学中进行课程化教学——共享目标、激发动机、新旧知识关联、精讲精练、修正反馈、检查评测。具体见下表，我们参考史蒂芬·耶伦博士的"目标本位教学设计"，主张单元整体式设计，应建构带有课程属性的教学设计。大致流程如下表①。

教学流程	技能	事实	概念	原理
交代目标	表现该技能	识别事实	运用新的例子	在新案例中运用原理
提供概览	主要步骤	主要事实	主要的典型特征	主要变量及关系
激发动机	会运用技能	会回忆事实	会辨别新例子	会在新案例中运用原理
复习旧知	先备知识和技能	学习事实需要理解的知识	理解定义所需的知识	理解定义所需的知识

---

① ［美］斯蒂芬·耶伦著．艾维李协编．目标本位教学设计［M］．白文倩，任露铭译．福建：福建教育出版社 2015.4：151—152．

续　表

教学流程	技能	事实	概念	原理
精心讲解	技能步骤和完成质量的核对清单	有条理的事实陈述及证据	定义及例子	定义、证据及案例
示证说明	如何运用该技能	如何回忆事实	如何辨别新例子	如何将原理运用于新案例中
积极操练	表现该技能	回忆事实	辨别新例子	在新案例中运用原理
反馈修正	技能的各步骤及其完成质量	事实来源	定义属性	变量及其相互关系
总结提炼	主要步骤	主要事实	主要的典型特征	主要变量及关系
强化目标	表现该技能	回忆事实	辨别新例子	在新案例中运用原理
检查学业	表现技能	回忆事实	鉴别新例子	在新案例中运用原理

当然，面对不同教学内容的单元教学设计，应做出相应调整，我们在第三板块中，结合具体的实例进行分享。

以统编四年级上册的第六单元"批注"为例，介绍如何区别对待不同类型的教学。先以下表整体呈现单元全貌：

四年级上册第六单元	
单元目标	1．学习用批注的方法阅读。 2．通过人物的动作、语言、神态体会人物的心情。 3．记一次游戏，把游戏过程写清楚。
课文篇目	18《牛和鹅》
批注内容	第一自然段：事情真的是这样吗？ 第六自然段：逃跑—被鹅咬住—呼救，那种惊慌失措写得很真实。 第八自然段：鹅之前多神气，现在多狼狈啊。 第九自然段："挂着泪笑"，事情的变化对"我"来说太突然了。 第十三自然段：看来鹅并不可怕！只要不怕它，鹅就不敢欺负人了。

续 表

课后练习	1．结合课文中的批注，想想可以从哪些角度给文章作批注，和同学交流。 2．一边默读一边画出相关词句，体会"我"见到鹅和被鹅袭击时的心情。 3．说说为什么"直到现在，我还记得金奎叔叔的话"。 （阅读链接：选自李汉荣的《牛的写意》，有改动。）
课文篇目	19《一只窝囊的大老虎》
课后练习	1．默读课文，在你不理解的地方做批注，和同学交流。 2．结合课文中描写"我"动作、语言、神态的语句，说说在排练节目和演出时，"我"的心情有怎样的变化，为什么会有那样的变化，并填写下面的表格。 "我"的心情　　　原因 期待表演　　　　　想在台上露脸，获得大家的掌声。 充满自信 …… 3．结合生活经验说一说："我"的演出窝囊吗？可以怎么开导"我"？ 选做： 排练时的情形，"我"记忆很深刻，而表演时"到底怎么演完的，我一点儿也记不起来"。你有过类似的经历吗？写下来和同学交流。
课文篇目	20《陀螺》
课后练习	1．默读课文，在你体会比较深的地方作批注。 2．读下面的句子，体会"我"心情变化的过程。 ◇因此，曾有很长一段时间我的世界堆满乌云，快乐像过冬的燕子一般，飞到一个谁也看不到的地方去了。 ◇这消息曾使我一整天处于恍惚的状态，老想象着那只陀螺英武的风姿。 ◇尤其当我看到这枚"鸭蛋"的下端已嵌上一粒大滚珠时，更是手舞足蹈，恨不得马上在马路上一显身手！ ◇这使我士气大减，只是在一旁抽打，不敢向任何人挑战。 ◇这真是个辉煌的时刻！我尝到了胜利的滋味，品到了幸运的甜头。 3．"人不可貌相，海水不可斗量"，说说你对这句话的理解。
口语交际：安慰	
习作：记一次游戏	
语文园地	交流平台

> 　　一边阅读一边作批注是很好的阅读方法。读文章时，遇到写得好的地方、有疑问的地方、有启发的地方……随时都可以作批注。
> 　　批注的方法多种多样。如，可以标画出相应的词句，也可以在旁边的空白处简单写写自己的批语。
> 　　读完文章，作完批注，再重新读一下文章和批注，可以加深对文章的理解，会有新的收获。
> 　　同学之间也可以互相交流自己作的批注，了解别人对文章的想法，丰富自己对文章的理解。

1. 单元首篇教学简述

　　四年级上册第六单元首次提出"学习用批注的方法阅读"。这是非常重要的单元，其特殊性不亚于策略单元。批注，即是读书的方法，更是让学习迈向深度的必由之路。假如仅是由老师叮嘱说："请写下你的批注"，学生并未真正得法，而是简单模仿，没有领悟，更没有产生美好的学习体验。如何让批注逆转，走向正向？在充分解读单元学习目标之后，首篇《牛和鹅》这样教，更适合让目标在教学中着陆。

　　第一，从简单的"注"开始。

　　板书课题"牛和鹅"，让学生结合预习表述：在作者心中，对牛和鹅的认识，是有变化的吧。起先，作者不怕牛，很怕鹅；而后，作者不怕鹅，尊重牛。学生概述这一认识变化之后，寻找文中相关段落阅读，验证这一变化："哪些段落写出'我'为什么不怕牛，为什么怕鹅呢？"学生读文后，画出了第一自然段：

　　　　大家都说，牛的眼睛看人，觉得人比牛大，所以牛是怕人的。

　　鹅的眼睛看人，觉得人比鹅小，所以鹅不怕人。

　　当学生画下这段时，教师鼓励学生：真棒，会用符号注明了。其实这一本事，早就有了，这就是批注中的"注"。之后，乘胜追击，再请学生找一找"哪个段落让作者发生转变——不怕鹅，尊重牛呢？"学生画出第 12 自然段：

> 金奎叔说："让它这样看好了。可是，它要是凭这点来欺负人，那咱们可不答应，就得掐住它的脖子，把它甩到池塘里去。记着，霖哥儿，下次可别怕它们。"

当学生再次画下段落时，老师再次鼓励："恭喜大家，旗开得胜，真会标注。"

第二，学习编者的"批语"。

引导学生关注课文的第 13、14、15 自然段，验证结局——"确实不怕了"。同时，特别阅读此页面中编者的批语：看来，鹅并不可怕，只要不怕它，它就不敢欺负人了。

阅读批语，比对原文完整段落，理解"批注是如何写出的"——原文的意思很完整，批语的表达很简洁；批语是原文的一种概括，一种浓缩，是读者在阅读之后受到的启发、体会，用简短的话语写下来。

当学生通过比对阅读，对批语有了初步理解之后，进入"牛刀小试"环节，让其自由朗读第 14 自然段，尝试只有批注"尊重牛"的部分。很快就能发现，学生能用简单的话写下批注。例如："我明白为什么尊重牛""之前不尊重牛，现在懂得尊重，真好。"初次体验写批语，写得很自然，学习又往前推进一步。

第三，多角度练习批注。

牛刀小试之后，就进入实战环节——读作者"怕鹅"时经历的故事。

让学生阅读故事的第 5、6、7、8、9、10、11 自然段，老师提出三个要求：其一，凡是读到自己喜欢的地方，用圈标注出来，可以是喜欢的词，可以是喜欢的句子，可以是喜欢的表达方式。其二，凡是读到自己不懂的地方，用"?"标注出来，待会儿向同学们提出，同伴交流。其三，读完这部分故事，用简单的话批注心里的感受。

显然，这部分教学，指导学生从三个角度尝试"批"和"注"。圈画喜欢的部分，那就是从"欣赏"的角度批注，标注疑问的部分，就是从"质疑"的角度批注，当然也可以比对文中编者给出的第一个批注："事情真是这样吗?"让学生写下疑惑，体会"质疑也可以批注"。写下感受，就是从"启发"的角度进行批注。至此，完成了本课作为单元首篇的重要教学任务——尝试多角度批注。

特别强调，教学首篇《牛和鹅》时，可以提前关注"语文园地"中的"交流平台"，其中提示批注的角度有质疑、欣赏、启发这三个最常见的角度。可见，不能"硬教"，实现语文要素的软着陆，我们要有单元统整的教学观念。

第四，完成"走心"的批注。

之前的批注，相对简单且零散。接下来，结合本单元的另一教学要素"体会心情"以及课后练习的要求，教学推进到对描写"心情"语句的阅读理解与批注。

文中作者从开始的"怕鹅"到最后的"不怕鹅"，经历了一个故事。在故事记叙中，作者多次直接和我们分享心情。让学生追踪阅读描写心情变化的句子，集中感受作者身处其间最真实的状态，将心比心，进行阅读与批注。学生寻找第 5 到 11 自然段中，所有直接描写作者心情变化的句子，例如："我吓得脚也软了，更跑不快。"还如："我的心里很害怕，怕他们看见了会追过来。""我想它一定要把我咬死了。"

当学生对这些描写心情的语言进行系统阅读并写下批注时，会神奇地从看似写"怕"的句子中，体会到"趣"，一种独具童真色彩的趣味感，不知不觉就在批注中被诱发出来了。这就是"不动笔墨不读书"的神奇效果。如果只是泛泛而读，没有"批注"的阅读方法和任务，很难去琢磨语言，更难去揣测字里行间的隐逸的意蕴——当时，所有的紧张害怕，其实都是一种纯真与幼稚。

这样教单元首篇，这样带学生初次正式学批注，不生硬，有效果。学生经历了从浅入深的学习过程，多次尝试动笔实践，集中专项地沉入文本去体悟，能达到在第一次学习批注时应有的效果。

批注是重要的阅读方法，也是统编四年级第六单元的首要学习目标。教学首篇，不能生硬给予，应巧妙融合在阅读实践中，渗透在批文入情的体悟感受中。教学，既要注重目标达成，更要照顾学情，让目标达成的过程变得愉快、自主，让真正的阅读与学习在课堂上发生且实现融合，让语文要素在学习中，实现软着陆。

2. 单元次篇教学简述

单元整体式教学，首篇和次篇，内容不同，定位不同，教法不同。本单元的教学总目标是"学习用批注的方式阅读"。单元内课文排位的差异，本身就体现着两课教学应有的差别。具体来说，体现在这几个方面：（1）单元首篇教过的次篇可以不教。教过的不教，这是天经地义的。"不教"也有不教的差别，或者降低教学力度，以复习巩固的方式来体现；或者增强练习的量，进行强化，以提升能力为主；或者干脆回避，教别的内容。这是两篇教学中最大的差异。（2）不同篇目原本有不同的侧重点。例如，首篇《牛和鹅》，关于批注的教学侧重点在于"批注的角度"。次篇《一只窝囊的大老虎》，关于批注的教学重点在于"针对不理解的地方做批注"。第三篇《陀螺》，关于批注的教学重点在于"体会比较深的地方做批注"。不同篇目有不同的教学重点，每个教学重点组合起来，就构成了本单元教学的总目标——学习用批注的方式阅读。可见，要"学"的，分散在三篇之中，不可含混。（3）发现不同篇目的教学关联。虽说是不同篇目，但依然可以找到教学的关联，因为都在同一单元之内。例如，本单元还提出教学目标为"体会人物的心情"。因此单元首篇与第二篇，以及第三篇，课文内容中都有对人物心情的描写，课后练习中也都设计对心情描写的追踪与关注。首篇与后两篇课文的教学在这一点上，可以实现能力与方法的关联和迁移，让先后教学变得有承接性，有整体感。

作为单元次篇的《一只窝囊的大老虎》究竟该怎么教？在单元整体

式教学设计的系统中，这一课可以这样教。

首先，从题眼"窝囊"入手。读课题后，让学生理解，什么是"窝囊"呢？让学生口述自己的解释，并转化为简短的语言，直接批注在课题旁。这是对首篇教学中学会的批注方法的复习和巩固。同时，也是让教学的开始就亮出主题，明确本次教学的重点——批注。

紧接着就让学生标注出文章中能体现"窝囊"的部分，这样的实践，同样是对"标注"的复习与巩固。学生能够找到文中的第14、17、18、19自然段，都是对"窝囊"的较为集中的表述。教师抽取其中的一段进行示范批注。例如，抽取第17自然段，作者怎么写出"窝囊"呢？这段中的"哄堂大笑"和"脸上一阵热"这两处可以批注。关于"哄堂大笑"，教师示范批注"同学嘲笑自己，这样的氛围让自己感到尴尬，非常窝囊"。关于"脸上一阵热"教师示范批注"自己心里很委屈，感觉很丢脸，这种体验就是窝囊"。两处批注的示范，可以用"师生互动讨论"的方式共同完成，因为教与学的难度系数不高，依然是对上节课学习的一种回顾，同时也是作为后续推进自由批注的一种教学准备。示范之后，就是随机批注，让学生在能体现窝囊的描写处，自由批注。此环节教学，练习容量有保证，生生互动充分，学习氛围浓厚。

特别提醒：本单元交流平台中就提示了批注教学的组织形式，可以采用"生生互动"。例如，交流平台中写道："同学之间可以互相交流自己的批注，了解别人对文章的想法，丰富对文章的理解。"而且教学的流程也应是反复循环的，写下批注并不是就此打住，而应该从文章到批注，再从批注回到文章，走一个来回。依然在交流平台中有提示："读完文章，做完批注，再重新读一下文章和批注，可以加深对文章的理解，会有新的收获。"因此，建议大家在设计教学时，不要"只看这一课"，应有单元统整的意识，前后观照，特别在意对"园地""交流平台"中对话框里内容的理解。这些表述都指向单元的语文要素，而将其化为教学设计的环节，就是在努力实现要素的"软着陆"。

其次，推进到专项练习。首篇和次篇，在对"心情"的教学上是可以相互关联的。两篇的课后练习，也都提到了"关注人物的心情"，《一只窝囊的大老虎》课后第二题，还安排了填写表格。因此，在初步理解窝囊之后，让学生在文中做标注，写批语，填表格，对文本中关于"心情"的信息进行归纳梳理。

学生在批注时，会自觉运用之前所学的方法，将学习向深度推进。例如，通过批注，再结合原文阅读，学生会发现作者的心情大致来说有三层变化：表演之前，充满了期待与自信；表演之时，倍受打击，感觉窝囊；表演之后，产生疑惑，探寻"豁虎跳"的真相。心情有层次区分，批注就有了层次差别，批注和阅读结合得更紧，更能体验到学习的乐趣。同时，批注在具体的阅读任务达成中，学生能感觉学到了"用得上"的方法。

第三，完成本课批注的教学要点。本课批注教学的重点是"在不理解的地方批注"。本课中，什么才是"不理解的地方"呢？无疑，就是文中多次出现的"豁虎跳"。接下来，让学生寻找出全文写到"豁虎跳"的内容，并集中对所有的描写进行排列、阅读、批注。具体看，写到"豁虎跳"的句子共有9处。让学生直接针对9处"豁虎跳"的描写进行批注。例如：关注文中对作者表演的描述，如实批注并评价作者表演得究竟怎样、评价那个同学对作者的指责是否合理。改变角度，从老师的角度去关注作者的表现，批注这次表演是否成功。理解"豁虎跳"是什么意思、"豁虎跳"和"窝囊"的心情有什么关联等。其间，还可以穿插进行情景模拟表演。经过这一环节的对比阅读，自由批注后，可以集中讨论："不会豁虎跳就演不好大老虎？"这个问题。

当学生将所有相关信息进行梳理，针对"豁虎跳"进行多角度批注时，我们会发现：这个不容易理解的地方逐渐明朗起来。批注式阅读，解决了本课教学的重点"理解不容易理解的地方"。最后，再完成课后第三题的讨论：结合生活经验，说一说，"我"演得窝囊，可以怎么开导"我"。其实，所有的开导也为本单元口语交际《安慰》做好了铺垫。执教《安慰》时，还可以回顾《一只窝囊的大老虎》，从本课内容入手，让单元的口语交际也显得更具单元教学特色。

3. 单元末篇教学简述

作为末篇，在执教之前提出"两问"：第一问：之前都教了些什么？这个问题的答案已经给出，只是提醒一线教师，未来遇到单元最后一篇时，要有这一问。本单元首篇《牛和鹅》，教学了批注的角度；次篇《一只窝囊的大老虎》教学了针对不理解的地方集中批注。在明确了之前的课文都教了什么之后，在本次教学中，就要做好回避与区分。《陀螺》这一课，重点教些什么？根据课后练习，我们发现：这一课的教学重点是"在体会深的地方做好批注"。可见，统编教科书每个单元提出的"教学目标"，并不是在某一篇课文教学中一步到位的。以统编四年级上册第六单元为例，每一课教学都围绕着"学习批注"去教，但每一篇的教学要素各不相同。执教时，极其需要明确本课的教学要素，找准教学的发力点。

第二问：为何这篇排位在最后？统编教科书每个单元中的课文排位，并非随意而为。哪一篇排为首篇，哪一篇排为次篇，都有讲究。《陀螺》排为最后一篇的原因，大致有三点：（1）最后就是压轴。压轴的，就是重要的，也是难度系数高的。《陀螺》一文教学批注，重在批注"体会深"的地方。显然，批注对推进深度阅读的最大价值体现就在于此。只有对体会深刻的地方再次关注，再次琢磨，才能自觉推进阅读不断深入。也有认为"质疑"才是批注的最大价值。质疑的批注，价值确实高，更多留给未来，在往后的阅读和思考中去探索；针对体会深刻的地方批注，更多是爱在当下，让阅读在此刻迈向更深之处。（2）最后皆因顺势推演。安排在最后的原因，就是因为"原本就应如此"。本单元教学，之前有从不同角度批注，有质疑型批注，这些都是针对批注的专业化、专属性的学习。"教"的意味浓厚，"学"的接受性质较强。而到了最后一篇，理应转化为一种更加自由，更加自我的教与学的方式——结合自己的体会，自由发挥，在体会深的地方自主批注。（3）最后也需承载功能。安排在最后，并非可有可无的点缀，单元中的每一篇都需要承载一定的教学功能。如果说，之前的篇目教学更多注重学习的话，这一篇的教学更加注重运用。因此，在此课教学中，"练"的意味更加强烈，"学"的成分相对减少。教学设计时，"运用方法，自主批注"的环节，应当成为主流。

有了教学之前的疑问和思考后，教学之时还要强调三"放"。

第一，放心。本单元学习到此，已接近尾声。有了前面两次的教学，本次学习应该放心，让学生更多练习批注。练习难免出错，即便出错，也不要担心。特别是单元最后一篇，"再不出错，就连出错的机会都没有了"。更不要说，出错本身就是一种学习的方式。批注并没有真正意义上的"对"与"错"。特别是本案教学"针对自己体会深的地方批注"，更谈不上对错了。只要是自己有体会的，就批注，自己怎么想的，就怎么批注，就都是"对"的。

第二，放手。所谓"放手"就是在教学中应给足时间，让学生更多进行自读与自觉批注。"体会"不论深浅，都是个人的理解，他人无法代劳。因此，本案教学中，老师要努力淡出，要学会放手。给予宽松的教学环境，营造信任的教学氛围，搭建民主的教学平台，学生更能有体会，批注才会更精彩。

第三，放权。本案教学中，教师要放的有两项权利。第一个是"学习的主动权"，整节课以学生为主体，以学习为主导。关于批注的学习，应该强调"练、评、读三位一体"，展开循环式学习。即自主针对体会深的地方练习批注；之后进行同伴交往，互相评价批注；之后结合批注，回读原文。这样一轮的"练、评、读"学习之后，然后又是新一轮的"练、评、读"循环往复。正如交流平台中所说："批注的功能之一，就是让学生再回读时，有更深一层体会。"因此，三位一体的学习模式可以在这节课中得到运用。第二个是"评价权"。学生批注之后，不要由教师一个人评价，学习伙伴有多少，就有可能有多少种的体会，多少种的个性理解。教学中应该组织生生互评。在本单元的交流平台中，也对"生生互动"的学习形式有所提示。

此案教学中，还有一个目标需要达成，即对人物"心情变化"的体会。教学这一核心内容时，有三个"不能少"：（1）能力运用不能少。此课学习批注，指向"自己体会深"的地方。体会源于对文本中相关内容的检索。课后练习中，让学生体会心情的变化，必须先检索出描写心情的句子。例如课后第二题让学生"读下面的句子，体会我心情变化的过程"。题目中出示五个句子。从检索到整理，从抽取到分析，从理解到体会，批注时，对认知能力的运用与发展是不能少的。批注的是结果，其间学生经历整个发展的过程，经历完整的学习过程。（2）方法运用不能少。关注文中人物的心情变化，是要有方法的。变化，源于对比。因此，对比式阅读，对比式体悟，就是最为常用的方法。学习时不盲目，有方法，如有神助。（3）策略意识不能少。要想发现人物心情变化，想要让批注更加深刻，请不要忘记一种有效的学习策略——联系。当你看到一句描述心情的内容时，多联系再批注，再体会。例如，联系自己当时的感受进行批注；或者联系自己过往的经历进行批注；或者联系自己对这句话的认知结果进行批注。能够运用联系这一策略，不论是产生内心的体会还是笔下的批注，都可能不断迈向深入。

怎样认识和有效执行"策略单元教学"

　　统编教科书在三到六年级上册中都编撰了"策略单元"。三年级是预测策略，四年级是提问策略，五年级是快速阅读策略，六年级是根据阅读目的，选择阅读方法策略。这是统编教科书的一大创举，史无前例，引人关注的同时，在教学中也带来些许困惑。扑面而来的就是对概念的茫然，什么是策略？

一、策略的概念认识

　　策略，可以看作是为达到目的而打出的一套"组合拳"。例如下班回家时，你有三种选择——自驾、公交、走路。你发现最快速的方式是自驾，最经济的方式是坐公交，最健康的方式是走路。你的目的是回家，于是，从开始选择时就在运用策略。最终，你采用了不开车，先坐公交，下车后走路到家，达到了目的。这样的"组合拳"，就是形象地运用策略。

　　当然，光有以上的解释不够。需要明晰的概念认知。

　　让我们先了解上位的概念——阅读。《中国大百科全书·教育卷》定义的"阅读"是一种从书面言语中获得意义的心理过程。阅读也是一种基本的智力技能，这种技能是取得学业成功的先决条件，它是由一系列的过程和行为构成的总和[①]。可见，阅读过程需要一定的技能，动用

---

　　① 中国大百科全书总编辑委员会. 中国大百科全书·教育卷［M］. 北京：中国大百科全书出版社，1985.505.

技能才有"意义获得"的结果产生，而这一切都伴随着一定的行为以及心理过程。这些关键词都涉及"策略"这一概念。阅读策略就是阅读学习中运用的方法、能力，以及计划、布置。是参与阅读的学习者在整个阅读过程中"打包"起来的行动程序。策略，带有过程、方法、知识的范畴，又不同于一般的方法、技能，也不是草率地叠加。

《现代汉语词典》中，策略指的是：计策、谋略，是实现目标的方法集合，是根据形势而制定的行动计划。联合国教科文组织发表的《学会生存——世界教育的今天和明天》中对策略也做出三个方面的描述：第一，把各种要素组成一个融会贯通的整体。第二，估计到在事物开展过程中会出现的偶然事件。第三，具有面对这种偶然事件加以控制的意志。可见策略是根据将来可能发生的情况，决定所需要采取的行动。

从更大的范畴看，阅读属于学习，阅读策略属于学习策略中指向阅读学习活动，服务阅读素养提升的一类策略。根据荣维东教授对文献资料的总结，学习策略的定义一般有以下几种：（1）把学习策略看成是具体的方法或技能（Mayer，1988）；（2）把学习策略看作是学习的程序和步骤（Rigney，1978）；（3）把学习策略看作是内隐的学习规则系统（Duffy，1982）；（4）把学习策略看作是学生的学习过程（Nisbert，1986）。刘淼认为，"学习策略指学习主体自觉地对学习活动及其因素进行宏观与微观统一地计划、评价、调控，以寻求最佳学习效率的计策或谋略"①。可见，作为学习的阅读，其策略涉及了阅读中使用的方法、能力，融合在整个阅读学习全过程中。有时，策略能服务于具体的阅读活动，表现为显而易见的操作法，流程计划；有时阅读策略是"内隐"的自觉反应，甚至仅停留在"心理活动"的层面。基于对学习策略的认识，再集中关注阅读策略，即可加强与丰富对其的理解。

韩雪屏教授"从阅读客体、阅读主体和阅读本体三个维度"把新版语文课标中有关阅读的"课程目标与内容"进行归纳整理，以阅读本体

---

① 荣维东. 语文教学原理与策略［M］. 西南师范大学出版社，2014（7）：139.

过程为纲，将学生主体与读物客体贯串起来，进而形成了一个阅读方法体系。主要包括基础阅读法、特定目的阅读法和文体阅读法三大类。

一是基础阅读法。朗读、诵读、默读与速读、精读、略读与浏览，是适用于各类读物，适合于各个学段读者的最基础的阅读方法。

二是特定阅读法。根据阅读目的不同，可以将阅读分为理解性阅读、信息性阅读、审美性阅读、形成阅读期待、学会阅读反思、学习阅读批判六大类。

三是文体阅读法。文体阅读法涉及文本类型和文本元素。阅读教学应该根据文本类型来设计教学[①]。如果将基础阅读法、特定阅读法，文体阅读法作为一级分类的话，相对应的就会产生二级分类以及第三层次。如下图所示。例如，一级分类中的基础阅读法，又分为朗读、诵读、默读、快速阅读、精读、略读与浏览等，其适用范围为各类读物，适合于各个学段读者，这是最基础的阅读方法。又如特定阅读中的理解性阅读，适用于信息的简化、深化、系统化、物化、活化、语言化；还需要经历认同与辨析、比较与联系、提成与抽象、评价与选择等。应该说，这样的三层结构就是对阅读策略的形象化解读——阅读策略，是瞄准某一类的阅读需求，为达成某一种的阅读目的下的相关阅读方法、技能构成。目的、方法、范畴的三位一体，就是策略。

一级分类	二级分类	方法、步骤或适用范围
基础阅读法	朗读、诵读、默读与速读、精读、略读与浏览等	适用于各类读物，适合于各个学段读者的最基础的阅读方法。

---

① 韩雪屏. 让学生掌握多种阅读方法［J］. 语文教学通讯. 2012（4）.

续　表

一级分类	二级分类	方法、步骤或适用范围
特定阅读法	（一）理解性阅读	有效理解：信息的简化、深化、系统化、固化与活化、语言化；精深的理解：1. 认同与辨异；2. 比较与联系；3. 提纯与抽象；4. 评价与选择。
	（二）信息性阅读	1. 运用信息工具；2. 检索和获取信息；3. 鉴别和处理信息；4. 生成和创造信息；5. 共享信息效益。
	（三）审美性阅读	1. 感受和想象；2. 联想与汇兑；3. 深识与领悟；4. 反思与回味。
	（四）形成阅读期待	1. 体裁期待 2. 形象期待；3. 意蕴期待。
	（五）学会阅读反思	1. 判断文本；2. 观照社会；3. 反观自我；4. 审视阅读过程。
	（六）学习阅读批判	1. 意义阐释批评；2. 伦理道德批评；3. 社会历史批评；4. 审美批评；5. 语言批评。
文体阅读法	实用文章的阅读文学作品的阅读	适合基于文章体式的阅读教学和中高年级的学生。

二、策略的教学理解

根据研究，常用的阅读策略有推测、图像化、提问、联系、比较、联想、批注、监控等。具体情况如下表：

阅读策略	基本要义	操作路径	一般方法
推测	利用已知内容推断文本将要发生的事情、事情发展的结局、未知却想要知道的信息，并通过阅读加以印证、肯定或否定。	猜测—寻找—验证	1. 抓住文本关键之处（起始、突变、留白、尾声） 2. 借助人物事件等信息 3. 依托文本主旨、文体特征等

阅读策略	基本要义	操作路径	一般方法
图像化	与文本产生共鸣，在头脑中建立故事场景、人物形象、认知图式等，通过心理上的图像构建来理解文本、促进表达。	观察—想象—绘制—再造	情节梯、意见椅、框架图、维恩图、概念图、思维导图等
提问	自己提问，自己寻找答案。	思考发现、自主质疑—反思归纳、自主梳理—分析检验、自助解答	1. "六何法"提问（人、时、地、事、如何） 2. 从不同角度提问（如理解内容、感悟表达、积累运用等角度）
联系	能通过上下文（包括其他补充阅读材料），凭借观察图画、展开想象等手段，结合生活实际以及已有的知识和经验思考理解，获得阅读感受。	激活经验—观察、想象、理解—感悟、收获	1. 联系上下文 2. 图文间联系 3. 联系阅读与生活实际 4. 联系阅读与原有知识、经验、已有学习背景
比较	把一篇或多篇内容或形式上有一定联系的文本从内容、主题、表达等多个角度进行同中求异、异中求同的辨析，以了解内容，理解主旨，鉴赏表达形式。	选择内容—确定角度—生成发现	1. 单向比较、综合比较 2. 横向比较、纵向比较 3. 求同比较、求异比较 4. 定性比较、定量比较 5. 宏观比较、微观比较
联想	调动已有的经验积累，由所读文章的内容，想到与个人生活经验、生活中的类似事件等，从而更好地理解当前阅读材料，展开深入阅读。	调动经验—启示、类推、发散—深入阅读	1. 接近式联想 2. 类似式联想 3. 对比式联想 4. 移植式联想
找出重点	抓住文本的题目、重点词句段以及不同文体的表现手法，理清思路、读懂主旨、评鉴表达形式。	搜集发现—筛选整理—形成结果	1. 提取文本内容重点 2. 发现文本表达重点 3. 关注学习能力重点

续　表

阅读策略	基本要义	操作路径	一般方法
概括	在理解的基础上、分析、整合、简要提取文本信息。	感受、理解—分析、综合—简要提炼	1. 表层：概括段落大意、主要内容、了解事件梗概等 2. 深层：概括中心思想，人物形象、写作特点等
推论	在具体语言环境中，运用文本提供的信息和自己原有的知识、经验得出新的信息。	思考揣测—分析、归纳、判断—得出结论	1. 推测语句的位置信息 2. 推导言语的隐含信息 3. 推断篇章的脱落信息
批注	运用简洁的语言加以圈点、勾画的方式把自己阅读所思、所感、所疑记录在书页空白处，以帮助理解，深入思考。	感知发现—思考提炼—圈点勾画写、留下记录	1. 不同位置：眉批、旁注、夹注、尾批 2. 不同形状：符号、文字、图文结合 3. 不同内容：识记式、感悟式、联想式、质疑式、归纳式、评价式
监控	对阅读活动状态进行计划、监视、评估，并做出合理调整，采取适当的补救措施解决阅读过程中出现的各种问题。	设定目标—监视进程—选择策略—监视效果—补救总结	1. 计划监控 2. 理解监控 3. 评价监控

统编教科书编撰者从常用策略中，选择了最为迫切需要，对阅读学习影响较大的四个策略进行优先、集中学习。总主编温儒敏教授给出了具体的教学指导意见：策略单元就是提示教师在教学中应注重对策略的教学与渗透，四个单元教学中应把策略当作核心目标、显性目标予以实施。同时日常教学还应有所涉及。此外的复述、推论、自我监控等策略，并不是不教，而是融合在其他的单元教学中进行，北京师范大学伍新春教授也提出：阅读策略就是学得的，首先要经过专家经验的外化，即掌握阅读策略的人（如教师）对阅读策略的概念、方法等进行讲解，再通过一定的学习训练，最后把这种外化的专家经验进一步内化成学生头脑中的阅读策略。可见，策略单元的总体教学策略就是——好好教，

促进学得。如何学？教科书怎么用才好？

以六年级上册第三单元"根据不同阅读目的，选用恰当的阅读方法"（以下简称"选法"）为例进行分析。本单元面貌如下表：

六年级上册第三单元	
单元目标	根据阅读目的，选用恰当的阅读方法。 写生活体验，试着表达自己的看法。
课文篇目	9《竹节人》
阅读提示	同一篇文章，阅读的目的不同，关注的内容、采用的阅读方法也会有所不同。如果给你以下任务，你会怎么读《竹节人》这篇文章？ ◇写玩具制作指南，并教别人玩这种玩具。 ◇体会传统玩具给人们带来的乐趣。 ◇讲一个有关老师的故事。
课后练习	为完成三个不同的任务，你是怎样读这篇文章的？和同学交流。 为完成"写玩具制作指南，教别人玩这种玩具"这个任务，可以先快速读全文，找到相关内容，再仔细读。 "体会传统玩具给人们带来的乐趣"，读的时候要特别注意文章中写"我们"投入地做玩具、玩玩具的部分…… 完成"讲一个有关老师的故事"这个任务，我主要关注了老师没收玩具、玩玩具的内容，重点梳理了故事的起因、经过、结果。
课文篇目	10《宇宙生命之谜》
阅读提示	多年来，人们一直在探索宇宙生命问题。我们常常有这样的疑问：宇宙中，除了地球外，其他星球上是否也有生命存在？为了解决这个疑惑，有位同学找到了这篇文章。
文中批注	第一自然段：浏览了这一段后，发现它对了解地球之外是否有生命没有帮助。 第二自然段：每个自然段往往有提示主要意思的语句，阅读时我要注意找出来。 第三自然段：这一段对解决问题很重要，画出关键词帮我理清了生命存在的条件。 第四自然段：这段的段首提到了地球外的其他行星。通过提取关键信息，我知道这些星球上是不存在生命的。 第五自然段：前面排除了那些不具备生命存在条件的行星，这一段提示火星上有可能存在生命，关于火星的内容很重要。 第八自然段：近年来科学家在对火星的研究中可能有了新的发现。

续　表

六年级上册第三单元	
课后练习	1. 为了了解其他星球是否存在生命，你在阅读时是怎么做的？这位同学的思考给了你哪些启发？ "与问题相关的内容我会仔细读，必要时会多读几遍。有的段落和我想要了解的问题关系不大，就不需要细读。" "有的信息可能是不准确的，需要再查查相关资料加以判断。" 2. 如果你想探究下面这些问题，会怎样阅读这篇文章？ ◇科学家是怎么判断其他星球有没有生命的呢？ ◇人类是否有可能移居火星？
课文篇目	**11《故宫博物院》**
阅读提示	下面提供了两个任务，和同学交流：你会怎样根据不同的任务阅读下面的材料？ ◇为家人计划故宫一日游，画一张故宫参观路线图。 ◇选择一两个景点，游故宫的时候为家人作讲解。
习作：_____让生活更美好	
语文园地	
交流平台	学习了这个单元，我知道了要根据任务选择合适的材料。如，要为家人计划故宫一日游，应该重点阅读材料一、材料三和材料四。
	读文章时，与阅读目的关联性不强的内容，不需要逐字逐句地读，这样可以提高阅读速度。如，带着"写玩具制作指南，教别人玩这样玩具"这一任务读《竹节人》，有关玩竹节人的有趣经历这部分内容，浏览一下就可以了。
	我逐渐养成了一个习惯，读书时先想想阅读的目的，再有针对性地选择适合的阅读方法。

全面关注这一单元，发现教科书在编撰时，呈现以下三个特点。

第一，从分项到综合。之前的三个策略，项目明晰，分别是"预测""提问""速读"，策略学习的内容都能在上文中的策略列表中，有明确的对应。而本次的"选法"策略，则是根据一定阅读目的，选用恰当的阅读方法，不能明确在列表中找到归属，其实属于一种对策略的综合运用。所以，在整个单元学习中，我们会用到各种各样的阅读方法，如同一次的梳理和复习。如：圈画批注，提取关键信息，快速阅读，图像化制作，绘制表格等。这是对策略的综合运用，安排在小学的第三学段，这样的编撰是合乎学习逻辑的。

第二，从概念到实践。本单元学习，更为注重策略在具体阅读活动中的应用。单元学习中，除了促进学生建构其对选法策略的概念之外，更注重亲自实践。例如，安排了阅读提示，直接提出指示。《竹节人》中的阅读提示为：同一篇文章，阅读的目的不同，关注的内容、采用的阅读方法也会有所不同。如果给你以下任务，你会怎么读《竹节人》这篇文章？（1）写玩具制作指南，并教别人玩这种玩具。（2）体会传统玩具给人们带来的乐趣。（3）讲一个有关老师的故事。又如，课后练习中也基于明确要求，并与阅读提示相互呼应。《竹节人》的课后练习就提出：为完成三个不同的任务，你是怎样读这篇文章的？和同学交流。（1）为完成"写玩具制作指南，教别人玩这种玩具"这个任务，可以先快速读全文，找到相关内容，再仔细读。（2）"体会传统玩具给人们带来的乐趣"，读的时候要特别注意文章中写"我们"投入地做玩具、玩玩具的部分……（3）完成"讲一个有关老师的故事"这个任务，我主要关注了老师没收玩具、玩玩具的内容，重点梳理了故事的起因、经过、结果。此外，部分课文还编撰了批注，无一不是提醒学生：试一试，用一用。例如，《宇宙生命之谜》中的五次批注分别为：第一自然段：浏览了这一段后，发现它对了解地球之外是否有生命没有帮助。第二自然段：每个自然段往往有提示主要意思的语句，阅读时我要注意找出来。第三自然段：这一段对解决问题很重要，画出关键词帮我理清了生命存在的条件。第四自然段：这段的段首提到了地球外的其他行星。通过提取关键信息，我知道这些星球上是不存在生命的。第五自然段：前面排除了那些不具备生命存在条件的行星，这一段提示火星上有可能存在生命，关于火星的内容很重要。策略在具体阅读学习中的实践性表现无疑。第八自然段：近年来科学家在对火星的研究中可能有了新的发现。

第三，从课内到课外。策略学习不是纸上谈兵，而是"在游泳中学习游泳"。这一点在这一单元的编撰中也得到凸出。特别是《故宫博物院》，选文上就很特别，为达到阅读目的，选用了四种不同类型的文本，有简介、奇闻逸事、通知、鸟瞰图。而阅读提示中还直接安排了两个内容："为家人计划故宫一日游，画一张故宫参观路线图。""选择一两个景点，游故宫的时候为家人作讲解。"两项实践活动，都是服务生活的。安排在六年级的这一策略学习单元，让学生体会到运用策略对学习、生活的影响与帮助。同时，通过四年的策略单元教学以及日常的策略学习渗透，希望学生养成读书有方法，学习有策略的良好习惯，提升综合素养。

三、策略的教学建议

其一，教学的目标要非常明确。策略单元的教学，不能等同于其他阅读单元教学，不要仅限于"读一读""体验一下""聊一聊"等宽泛的指导。不要总提出"说说你感受到了什么？""你读懂了什么？""你有什么感受？""你有什么要分享？"的这一类让学生暗中摸索的问题。执教策略单元，要在目标的指引下敞亮前行。

例如《竹节人》中的阅读提示"写玩具制作指南，并教别人玩这种玩具"。学习的最终目的是"教别人玩这种玩具"。要教会同伴玩这种玩具，学生必须读懂文中描述这种玩具是什么样，怎么玩的。同时，要将文中的连续性的描述转化为清晰、简约的制作指南，之后再结合这一指南继续转化为"教别人"时的清晰信息。最后，还要用"别人是否学会"对这一策略运用的效果进行测评。正因此，课后练习中就给出了"先快速阅读全文，找到相关内容，再仔细阅读"的具体落实目标的要求，让学生先检索局部文字，再实现转化。可以说，明确目标就是对目的达成的有力保障。《竹节人》中还提示"讲一个老师的故事"。学生必须通过阅读，对"老师的故事"有明确的认识，同时还要转化为自己的语言和同伴进行故事讲述。故事讲述不等同于背诵、记忆、简单复述，而是要"添油加醋"，要加上自己对老师个性的理解，还要加上对老师言行的评价，对事件的综合评述等。因此，课后练习中也给出了方法提示："我主要关注了老师没收玩具、玩玩具的内容，重点梳理了故事的起因、经过、结果"。对"到底要达到什么目的"的充分解读，成为策略教学的重要前提。可以说，目标不明确，泛泛而谈是无法完成教学的，也不利于策略的获取。策略是目的、方法与技能、具体行动三位一体的。知道要做什么，之后才是具体怎么做，运用到什么方法，调用哪些技能。

其二，教学的流程要非常清晰。策略单元的教学流程，应该是非常清晰的。结合教学实践，我们给出五步流程设计：（1）看到样子。对单元中课文样例进行阅读，让这个特殊的"样子"被初步感受。（2）学着靠近。对课文样例予以分析、理解，为模仿样例做好准备。这一过程，要充分邀约学生参与，不能以教师个体取代。（3）反复练习。朝着目标，运用方法，不断尝试，在实践运用中去理解策略。（4）比对效果。对运用的结果进行检测，和之前的认知水平进行比对，感受策略学习的效果。（5）拓展迁移。这一策略学得之后，鼓励运用在其他的学习项目和活动中。

策略单元的教学流程清晰，让教师和学生都明确"我要做什么""最终要怎么得到""如何获得""能不能解决问题"。在整个过程中，教师还可以提供各种的支架，辅助学习效果的获取。例如，提供问题支架，让学生在问题的指引下发现真相；活动支架，参与活动后，获得提升；情境支架，在具体活泼的情境下，降低学习难度；思维导图支架，以可视化的导图，让思维的过程被看见；互文支架，如《故宫博物院》中的四个不同类型的文本，互文支撑。

以《故宫博物院》为例。学习目标设定为第一阅读提示中的"为家人计划故宫一日游，画一张故宫参观线路图"。为达成目标，教学中设计了以下的流程：（1）梳理材料。自由阅读提供的四个材料，初步获取相关信息。（2）信息遴选。基于目标，引导学生做好取舍，为完成任务，从四个阅读材料中遴选、提取出有用的信息。（3）使用方法。针对不同的文本信息，使用不同的阅读方法，再次巩固信息的获取。例如，关于"故宫开放的通知"应该细读，通知中的时间节点，参观线路规划等要精准把握；关于"故宫整体布局"的简介，应该借助批注阅读，一边读一边批注出相关的宫殿名称，这有助于绘制线路图。在具体绘制时，可以分组进行，有利于之后的各组比对。每一组同学可以合作，参考"故宫鸟瞰图"，提取需要的关键信息，用自己擅长的"手绘"方式进行设计、绘制。（4）结果评析。最后进行各个学习小组的"绘图结果比对"和"模拟导游展示"，看看哪一组绘制的图最科学，时间运用最合理，没有让家人走冤枉路，游览的景点最多等。在完成之后，还可以组织学生进行策略学得的总结。

策略学习，步骤的清晰就是突出的特点。在这一方面，美国的写作教学也为我们提供了很好的借鉴。王爱娣老师在《美国小学生怎样写作文》中，介绍了美国写作教学的基本顺序和操作：先构思，这是写作前都要做的事；再拟定初稿，把想好的内容直接写出来；进行班级分享，朗读交流；鼓励同伴之间针对初稿中存在的问题进行修改，这里的修改，更多要服务"写作的功能是否达成"进行；最后自己编辑，决定公开发表或上交给老师。这些清晰的流程，都表明在策略教学中，教学程序设定的重要意义。让我们阅读《美国小学阅读中的摘要或概括策略的教学》一文中《双鼠记》（Kate DiCamillo 著）的部分章节，感受美国策略教学的清晰、细腻、精练的程序化设计。此案授课对象为美国小学四年级学生：

课程目标：
通过找出故事中最重要的事件来为小说故事写一个摘要段落。
阅读第 34 章。如果 Mig 不了解 Despereaux 的故事，会发生什么呢？这个故事将如何改变？

直接指导（老师）：
当我们阅读的时候，我们将使用便利贴来标记故事中的重要事件，"什么"需要包含在我们的总结段落中。当我们读一个短篇故事时，通常很容易选出 3～4 个最重要的事件，因为我们有较少的信息可选择。当我们在读一本小说时，它会变得更加困难，因为在故事中有更多的情节。我们将使用一些指导原则来帮助我们选出最重要的事件。（制作一个包含三个写作摘要的原则的要点图，并在教室里展示。）

1. 寻找故事中主要人物的事件。

作者通常会给我们一些关于次要人物的信息，但是我们不需要在摘要中包含这些信息。

2. 包含将故事向前推进的事件。

例如，Despereaux 的阅读对于理解他的性格是很重要的，但是他向人类展示自己的情节推动了故事发展。

3. 包含改变情节或改变故事方向的事件。

阅读第 35～36 章，停下来注意（在便利贴上）关于写好一个摘要的三个原则。示范写 35～36 章的摘要。

指导练习（师生）：

1. 将全班分成三组——每一组都是我们在《双鼠记》中读到的三本书。

2. 解释三组将会采用他们的细节/主要观点页面，并根据三个指导原则决定他们指定的书中哪些事件是最重要的。在学生开始工作之前，先复习一下这些内容——让学生们参考 Anchor chart 来做这个。让学生重复这些原则以及让学生尽可能多接触这些原则。

3. 教师应在这段时间内促进讨论，帮助学生决定最好的事件。

4. 学生们必须对这些事件进行排序，以便写出一个合适的摘要。

5. 使用便利贴来突出显示将要进入摘要的事件（每个学生在他们的文件夹里都有自己的一套细节/主要想法页）。用数字给事件排序。

6. 如果学生有分歧，这是个很好的机会来回顾指导原则，并允许讨论什么是"重要的"。

独立练习（学生）：

（对于有困难的学生，他们可能需要一句总起句，以便开始写作过程。）

家庭作业：阅读第 37～39 章并完成与摘要相关的问题。①

其三，教学的意图要非常明朗。策略单元的教学意图是非常明晰的。（1）策略是探照灯，让学习从此不在暗中摸索，而是明理探索。（2）策略是方法集，让处于学习中的学习者不再无从下手，而是心里亮堂堂的，有具体可操作的方法，能在使用过程中不断获得技能升级。（3）策略是潜力股。策略的学得，让学习不再止于当下，而是能够不断延伸、拓展。

最重要的是，策略单元的学习让我们的学习品质发生变化。原先，我们的学习都是吸收型的，四处零敲碎打地"学这个""学那个"。拥有策略，或者说具备了策略学习的意识、习惯、能力等，学习也跨越到"借助这个学习来实践""借助这个学习来检验""借助这个学习来生长"。如我们通过《竹节人》的学习，知道应围绕着一定的目的，综合运用跳读、精读、选读、比读等不同的阅读方法达到阅读目的。又如，我们学习了《故宫博物院》就可以知道借助图像化策略能达到将复杂的信息予以抽取、整合，服务于生活。再如学习《宇宙的生命之谜》，我们可以为了达到探索宇宙奥秘这一目标，选用"阅读＋思考"，提取关键词，解析段落结构，获取相关信息等方式，关注、了解、探寻一个未知的问题，追踪思考这个问题，拥有一个思考的方向，感受思考的乐趣，养成思考的习惯。

策略的学习让学习不局限于知识的获取，带来的是整个学习品格的提升。

---

① 徐紫燕 荣维东. 美国小学阅读中的摘要或概括策略的教学 ［J］. 语文教学通讯，2018（10）：78.

单篇幅"读写结合"教学怎样有效

一、认识"读写结合"教学

叶圣陶先生早先就指出:"教材里的课文,精挑细选,阅读时看出那些可取之处,对其选剔与斟酌就渐渐增进了较深的识力,写作时凭着那种识力来选剔与斟酌,就渐渐训练成较精的技能。①"至今为止,"读写结合"依然是时下单篇阅读教学中相对主流的模式。特别是在公开示范课中,读写结合几乎成为"规定动作"。在关注了许多节以"读写结合"为主要模式的教学案例后,我们发现当前读写结合教学,存在着以下三个较为显著的问题:

问题一:形式化。从读到写,逢读必写。读中带写,做足了写的样子。实际上,读归读,写归写,样子做得足,流于形式,效果未必突出。

问题二:碎片化。从阅读的语篇中任意抽取局部进行片段仿写,这里写一处,那里写一点,写得随意,写得散碎,写在表面。

问题三:孤立化。貌似阅读和写作相联,实则各自孤立。阅读时,忽视文章创作之初的情境、目的、功能,走"技法训练"的机械式教学路线,将教学逼迫到训练的孤岛。

---

① 叶圣陶. 叶圣陶论语义教育 [M]. 郑州:河南教育出版社,1986:78.

以上三个问题的根源，归结为对"读写结合"认识上的偏差。依然觉得阅读学习要在写作上体现成果，要完成对语篇中写作技法的模拟，要制作出完美的语篇写作结果。在这样的认识下，教学格局也是狭隘的，只要仿着例子，做出样子，写出段子，就视为大功告成。这也是对阅读与写作中应存的"学习本质"的严重遮蔽。无论是阅读还是写作，都应在"学习"这一焦点上汇聚，应看作是学习的主体，经由实践操演，实现自我认知生长的有效建构过程。这里的认知生长，就代表着学习正在发生。所谓的建构过程，指的是学习阅读和写作中，学习的结果是时时变化、演绎、发展的，学习者应主动发现变化，吸纳新加入的信息，不断改变旧的认知结构。

二、"读写结合"的问题解决设想

基于这样的分析，我们可以重新认识单篇幅教学中的"读写结合"，对读和写进行教学重设，让阅读中的学习意味浓厚，且能迈向更深的程度。

1. 从读的方面入手，可以尝试在三个方面做出探索

第一：还原。恩格斯认为："作者的见解愈隐蔽，对艺术作品来说就愈好。"孙绍振教授力主文本解读时需要"还原"。在孙教授看来，我们阅读到的作品的状态，是客观的生活经过作家的主观改造、变异、同化的结果。解读，就是将作品的"原生状态"释放出来，这才标志着读者对文本有接近真实的阐释，也才能真正触及文本的价值。我们建议在阅读教学中，教师应知道学生回到文本创作时的情境中去，了解作者为什么要写这篇文章，写作的背景知识有哪些？写后的文章产生何种作用？这是我们从读中学写时应做的探索，这也是有效的读写结合学习的必备条件。此外，还可以参考王荣生教授对文本类型的划分，从定篇、样本、例文、用件等四个不同的角度，去寻找还原文章的切入角度，认

清文章的写作特质，开发文章独特的学习价值。如阅读定篇，鲁迅在《不应该那么写》中说："凡是已有定评的大作家，他的作品，全部就说明着应该怎样写。"阅读时，更要忠于原文的解析，找寻更丰富的写作事实背景，理解作者创作的初心。

以教材为例，学习统编教科书中韩非子寓言，其中的《守株待兔》选自《韩非子·五蠹》，那是对儒家的一种嘲讽；而《扁鹊治病》选自《韩非子·喻老》，那是对道家的一种尊崇。这样的选文背景知识，能帮我们实现更为深度的阅读。在理解这两个寓言故事的同时，从言说的背景去理解，从作者的内心意愿上去探究，更能明白作者为什么要写这个故事，为什么要选择这个素材来加工，为什么要把故事写成这样……这就比纯粹地读故事内容，仿写一个寓言故事来得更有学习的意味。

第二：建构。美国塔夫茨大学儿童发展心理学专家、阅读与语言研究中心主任玛丽安娜·沃尔夫教授在一部有趣的脑科学研究专著《普鲁斯特与乌贼》中也提出："阅读不仅反映了大脑超越原有设计结构的潜能，同时也反映了读者超越文本或作者所赋予内容的潜能。[①]"沃尔夫教授根据读者在阅读中的表现进行分级：萌芽级阅读者；初级阅读者；解码级阅读者；流畅级阅读者；专家级阅读者。级别的差异都在思维的活跃度上进行区分。处于最高级别的"专家级阅读者"思维最活跃，阅读中能够整合、运用先前的信息和知识，自我检测并且修正错误的理解，能从阅读中得出创造性的见解。"专家型读者"，就是能够从"怎么写成"的角度去阅读一本书的读者。这类的读者面对文本，犹如庖丁解牛一样，能看到文字的内部结构，看出文章的建构过程，看到文字如何组合、加工、变化。

在阅读时，最为活跃的应该是思维，充满魅力的是动态的认知改变

---

① ［美］玛丽安娜·沃尔夫著. 王惟芬、杨仕音译. 普鲁斯特与乌贼［M］. 北京：中国人民大学出版社，2012.9：16.

过程。阅读教学不能停留于理解内容的层面，这无异于徘徊在文字表面。读者要努力走进文本的内部空间，进入文章的选材、立意、结构等共同构成的思维场域中，理解文章作者是如何选材，要表达什么样的主旨，结构怎样安排，段与段之间如何衔接。这些"专家型"的阅读，更具有探究性学习的意味，是更为有效的阅读学习。这也要求我们在阅读教学时，应促进学生主动运用理解、分析、解释、评鉴、批评、创造等关键的阅读能力，调用相关的阅读策略，不断提升阅读综合素养，做一个会学习，在学习中发展的优质读者。美国学者古德曼将阅读学习中的表现，生动地阐述为"交易"。他在《谈阅读》一书中说："你从文章读懂的意义，取决于你带到文章里来的意义……读者努力去了解作者想表达的意义，但是他们所建构出来的意义是他们自己的。读者在与作者所创造的文章交易。①"要交易，就要有资本，而思维就是一个读者在阅读学习中的资本，借助思维才能把自己的理解和作者的意念进行互换，并在过程中产生全新的理解。

因此，带着不同思维的不同读者的每一次阅读，都可以说是对文本的全新创见，都赋予文本全新的理解。带着思维的阅读，完成了对文本的又一次建构，不断向更深处沉浸。

例如统编教科书中《鸟的天堂》一文，阅读教学的目标是体会"动静之美"。这一目标引领学生在学习时，不能满足于知道"这段话是静态描写""那段话是动态描写"，划出这段话，那段话，圈出这个词，那个词。教师应让学生深入关注"一株大榕树，作者为何要写出两种不同的状态？""作者对动静之美的感官与鉴赏，是如何统一融合起来的？"虽说艺术源于生活，但成为文学作品时也就超越了生活，因为其间融入了作者的思维加工。而这一加工过程正是文学作品有别于生活的更有价值的学习内容。因为作品不是去单方面强调生活与作品的共同，不是试图掩盖加工中产生的作品与生活间隐蔽而又特殊的矛盾。相反，当阅读

---

① 古德曼著. 洪月女译. 谈阅读［M］. 台北：心理出版社，1998：75.

学习涉及这一方向的探索时，就意味着读的学习，步入深处了。

第三：图示。歌德说：内容人人可见，意蕴只有经过一番努力才能找到，而形式对于大多数人是一个秘密。朱光潜先生在《西方美学史·歌德章》中做出的解释为：材料，即取自自然的素材；意蕴，亦译为"内容"，指在素材中见到的意义；形式，指作品完成后的完整模样（呈现的样子）。[①]"可见，对于文学作品的阅读，特别在意的是"形式"，阅读学习的深度也在"形式"上与他人进行较量。

此处的形式，我们借助心理学的图示理论来理解。最早提出了图示理论的是康德，他认为图示是对先验的和杂乱无章的知识改造的结果。可见，"图示"从一开始就带有先验知识，是一种改造与建构的过程。20世纪初的皮亚杰将其运用于认知心理学的框架中，提出图示理论中重要的同化与顺应概念，至今为图示理论的核心观点。心理学家巴利特认为人们对语篇的记忆是解释性的，而不是直接的复制性。这里的"解释"也就是一种个性化的解读，但是基于先入为主的经验，依托成熟的，储存于记忆中的模板。随后图示理论的发展，明确了在理解新事物的时候，我们总是在寻找可供同化的模板。

模板，存在于经典的语篇中。阅读中的图示获取，可以看作是对经典的、可迁移的模板获取，获取的过程也是针对模板的概念性知识的建构。因为模板的特质而存在图示迁移中的既定规律；因为文本的内隐规律而又使得图示迁移有着探究性学习的印记；因为个体的差异让图示迁移具备着灵活多变的气质。因此，阅读中如遇具备图示特质的语言现象、言语模板、文章框架、组合方式等，务必予以重视。对图示的理解、模仿、学习、迁移、运用，有助于表达效果的获得。

例如统编教科书中《桂林山水》一课。开篇两段中重复使用了"线性铺排"的表达方式，使得这两段的图示特质显露出来。对桂林的山与漓江的水的片段学习，可以集中力量，优先解构、理解、强化、运用一

---

① 赖瑞云.孙绍振解"写"论的"五说"[J].名作欣赏，2020.2：42.

部分，之后迁移到自主学习另一部分，最终将其作为"线性铺排"的经典的图示予以保存。

又如学习《海上日出》一文。巴金按照日出时"太阳随时间的推移而产生变化"的逻辑来组织语言，这样清晰的逻辑让语言呈现出明朗的序列，这也可以成为一种固定的图示，在同类描写中予以迁移。再如《颐和园》中运用了移步换景的"有序描写，多点承接"的写法，也可以固化为一种图示，迁移到其他同类写作项目中。张志公先生说："只有把语言的运用（写作）建筑在语言吸收（阅读）的基础上，才能收到最大的效果。①"图示的迁移，让这样的效果变得显而易见，因为图示的两头，联系的就是阅读和写作。

对阅读教学的认识发生变化之后，写作教学的操作也随之改变。"读写结合"并不是随文进行填空式生硬写，补白式随意写，也不是脱离文本的自由遐想以及胡乱写。朱作仁教授认为："语文学科教学，尤其在小学，应把培养学生的读写能力作为根本目的来实行。读与写比较起来，应重在'写'上，即特别要重视培养学生写的能力。②"

2. 针对更为重要的写，我们提出三方面改良设想

注重概念性知识的获得。《布卢姆教育目标分类学（修订版）》中提出知识分为四类。第一为事实性知识，陈述什么是什么。第二为概念性知识，探索对象的结构、分类、原理、通则。第三为程序性知识，关于如何做某事的操演性知识，介绍做事的方法、流程。第四为元认知知识，关于一般认知的知识以及自我意识。③

在写作上，特别注重对"概念性知识"的获取，写作的概念性知识指的是：将目标语篇当作一个全新的事物，一个需要确证的对象。通过

① 张志公. 语义教学论集 [M]. 福建：福建教育出版社，1980：243.
② 教育部师范司组编. 窦桂梅与主题教学 [M]. 北京：北京师范大学出版社，2006：183.
③ 王荣生. 事实性知识、概括性知识与"大概念"——以语文学科为背景 [J]. 课程·教材·教法，2020.4：77.

写作，尝试去认识、描述它，对其进行研究。学习的结果是掌握与对象相关的，更为周延的信息，组成对其更为全面、系统的认识。最终，形成概念，存储下来。

在读写结合的写作项目中，首要的任务并非完成新的语篇，而是建立概念性知识，即对语篇进行理解、学习、探究，充分了解其写就的过程，理解篇章的建构方式，获取文章的写作主旨等。这些概念性知识的获得，应该视为更为隐蔽形式的写，是在写作的思维层面上的探索。相对于"执笔写出文字"来说，更为高级。在这一学习过程中，作者的思维活跃程度绝不亚于写出文字。美国心理学家唐纳德曾经进行"麦克风测试"证明了这一点：当人在阅读时，唇部有动作，能捕捉到轻微的声响。这说明阅读时，思维与表达是同步发生的。有时候，思维运作完成，不用写下来，也可以算是完成了写。如同打腹稿，有时也能让人心满意足。

对概念性知识获取的写作学习，更隐蔽，更上位，更高效。读写结合，未必都要"写给你看"。例如学习《珍珠鸟》一课，未必要写另一只鸟，要写另一个与动物相处，经历建立信任的故事。倘若能在阅读中明白作者是如何"表达一份信任的产生"，就是最大的收获。因为在这一优质的表达中，综合涵盖着"借物抒情"的手法运用，还有情节铺陈与发展的设计，以及经典的细节刻画等手法。概念性知识获取的同时，实现了与作者在写作思路上的并轨。叶圣陶认为："思路对读和写都很重要，如果能够自觉地注意思路的开展，对读和写都大有好处。[①]"因此，教学实践中探索并学习这一类知识的意义，远远大于依葫芦画瓢式的简单摹写。这些知识的获取，对写作的发展而言，是更有建设性意义的。

注重典型图示的迁移。读写结合中的写，也要有可见的实效，可以从典型图示的迁移中看见。因此，我们提示多针对图示进行模仿、迁

---

① 叶圣陶. 叶圣陶论语义教育［M］. 郑州：河南教育出版社，1986：155－156.

移，实现对图示的丰富与再造。这一学习重在从此及彼的过程经历，重在有效的运作、操练、控制等的实践参与，不迷恋最终的结果。教师应当在学生写的过程中实施全程陪伴，并作出适时调整，提供辅助支架，不断介入与干涉，辅导学生顺利获得图示迁移。

此类写，较为典型的是从读中仿写。在阅读的文本中直接提取信息，这些信息具有可复制的特征，或者是值得迁移借鉴的写作要素、技法等。教师对其进行解析，凸显模仿的学习点，让学生进行仿写练习。也可反过来，先确定写作目标，之后提供相应的阅读文本，让学生带着设定的写作意图去阅读，在阅读中更为积极、主动地获取写作所需要的知识、技法等要素。这样的任务驱动，能提升阅读和写作的质量，更具有探究的意味。学生在阅读和写作过程中，信息的加工与转换更为激烈，对文本的图示特征把握更为牢固，迁移效果更好。

例如统编教科书中的《宇宙的另一边》的写作模板很清晰：先写宇宙的这一边是什么样，之后写宇宙的另一边，同一类型的场景应该是什么样。一一相对，并排陈列，有助于读者对比发现，更有助于图示的获取，迁移到同类想象文写作中。这是对通篇结构的图示迁移。还可以针对局部进行。例如统编教科书中的《海滨小城》，大部分段落以"先总述特点，后分别多方论证特点"的逻辑写作，同时构成了"总分叙述"的典型图示。迁移中就可以按照：结构目标文本——提取关键信息——形成图示——依据图示仿写的流程，组织学生进行操练，获得这一图示。

此类写作，强调解读出文本的写作模板，获取文本写作框架，明确写作意图后，建构起的是可复制的图示。在整个迁移过程中，要有具体的实施步骤，仿写计划，让学生能按部就班地学会、抵达；同时教师要不断提示学生不要照抄，不要生硬模仿，应力主对框架的获取，对模板本身的复制。上海师范大学的郑桂华教授在《基于语文核心素养的小学写作教学思考》一文中，早已对我们发出告诫：小学写作教学的核心任务以及当务之急是帮助学生获取合宜的写作内容，掌握基本的书面语建构要素，养成初步的书面语感。而不是笼统的，没有具体路径的观察生活能力、想象能力等。……帮助学生建立对书面语言的亲近感、运用书面语言的成就感，就比掌握句式和修辞手法重要；让学生把大体意思、大致经过介绍清楚，就比文从字顺重要；引导学生将阅读中获得的语感、阅读中积累的语言模型转化为书面表达能力，就比准确记忆某个标点符号的作用、正确区分"的""地""得"重要。①

中小学写作教学的当务之急，应该是瞄准图示，建构模板与框架，值得迁移的，是框架，是模板，而不应该是目标文本的语言。语言的提升与改变，源于日常积累，是缓慢的变化过程。而图示的获取，是激烈的学习。

注重写作元认知的升级。读写结合，顾名思义是经由阅读学习，进而提升写作水平，实现阅读与写作的双赢。写作之"赢"，不仅是"技"的熟练与升级，最为根本的是更懂写作，更爱写作的"道"的层次改变。

这里的"懂"，是一种源自作者内部的认知更新，是一种面对写作时的本能反应，是克服写作困难最为强大的内驱力。这些，都是我们期待在"读写结合"教学中让学生拥有的，属于元认知的升级。例如，在写作过程中，更好地实现自我监控，自我调节，自我鉴定；在写作任务面前，写作意愿更为主动，更积极；写作初稿完成后，对其进行的修改更有目标性，针对性，更为有效，更符合语篇在真实语境中应承担的功用等。

例如学习统编教科书中《威尼斯的小艇》之后，学生对自己生活的城市也产生更多的好奇，有了写作冲动。具体落到写的实践环节时，要根据观察与体验，选取城市中最具象征意义的物件作为代表；能提取代表物中的信息，书写城市物语；要不断追踪，不断深入刻画，在不同场

---

① 郑桂华.基于语文核心素养的小学写作教学思考［J］.语文教学通讯（小学），2017（7－8）：6.

景中写出代表物的不同姿态，展示城市的多彩；还要不让文章偏离主线，把握主旨，不为写物而写物，记住"一切物语皆情语"，牢牢铆定"写物就是为了写对城市的热爱，对家乡的依恋"的方向。在这样的写作过程中，学生需要进行综合判断与选择，确定写作的主体对象。写的时候还要注意调控，调用技法凸显对象，同时注意局部刻画、修辞手法运用等细节处的修饰……写作综合能力得到锻炼与提升，对写作的认识也得到刷新。整个写作，类似一次研究性学习。

在美国的读写结合研究中，就特别在意借助写作，展开研究性学习，获得学习能力本身的提高。写作，成为一种提高能力的学习方式，写作活动，成为一次有目标，有具体实施路径，有结果呈现的学习活动。例如美国 2010 共同核心标准（2010CCSS）的"写作标准 9"，就提出"能从文学作品或信息文本中去寻找支撑分析、思考和研究的资源"的要求。这就不再纠缠于"写得如何"，而是考察到写作的能力怎么样，能不能支持其他的写作活动。

在读写结合教学模式中，我们期待学生参与阅读学习之后，对写更加感兴趣，主动参与，持续积累，对语言表达更加敏感，表达欲望也不断增强。通过读，激活了写，让写作更具个性化特征，更能融合作者的生命色彩，成为为作者代言的有效凭证。这应然成为我们的最终追求，也是"读写结合"的优质学习结果的表现。

三、结　语

总的来说，"读写结合"的学习方式，不应出现读归读，写归写的割裂，也不能停留于形式主义和技法训练的层次，应努力实现读与写的科学联姻。有效的读写结合，应让读与写不成为"吸收"与"倾吐"的二分对立，也并不是"样张"与"仿写"的简单拼接，更不是"读一读"，然后"写一写"的形式主义泛滥。在阅读时，学生就以"建构者"的身份介入，参与对文本意义的新构；在写作时，学生还能体验"作者在场"的复活之乐，这就是以专业姿态参与创作的乐趣。只有这样，才能实现读写相随，同步共进，协同提升。

设计和规划"大单元教学"

一、理论背景

知识深度模型，由美国学者韦伯提出并完成系统建设。知识深度（Depth of Knowledge），简称 DOK（下文皆称为 DOK）），是一套学习成果评价的程序、方法和具体技术，原先仅用于评估美国各州学业成就与国家标准以及州标准的一致性。如今已经成为美国 K－12 教育领域推动学生深度学习、培养学生高阶思维与核心素养的教学设计工具。在该模型中，韦伯将知识深度水平分为以下四个层级：

水平 1：回忆。包括回忆信息、简单运算或使用公式等。

水平 2：技能/概念。包含智力运算的参与，不仅仅是习惯性反映，要求学生做出决策来处理问题或开展活动。

水平 3：策略性思维。要求推理、计划、使用证据。

水平 4：拓展性思维。在一段时间里进行复杂推理、计划、设计与多重思维。

DOK	所需的认知水平	学习结果
DOK1 回忆/复述	能回忆出事实、信息或过程，并处理低级别的信息，只需要一步思维活动。	浅层学习
DOK2 技能/概念	能利用信息或概念，并能完成两步以上的任务。	

DOK	所需的认知水平	学习结果
DOK3 策略性思维	具备逻辑推理的思维能力，能制定复杂的计划，常常需要多步的思维过程。	深度学习
DOK4 拓展性思维	能通过调查、思考解决受多种条件影响的问题。	

当我们提及"知识深度"时，总将其和"难度"相联系，值得注意的是，韦伯的模型框架中的四个水平指的是"学习的复杂程度"，而不是顺序递增的难度。例如，学生没有积累过成语"叶公好龙"，直接理解有难度，但知道典故后理解这个成语，动用的思维并不复杂，处在水平 1 的层次。韦伯的知识深度模型中，水平越高，学习的复杂程度越高，思维的层级也越高。例如水平 1，仅需记忆参与学习。而要达到水平 2，需要对已有旧经验进行简单加工与运用。水平 3 要动用更多的经验，同时要有更多元，更复杂的组合与加工，至少进行两种或者两种以上的综合运用，才能形成所谓的"策略"。水平 4 则直接提出创造性开发，力求拓展，直接主张运用的复杂性与多重性。如下图所示，将 DOK 模型应用于教学中，不是意在教得深奥，难倒学生，而是力求不断启动学习活动，激活思维，推动从低阶思维迈向高阶思维，助力学习不断迈向深度。基于 DOK 模型搭建的设计框架，成为培养和促进学生高阶思维发展的重要工具。

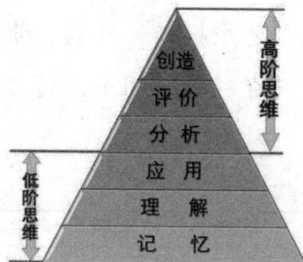

这一模型的运用，让教学更为明晰地指向促进高阶思维的发展。高阶思维是指"发生在较高认知水平层次上的心智活动或较高层次的认知

能力。"在《学习、教学和评估的分类学——布鲁姆教育目标分类学（修订版）》一书中，安德森将布鲁姆的"认知过程"维度修订为记忆、理解、应用、分析、评价和创造。高阶思维的认知目标更为集中在分析、综合、评价和创造，力求借助思维，实现对已有经验与信息实现复杂的加工、创新，以解决更多的未知领域的问题，面对未来可能遇到的情况做出更为准确的判断，提出精确的应对决策。可见，高阶思维的发达程度，就是评价创新型人才的重要标志。而韦伯的知识深度模型中的水平 3 与水平 4 的学习活动，具有高阶思维的特质。

将韦伯的知识深度模型与布鲁姆的认知过程维度进行调校与整合，设计富有推动力的学习活动，追求高阶思维与更具深度学习意味的美好结果，使学生能够证明、表达、展示其所学的知识有多深，有多广，有多灵动，能够做更多的运用。这就是我们所期待的教学预期，也是本文论述的理论背景与逻辑前提。

二、大单元教学的规划构想

统编版教科书的编撰实行双线并轨制。每个单元都依据不同的人文主题和语文要素编撰不同的课文，单元习作和人文主题有关，并与单元中阅读课文及"课后练习""小练笔""交流平台"等助学系统中所携带的写作方法密切联系。这样的系统为实现以读带写，从读学写，读写统整，读写并进的单元整体教学提供了极大的可能，或者说就是明晰的指导与倾向。因此，我们将从整个单元出发，实现读写统整的教学构想，称之为"大单元教学"。

"大单元教学"中的"大"有三个内涵：其一：大方向。2017 年教育部颁布的《普通高中语文课程标准（2017 版）》（以下简称《高中课标》）中明确指出语文学习最终应达成的素养："语言建构与运用是语文学科核心素养的基础，在语文课程中，学生的思维发展与提升、审美鉴赏与创造、文化传承与理解，都是以语言的建构与运用为基础，并在学生个体言语经验发展过程中得以实现的。"大单元教学始终指向学科核心素养，教学致力于服务素养的提升。其二，大目标。整个单元教学都要围绕着教学目标实施，解决本单元的核心问题——教学目标的达成。其三，大项目。在实施教学的各步骤中，以项目式学习为基本样态，每个阶段完成具体的学习项目。在内涵的引领下，我们提出大单元教学的基本构想：充分整合单元中的阅读材料与写作任务，提取共同点，实现优势合并，资源互补，相互借力，在观照全局、统筹协调的教学优化设计中，实现教学效果的最优化。

基于知识深度模型，追求高阶思维背景下的大单元教学，具体规划与设计框架如下：

1. 锚定"写作"为顶层学习项目

在美国学界运用 DOK 理论时发现：当学生进行写作、编辑、创意剧本等学习活动时，呈现出对知识的理解与综合运用情形，都能反映出其高阶思维的质量，也展示着学生的实践与创新的能力。写作活动本身，涵盖的高阶思维最为活跃，是单元中最集中展示思维品质的学习活动。同时，作为单元教学的最后一个教学内容，写作任务的完成也是检测本单元教学目标是否真正抵达的重要标尺。因此，这一框架的顶层设计就是——认定"完成单元习作"为大单元学习中最具高阶思维意味的学习项目。

之前，我们在落实《课标》中的三维目标时，面对知识与技能、过程与方法、情感态度与价值观的教学，往往在基础知识教学上费时费力，但收效甚微。而《课标》的要求是不断迈向高阶的。《课标》将学习的结果分为"了解""理解""掌握""运用"四种，其中"了解"对应着对事实性知识的回忆和掌握；"理解"对应着认识对象的特征，能进行区别或关联；"掌握"则在理解的基础上强调实际操作，为在新的学习情境中运用做准备；"运用"则直接主张综合运用知识，进行创造性开发，解决面临的新问题。可见，拘泥于知识传授的教学思路，不利于高阶思维的培育。传统教学设计按序从单元课文着眼，按部就班逐步教到最后才是完成习作。顺向的教学活动很容易陷入知识灌输的格局，导致最后的习作成为"一道特殊的家庭作业"。同时，由于不明确最后学生需要做什么，需要借助哪些力量，因此体现出零敲碎打，局促不安，因担心学生有知识缺漏而针对每一个知识点进行重复讲授与记忆。显然，将大部分学习活动压制在水平1的区域。而到了真正要花力气的习作教学时，又潇洒地放手，认为"学生应该会"。

叶圣陶认为语文教学的最佳结果就是"学生自能作文，不待老师讲"。这不是说学生天然会写作，而是凸显写作在综合素养中无可替代的地位，正是检验教学效果的最佳试纸。华东师范大学钟启泉教授提出语言的功能可以归纳为：1. 认知，用语言来认识事物；2. 传递，传递自己的思想、感情；3. 思考，用语言来思考事物的结构与关系；4. 创造，在听说读写之中缔造心中的世界。语言的功能是相关的，不是阶段性的，修习语言，就是发展智能。无论从语言的功能或是学习目的看，写作就是创造，写作活动就是处于知识深度模型中的水平3与水平4的区域，理应居于顶层，优先考虑。因此，大单元教学的规划与设计采用"逆向运动"，从单元的最后一个任务——写作入手，去考量、重组、设计之前的教学中，要做些什么，要做到什么程度。

例如统编四年级上册第五单元提出的学习目标为："了解作者是怎样把事情写清楚的。"本单元的习作目标为："写一件事，把事情写清楚。"单元的写作任务为《生活万花筒》，先让学生整理素材，运用表格支架，提取事件的起因、经过、结果三类关键信息。然后再结合自己的所见、所闻、所想，将事件的过程写清楚。学生完成这一单元习作，就参与检测"能否将自己经历的事写清楚"。写作本身就是一次综合实践活动，带有对信息的提取、加工、重构、改良，是一次创造性学习项目。写得清楚，也就实现了单元学习目的。

当写作成为顶层项目后，教师着力考量的就是要达成目标，基层需要教哪些知识，做哪些准备，进行何种训练，才能实现保障呢？这样的思路就从纯粹教知识转向为创造性思维而教。教学思路转变，教学格局才会开阔，反过来也才能更为切实地完成"知识技能"与"过程方法""情感、态度、价值观"的三维目标。

顶层目标锚定，接下来要思考的就是——在单元教学中，还应该做些什么呢？

2. 统筹单元的整体教学

在顶层确定后，要让整个单元的教学趋于一体化，一致性，让单元中的阅读和写作教学形成协同力，不断迈向知识深度，共同促进目标达成。

韦伯在知识深度模型中还提出教学"一致性"的观点。他提出的一致性指"教育体系中所有因素协调配合的程度，其目的是为了更好地指导教师教学与学生的学习。"知识深度模型也在一致性观点的统照下形成了"金字塔"式的结构体系：水平1区域注重对事实的回忆，获取的信息是精准、固定、明晰的，而且范围要大，内容要广；水平2区域要经历理解、分析、综合等思维，经由事实与经验，得出相对明确的概念。基础教育领域中的概念具备基础性、广泛性，因此这部分的学习，结果也是相对固定的；水平3区域就有了更多的不确定性，要运用到个人的经验水平与组合能力，在面对不同问题时，调用经验进行重组，会有无限可能，策略不是固定不变，而是随机应变、相对复杂的；水平4区域则留下更多空间，还可能进行跨学科整合，因为要面对的问题是未知的，创意属于不同的学生个体。如今，这一"金字塔"结构的顶层已经锁定，同时就影响决定着基座部分的知识宽度与教学边界，明确了单元学习中学生要获取什么，储备什么，经历什么，形成什么。"学什么就教什么"，"教"的内容随着"学"的项目发生改变。

具体说，统筹后的大单元统整教学，设计应有三方面推进：

（1）明晰各篇目学习项目，确保基础建设扎实且充分。

围绕着目标达成，各篇目的学习不能同一力度，统一方法执教。不同篇目中所承载的任务不同,设立的学习项目也不同,但都应形成合力,确保目标的落实,这类似于夯实金字塔的"基础建设"。

继续以统编四上第五单元为例。习作的目标是"了解作者是如何写清楚的。"第一篇精读课文《麻雀》重在学方法,设计的学习项目是:掌握作者屠格涅夫将事情写清楚的方法。学生借助课文为例,学习了"按一定顺序写""把看到的,听到的、想到的写清楚"的方法,改变了原先的"写清楚"的知识结构。第二篇《爬天都峰》是对刚刚学得的方法进行巩固与加深。同时,推进以局部为样本,进行进一步细致分析,为在写作中进行迁移与模仿做准备。例如课后练习就安排了:"我"开始不敢爬,最后爬上去了。课文是怎么把"我"爬山的过程写清楚的?显然,指向"爬上过程"的片段分析,应成为重点学习项目。习作例文之一《我家的杏儿熟了》则以伙伴语言层次的范例,让学生再次关注写清楚的方法在不同语篇中的具体应用。其中的"批注",则重点对这样的运用情况和运用效果进行点拨。如"开头通过说杏、数杏,介绍了杏好、杏多。""交代了事情的起因,还直接点出了奶奶打杏的动作、语言,都写得很清楚。""结尾交代了奶奶分杏这件事对我的影响。"这些批注清楚明晰地让学生感受例文是怎么把事写清楚的?《小木船》则更多承载着对写清楚这一知识的评述与思辨,提出"课文只用'转眼几个月过去了'一句话交代,你觉得课文有没有把事情写清楚?"让学生进行辩论、交流,这是对已有学习结果的固化,为最后的迁移做准备。在这个过程中,还安排了两次小练笔。"看图发挥想象,把图片内容说清楚。""观察家人炒菜,擦玻璃或做其他家务的过程,用一段话把这个过程写下来。"都是为了增加对学得知识的练习巩固,增加练习的频数。

单元中各个篇目设计不同的学习项目,承载不同的学习任务,精读课文就以接纳与回忆为主,注重过程中概念的形成与技能的获取,在水平1与2的区域。到了习作例文与小练笔时,向水平3与4的区域推进,让学生在熟练运用技能、方法,逐步实现写清楚的过程中,逐渐掌握综合运用的策略。没有方法,写清楚就成了无根之水;有方法不能熟练运用，不能上升为技能，方法就只是文字标签，是无用之物。用而不熟，就很难抵达灵动自由，就很难有所创新。熟能生巧，巧才是创新。因此，大单元教学并非大而泛之，糊涂笼统，而是应统筹各个局部，落实各个项目。局部的教学，都为最后的目标达成做准备，也是目标抵达的必经之路。

（2）关照与联系各个项目，确保策略形成系统且灵活。

在《现代汉语词典》中，策略指计策，谋略，是实现目标的方案集，是根据形势发展而制定的行动计划。大单元教学中的各个部分虽然承载着不同的学习任务，但不能完全割裂，应该注重各种方案在学习项目中的调用、融合、互补，在实践中予以综合运用，这有利于策略的形成。

例如执教《麻雀》一课，教学时可优先提取交流平台中的相关知识，让学生明确这一课做到写清楚，既注重起因、经过、结果的记叙顺序，又注重将看到的、听到的、想到的写下来。在《爬天都峰》的教学时，应该对《麻雀》这一课的学习结果进行复习、运用、巩固，之后再进行实践、检验。在习作例文《小木船》中，针对"是否写具体"的问题进行辨析时，教师不应存着既定的答案，而更应该充分展开学习过程，让学生畅谈对事实的态度与感受，整合之前所学的知识，有目的地佐证自己的观点，有意义地运用知识解决问题。学习过程演绎彻底，也有助于批判性思维力的提升，让学习向"深水区"漫溯。

单元教学过程中的联系与统整，可以看作是一种储备，也可以看作是写作的思维预演。学生经历了这一系列的学习项目，已经综合调用了各种方法，尝试进行方法与方法之间的融合与重组，在解决新问题时拥有了创造性的设想。这些都将促成其最终完成创造性任务，实现自主写作。

（3）发挥中间人作用，确保目标达成真实且有效。

信息加工学中有"中间人"概念。即甲与乙之间有联系，而甲与丙之间也有联系，乙和丙之间也有联系，那么甲就占据着三者之间的重要结构位置，被称为"中间人"。中间人是关系的核心，拥有对信息的加工与控制的优势。教科书与学生之间的中间人，就是教师。在大单元统整教学中，教师应充分发挥中间人的作用，这关系着目标达成的效果。

首先，在完成顶层的写作项目中，中间人应当实施全程辅写，过程相伴。顾黄初先生于 1983 年在第 10 期《中学语文教学》上就发表了《注重作文的全程训练》，围绕叶圣陶作文教学的"与文章产生的自然程序完全一致"的观点论述，提出对当前作文教学只是"半截子训练"的批判，提出合理的教学模式应该是"全程训练"，一个环节都不能少。大单元教学中居于顶层的写作也不是直接从学生那里获得结果，而是要注重过程的充分展开，这更有利于在过程中不断调校方向，达成目标。

写作，并非一蹴而就，而是要经由预写、起草、修改、校订、发布五个流程，全过程统筹实践而成的。教师应介入流程的各个环节，如在预写中，辅助学生选取写作材料、安排文章结构、确定写作口吻等；在起草阶段应该提供局部仿写的片段、共谋语段结构的安置、共享词汇和素材等；在修改过程中应对文章的整体结构布局以及材料的运用、句子的流畅等提示修改；校订部分则提醒学生对书写、标点、语法等细节进行修正；发布环节还可以组织各种的编辑、排演、装订等。总之，在全过程中，教师这一中间人起到的是辅助、推动、激活思维的作用。

以统编四上五单元习作《生活万花筒》为例。教师可以在学生填写表格时就指导素材选择、顺序地设定、结构的安排，指导学生通过比较、辨别，选择最有意义的材料进行写作，也可以组织资源共享，一起分析布局谋篇的利弊，让针对这一次写作所需要的"写清楚"的知识得到充分扩展，在具体运用中成为活的知识，成为学生从教科书中带走的素养。

此外，在单元各部分的教学中，中间人还要做好照顾、调整与增补工作。照顾：顾及个体差异，做好补缺补漏的工作；调整：控制知识深度的进阶速度，保证学习的节奏、知识的复杂程度，做好前后的衔接与呼应，让大部分学生接受与适应；增补：做好知识的整合与补充，提供应有的拓展知识支持。

例如，关于"写清楚"的知识，在《麻雀》一课教学中，增补了选入教材时删除的结尾三段内容，让学生领略屠格涅夫晚年散文诗的写作风格，感受支撑作家"写清楚"最强大的力量——心中的爱。正是出于对爱的崇拜，对生命的敬畏，屠格涅夫才会在遇到这样一个场景时，急忙拉着猎狗回家，细之又细、清清楚楚地写下这一事件的全过程。支撑他细腻笔触的，就是心里那股爱的力量。当我们将这样的知识补充给学生时，能让获取"写清楚"的内隐知识。学生不仅拥有技法，还有内隐知识的支持，这无疑让最后的自主写作更加有方向，有见解，更具有高阶思维的色彩。

三、结语

基于知识深度模型的大单元教学规划与设计，主张思维在单元学习的全过程中不缺位，也不允许其静止不前。相反，经由教学，思维不断被激活，不断从低阶迈向高阶，迈向深度。基于 DOK 模型搭建的大单元教学框架，将成为培养和促进学生高阶思维发展的有益尝试。

注释

1. 诺曼·韦伯（著），张雨强（编译）. 判断评价与课程标准一致性的若干问题［J］. 比较教育研究，2011（12）：83—89.

2. 钟志贤. 促进学习者高阶思维发展的教学设计假设［J］. 电化教育研究，2004，12：29.

3. 安德森（编），皮连生（译）. 学习、教学和评估的分类学［M］. 上海：华东师范大学出版社，2008.1.

4. 中华人民共和国教育部. 普通高中语文课程标准（2017 年版）［S］北京：人民教育出版社，2017.

5. 钟启泉. 读懂课堂［M］. 上海：华东师范大学出版社，2015.7：64.

6. Webb N L. Alignment of science and mathematics standards and assessments in four states ［M］. Washington DC：National Institute for Science Education Publicatons，1999（18）：43.

7. 孙笑明，崔文田，王巍. 中间人及其联系人特征对结构洞填充的影响研究 ［J］. 管理工程学报，2018，32（2）：66.

8. 叶圣陶. 作自己要作的题目，叶圣陶语文教育论集 ［M］. 北京：教育科学出版社，1980：398.

备一课线

一

课线

下

一篇一篇·解读统编

何捷 著

长江出版传媒 长江文艺出版社

目录 CONTENTS

阅读教学中的"小问题"

写作教学中的"小问题"

教学研修中的"小问题"

阅读教学中的『小问题』

解读教学目标，将学生带入学习场

执教统编版教科书，有一个巨大的优势，或者说是便利，那就是"目标明确"，教师和学生都知道——我们要到哪里去。

统编版三到六年级的教科书，每个单元的导读页面都明确地为我们呈现了教学目标。这样的设计，让教学有了着落，也有了方向。如果说教学是一场旅程的话，目标就是"导航仪"，就是"指南针"。因此，在我所设计的教学案例中，都有一个共同的环节——亮出目标，和学生进行目标共享。

请不要小看这一教学设计，它是基于"目标解读"这一基础上的。解读目标应该怎么做呢？我们以统编四年级上册第五单元的一句目标为例。单元导读中呈现的目标为："了解作者是怎样把事情写清楚的。"解读这样一个目标，应该明晰三件事：

1. 目标中呈现的语言结构是怎样的？

2. 目标中的关键"指令词"是什么？

3. 目标中携带的实践期待都有哪些？

语言结构："了解作者是怎样把事情写清楚的。"这一句目标的语言结构很清晰，即"了解某某"。了解的对象是什么呢？是作者把事情写清楚的方法、策略、诀窍等。这里有个因为普通所以容易忽视的词"清楚"。实际这个词是不容忽视的。"清楚"是什么都不知道，"写清楚"更成了无本之木了。"清楚"，就是清晰、明白、有条理；而与之相对的"不清楚"，就是糊涂、零散、次序混乱。通过从语法结构上读懂目标，教师能基本知道"自己该教什么，学生该学什么""教学的方向在哪里"。这是解读目标的基本功。

关键"指令词"："指令"原是旧时公文中上级对下级的批示。今天在计算机领域运用更广，是计算机从事某一特殊运算的代码。如：数据传送指令、算术运算指令、程序流程控制指令等。指令词，就可以理解为目标中所提示的"要怎么学"，是学习行为的具体指挥动令。例如：说明、识别、描述、解释、归纳、比较、分析、检查、实验、组织、应用、论证、分类、设计、开发、计划、支持、估计、鉴定、证明、预测……

显然，这一目标中的指令词就是"了解"。

了解，通常用来形容人对某件物，或事的掌握领悟程度。学习中的了解，指对学习材料有一定的认识。包括具体概念、作用、意义等。怎样做才达到"了解"呢？这一指令词提示我们在教学中，可以品词、析句、多方求证；可以组织互助，同伴辩论；可以描述、提问、总结或反驳。

为了达到"了解"，学生必须付出行动，教师必须为此行动做好相关的设计。否则，学生无法认识什么是写清楚，更无法掌握作者如何写清楚。

实践期待：简单一句"了解作者是怎样把事情写清楚的。"其中携带的对学习实践的期待是什么呢？也就是我们在目标指引下，应该去做什么呢？大致有三个：

1. "写清楚"的内涵认定。

2. "写清楚"的方法获取。

3. "写清楚"的效果鉴别。

获悉三个期待后，教学设计应注重哪些要素，也就明晰了：

其一，注重导向

教学设计的每一环节都要瞄准目标。其实，不仅是这一课，整个单元的教学都要朝着目标行进，方向感非常明确，不偏不倚。

其二，注重程序

为达成这一目标，在教学中应设计具体的操作过程，提供具体的方法、策略，搭建适合的支架，让学生借助本单元学习，真正抵达目标，了解作者是怎么写清楚的，获得关于"写清楚"的几个可复制、复制后同样有效的程序性知识。这既是对课堂教学设计提出的要求，也是对教学效果的考评需要。

我在执教四年级精读课文《麻雀》时，就力求指向目标，让学生清晰明确、逐步推进地了解屠格涅夫是怎样"写清楚"的。借助以下的段落，我执行指向目标的程序化教学：

> 风猛烈地摇撼着路旁的白桦树。我顺着林荫路望去，看见一只小麻雀呆呆地站在地上，无可奈何地拍打着小翅膀。它嘴角嫩黄，头上长着绒毛，分明是刚出生不久，从巢里掉下来的。
>
> 猎狗慢慢地走近小麻雀，嗅了嗅，张开大嘴，露出锋利的牙齿。突然，一只老麻雀从一棵树上飞下来，像一块石头似的落在猎狗面前。它挓挲起全身的羽毛，绝望地尖叫着。
>
> 老麻雀用自己的身躯掩护着小麻雀，想拯救自己的幼儿。可是因为紧张，它浑身发抖，发出嘶哑的声音，准备着一场搏斗。在它看来，猎狗是个多么庞大的怪物啊！可是它不能安然地站在高高的没有危险的树枝上，一种强大的力量使它飞了下来。

第一步，我借助以上段落，让学生发现段落中有序地写到三个角色：先写小麻雀的样子，再写猎犬的表现，最后写老麻雀的状态。三个角色，一个一个写得很清楚。

第二步，我指导了局部品析"猎狗凑近小麻雀"时的描写。作者对猎狗的样子写得很细致，"嗅了嗅，张开嘴，露出锋利的牙齿。"学生感觉这部分描写相当细致，作者用文字给读者呈现了当时的所见。从而让学生得知——写清楚，就要清晰地描绘自己的所见。

第三步，我重点分析了精彩的一句"一只老麻雀从一棵树上飞了下来，像一块石头似的落在猎狗面前"。教学中，让学生想象：老麻雀像石头一样落下来，你能听得到声音吗？你能感受到速度吗？你能体察老麻雀当时的心情吗？学生在问题支架的辅助下，明确了——写清楚，既要写出所见，还要写出所闻，更要写出心中的所想。

这样一来，眼睛所见，耳朵所听，心中所想，作者写清楚的三招被捕捉，同时还发现作者写作时，追加了联想，"麻雀犹如石头"，这让读者有画面感，更加觉得清楚。这样的知识源于语段，是在学习过程中提炼出来的，也可以在自己的实践中操演，是有效的程序性知识。

其三，注重柔化

教学中努力抵达目标没有错，但也需要适当柔化。就像一张图的边缘太过锐利，在整个视觉中就显得过于突兀。

因此，我们设计了一些适合、愉快的学习方式。例如，讲解到猎犬，请大部分学生朗读，请某一位学生根据文字进行表演——嗅了嗅，张开大嘴，露出锋利的牙齿。文字和形象进行比对，一下子感受到作者写得有多清楚，因为清楚，所以能演得出。又比如，讲解"麻雀像石头一样落下来"时，我们请孩子用脚在地上轻轻踏出声响，不能过重，又不能无法听见。麻雀落地本来无声，如今有了这样的动静，其内心的紧张、恐慌、急切就被体会到了。

这些设计，都是对程序化知识教学的柔化，达成目标的同时，也注重适应学生学习的需要。只有学生愿意学、喜欢学，效果才好。最后，要检测效果究竟好不好，目标是否抵达，可以设计四类问题来检验，都有答案了，目标也就达成了。这四类问题是：

【事实性问题】什么是什么？什么在哪里？

【分析性问题】说明了什么？代表了什么？有什么意义？

【思辨性问题】正误：这样做对不对？优劣：这样做好不好？能否：能不能这样做？

【自驱性问题】我要如何做？我可以怎么办？我应如何想？

教材中直接出示了教学目标，除了给我们指出方向以外，其实还是一种"交际方式"——通过目标，传达出编撰意图，提出学习的期待。教师在课堂上和学生共享目标，也是一种交际——犹如相约一起旅行，明确目的地，就让人感到有所期待，让即将付出的行动有了安全感。在目标指引下，教与学的过程协同，更让目标达成有了保障。

可以说，对教学目标的解读与瞄靶，就是教学有效的黄金法则。

从"知识拼图"式教学向"项目式学习"转型

　　在一线实践中，不少教师喜欢进行"知识拼图"式的教学，而且忙得理直气壮，做得不亦乐乎。

　　什么是"知识拼图"式的教学呢？就像玩拼图一样，把知识分解为一个又一个的小碎片儿，针对每一小碎片进行精致化教学。之后，试图将一个又一个的细节拼接起来。注意，这里有一个词必须引起关注——拼接。拼接，往往仅限于愿望，期待能将一个个小环节拼贴成一个大的知识图谱，形成系统的应对机制。例如，教会学生写人的外形，写人的动作，写人的语言，写人的心理，然后试图拼贴起来，使学生拥有一个写人的整体反应机制。

　　看起来，"知识拼图"式的教学是非常理想化的构建。为了抵达理想，在过程中必须为此奔忙，极具特色的有三样：其一，好细好细地教，生怕遗漏。例如教对话，总放不下教学提示语，而且提示语在前，提示语在后，提示语在中间，不停地教，生怕丢了某一拼图碎片；其二，好巧好巧的技法传授，生怕遗漏。例如教写环境，就教"写冷不用冷""写笑不用笑"，这样往下推演，"写某不用某"可以教到地老天荒；其三，好多好多的知识锦囊，生怕遗漏。我们会结合每一次的学习，生硬打造出许多的新奇知识。例如写味觉，要注意"舌尖感应法""舌边感应法""舌面感应法""舌根感应法"……而学生觉得纳闷——在真正的味觉体验中，很多时候是"一口吞下人参果"。

　　拼图教学法带着坚毅的信念，强大的耐心，逐步往前，线性推进，从来没有想过"什么时候进行整合打包"？其实，更应该思考的是"是否有可能整合打包"？似乎，这是一个无边的拼图，包含着永远教不完的碎片。

教的容量越大，拼接起来的可能性就越小了。更不要说，"知识拼图"式的教学，有三个绕不开的问题，需要我们反思：

其一，永远在教各个组块，什么时候教组合呢？我们发现，细之又细的教学似乎没有终结的意思，因为谁都不知道"到哪里能结束""到哪里算最后"。每一次精细化教学，都让老师和学生感觉到"当前有效"，因此显得更加恋恋不舍，谁都不愿意去畅想未来。可是，我们变得越来越满足于碎片化的知识获取。

其二，假如真的能拼接，是否真的用得上呢？不妨做个假设，真的能将碎片知识拼接起来。例如，我们掌握了"写冷不用冷""写笑不用笑""写说不用说"等技巧，还会灵活使用各种提示语，形成了一个超级强大的写作系统。如今，真要去写一个故事，能用得上吗？也许一开篇就自觉写下"天冷极了"。之后呢，愣在当下，疑云顿生地自问——嗯，怎么写冷用了"冷"呢？可以吗？

其三，以这种平推的方式持续教，学生不会厌烦吗？每次都将语文学习当作训练，每次都练得大汗淋漓，都讲究"练出效果"，谁都不认为这样做有什么不妥，但谁也顾不上问一问学生——你喜欢吗？重复性的教学让人很快厌恶，因为碎片化的教学形式是差不多的：亮出知识点——理解知识点——练习掌握知识点。之后呢，一个点接着一个点，线性推进。学习成了枯燥的训练，还有谁会喜欢呢？

我们也有过体验，一直玩拼图很容易厌烦。相对于平面的拼图，立体模型则更受欢迎。那么多的小孩喜欢乐高，足以说明一切。

就以写作教学为例吧。

至今无法证明存在着一个"打包后的系统"。也就是说，当我们坚持进行知识拼图教学时，也许是在向往着一个不存在的空间。为了这样一个臆想中流着奶和蜜的期许之地，我们不顾一切地消耗着极为有限的学习时间，损耗着学生对知识探求中应有的情趣体验，在毫无目标的线性推进之路上果决前行。这样做下去真的会有结果吗？

即便这样的愿景是存在的，最为核心的是——写作教学，到底是为了什么呢？是以获取一个又一个的碎片化知识为目的吗？自然不是。写就是创造，是一种交际交往的方式，也是储存内心体验的特殊空间。难道我们不应该为了真正的目的而走出我们自以为熟悉的区域吗？因为在这样的范畴内打转，就等于在一个没有出口的迷宫里晃荡。

改变思路，借助教学进行建模吧。所谓建模，就是构建立体的、生动的，能应对生活的认知系统。形象地说，就是像做研究一样去完成学习任务，之后用所学应对生活所需。例如写作，不妨把它当作一个"项目"去完成。每次参与，就如同练就一种能够应对生活，能够迁移到其他情境中的真实能力。

下面，以统编四年级上册第七单元的习作《写信》为例，来介绍写作建模的全新教学思路。

首先，破除对旧经验的依赖

如果只是将"写信"看作是一次应用文训练来看，教学中必定注重"书信格式"的掌握。所以，我们看到的大部分教学，都是强调"哪里要空两格""哪里要另起一行""哪里要顶格书写"……这些陈旧的教学内容，让几代学生在书写写作中失去兴趣。因此，破除对旧经验的依赖，解除对格式教学的崇拜，就成为执教的第一要义。

其次，明确具体的教学内容

如果将"写信"当作一个项目来理解，就完全不同了。

书信的内容来自生活，这自然是学生已有的资源；书信的文体知识来自教材，这只需要通过自学就能完成。即便有错，也是因为应用的频数不够，而不是记忆不牢，更不是"不听话"。写到一定的数量，运用的机会足够多了，就能够实现自动化，就能确保正确性。于是，最紧要的教学内容就剩下与书信写作密切相关的"写给谁""为什么要写"这两个方面了。即——

确定书信的专属读者；确证书信的功能。

这两点，不是学生"天然会"，而是要借助教学辅助"学会"的。如此一来，"该教什么"就很明确，"要学什么"也很清晰了。

第三，给予学生必要的辅助与支撑

关于读者，经由思考与讨论，让学生确定写信的真实读者，而不是提交作业时的"老师"。即便书信的读者确定为老师，也要定出是王老师，还是李老师，要准确且唯一。

关于功能，为什么要写信呢？这是当代学生所欠缺的，要补给认知。看起来这个时代不需要写信；看得出来，学生不喜欢写信，不习惯写信。教师应提供资料，列举书信所带来的无可或缺的交际功能，如：见字如面，立字为凭，见信如证，表达真情。很多时候，口说的话很容易消散在风中，而热烈的情感，也需要文字予以定格。

教师还可以提供一些史料，让学生明确古往今来中外名人的著名的书信。如司马迁的《报任安书》，林觉民的《与妻书》，马克思给燕妮的信等，让学生了解书信在人类历史上扮演着无法替代的角色。特别是曾经选入教材的《那片土地是神圣的》，一篇最为经典的演讲稿，实际上也可以认定为一封特别的书信。一次历史性的土地转让，也可以在一封书信中成为永恒的经典。

进入课堂，教学设计为王。课堂上要开始书写时，教师的教学设计也成为一种支撑。例如，教师可以创设"来信啦"的情境，让学生收到信，在信中发出的邀请，提出的要求等召唤下，产生自觉的意识——"我要去回信"，将写信融入情境中。又如，教师可以设计好问题，在书信中突出一个要讨论、要交流的话题，让学生借助书信往来，真实地面对问题，借助文字进行讨论。总之，教师在这一教学内容中并非无所事事，更不是僵化地一再地叮嘱：称呼要用敬语，要顶格；"此致"要空两格，"敬礼"要顶格……老调重弹的教学，让人乏味。

下课前，还可以尝试推动高级迁移。课堂上按照情境设计进行了真实的书信写作，教学可不会止步。课后还可以基于对书信功能的认识，与其他人进行书信交流，甚至可以把自己的想法，通过"告示""宣言"这样的特殊形式的书信进行书写。

这样的教学产生的价值，不仅仅是让学生学会写书信，而是获取了一个综合性、统整型的任务包，打开这个包，会发现收获丰厚：学会写书信、尝试在写作中解决问题、学习与书信有关的历史事件、了解新时代书信的写作功能与意义……我们在培植的是写的习惯，建构的是写的意识。

请去除细之又细的保姆式教学吧，请放弃对文字技巧的苛刻要求吧。其实我们心里都很清楚，学生的文字生长不是教学的结果，而是通过生活积累，靠阅读的给养。教师非要让学生这样写，那样写，即便写出的内容很"漂亮"，也不是学生自己"肚子里的料"。更何况，教师毕竟不是文学家，也不是专业作家，教师最擅长的就是教学，这才是我们的领域。所以，一线教师，请做自己最擅长的事——教学。

找准教学点，设计好教学内容，使用恰当的教学方法，实现教学相长吧。

如果这是答案，那么问题会是什么呢？

青年教师设计教学，大多希望设计有艺术感。设计上的"艺术感"，不仅仅追求课堂教学给学生留下更多的审美体验，还旨在让教学更符合学生的学习需要。艺术，让教学的过程更加美好，让教学效果更为巩固，让课堂更加丰富多彩。

没有对立的意思。我们并不反对按部就班地教学，更不要说，那样的套路一直以来被冠名为"扎扎实实"。在长期地，以崇尚训练为目的的语文课堂中，被压抑的也许正是我们苦苦找寻的思维的存在。的确，很少有人敢于迈出一步，因为这极易被视为教学上的浮华与轻率，何况有的时候，也能列入教学道德的范畴。

不过我们知道，青年教师们一直在渴望拥有一次体验，让自己的课堂教学，成为一道亮丽的风景线。那么，请尝试一次能激发学生思考的设计吧——

从已知的答案入手，去筹划课堂教学的板块，去设计应提出的问题。

以统编五年级下册《草船借箭》为例，我们来尝试做出这样的艺术型设计。通过课前的文本解读，教师已经得出结果——诸葛亮神机妙算，上知天文，下知地理，中间还能识得人性。请注意——这就是结果，结果很明显，结果很简单。关键问题是，针对这一结果，应该如何设计教学呢？要提出什么样的问题呢？

特别提醒：这一解读结果并不是教师的专利。学生预习课文，即便不能概括得这么精准，如此周全，也能知道十之八九。这是我们在做出设计前，必需确证的前提。也就是：结果已知，很多环节不需要大费周章，不要明知故问，教学不要不放过任何一个细节穷追猛打。例如，课堂教学中，"从中你发现诸葛亮是个怎样的人"这一类的问题都属于明知故问，思考的含量不高。无怪学生回答时能用几个成语，以"贴标签"的方式凑合成标准答案。

回到设计上。

根据这一结果，大致可以区分为三大教学板块。第一板块"周瑜和诸葛亮的对话"；第二板块"诸葛亮和鲁肃的交往"；第三板块"草船借箭的战斗"。先说第三板块，这是故事的大结局，也是最直接展露结果的部分，也是设计中最简单的部分。

板块三：草船借箭的战斗

因为"结果已知"，所以这个部分教学不需要费时费力，全班齐读无疑是最适合的教学方式。读出气势，读得畅快淋漓，读出现场感。特别是其中一句——诸葛亮吩咐军士们齐声高喊："谢谢曹丞相的箭。"就要读得欢快、敞亮。读完之后，不要再追问："此时此刻，曹操会怎样？"谁都心知肚明，这时的曹操一脸沮丧，无限惆怅。记住，知道的就不要再问了。读完，戛然而止。

艺术，并非事无巨细，一一挂念；艺术，也需要瘦身健美。

板块一：诸葛亮和周瑜的对话

为便于了解接下来的设计，先展示这一段对话，全文如下：

有一天，周瑜请诸葛亮商议军事，说："我们就要跟曹军交战。水上交战，用什么兵器最好？"诸葛亮说："用弓箭最好。"周瑜说：

"对，先生跟我想的一样。现在军中缺箭，想请先生负责赶造十万支。这是公事，希望先生不要推却。"诸葛亮说："都督委托，当然照办。不知道这十万支箭什么时候用？"周瑜问："十天造得好吗？"诸葛亮说："既然就要交战，十天造好，必然误了大事。"周瑜问："先生预计几天可以造好？"诸葛亮说："只要三天。"周瑜说："军情紧急，可不能开玩笑。"诸葛亮说："怎么敢跟都督开玩笑？我愿意立下军令状，三天造不好，甘受惩罚。"周瑜很高兴，叫诸葛亮当面立下军令状，又摆好了酒席招待他。诸葛亮说："今天来不及了。从明天起，到第三天，请派五百个军士到江边来搬箭。"诸葛亮喝了几杯酒就走了。

记住，结果已知，结合这一板块的文字多是对话，教师提出的大问题是：你知道当时诸葛亮的心里是怎么想的吗？教学的设计为"话外补话"。周瑜心里揣着陷害诸葛亮的计谋，而诸葛亮心里揣着亮堂堂的计策。因此，两人的对话是很有内涵的。看似周瑜步步紧逼，胜券在握，实则诸葛亮的每一次回复，都是运筹帷幄，决胜千里。可以让学生在诸葛亮每一次说话之后，做一次补充，写出诸葛亮此时"心里的话"。借助补充写作，让个体的思维入场，以这样的语言补充游戏，感受当时"没有硝烟的战斗"。

例如，周瑜说："现在军中缺箭，想请先生负责赶造十万支。这是公事，希望先生不要推却。"诸葛亮说："都督委托，当然照办。不知道这十万支箭什么时候用？"学生可以在这里补充说出诸葛亮心中所想："哼，用公事来做挡箭牌，亏你想得出来，这真是一个很体面的谎言啊。"又如，周瑜问："先生预计几天可以造好？"诸葛亮说："只要三天。"此处学生可以补充说出诸葛亮心中所想："三天，必须等三天，到时候，我可不需要造出一支箭，只要去曹操那里借箭就行了。"这样的话外补话的教学设计，给予学生充分的思考空间与动笔实践的机会，写下的都是个人的原创，同时结合着解读的结果，关联着全文进行统筹思考。

这样的思考，含金量是比较高的。完成之后，再配合进行朗读指导，读出"话外之音"，不会丢失应有的语文味。

板块二：诸葛亮和鲁肃的交往

这部分的教学，教师提出的大问题是：你能批注鲁肃的话吗？教学的设计为"话外补评"。这里的"评"就是"评述""评论""评价"，因为就写在课本中，写在关键的语句旁，这就是"批注"了。

鲁肃在与诸葛亮的交往中，充满着对诸葛亮命运的担忧，也是对战局的顾虑。同时，由于鲁肃是不知道结果的，所以全程都被蒙在鼓里。在他与诸葛亮的对话中，除了带着关切的责备之外，其中三句都是发出疑问：

鲁肃问："你叫我来做什么？"

鲁肃问："哪里去取？"

鲁肃吃惊地说："如果曹兵出来，怎么办？"

我们可以结合这三问，让学生批注、评述鲁肃其人。鲁肃问得那么直接，那么纯真，那么急切，学生能够从问句中批注出鲁肃为人的品质：憨厚、顾全大局。其实，这样的批注结果也是基于"结果已知"这一前提所做的。但这一结果仅仅提供了参考，学生批注的话语应该生动、鲜活，很有一些金圣叹、毛宗岗、脂砚斋等大家批注原作的感觉。

教学设计有艺术价值，就能激发出学生的无限可能。这样反思我们所敬畏的格式化教学，扯得太紧，收得太小，可供学生发挥的空间几乎要压榨干净。如今，在答案已知的情况下，我们设计的教学板块，提出的大问题，或者是给出的学习任务，都能满足学生思维的驰骋，课堂成了思维碰撞的磁力场。

三个板块教学结束后，还有一个用以"收口"性质的问题——难道，诸葛亮真的不担心鲁肃背叛他？要知道这可能导致功亏一篑啊。

读文也发现，在这个过程中，鲁肃和周瑜之间也是有交流的。在"结果已知"的前提下，学生完全能够通过文中所写的内容，做出推断——鲁肃是可靠的。鲁肃对周瑜"只说诸葛亮不用竹子、翎毛、胶漆这些材料"，只字不提借船的事，足以说明鲁肃的人品靠得住。教师可以适当补充材料，让学生明确在当时的历史背景下，东吴和西蜀联盟，是最佳的"抗曹之举"。鲁肃和周瑜不同，他深明大义，顾全大局。所以，能选择说"能说的话"。而诸葛亮的"识人"之功，也正体现在对鲁肃的充分信任之上，大胆委托，并邀约前往。其实，草船借箭的惊人之举，也需要一个见证人啊。鲁肃，又是不二人选。因此，诸葛亮才有此安排。

针对这一收口性问题的思考与回答，让学习中的资料更加丰富，让学习中的艺术体验感得到充盈。

在"结果已知"的前提下，我们精心设计了三个大问题，完成了三个大板块的教学，充分释放思维的空间，给予学生实践的机会，让课堂教学得到扩容。这样一种"从结果倒推问题"逆流而上式的教学设计变革，值得大家在未来的备课与设计中尝试。

好一个"形式与内容"的融合

毕飞宇《小说课》中，谈及"内容"与"形式"的关系，提出有意思的三个类型：

其一，内容大于形式叫悲壮。内容太大，太强，太彪悍，形式裹不住内容了，形式就要撕裂，就要破碎，火山就要爆发，英雄就得牺牲，这就是悲壮。一般来说，悲壮的英雄都是在面临死亡或业已死亡的时候才得以诞生的。

其二，内容等于形式叫优美。就像谈恋爱，男女双方门当户对，极为般配。"内容"与"形式"也仿佛天设的一对。二者在一部作品中和谐共处，同居一室，显得安逸、流畅。

其三，形式大于内容叫亏空。亏空这个词，在《红楼梦》里常相遇，而用在"内容"与"形式"的关系上，更显出张力。毕飞宇先生做了有趣的比喻：形式出现了多余，猴子的脑袋不够大，这就沐猴而冠了。想一想吧，"沐猴而冠"的"冠"，帽子中是空洞的，一种智商的亏损，想起来就会让人发笑。

原以为这三类，已将"内容"与"形式"的关系阐述完毕，但读到另一案例时，让我们窥见更为特别的第四类——内容宏大，形式简约，二者在巨大反差中和谐了，和谐不代表着沉默，反倒是向读者展露着震撼感极强的审美体验。

这一案例就是统编六年级上册的微型小说《桥》。

短短五百多字，构成一部微型小说。形式的简约是公认的。真要叫它小说吧，不少小学生都会议论：我的作文比这个还长呢。可怎么能以长短论英雄呢？《桥》真就是"内容"与"形式"第四种关系的最佳展板。从内容上看，《桥》的内容，极为宏大：

开篇就呈现"灾难"，这一大事件。

文中还有近似于毁灭性的现场。

全文涉及整个集体生命的存亡抉择。

亲情还在危难时要面对最为残忍的考验。

……

以上不论哪一类，都足以完成一个鸿篇，而《桥》却将其安置在五百多字的短篇中。形式的过度微妙，好像刻意要让这狭小的空间被挤压，被膨胀，被冲破。然而，并没有，形式撑住了。各种内容在形式中以一种特有的次序共存。于是，如同听说在一间不足十平方米的房间里住着四个巨人一样，读者产生极大的好奇，不由得要探身窥视。

不得不对作家，对作品，对文字背后的秘密，做进一步深究了。

我们相信，写作时，作家谈歌一定做出了极为艰难的选择。在语言运用上，他是惜墨如金的。因为他知道，哪怕多一个字都会显得臃肿，浓缩后有限的数百字所承载的重负就可想而知了。凡是精于写作的，无不对文字的萃取留有心得。如马克·吐温说的：差不多和精准，就是萤火虫和闪电的区别。又如福楼拜寻找表达时的那个"唯一"……谈歌在精选每一个字眼的时候，都保有着作家应有的警惕与虔诚吧。其实，这样的警惕与虔诚不是一句自我叮嘱——"小心啊"所能抵达的。对于他来说，已然是一种自觉。

所以，我们会看到文中这样的描写：

村庄惊醒了。人们翻身下床，却一脚踩进水里。是谁惊慌地喊了一嗓子，一百多号人你拥我挤地往南跑。近一米高的洪水已经在路面上跳舞了。人们又疯了似的折回来。

东面、西面没有路。只有北面有座窄窄的木桥。

死亡在洪水的狞笑声中逼近。

人们跌跌撞撞地向那木桥拥去。

木桥前，没腿深的水里，站着他们的党支部书记，那个全村人都拥戴的老汉。

一行文字，就是一幅惊心动魄的画面，就是一个纷繁嘈杂的现场，就是在凌乱背景前的定格特写。因为短小，所以表达的难度系数更高。少了肆意妄为的铺陈，少了在缺损处弥补的机会，少了用文字构成的排场对构思发育不良的遮掩。短促的文字带给读者的是一种跳跃感很强的阅读体验。读者不由自主地要动用联想，在阅读时来让大脑高速运转，来带着自己进入现场。

中式的审美，特别偏向于对未知的苦寻。好像欣赏一幅国画，一幅书法作品一样，在笔端的飞白间，我们能捕获无限美感。形式的简约，就是让文字中的"飞白"带给读者无限的遐想。例如《桥》的开头，几句话营造了恐怖的氛围：

黎明的时候，雨突然大了，像泼，像倒。

山洪咆哮着，像一群受惊的野马，从山谷里狂奔而来，势不可当。

无论是你的眼，你的耳，或是你的心，每一个读者在阅读时都有临场的体验。怎么读得如此心惊肉跳？因为文字在我们面前勾画出一个动态的场景——一场灾难即将来临。我们能从"像泼，像倒"中留下的空间里，填入自己的体验，一种随之而来的恐惧也如在脚面上不断上涨的山洪一般，向着我们的心房逼近。

麻雀虽小五脏俱全。《桥》一文，对情节的设计也是极为反常的，反常合道。如果我们只用"巧妙"来描述它，简直是一种侮辱。因为一切都显得那样合理，或者说"就是这样的"，质朴到了无可厚非的地步。

然而，当真相被看见的时候，一切又都显得那样惊心动魄。故事的结局是留下了两座孤坟和一个孤独的老妇人。作家让读者看到的是人世间用最凄凉、最寂寞的场景。与此同时，也让读者心中泛起最浓烈的共鸣——原来，我们一起来祭奠的，正是一个火热的，永不褪色的灵魂。

故事到了结尾才说出真相，就在所有读者倍感意外的时候，一直以来蛰伏在小说中的，那个要塑造的人物的形象，呼地站立起来，毫不拖泥带水，在心中扎根，立住，高高矗立。

人物，是小说的三要素之一，作家在创作时是有选择的，用了一把锋利的剃刀，极为老练地削减了多余的角色，让那个唯一的主角清晰呈现。"内容"与"形式"的辩证关系在这一点上也表现得很特别——即便是地位至尊的主角，也只在故事中说了四句话：

第一句：老汉沙哑的喊话："桥窄，排成一队，不要挤，党员排在后边。"

第二句：老汉冷冷地说："可以退党，到我这儿报名。"

第三句：老汉突然冲上前，从队伍里揪出一个小伙子，吼道："你还算是个党员吗？排到后面去。"

第四句：老汉吼道："少废话，快走。"

都说"人狠话不多"。老汉确实够狠的，对自己狠，对小伙子狠，对大家都狠。这个"狠"就是不顾情面，只讲次序；不顾亲疏，只讲原则。就是这样一种在我们看来几乎是丧失理性的狠劲，让人物形象深深地印刻在读者心里。多一个字都没有，这就像欣赏美人——多一分则嫌肥，少一分则嫌瘦。

当然，批评的读者也存在。有读者认为。这样的文字读起来是不过瘾的。完全可以换一种方式，让情节铺展开来，把人物塑造好，至少说，可以增补描写老汉的日常工作，把他的形象描摹得更加细致丰满。

这个问题，就用格式塔心理学来回答吧。德国心理学家韦特海默创立了格式塔理论，即完形心理学。简单说，就是人们在认识事物时，总是主动求取完整，而且存在"先整体，后局部"的序列。在毕飞宇的

《小说课》中，用"看电影"为例，谈及这一理论：

早期，人们看电影时不习惯，因为电影中只出现"人头"，而身体却不见了。为什么电影摄影师只拍演员的脑袋？凭什么把演员的身体给放弃了？其实，只要我们在银幕上看到了一个大脑袋，我们的脑海里立即就会建构起一个"完整"的人，我们不会把它看作一个孤立的、滴血的、搬了家的大脑袋。这不是由镜头决定的，是由我们的认知决定的。

因此，不需要写得滴水不漏。读者在阅读这样跳跃的文字时，会自觉进行弥补。例如，阅读在危难之时老汉的言行，可以想象他日常中的行事风格，读者会主动建构人物的"全景"，填充好每一个细节。举个文中的例子来说，当我们得知老汉和小伙子的关系后，回读故事，就在老汉把小伙子"往桥上一推"的时候，可以想象老汉的内心有多复杂，可以想象小伙子的心中有多复杂，而这些复杂的心情，哪有合适的语言能描述呢？不如不写。留白，成了极具意味的咀嚼，更增添了阅读小说的一种趣味。

好一个"形式与内容"的融合。内容，如此宏大；形式，如此简约，二者在巨大的反差中和谐，《桥》写得真好。

艺术审美之旅，在四层递进中前行

统编六年级上册第七单元的人文主题是"艺术审美"。这一单元的学习目标是"借助语言文字展开想象，体会艺术之美。"本单元编撰了《伯牙鼓琴》《书戴嵩画牛》《月光曲》《京剧》，口语交际也安排了《聊聊书法》，足见教科书编撰的用心——围绕目标，让学生在单元学习中，从多个角度，充分感受艺术之美。

"文言文"这一特殊的文体，具有特别的魅力。不少教师喜欢执教《书戴嵩画牛》。我们从观看的课例中发现三个较为突出的问题。可以说，这三个问题是执教此类课文的"大众误区"：

第一个问题：在诵读上耗时过度

我特别主张在文言文教学时注重诵读。但此案执教时，度的把握成为问题。执教者忽略了本案的教学位置，没有把握教学的起点。依然是不顾一切地反复读、画出节奏线指导读、区分多音字辨识读……读消耗了过半的时间，执教者还口称扎实。

本案为六年级上册第七单元，属于小学文言学习的"尾声"阶段。诸如断句、停顿、结合注释翻译等，的确是能力，需要维持训练，但绝对不是教学重点。之前的学习中，基本能把握。依旧把大量时间花在此间，是对学情的误判。

第二个问题：串讲串问盛行

执教老师特别担心学生看不懂，不断提示"结合注释，读懂文言文"。同时，一旦遇到所谓的知识点，诸如副词、语气词、一词多义等，事无巨细，从头讲到尾。串讲串问，成了"经典模式"。

理解字意，读懂文言，固然是文言文教学的常态，也是本课教学中不可绕过的教学点。但不顾目标，不管是否需要，一律都"讲一遍，问一次"，似乎要让学生在六年级中的这一节课，完成对文言文终结式的学习。

第三个问题：道理的固定揭示

本课为经典定篇，具有不容置疑的权威性。从教学结果看，获得一个道理势在必行。而问题也就出在道理的获得上——老师通过讲授，让学生笔记，统一为"实事求是，向有经验的人请教。"之前的教学流程导致这样的教学结果，是必然的。学生记录这一固定的、单一的结果，就是消损了教学的价值，也抹杀了不同学生差异性的学习体验。

这三个问题很普遍，学生每次遇到文言文学习，大多都有相似经历。《书戴嵩画牛》是单元首篇，特殊的位置要承担应有的教学作用，体现独特的教学价值。这样的名家名篇本身也是艺术审美的范本。该怎样带学生经历审美学习之旅呢？

首先，指向目标教。

建议大家树立一个观点——不论是现代文还是文言文，都应该看作达成目标的一个范例，一个平台，一个通道。此案就是为了抵达"借助语言文字展开想象，体会艺术之美"这一目标而采编的。只不过这一次是以文言文的形式展示与进行。形式的独特性，算是附赠给学生的审美结果之一。

其次，逐层递进学。

教学中，可以进行逐层审美追问，让学生的审美体验不断升级。具体说有三层。

最初一层：直奔目标的追问。课堂开始就提出问题"让你感觉到最适合展开想象的，是哪一部分文字？"学生从文中找到"此画斗牛也。牛斗，力在角，尾搐入两股间，今乃掉尾而斗，谬矣"。这句话中的"斗""搐""掉"三个动词，一读就有画面感，就容易展开想象。这一追问的结果，可以概括出一条学习方法：最适合展开想象的，就是动词。而在针对动词的想象中，能体会画面的动态美。

直觉反应，这是艺术审美过程中最为原始的层次。

第二层：寻美而上追问。教师可以继续引发思考：这样美的画，人们是怎么对待它的呢？学生能从"蜀中有杜处士，好书画，所宝以百数。有戴嵩牛一轴，尤所爱，锦囊玉轴，常以自随。"中发现，杜处士如此喜爱这幅画。以至于"锦囊玉轴，常以自随"。老师可以通过图例展示什么叫"锦囊玉轴"；借助生活，联想什么叫"常以自随"，让学生体验生活中"爱美之心，人皆有之"的大众审美体验。

对于艺术美的追求，是人的本能驱动。这一追问，让教学与生活产生关联，审美层次也得到提升。

第三层：关于审美真谛的追问。教师可以带学生重点体会"耕当问奴，织当问婢。不可改也。"的意思。学生用白话文翻译这句话并不难。但要从这句话的本义引申到对艺术审美的理解，就需要教师引导。"耕当问奴"，耕种就应该询问最有经验的农夫，生活就是艺术的源泉。艺术需要对事实进行描摹，还要予以提炼与概括。"不可改也"，这就是不可更改的铁律。对艺术的审美，要保持"求真"的姿态。

追问让我们的审美体验多了第三层——求真。

最后，视野延展中。

教学中，还可以从作者与画者两个角度切入，打开学生的审美视野，多角度关注艺术的审美价值。不断延展学习时空，这是对艺术审美能力的持续赋能。

一问画家。教师可以组织讨论：戴嵩是著名画家，这幅画到底画对了，还是画错了呢？其实，教科书的注释中，已经有了参考答案——没有对错。注释中写到"牧童认为画中牛掉尾而斗是错误的。实际上牛相斗时，既有尾搐入两股间的情形，也有掉尾而斗的情形"。结合在台北"故宫博物院"所藏的"戴嵩斗牛图"，画中的牛尾巴明显是"搐"着的。参考曾经的人教版教科书采编的《画家与牧童》的故事，记载了戴嵩在画牛时，最开始确实画的是"掉尾而斗"，然而就在现场，一个牧童当场指出问题，戴嵩就改正了。可见，对画家的追问，可以得出对艺术审美的另一层理解——艺术源于生活，艺术高于生活。

二问作者。本文作者苏轼，是大文豪。写下的《书戴嵩画牛》一文，有人说是戴嵩画牛图的"题跋"。古人在画作上写下"题跋"是一种艺术行为，题跋的内容，有的是欣赏，有的是评价，有的是体会，却很少记录一个收藏者的故事。

吊诡的是，这篇文言文，就是写这样的一个故事。

所以，真的可以组织讨论：苏大学士，为什么要写这样一篇有趣的故事呢？

延展阅读，关注苏轼的生平，我们就能从知人论世的角度重构对艺术作品的审美。苏轼的学问大，官位高，却屡遭诬陷，不断被贬。这样的心境与履历，使得一个学者有了和民众相处的机会，能设身处地地体察民情，感受民间生活的辛酸苦乐。这就形成了苏轼文章中的艺术风格——朴素、通透、隽秀、雄浑，一种融合多种元素，独树一帜的创作风格。例如"明月几时有？把酒问青天"多么直截了当，却又意韵绵长的发问；又如他被降职为黄州团练副使，却写下《赤壁赋》《后赤壁赋》和《念奴娇·赤壁怀古》等千古名作，还开垦了城东的一块坡地，得名"东坡居士"；还如他在杭州时遇洪水泛滥，指挥疏浚西湖，筑苏堤，百姓感谢他，抬猪担酒来给他拜年。而他则指点家人将猪肉切成方块，烧得红酥，然后分送给大家吃，这就是东坡肉的由来……

可以说，有趣、抗压、优雅的灵魂，才能创作出《书戴嵩画牛》这样好玩、耐嚼、深有启发的艺术品。

针对作者和画者的探索，让这些民间流传的奇闻趣事成为对艺术作品的又一审美元素，丰富了审美的内涵。读者能产生对牧童纯真品格的歌颂和赞美，对画家谦逊品格的认可与弘扬，对艺术品与生活关联的感受与体验。这样一来，教学这篇文言文，体会艺术之美，学生至少留存三类审美体验：

其一，知道实事求是就是美；其二，多方摄取信息，就能多元感受美；其三，融入自己的联想、感受，切身体会最独特的美。学生的审美有方法，有途径，审美体验不断丰富，审美能力与层次，也就在实践中得到不断提升。此课教学目标达成的同时，教学价值也就被充分凸显出来了。

课堂教学，你需要这样一份"清单"

在《老师如何提问学生才会思考》一书中，美国学者南希·塞西尔与珍妮·法菲尔列出一系列的"课堂环境检查清单"。读起来感觉很有意思，这是帮助教师检查课堂环境的工具，有助于我们排查出"影响课堂学习效果"的因素。

我们先看看这份清单，共 13 条：

1. 我是否创立了一个不具威胁性的环境，并且鼓励所有学生提出他们真正想问的问题？

2. 我是否提供了足够多的机会，让学生能够和他/她的同学以及和我讨论问题的机会？

3. 我是否事先向学生提供了足够的事实性信息，为他们的讨论提供知识基础？

4. 我是否向学生提供具体的建议，指导他们通过规划、组织及实施策略来处理信息？

5. 我是否提供了机会，让学生对遇到的问题或设计的问题从认知和情感两方面均做出反应？

6. 我是否对提问环节做了规划，以确保我提问的问题清晰，且措辞适合学习者水平？

7. 我是否有意识地避免主导讨论？

8. 我是否向许多学生提问以得到更深层次的回答？

9. 我是否提供了足够长的等待时间，以便让所有的学生有机会认真思考所提问的问题？

10. 我是否向所有的学习者都提供了均等的机会去回答问题、参与教学与讨论？

11. 作为老师，我是否就正确的提问方式给学生做了较好的示范？

12. 我是否乐于尝试课堂组织和教学的新方法？

13. 我是否愿意承认我不能回答所有问题，并且是否告诉学生？①

关注这份"课堂环境检查清单"，我们发现四个显著且有趣的特色：

其一，真正的学习源于问题

"问题"无疑是清单中的关键词，几乎涉及 13 条。究竟这份清单要检查的课堂环境是什么？答案也在"问题"这一关键词中呼之欲出。

要检查的，就是在课堂这一特殊环境下，如何做才有利于学习真正地发生。这里说的学习，并不是让学生被动地接受知识，而是主动去探索，去获得认知生长，不断地迈向深度学习。例如清单的第 1 条、第 2 条、第 8 条、第 9 条等，都与如何提出问题，提出什么样的问题息息相关。同时，清单还提示教师，并不是强调抛出问题后就万事大吉，而是要针对问题做进一步推进，不断促进深度思考，确保课堂中学习的属性成为最为显要的特征。

清单力主教师要提出优质问题，要确保问题被讨论，对抛出问题后的推进等都做了较为缜密的思考与部署，这样一来，问题成为学习的推

---

① ［美］南希·塞西尔，珍妮·法菲尔．老师如何提问学生才会思考［M］．北京：中国青年出版社，2016.5：52.

动剂，问题也让学习在课堂教学中真正发生。

第二，获取必要的学习策略

课堂的环境是否有助于学习，还体现在是否能让学生获得与"未来继续学习"相关的策略。毕竟，课堂学习不是终身制的，真正的学习是在生活与成长中相伴而行的。清单中的条目也清晰地关注到学习的延续性，做出关于学习策略获取的相关提示。

例如清单的第 3 条，提出"根据提供的事实信息推进讨论"，就是重要的学习策略，也是学习品质的保障；又如第 4 条"提供具体的建议，让学生有规划、有组织地处理信息"，也有利于学生在未来面对陌生的学习内容时，能从容应对。这些都是一个真正的学习者，不断成长中必须掌握的策略。

相信在日常教学中，在清单的反复检查与实施过程中，这些策略也会伴随着课堂学习而获得。策略的获得也会促进课堂越来越趋于成为"学习型课堂"，成为学生学习的地方。

第三，强有力的自我监控

要想学习真正发生，教师就应该对自我的行为予以监控，不让自己成为主角，不让自己的行为占据课堂的学习时空。教师腾出时空了，学生才能介入，学习才会真正发生。

清单中的第 5 条、第 6 条、第 7 条，都体现了对教师言行的监控，同时清单又是对这一监控的自觉性的强调。例如第 5 条说到"教师应该提供机会，让学生在认知和情感两方面做出反应"；第 6 条则规定了"提问的环节""问题的清晰度""提问的适合度"等，这些因素都明显针对教师行为予以制约，使得教师不得不重新考虑自己在课堂上的言行。而第 7 条更是直接说出"避免教师成为主导"，监控经由清单的陈列，成为一种制度。这样的制度如果能长期执行，就会形成自觉。

对教师行为的监控，必将带来学习效果的改变，成为学习是否发生的关键因素。清单对这一方面的规约，让其成为打造课堂学习环境不容忽视的要素。

第四，民主与创新

我们常说事先要注意"检查"，大多出于对"安全"的考量。课堂环境检查，安全必定是要重点考虑的。课堂中的安全，是学习的保障。学生在学习过程中感到安全，自然能在这样的环境中更为自觉、主动、愉悦地去学习，也才产生更高的学习效率。安全的学习，应然是民主、和谐的。同时，"安全"绝非意味着让一切风平浪静，让学习没有创意与挑战。

学习的一大特质就在于——创新。课堂教学中发生的创新，也是这份检查清单中最为关切的第四个要素。例如第 10 条、第 11 条、第 12 条，都提出了"机会均等""面向全体""主动示范"等要求，还直言不讳"是否乐于尝试课堂组织和教学的新方法"，这明显带有教学的民主意识与创新精神。相信学生在这份清单检查后的环境中开展学习，一定会更有效率，也会有更多的创新。

要知道，大量的创新，都是在"喝咖啡"时产生的。安全与创新，在清单中实现了融合与共处，齐心协力确保学习迈向更高的品质。

回头想想，当我们看到这样一份"课堂环境检查清单"并感到如此新奇时，正说明我们平时在课堂教学中存在着以下几个亟待注意的倾向：其一，过于注重教师的设计与指导，忽略了对学生学习主动性的激活；其二，学习方式的单一，依然强调教师对信息、知识、能力的灌输式指导，而欠缺对认知生长的规律的探索，对学生求知欲的认识与开发；其三，教学意识上，民主与创新是有缺损的。特别是创新，几乎在课堂上成为奇货，因为狭隘的突围空间，严苛的制度与氛围，再加上教师的权威，都让创新在极为不安的情绪体验中，成为稀罕物。

　　所谓的"环境检查"，就是让我们重新认识课堂教学，打造适合于学生学习的环境，实现从"教师教"的课堂向"学生学"的课堂转变。不妨用"检查清单"这样一种具有操作性、仪式感的特殊形式，为自己的课堂教学做一次"体检"吧。也许你会发现，不仅能检查出存在的问题，还可能触发我们对教学设计的调整，对教学认识的改变，带来课堂教学的全新风貌。

完整的"牛郎织女"故事，
为什么要拆解为"一"与"二"

统编教科书五年级上册第三单元，编排有中国古代民间神话故事《牛郎织女》。让人意外的是，教科书将其拆成了"一"与"二"两个部分。第十课为《牛郎织女（一）》，是精读课文，第十一课为《牛郎织女（二）》，是略读课文。

很多人对这样的拆解很不理解，猜测的原因就是"课文过长"。因为长而拆解可以理解，但拆解后也应该是"要么都精读，要么都略读"。如今这样区别对待，真正的原因是什么？

在全国第二届统编教科书教学研讨会中，由一线教师提议，人民教育出版社指定研读的"难教的课文"中，就有《牛郎织女（二）》。与此同时，更复杂的《牛郎织女（一）》却没有上榜。这又让这一拆解成为疑云，随之而来的问题构成了教学的难点，也是一线教学研究的关注焦点。

通读《牛郎织女》全文，我们发现：《牛郎织女（一）》的故事，为"前情"，写得悠远绵长，节奏缓慢；而《牛郎织女（二）》是整个故事的结局，写得紧张、激烈，且情节变化大，矛盾冲突集中。由此初步判断，拆解为"一"与"二"，并非只是字数问题，因为两个部分并不是"平均分"。同时，精读的《牛郎织女（一）》更多服务于"创造性复述"的样本教学，而略读的《牛郎织女（二）》，也许有意留给学生更多的实践空间。

除此之外，单从《牛郎织女（二）》的解读中，我们做出三方面推测：

其一，故事的特质

《牛郎织女（二）》可视为整个故事的结局。而这样的结局过于精彩，值得单列。

很多人认为《牛郎织女》的故事结局就是"鹊桥相会"。没错，这是最终的结果，但作为整个故事而言，我们发现除了鹊桥相会这一圆满的终结外，《牛郎织女（二）》中呈现了不少的"准结局"，且不断地发生着转变，这就是故事最吸引读者的特质——在矛盾冲突中带来阅读的诱惑。

例如，牛郎与织女的第一个结局是美满的，在《牛郎织女（二）》中他们拥有了一个幸福的家庭，有了自己的子女，过着安逸的生活。第二个结局则揪着读者的心：这样的安逸引发了王母娘娘的愤怒，产生了激烈的对抗——派遣天兵天将捉拿织女。第三个结局构成的是故事高潮——牛郎追赶织女，被天河相隔。最后的结局是大家熟悉的"大团圆"。作为之前故事的各种发展的结果，在短短的《牛郎织女（二）》中不断出现"突变"，呈现一环扣一环的快节奏推进，掀起阅读时惊心动魄的体验感，让故事特别好看。

基于此，《牛郎织女（二）》可以单列。

其二，教学的布局

作为教材课文的《牛郎织女》，必须满足单元教学的需要，实现教学目标。本单元教学目标为"学习创造性复述"，将整个故事一股脑儿地给学生，也可以达成目标，但效果会减损。适当分解，更有助于任务的完成，这是教学中的合理布局。

在《牛郎织女（一）》的学习中，教师可以逐步让学生完成对这一部分故事的创造性复述。精讲，精教，精练，为《牛郎织女（二）》的自学自练提供了铺垫与帮助。一扶一放，也解释了为什么一篇为精读，一篇为略读的原因。针对《牛郎织女（二）》的创造性复述，作为整个故事的结局部分，可以在《牛郎织女（一）》的复述基础上，顺势而为，依照前情自觉完成。有了《牛郎织女（一）》的教学铺垫，这样的布局让自学的难度系数被降低。

于是，问题转换为——剩余的时间，做什么呢？

我们发现《牛郎织女（二）》的"导读提示"中提出了"用上一单元学到的阅读的方法，尽可能快的阅读课文，了解牛郎织女故事的结局"。同时还突破性地建议"联系上一篇课文说说，如果给牛郎织女绘制连环画，你打算画哪些内容？每幅图配什么文字？"无疑，要完成这两项任务，是要消耗教学时间的，无论是运用速读策略阅读还是借助连环画进行创造性复述，课堂上实打实地都要安排出时间。

也正因此，《牛郎织女（二）》相对短小，适合集中进行想象与构思画面，进行创造性复述的自学实践，也给教师留有更为充分的指导时间。内容过多，囫囵吞枣。同时，充分自学的实践结果，也有利于返回迁移，再次对《牛郎织女（一）》中各个情节进行"连环画式"的创编，让整个故事的复述，借用连环画连缀成系统。

这样一来，《牛郎织女（一）》与《牛郎织女（二）》可以形成互助，相互成就。

其三，传播的需要

民间故事，最适合通过口耳相传的方式进行传播。在讲述故事的过程中，故事的大致框架，例如：发生、发展、人物、基本情节等，容易形成定局。而故事的结局呢，则是传播中最常被演绎的部分。因为听者关心，而讲述者也很喜欢在这个环节里"添油加醋"，融入自己的理解，形成自己的版本。这也正是《牛郎织女》故事从《诗经》中记载开始到今天，有 100 多个版本的原因。

　　无疑，听者最关注的就是《牛郎织女》故事的结局。所以，解决单列，使得结局的丰富多彩成为一个更为凝聚的信息旋涡，符合传播的需要。再加上本课要完成的"创造性复述"的教学目标，也给了学生更开放的空间进行创造。例如：以自己的身份进入故事去创造；又如：增补信息去创造。

　　以统编教科书为例，课文选用的是叶圣陶整理版本，学生可以再增补"牛郎究竟是谁？""老牛为什么这么神奇？""《牛郎织女》的故事和今天的牵牛星与织女星的天文景观有什么关联？""喜鹊如何搭桥？""今天我们如何看待牛郎织女？"……各种创意让故事的结局更加丰富多彩，这样的创意有助于故事的传播。

　　必须提及本课的创造性复述，最具创意的是——构思连环画。

　　很有意思的是，虽说《牛郎织女（一）》篇幅长，但是我们可以创意为四幅画面：1. 少年牛郎；2. 相遇神牛；3. 与织女相会；4. 与织女相爱。而篇幅短的《牛郎织女（二）》则可以绘制五幅连环画：1. 美满幸福的家庭；2. 神牛临终遗言；3. 王母捉织女；4. 牛郎追织女；5. 鹊桥相会。篇幅虽短，画面却丰富；篇幅虽长，画面却相对简单。二者构成的反差，也有助于引导学生去感受故事最为精彩的部分。"连环画"这一创造性复述的独特形式，也为学生理解故事情节，传播故事，传承文化提供了又一途径。

　　总之，《牛郎织女》完整的故事拆解为"一""二"，其中的原因可能是非常简单，就是因为故事太长。然而，当我们去琢磨，从不同角度去预测时，得出一些意外的结果，真心感觉不错。即便结果是可笑的，也是有思考价值的。思考本身就很快乐。

　　不是有那么一句话么：人类一思考，上帝就发笑。管他笑不笑，我们的思考中，带着欢笑。

小学五年级第一次遇到"创造性复述"，如何是好？

复述，我们都不陌生。从一、二年级的完整复述，到三、四年级的简要复述，再到五、六年级的创造性复述，在实践中，我们对"复述"能力的认识已经储备了较多的实战经验。

复述，就是以言语重复学习中识记的材料。学习材料在记忆的作用下，保鲜期较短，而经由复述，能向长时记忆转变。语文学习中的复述，包含有短暂的强记型复述，但更多的是指向精加工后的精细化复述——复述者通过对信息的进一步加工、组织、转化，使之向长时记忆转移，成为复述者自己储备的信息。

我们要重点理解的是"创造性复述"。先认识什么是"创造"。创造指将两个或两个以上概念或事物按一定方式联系起来，主观地制造客观上能被人普遍接受的事物，以达到某种目的的行为。简而言之，创造就是把以前没有的事物产生或者造出来，这明显的是一种典型的人类自主行为。因此，创造的一个最大特点是有意识地对世界进行探索性劳动。

结合对"创造"概念的解读，发现其具备三个特征：联系、目的、自主的行为。所谓"联系"，是指用于创造的信息、条件之间，必须要有关联。不能任意地选取、添加，即便创意是天马行空的，也要使其具有一定关联，突出所用素材之间隐藏的关联，才能最终达到创意的目的。少了"目的"，创意就成了痴人说胡话，用作自我麻醉的低级娱乐而已。达成目的，创意才能被接受，被传播，被评价，才真正在他人心中驻扎下来。所谓"自主的行为"，指的就是创意过程的自由度，想怎么创造是自己决定的，创造出来的效果也由自己的决定造成，该怎么做，你自己说了算数。

了解了这些，再看统编五年级上册第三单元，教学更有方向。这是教科书第一次提出创造性复述的要求，具体表述为"了解课文内容，创造性地复述故事。"在这一单元的语文园地中，交流平台还对创造性复述做出了具体的描述与指导。可见，教材编撰者很重视"创造性复述"的第一次亮相。

交流平台中提出"为了让故事更有新鲜感，可以来点小创作"，具体到课文，也有不同的方法。例如"可以把自己设想成故事中的人物，以他的口吻讲。讲《猎人海力布》，用海力布的口吻讲述，会更加亲切，让人有身临其境的感觉。"这一创造性复述的方法很明确——改变身份。原先是读者身份，在"故事场域"外，如今是参与者身份，就在"故事场域"之中，以在场的身份去讲故事，可以随时调用，穿插讲述自己的见闻、感受，分享自己内心的隐秘体验，同时还可以用自己的主观意识去判断、去评价、去鉴赏。所有创造增补的内容，切换的角度等，都具备着无限的创意。

交流平台还提出"也可以大胆想象，为故事增加合理情节。如讲《牛郎织女》，可以说说老牛是怎么知道织女下凡的时间。"这一条针对《牛郎织女》的指导，创造性复述的方式为——改变故事内涵。怎么改？借助采集与融入的信息，有的放矢地创意。《牛郎织女》的故事，流传至今的有100多个版本，同时关联着许多有趣的事实，以至于大家几乎对这个故事信以为真，代代相传。例如，为什么在七夕这天，喜鹊似乎很少见？为什么在七夕这天，部分喜鹊头顶的毛会掉落？为什么在七夕这天，天河显得特别明朗，星象也有变化？那只老牛是普通的耕牛么？是传说中的金牛星下凡吗？如果是，神仙怎么会死？王母娘娘为什么要去抓仙女？老牛为什么要帮助牛郎？这些信息资料的增补，对学生进行创造性复述，无疑起到了非常好的促进作用。学生对信息进行综合利用，整合提取，创造性地加工，也使得复述的故事变得生动起来。

交流平台中还提及一条"可以变换情节顺序，先讲结局，设置一些悬念，引发观众注意。如先说有一块石头是一位猎人变的，再讲海力布的故事。"这样的创造性复述，属于——改变顺序。至此，变角色，变内容，变顺序，创造性复述可谓是变化多端，异常灵动。五年级进行这样的复述练习，有益于语言表达能力的提升，更有助于思维的成熟与发展。

在整个单元的创造性复述指导中，最具创意的莫过于《牛郎织女（二）》中提出的——为连环画配文字。在《牛郎织女（二）》的导读提示中，编者给出如下提示："如果给《牛郎织女》绘制连环画，你打算画哪些内容？每幅图画配什么样的文字？"教材编者的匠心独运在此淋漓尽致地展露出来。

首先，这是"形式上的创造"。原先的故事是连续性文本，如今的复述要先构思成连环画，从文到图的改变，就是一种极大的创意。

那么长的故事，到底要改编成几幅连环画？每幅连环画上，到底要画些什么？画面的内容能够包容故事的信息么？这样的改编，这样的创造是烧脑的，必定让学生费尽心思。可以说，要完成这样的构想，先要把故事读懂、读熟、读透。那么长的故事，有多少学生在课堂学习上读得是囫囵吞枣？要读懂、读熟、读透，真的要反复读，要快速读，把书读薄，才能把故事浓缩为几幅图。连环画的创意，还具有"倒逼回读"的作用。

其次，这是"语言上的创造"。当我们创造出"王母抓织女""牛郎追织女""天河阻隔""鹊桥相会"等一幅又一幅连环画的时候，还要再次浓缩，为连环画配文字。一幅画出现，首先配出的文字可以是"画名"——为画起个名字，这类似于列出小标题。从复杂、连续的语言，转化为图，再浓缩为小标题，整个故事就在创意的运作下，浓缩为数十个字。几幅图，数十个字，记住故事不费吹灰之力。

犹如夸张这种修辞手法，有放大夸张，也有缩小夸张，都是一种创造。创造性复述，并不像我们想象的那样，都要无限增量，也可以尽量缩减，只要便于达到"传播"的目的，我们可以借助创意，大胆、多元地尝试。

但是，学习活动自然不能够止于此。按照导读提示的要求，当我们构想创造出连环画时，还要为连环画配文字，应该怎么配呢？

第三，这是"学习上的创造"。让学生为连环画配文字，自然不能满足于小标题，不能"抓瞎"，不要很潇洒地说"来吧，你们试一试，想怎么配就怎么配"。在学生初次遇到这一学习项目时，应该尊重学习的规律，先为其展示一个样本，结合样本的解析，为其梳理学习的路径，归纳学习的方法，最后，鼓励大胆、个性、富有创意地自主迁移。在迁移的过程中，发挥个性，融入个体的创意，让课堂成为富有学习意味的教学互动场。

现实中，我们总喜欢豪气地甩出一句话：想怎么做就怎么做。然后毫无目的地去应对，学生在茫无边际地盲目探索中产生的，各种各样杂乱的学习结果。这无异于"将自己一军"，让自己陷入尴尬。而这样做，对大部分同学是不利的。大部分的学生需要指导，只有少部分的尖子生能自主抵达目标。这样的随意，让"强者更强，弱者更弱"，实质上是"反学习"的，更不利于集体成长。

缺乏有效的指导，只能造成更加严重的两极分化。所以，我们建议这样做，让学习活动本身也很有创意：

第一步：展示样本

我们可以任意选择一幅连环画，让学生先读图。图上有些什么？以此图为例：图上的织女正在织布；牛郎正在挥鞭与老牛协力耕田。除此之外，图上还有一些简陋的家具，有阡陌纵横的田野，有窗边的翠竹，有远处的天空等。

之后让学生明确，图画在说些什么？此幅图在叙述一个美满的生活

场景——男耕女织，生活安逸幸福。

接下来可以"瞄准核心意思""提取关键信息""概括图中所叙故事"，三步配出图画的文字。配文的结果为：牛郎和织女结婚后，生活很完美。每日，织女负责纺纱织布，牛郎则辛勤耕作，小日子过得安稳、幸福。

配出的文字，涵盖了画面主要内容，叙述了故事，同时舍弃了一些无关紧要的配景，如：窗台的竹子，角落里的盆子，织布机旁的茶壶等。

第二步：自主实践

完成对一幅连环画配文字的样本建设，让学生获得方法后，再组织学生将其他的图画配好文字，连缀文字后形成创造性的故事复述。借助图画进行复述，不仅能够轻松复述故事，还能较为轻易地记住故事，因为画面产生的作用，是单靠文字无法比拟的。

第三步：延伸拓展

首轮复述完毕后，课后可以组织学生回家向家人复述，也可以提倡阅读已出版的连环画书籍，通过各种渠道继续了解故事，传播故事，让美好的故事代代相传，让古老的文化生生不息。

《牛郎织女（二）》的导读提示提出"为连环画配文字"，这是极具创意的创造性复述要求。从古至今流传下来的故事，能不断被演绎，被创意，都是为了让故事焕发新生，具有不断被传播的可能。其中，我们熟悉的连环画以及如今风靡的绘本、立体书、有声读物等，各种各样出版物的呈现，更是让创意在文化传播中起到重要作用。特别是连环画，记得我小时候接触这些故事，除了父母讲述之外，更多是通过连环画、小人书获得的。而这个时代，我们更需要唤回这种适合儿童，喜闻乐见、易于接受的形式，让学生在亲近母语，阅读学习中，成为中华文化的传承人。

统编教科书主导从五年级开始，进行创造性复述。这是第一次提出，往后还有不断提及，持续关注，螺旋上升。结合以上的案例与分析，我们要认识到——对创造性复述的理解，应该是多元的。"创造性"这个词本身，就包含无限创意。可以改变人称，改变顺序，改变情节；也可以借助创意膨大、夸张，也可以提取信息进行浓缩、简化……

创造性复述中所蕴含的各种各样的创意，让能力的训练与创意素养的提升，得到充分发展，从五年级开始，我们不妨跟着教科书，大胆进行创造性复述吧。

课文那么短，能教满一节课吗？

徒弟备课时，提出这样的问题：《精卫填海》，课文那么短，能教满一节课吗？

统编教科书四年级上册的《精卫填海》全文如下，两句话加 6 条注释：

精卫填海①

炎帝②之少女③，名曰女娃。女娃游于东海，溺④而不返，故⑤为精卫，常衔西山之木石，以堙⑥于东海。

【注释】

①本文选自《山海经·北山经》。精卫：神话中鸟的名字。形状像乌鸦，头上有花纹，白色的嘴，红色的脚，传说是炎帝小女儿溺水身亡后的化身。

②〔炎帝〕传说中上古时期的部落首领。

③〔少女〕小女儿。

④〔溺〕溺水，淹没。

⑤〔故〕因此。

⑥〔堙〕填塞。

这篇文言文确实很短，浅显易懂，再加上注释的帮助，完全可以自学完成。因此，徒弟在自行解读与初步试教后坦言：教学时间大概在

15分钟左右。那么，剩下时间做什么呢？基本上安排当堂完成练习。或者，再做点"作业订正""班级琐事点评"之类的事……

我知道，这是青年教师在自己班上教学时的"常态"；不过，这的确属于"非常态"。与此相类似的还有：三五分钟完成"口语交际"教学，之后进行"作业订正""班级琐事点评"之类的事；将作文当作作业，提出写作要求，之后进行"作业订正""班级琐事点评"之类的事；简单布置"综合实践活动"，之后进行"作业订正""班级琐事点评"之类的事……

青年教师并非不负责，而是感觉"没得讲"。其实，这里存在着对"教学内容"这一概念的误解。"教学耗时"与"课文长短"不构成正比例的关联——课文的长短与教学的内容是两个概念，不能混淆。如果对教学内容有较为全面而准确的认识，就会明白：课文的长短并不是决定教学时间的唯一因素。

关于教学内容，我们可以分两个层次来理解。

第一层：基础教学内容

例如《精卫填海》一课，应实施的基础教学内容为：本课的五个生字词学习，分别是：帝、曰、溺、返、衔；课后提出的朗读、记忆、背诵的学习要求；对文言文的翻译、理解的学习；获取本课文字中蕴藏的内涵的学习等。

统编教科书的助学系统，为基础教学内容的学习，提供了极大的便利。以《精卫填海》为例，学生完全可以结合文中的"注释"，结合随文注音，实现读通句子，读顺全文，读懂文义。这篇短小的文言文，能够在自学中完成朗读、理解、记忆的基本学习内容。同时，在课堂教学形式的辅助下，还可以借助熟字到生字的迁移，完成生字教学；运用谈话法、讨论法等，完成课文内涵、意蕴的获取。以上的基础教学内容是本课学习的"保底"需要，不能马虎应对，但的确存在教学耗时不长的现象。

关键问题是——剩下的时间怎么办呢？还有什么教学内容要落实呢？我们提出第二层次概念——核心教学内容。这是高耗时的教学内容，也是评估本课教学是否有效的关键指标。

第二层：核心教学内容

所谓"核心"，就是"目标"。教师应充分结合统编教科书的编撰系统，致力于在教学过程中抵达目标。在单元导读中提出的教学目标，是否在单元课文教学中得到落实，这是本课教学中最应被关注的，也是本次教学的核心要义，自然成为教学是否有效的评估依据。

以《精卫填海》为例，这一单元在本课教学中应注重落实的目标有两个：

其一，了解故事的起因、经过、结果，学习把握文章的主要内容。

其二，感受神话中神奇的想象和鲜明的人物形象。

先说第一个目标的达成。精卫填海这一故事确有起因：炎帝的女儿在东海游泳，不幸溺亡；有经过：女娃化为叫精卫的小鸟，不断衔来树枝，要填满东海；结果呢？没有结果。《山海经》中没有记载结局，人们至今没有答案。所以，针对"结果"，可以展开想象，这是一个非常丰富的教学内容，是课堂中不可或缺的拓展空间，"想象"也是目标二中提及的关键因素。

教师可以让学生从"东海之王"的角度去想象，精卫填海的可笑；以"精卫"本尊的角度去想象，填掉东海的必要；以围观的诸神的视角去想象，填海的各种可能；以新时代小学生的本色去想象，填海的结果是什么，填海对于今天的我们，到底产生什么样的预示……

这样一来，学生在学习过程中，既把握了文章的主要内容，同时又借助想象增添了阅读故事的趣味，还完成了第一条教学目标。这一学习结果的获取，与每个学生都产生关联，让学习效果深入人心。这样的教学内容的实施，需要教学时间的保障，要经历各种的合作学习、讨论式学习、换位思考等，大约 8－10 分钟。

再说第二个目标的达成。可以进行互文印证式的学习，感受神话的神奇与人物的形象。以本单元为例，共选编了三篇中国古代神话。除了《精卫填海》外，还有《盘古开天地》和《女娲补天》。另外两篇故事中，都发生了"天大的事"，而盘古和女娲都能解决，结局也是那么的完美。

比较而言，神鸟精卫，却有一丝的哀怨、悲苦，让人惋惜，留下遗憾。作为炎帝的女儿，去东海游泳，却被溺死。"神"性是否有点削弱？但正因如此，这一神话中的人物形象更具有了"人"的意味，在神的力量缩减的同时，人的形象却在读者心中确立起来。学生对这只"神鸟"多了一份特殊的怜悯之情。而这份怜悯之情又在了解了"精卫不断衔枝填海"的行为中被强化，被升华，转为对精卫行为中所携带的坚强、隐忍的精神的赞叹。对"形象的感受"这一目标也就在品读中完成了。

显然，这样的体会与感受，需要过程，要经历互文学习，前后关联，很适合进行小组合作，还可以组织辩论、比对等，消耗的教学时间不会少，也在 8－10 分钟。前后教学内容叠加起来，一节课上得很充实。

可见，课文的长短，并非是教学时间长短的标尺。《精卫填海》只有几十个字，也能教满一节课。关键在于——教师应明确，在这一节课中，学生要完成的学习内容是什么。学什么，就教什么，教学内容也是由学习需求决定的。在完成基础教学内容的同时，课堂中应致力于瞄准核心教学内容，跟着统编教科书的精心设计，抵达目标，让学习更加扎实有效。

对教学内容的认识，应成为青年教师在文本解读、教学设计、课堂执行这三方面实践中，予以注意的前提。

好教师，善于把教学安放在生动的现场中

美国教师道格·莱莫夫所著的《像冠军一样教学——引领学生走向卓越的 62 个教学诀窍》，被誉为美国的"教学圣经"。这是一部适合青年教师阅读和学习的教学方法指南书，其中阐述的 62 个教学小技巧，包括：在讲台上如何站位，如何环视教室等，细之又细，让人惊叹——原来，教学的技术与流程，可以这样的精细化。

教学的艺术，不是天然获得，而是由一个个微小的技术组合起来的。

其中，道格·莱莫夫回忆了自己学习足球的经历。他先后经历两位足球教练，其中一位是国际足坛超级巨星，另一位则是普通的教练。但两人的教学截然不同。

先看看道格·莱莫夫那位曾是国际足坛超级巨星的足球教练是如何教学的吧。身为教练，他总是站在边线处大喊："防守，你们得赶紧防守！"而球员都清楚——自己的确在防守啊。同时，球员也知道——自己防守做得确实不太好。作为教练，他通常的指导方式是提供一些指示："不要管那边，道格！"这有点类似我们看到的一些玄之又玄的指导，神神秘秘的"大师级"指导，说得都对，但不管用。真正面临实战，面对具体问题时，所谓的"赶紧防守""不要管这个"等指导意见，就是空话。

道格·莱莫夫的另一位教练，名不见经传，但却给他留下深刻印象，而且，教给他的方法，一直沿用至今。第二位教练会把防守的动作

分解成一系列步骤。例如：第一步，当你要防守的那个人，不断靠近带球的球员时，你要不断靠近他。第二步，只有当你确信自己可以截球的时候，再进行绕前防守。第三步，当你防守的对象背对球门时，尽量不让他转身。第四步，如果带球队友需要转身，把他引到边线。第五步，如必要，选择铲球。第六步，其他情况下，尽量不让他靠近球门……

这位教练的指导有以下特点：

其一，时时在场

作为教练，指导并非只是在比赛前，而是在比赛时，总是在赛场上提醒运动员：下一步该怎么做。这样的指导，让具体情况得到具体分析，球员知道该怎么做。

其二，时时跟进

由于在场，知道情况发展的动态，所以给予的指导都是临场的，有针对性的，因此非常有效。例如，队友拿到球时，教练提醒说"别让他转身"。但很不幸，他成功转身了，教练又会告诉运动员"让他跑开点"。但是，依然没有办成，教练还会继续指导"不要让对手靠近球门，这比抢到球更重要。"

其三，历历在目

由于教练的教学效果好，所以在几年之后，当道格·莱莫夫不在教练旗下训练时，每逢踢球，依然能回想起教练教的步骤，每当遇到类似的场景时，心里能反应出相关的解决方案"如果对方……，我可以……"而且，每一次的境遇，都强化了这一方法的运用效果，固定成一种技术，上升为一种带不走的能力。道格·莱莫夫曾经问教练："您是怎么想到用这样的方式训练的？"教练的答案发人深省："因为那就是我掌握这项技能的唯一方法。"

原来，"教练"的成长，也得益于这样的教学模式——到现场，在学习发生过程中教；教得不笼统，有针对性；分解成若干个小步骤，小技巧，以至于面临每一个不同环境时，具体该做什么很清楚。原来，这样的教学是有效的，作为"运动员"的道格·莱莫夫，从"一知半解"到"完全掌握"，而且能应对全新的情况，还能时不时给自己提醒，创新出"下一步该怎么做"。道格·莱莫夫将这个技巧称作"为步骤命名"。

我们对比道格·莱莫夫的前后两任教练，会发现二者之间的区别。优秀的教练教学的意图非常明晰——学生要真正能解决问题，而不是"我自己知道解决问题的方案"，更不是"向学生索取问题解决的完美结果"。优质的教学也应如此——教师要能够把复杂的、打包的技巧分解成若干个可以管理的小步骤，这些步骤便于操作、掌握，最终能成功地帮助学生掌握复杂的技能。在整个过程中，学生不会感觉"一下子要接受好多新知识""好难理解""好神秘"，而是感觉"在参与一个很简单的活动""在听娓娓道来的故事"。但进行了一个阶段后回看——哇，不知不觉中已经掌握了一个小系统。

教师要学会教学，就要学习如何将复杂的任务进行分解，帮助学生顺利、系统地掌握相关技能。在教学过程中循循善诱，面对不同的问题，逐步给出解决方案。不要担心这些分解步骤过于琐碎，就像我们徒手画一个圆，弧线切得越短，最后组合成的圆越完美。再比如说打磨一个物件，每个局部都要精工细作，组合起来的物件就巧夺天工。各个部分都粗糙无比，大而泛之，组合起来也可能是一个残次品。

例如统编四年级上册的习作单元，目的是教学生"了解作者是如何把事物写清楚的"。我们不能笼统地告诉学生"写清楚，就是要把你眼见、耳听、心想的都写出来；就是要按照一定的顺序写，只要做到了，就能够写清楚。"这么讲，等于贴一个标签，是无效的。我们可以将这一大而泛之的笼统概念，化解到每一个小步骤中去，安置在真实的语言环境中去学习。学习《麻雀》，可以指导学生关注：为什么屠格涅夫要写老麻雀像一块石头一样落下来？这一句话不能简单地解读为"运用了比喻。"而应该让学生发现麻雀和石头之间的关联。麻雀落下时悄无声息，而石头从树上坠地时铿锵作响，这一联系过程中学生能体会作者所感受到的老麻雀急切的心情，听到的那极为细小却真实存在的声响，通过文字见到作者眼睛所见的不可思议的场景。将所有标签化的概念经过拆解、转化，结合具体语言环境的细致分析，伴随着细致的阅读，学生逐步明白了作者是如何运用方法，了解方法在具体语言环境中发挥的作用，从而把方法吸纳为自己的内心体验。

而仅仅是这一次学习，是不够的。在这一文本中的其他地方，要不断反复强化。在本单元其他课文的学习中，还要让学生在类似的表达处不断学习、推演、吸纳，这样才能在这一单元的学习中逐渐明确作者是怎样把事物写清楚的，达成学习目标。

阅读如此，作文更应该如此。我们不能一走进教室就抛给学生一个大而泛之的命题要求，然后不管不顾，犹如在场外看热闹的"金牌教练"。而应该关注比赛，进入现场，和"运动员"一起经历写作过程。例如统编五年级习作《游……》，习作教学的目标是"按照一定的顺序把景物写出来"。结合着本单元的习作例文《颐和园》，教学可以拆解为：《颐和园》的作者是如何确立景点；如何排放景点顺序；如何安置连接词；如何串联观察结果。将笼统的"按照一定顺序写"，分步在习作例文的学习中去对应找样例，逐一指点给学生看，让其按部就班地学得扎实、稳固。相反，抛出命题，提出要求后，就期待着收获结果，缺乏的是教学存在的意义。这也是"结合教材教学写作"与"自由写作"的差别所在。

不过，这样的教法还存在一个疑惑——学生最后学到的是局部的技巧，还是对整体的把握能力呢？学生最后能应对一个系统的、完整的学习任务么？必须说明的是：这样的操作讲究局部有针对性地细致打磨，是学习中必经的过程，也是技术、能力提升的必经阶段。学生学习并掌握这些步骤，参照这些步骤逐渐提升自己的能力后，最终是要抛开这些步骤的。因为练习到一定频次后，对这些步骤已经了如指掌，以至于自己都没意识到是在按步骤执行。刻意练习到一定程度后，被依赖的"支架"消失不见，"建筑物"完美、独立呈现。而关于"如何组合"的技术，也是一种学习的结果，不是"天然会"，也需要教学辅助。例如我们要学习让学生"如何欣赏文本的体式美""学习文本的结构""学习谋篇布局法"等，对整体的观照与把握，也是学习的结果。

从这个角度看，教学，的确是一件很讲究的事。

下课前我们必须做些什么

乘坐动车到各地旅行，下车出站前，都要再次"验票"。如今这个程序简化为"刷验身份证"。

其实，不仅是出站要验票，每个行动流程结束了，都要安排检测环节，我们称之为"例行检查"。经过一定的程序，检查合格了予以放行。很自然联想到课堂教学——上课中进行学习活动，犹如展开一次学习之旅，下课了，我们能什么都不做，就让孩子离开吗？

可以，大多时候，我们也正是如此。还有的时候，我们会更为高调地讨好学生，大声宣布"好了，下课了，你们去玩儿吧。"我们不觉得这样做有什么不妥，没有关联过"出站验票"，没有对比思考，我们不会发现问题。

仔细想想：如果课堂是一次学习之旅，经过一段学习历程，下课前确实该有一个类似"验票出站"的环节。而这个环节在设计上，也应具有三个特点：

第一，快速。检验环节应该简洁、短时、不拖沓。便于教师快速执行，学生立刻参与，如同出站验票，刷一下身份证，不要两秒钟。

第二，明确。这个"验票"环节的设计，目的性非常明确，就是核对学习的结果是否获得，该抵达的目标是否达成，学习的效果究竟是怎样。

第三，应对。检测之后，如果完成，就放行；未完成，就改进。检测不是目的，检测之后的应对，是检测本身存在的意义，也是检测的目的。

明确了出站前要验票，问题转为"如何验票"？临下课前，应设计什么样的检测环节呢？我们建议实施三个最为常用的简易检测法：

方法一：设计简答进行检验。所设计的简答题和本课的学习内容息息相关，例如学习统编三年级的寓言故事《守株待兔》，就可以让学生简要回答：在这篇寓言中，你明白了什么道理，对你的生活有哪些启发或者帮助呢？又如，学习统编六年级的《故宫博物院》就可以让学生简答：带家人游览故宫的线路，你有了大致的构思吗？是怎样的？学习了统编五年级的《鸟的天堂》，也可以设计简答，问一问：课文中"那'鸟的天堂'的确是鸟的天堂啊"一句，你是怎么看的？为什么前一个用了引号，而后一个却没有？

用简答的方式进行验证，设计的题目要有概括性，同时要符合学情，不同学段认知生长的关键节点不同。例如，第二学段三四年级，重在整理、归纳、理解、分析；第三学段五六年级，重在判断、鉴赏、评论、审美。问题设计犹如检验的机器，要"灵敏"。

方法二：设计对识记的检测。识记能力，虽说是基础能力，但并非不值得重视，特别是在"出站"前，确实可以进行"关于识记内容"的检测，让本课学习的基础知识确保被掌握。例如，可以让学生复述本课学习中的关键段落的内容；重要的知识点可以让学生当场复述；要求记忆的段落，可以尝试当堂背诵；知识点，可以再次重现，集体陈述予以巩固。这是最为传统的检验方式。

方法三：设计相关的表达实践活动。结合着学习内容，组织开展短小，立刻可行的表达类实践活动，让阅读和写作在最后环节"联姻"。例如：写一句话心得，学习了统编四年级的一则故事《纪昌学射》，写写你自己的感受与体验；又如，写下你的疑问，学习了统编四年级的《"诺曼底"号遇难记》，就有同学不明白：船长为什么一定要和船一起下沉，他完全可以逃生啊？船长算是一个英雄吗？还如，学习统编三年级习作《写日记》，在课堂的最后环节，我就让学生当堂写"一句话日记"，以一句话记录今天的课堂给自己带来的感受，并将这一句话作为"今天的日记"。这些简洁的、易操作的实践活动，能够实现对本课所学的快速检验。

拥有了检验的方法，随之而来的问题是：经过"出站验票"，发现"没有买票"的情况——未完成学习目的，又怎么补缺补漏呢？基于临近下课，属于"即将出站"这一特殊的环节，补缺补漏的原则也必须遵循"简约化"，我们也给出一些简洁的小方法。

最通用的方法：个别辅导。当我们施与集体教学后，个体依然有缺漏，非常正常，因为学情与能力的差异，缺漏在所难免。错误的做法是因为个别缺漏，把全班留下，这其实是将学习活动异化为纪律整顿，极不利于学习环境的建设。教师对缺漏不能视而不见，可以通知个别需要辅导的同学在约定的时间，前来面谈。

个别辅导，原本就是班级教学中不可或缺的组成部分，这类似一个系统的"补丁"。任何一个系统，无论发布与否，都要不断"补丁"。

最管用的方法：小组跟踪。让"兵来教兵"，效果最好。个别学生的辅导有时让教师的精力损耗殆尽也无法满足需求，可以改为小组跟踪制，组长负责制，针对性进行补缺补漏。建立学习小组，由组内的优等生"点对点"负责后进生，或者在组内进行学习资源共享。当然，这样的小组也可以直接使用班级中的自然组，由小组长分配任务，对后进生进行跟踪辅导。

也可以更有计划地，实施"较长时间的实名追踪"。即发现某学生在学生能力上有缺陷，在知识点掌握上有薄弱点，或者高频率出现理解与掌握上的困难时，就可以列为"重点关注"对象，安排学生有意识地长期追踪，有针对性地提供帮助。

一旦赋予学生任务，使命必达的精神会让教师感到惊讶。放心将补缺漏的工作教给学生，教师依然可以成为最后一道防线。

最简单的方法：下节课补讲。出站前验票，发现问题的目的不是为难学生，更不能无限制拖延本节课的学习时长。最简单的方法，可以在下节课进行弥补，这也是教学常规提出的要求。其实，问题的发现，必定为下节课的教学内容调整带来改变，这也是"验票"应当起到的作用。

解答以上两个问题后，"出站验票"的模式和操作法，基本成为系统了。之前说过，任何一个系统都要"补丁"，这一系统的补丁又是什么呢？依然还是一个问题——这样的检验，如何更好地面向全体，让所有学生都被检测到呢？

要知道，真正的"出站验票"，是每个乘车人必须参与的。所以，面向全体的原则，就是"出站验票"教学系统的基本原则。依然给出几个小操作方法，便于青年教师采用，实现面向全体检测：

技法一：可以实行同桌互检。两两相对，你出题检测我，我回答你来评价，相互检测，在短时间内实现全面筛检。

技法二：可以实行小组分检。由组长落实，将小组分为若干个更小的学习团队，各自实现快速检查全体成员。

技法三：可以进行集体练习。在检验的环节，如果采用"小练笔"方式进行，可以集体参与，之后由教师回收，快速批阅后，通过各种渠道反馈。例如班级群，黑板报，留言区等，也可以及时下发批阅的练笔作业。

技法四：可以借助信息技术。在信息技术的辅助下，这一类操作可以在最短的时间内完成。例如，采用投票系统，表决系统等，瞬间获取数据，还可以进行大数据积累。当然，这适合有条件的区域，有时候教师也可以自己研发一下小程序，在班级范围内使用。

出站验票，在临下课前检验，实行短、频、快的教学检测，这样的做法在《像冠军一样教学——引领学生走向卓越的 62 个教学诀窍》一书中，也有类似的提法——"快速投击"。此书累积在全球销量超过千万册，被誉为美国的"教学圣经"。作者美国教师道格·莱莫夫将在短时间内对某一教学内容进行快节奏地反复练习，称之为"快速投击"。可见，短、频、快地练习，达到巩固收益的效果，这是被不同地区教师所共同认识的。这也正是"像冠军一样"的教学方法。

在下课前，我们确实需要做些什么。

课堂时间那么少，教学内容的选择决定了成效

课堂教学时间是既定的，更是珍贵的。好不容易参与集体学习，就要做一些有利于学习进步的事。在教学内容上，我力主在"思维"这一焦点上汇聚力量，安置内容，设计教学。

所以，观课的老师觉得我的课上学生的注意力很集中，思想碰撞得很激烈。

在内容的选择上，我的课堂很少让学生做这五件事：

1. 很少让学生"找这个，找那个，找来找去"。

2. 很少让学生"你来读，他来读，一个一个往下读"。

3. 很少破坏教学的完整，时不时停下来教一个生字。

4. 很少遇到什么教什么，一会儿讲多音字，一会儿讲形近字，一会儿让学生记一记，抄一抄，写一写。

5. 很少纠结着某句话，某一类修辞，例如碰到比喻句就分析，就欣赏，然后"美美地读一读"。

这些事情在别的课堂上是常见的，而且也是被赋予"扎扎实实"的美名的。而我更注重学生在预习中完成对基础内容的学习。进入课堂，师生都要有所准备。教师进课堂前要备课，学生进课堂学习前，也要——备学。什么都不准备，什么都落在课堂，什么都交给 40 分钟，那就有可能压垮教学，排挤真正有价值的学习。

不过，我也知道这些事确实要做，别的不说，这些是要考的。例如：生字词的识记，多音字、形近字的辨析等。我们采用的方法是分课时进行。第一课时，集中保障教学，让思维成为学生参与学习的"王牌体验"；第二课时，补缺补漏，做到之前说的"扎扎实实"——扎扎实实写字词，扎扎实实默段落，扎扎实实学语文。毕竟"扎扎实实"四个字，谁都逃不掉。但是如果要以破坏思维的完整性去成就"扎扎实实"，这是得不偿失的。

过去我们说学生是容器，只会不断接受；其实如今的容器只不过安装了"机器"，会动而已，所谓的"动"，没什么头脑，就是按照老师的要求"找这个，找那个，读这个，读那个"……没有实质性的改变。

这些大家常做的事，我恰好少做，所以我的课堂显得比较紧凑；因为紧凑，所以更为集中；集中后，就做一件事——让学习聚焦在思维上。为了聚焦思维，我的课堂环节相对大，相对简单，那样才能有助于集中精力，才有可能凸显思维，成为课堂学习的主旋律。一旦让思维主导教学，学习又变得不简单，整节课的学习，学生参与的是挑战，获得的是迎难而上的快感。有挑战，有攻关，有生长，才有学习的意义。或许，这就是美妙的学习体验吧。

美国学者罗伯特·马扎诺博士在《高度参与的课堂——提高学生专注力的沉浸式教学》一书中，提及他与雅娜·马扎诺对人类思维的研究结果也说明了这个观点。马扎诺博士说：人类的思维是由一系列目标组成的。较低层次的目标是解决基本的生存需要，如食物、住所和舒适感。在这些目标之上的是短期目标，如在测验中取得好成绩。在短期目标之上是长期目标，如组建一个运动队，完成高质量论文。高层次的目标是较长期目标，最顶端的就是终生目标。当学生以更高层次的目标去工作时，他会更投入。

教学，要让学生投入，就不应该停止在低阶思维层面，不能总是让学生"找这个，找那个，读这个，读那个"，其实这不是你要的"语文味"，这是真正的"乏味"。教学，就是要朝着更高层次的目标前进，投入更大、更多的精力去获得提升。

这样的提升，我们给出一个很有意思的说法——认知挑战。也就是说，每次参与学习，都是对已有旧的认知的一种挑战，都期待跃到全新的认知层级中，都在原有认知层次上发生改变，哪怕只有一点点。而这样的改变，是要付出努力的，要迎接未知的挑战。

心理学家米哈里·契克森米哈赖在 2004 年提出一个有意思的概念——心流。指人们专注进行某行为时所表现的心理状态。如艺术家在创作时所表现的心理状态。通常在此状态时，不愿被打扰，抗拒中断，将个人精神力完全投注在某种活动上，同时会有高度的兴奋及充实感。研究发现：心流体验"发生在我们积极参与具有挑战性的任务时，这些任务能拓展我们的身体或心智能力"。可见，认知挑战下的学习，更能让真正爱学习的学生获得愉快的学习体验。

美国德育学家弗雷德·纽曼发现：学生更专注于具有挑战性的任务。纽曼将挑战学生复杂认知的课程定义为"需要深思熟虑"的课程，结合纽曼的观点，我们设计的课堂教学中的思维活动包括以下四个：

其一，针对"牛鼻子"问题，进行持续关注，而不是表面理解。

其二，沿着思维路径，进行有连贯性、连续性的实质性发展。

其三，鼓励在过程中提出质疑，鼓励主动澄清或证明自己的观点。

其四，悦纳原创和创新的想法。

我在上课时，特别喜欢设计统领全文的"牛鼻子"问题。例如，统编四年级上册的《麻雀》，整课设计就围绕"屠格涅夫是怎样把事情写清楚的"这一问题展开穷追猛打。教学环节的设计，犹如剥洋葱一样逐层分解出"写清楚"的几个步骤，几个方法，针对"如何写清楚"进行连续的、一贯的关注与分析，最后得出结论：对象多不怕，一个一个写才能写清楚；写的时候顾及全面，特别是自己看到的，尽量描绘清楚，才具有写清楚的基础；写的时候可以追加自己的联想，文字才更有画面感，读者就能看得清楚；写的时候还可以顾及一些细微之处，如细微的声响，细微的变化等，写出来，读者感受更加清楚。这样的步步为营，渐入佳境，让学生心里越来越明白，如何才能写清楚。要知道本课隶属于习作单元，教学的目的就是"了解作者是怎样把事物写清楚的"。

不仅如此，教学中也注重引入思辨。依然以《麻雀》一案为例。我们增补了该文选入教材前，被编者删除的最后三段话。这是三段具有抒情色彩的话，让学生补充阅读。为了说明问题，三段话展示如下：

> 于是，我怀着极恭敬的心情，走开了。
>
> 是啊，请不要见笑。我崇敬那只小小的、英勇的鸟儿，我崇敬它那爱的冲动。
>
> 爱，我想，比死和死的恐惧更加强大。只有依靠它，依靠这种爱，生命才能维持下去，发展下去。

让学生补充阅读三段话，之后提出思辨性问题：这些话删掉了，可不可以？如果保留这些话，能不能更好地探索作者"写清楚"的密码？问题提出后，让学生主动发表观点，甚至组织一些争论，将学习和思维推向深度。这样的挑战也带来优质的效果，学生能发现：写清楚的真正核心力量是心里清楚，清楚自己要表达什么，要展示什么，要弘扬什么。

在思维的激烈交锋之后，课末我们让学生自己概括：自己写事件，要写清楚，能从这篇课文学到什么？获得什么启发？或者，有更好的方法，个性化的"妙招"吗？欢迎学生在结束前，分享个人的写作秘诀，欢迎课堂生成的创意得到重视与分享。

在和学生一起经历认知挑战的过程中，我们会注重促进学生将相对的短期目标和长期目标之间进行联系，简单的方法是将认知学习的结果应用于现实，让学生看到学习的结果与生活的相关性。当学生被要求使用他们所学到的知识来解决问题、做决定、进行调查，并对现实问题做出假设时，他们会认为所学的东西很重要。

着力于让教学集中在思维上，有着不可替代的优势——思维带动着整体的发展。思维的高度集中，势必带来言语表现力的生长，还会引燃创意，自然提升了教学效率。我连续十年左右主张"长文短教"，在第一课时教完最核心的部分，让思维剧烈碰撞，而在第二课时进行补缺补漏，这成了我的一种教学风格。

着力于思维，这样教也需要准备条件。例如结合学习任务，进行前期的信息采集；进行学情的预判；建立良好的师生关系等。同时，还要长期的准备，即教师本人的人生观、哲学观，至少要修养成中庸、豁达、宽容之气，同时保有童真。这样才能让学生在你的课堂上充分发挥，而又不至于走偏；教师既有引导，又能够接纳学生各种各样的个性思想的存在。最后，还能保证学习目的的达成。

着力于思维，这样教也存在着问题。最明显的，就是后进生跟不上。整节课思维的跳跃性很强，容量很大，需要学生全神贯注倾听，需要专注力的配合。我们都知道，学生的注意力集中时间不够，长时间保持关注，确实很为难。然而，倾听与专注力，又是思维教学的必须保障，也是当代学生的一种突出缺陷。因此，如何顾及后进，面向全体，这是我们未来要着力解决的问题。

课堂上讨论那么热烈，都是有效的吗？

听青年教师执教统编五年级下册二十一课《杨氏之子》时，遇到一个问题，需要学生进行讨论。

问题是"到底杨氏之子的语言，能算是风趣吗？够不够幽默呢？"之所以有这样的疑问，源于本单元的教学目标。本单元教学，就是要让学生"感受课文风趣的语言"。在单元导语中还引用了莎士比亚的话——幽默和风趣是智慧的闪现。然而，阅读《杨氏之子》却发现，他的语言，似乎并不好笑。

的确如此，看起来是这样——就在孔君平说"此是君家果"时，杨氏之子应声答曰，一点都不留情面，当场怼回了一句"未闻孔雀是夫子家禽"。一点都不客气，也不留有余地。而且，此言一出，犹如"倚天剑"，再无人与其争锋。孔君平也没有做什么辩解。试想一下，当时的气氛非常尴尬，这算是幽默吗？

"这算是风趣、幽默吗？"课堂上，学生的讨论确实很热闹。他们把头凑在一起，大声地说了一会儿话，然后就各自汇报发言。我突然想：如果不讨论呢？他们能得出这样的结果吗？想一想，似乎可以。表示结果的话，无非就是"我觉得……""我认为……""在我看来……"这样的结果，和讨论究竟有多大的关联呢？

真正的问题浮出水面：讨论在学习中，起到作用了吗？

仔细回想我们听到的课，不少都带有讨论的环节。针对讨论，可以有三个追问：

第一，有必要吗？很多问题没有讨论的必要，却组织了讨论，可能是因为有讨论的课堂，更容易得到好评吧。

第二，有交流吗？别看学生们很兴奋，四人一小组，同桌互相头碰头，但是真正的交流发生了吗？争论存在吗？可能很少，因为时间那么短，几乎没有给每个人表达的机会，也许依然是小组中"最爱说"的那位唱着独角戏。特别是公开课上，这样的交流很可能是给听课教师看的。

第三，有结果吗？也就是未经讨论和讨论之后，说的话，想的事，一样吗？能够融入别人的思想吗？能够采纳别人的建议吗？能够反思自己的观点吗？

一切都在思考中，但答案确实不那么乐观，讨论在走形式，没有实际效果。于是，问题又转向"如何让讨论真正落到实处？产生效果？"结合教学实践，针对发现的问题，我们也给出三个建议，让讨论落到实处：

建议一：要建设讨论的仪式感

讨论在课堂上发生得太随意，没有仪式感，自然容易流于形式。而仪式感的建设，也有两个类型。

第一类，前期预热，自然引发。在正式讨论前，有一个较长的预热期，作为即将正式讨论的预备。预备后进入正式讨论，犹如赛跑时的发令——预备，跑！"预备"不能少。

例如针对"到底杨氏之子的语言，能算是风趣吗？够不够幽默呢？"这个问题，很自然地生发出来，不要着急组织讨论，可以在抛出来后，先自由争论，在预热的时候，就有了观点的分歧，有思想的碰撞。在僵持不下的时候，再组织讨论，汇聚集体的力量，有针对性地解决问题。

第二类，突出特质，专项组织。这节课要讨论，不如就专项组织讨论。以讨论为课堂教学主流形式，专项开展。在时间上，予以最大限度的保证，整节课都可以在讨论中进行，讨论充分；在形式上，也下足功夫，桌椅的排放，发言的流程等，形式上的布置就让学生有种进入讨论的仪式感。

试想一下，如果留有较多时间，在教室里设定不同的区域，摆放好桌椅，围绕着"杨氏之子的话幽默吗？"这个问题，分为两个阵营，各自交流、讨论，说出自己的观点。在集中讨论之后，再进行区域之间的交流，最后汇报观点。即便不得出结论，整个过程也具有学习的意味。

建议二：要注重讨论习惯的培植

课堂上随机进行讨论，有点随意，讨论的效果也难以保证，深层的原因是在之前的学习中，未曾进行讨论的习惯培植。讨论，并不是天然会，应该经由教学，有所引导。具体说，有利于讨论产生实效的习惯有三个：

习惯于追踪问题。在讨论过程中，如果有感兴趣的问题，要穷追猛打，要善于追踪，层层剥笋，不断深入。例如前文提到的"算是幽默么"？要牢牢抓住这个问题，集中火力进行讨论：什么是幽默？此处的语言，算不算幽默？如果算，笑点在哪里？不算，问题出在哪里？和单元学习目标是否匹配？讨论不要蜻蜓点水，简单表态，也不要左顾右盼，一会儿谈到"幽默"，一会儿又讲到其他。问题把握得越牢固，讨论的效果越好。

习惯于有逻辑地争辩。讨论不是看谁声音大，看谁话多谁就获胜。课堂组织讨论，更大的目的在于让学生的思维更加灵动，表述更为清晰，阐述观点更有逻辑。例如，要能够结合具体事例，阐述观点；要能引经据典，阐释见解；要能据理力争，与对方辩论；要能倾听归谬，在反驳的同时确立自己的主张。讨论中难免涉及争辩，争辩就是最激烈的思想交锋。在争辩中应该让学生更为冷静、清晰地坚守话语的逻辑，合情合理，合乎逻辑地让自己的观点深入人心。这是讨论对语文学习最大的意义。

习惯于遵守礼仪。讨论并非都要争得面红耳赤，都要分出胜负输赢。即便是意见有重大分歧，观点完全不同，在表达时也要注重保持尊重对方，有序表达的宽容气度与交际礼仪。记住朱光潜先生说的"语言的德性"——得理要饶人，理直气要和。

相信大家都听说过一句极有风度的话，用在理解"礼仪"上特别合适——"我不同意你的说法，但我誓死捍卫你说话的权利！"这句话最早提出的人是英国女作家伊夫林·比阿特丽斯·霍尔。她在出版于1906年的一本题为《伏尔泰之友》的书中写到这句话，后来广为流传，以至于不少人都认为这是伏尔泰说的。讨论中，即便观点不同，也要"誓死捍卫对方说话的权利"，让对方说，以最大的诚意倾听对方的观点，这也是自己发表观点的前提。

讨论和吵架不同，讨论是一种优雅的社交。

建议三：要把握讨论的元话题

什么是讨论中的"元话题"？就是本次讨论中，各方共同涉及的最核心的概念，观点背后最有力且关键的支撑，话题的边界厘定。即"到底说什么？""到底凭什么？""到底关于什么？"

以"到底杨氏之子的语言，能算是风趣吗？够不够幽默呢？"这一话题的讨论为例，最核心的概念就是"幽默"。到底什么才是幽默？只有先充分了解这个概念，在讨论各方中对概念达成共识，才能够继续讨论"杨氏之子的话算不算幽默"。所以讨论时，可以分层进行，对"幽默"这一概念优先进行。其次，分门别类。不认同幽默的，提出反驳的理由。例如有学生指出课文中并没有写到"在场人哈哈大笑"，也没有说"孔君平感到有趣"，反倒是戛然而止，看起来不但不幽默，还很尴尬。

认同杨氏之子幽默的，也找到关键的支撑。例如在讨论中，有学生就找到证据。此文选自《世说新语》，此书反映的是魏晋名士的风流。而在当时，名士之间流行一种幽默的方式叫"排调"，对排调的描写，占据了《世说新语》的大部分篇幅。排调就是魏晋名士之间的嘲嬉之风，是古已有之的。特别是在思想多样，个性张扬的魏晋时期，名士们把这样的语言当作幽默，互相嘲讽、嬉笑怒骂。找到了这样的依据，做出判断——杨氏之子的话，就是排调的一种，算是幽默。就是那孔君平当时无言以对，也能在尴尬之余感受到语言中的风趣、幽默的气息。

在讨论中，为了更为集中地进行思想交锋，要特别注意边界的厘定。例如针对"到底杨氏之子的语言，能算是风趣吗？够不够幽默呢？"这一话题的讨论，集中在"幽默风趣"上，是和语言的智慧有关，并不是一味搞笑，更不是哗众取宠，取悦别人。所以在集中的疆域范围内讨论，使话题更加集中，也能使讨论的本质得到更大的保证，这样讨论才更加有效。

课堂上组织学生讨论，是合作学习的一种形式。学生在讨论中能发展思维能力，提升言语表达能力，在意见分歧中形成新的观点，在交流合作中形成新的学习能力。有效的讨论，能让学习不断地往前推进。

"课后练习"的调整，究竟意味着什么？

使用统编教科书，我们都有一个感受——每次拿到手，都不一样，都在微调。这样的变化，给我们带来的思考真不少。

例如：新版统编教科书三年级上册《总也到不了的老屋》课后练习更换了。

2018年第一版三年级上册教材中第二题为"填写表格"，如图所示。

预测的依据		预测的内容
故事里的内容	生活经验和生活常识	摘自 49 页课后第二题
小猫刚刚离开，老母鸡又来请求老屋不要倒下。	不断地被别人打扰，可能会觉得很烦。	我想老屋可能会不耐烦了。
老母鸡走了之后，小蜘蛛又来请求老屋。	乐于帮助别人的人，应该会愿意继续帮助别人。	我猜到了老屋会怎么回答。

表格让读者明晰预测产生的线索：从"故事里的内容"到对"生活经验和生活常识"的关联，再到产生"预测的内容"。同时，右边上一栏中的预测结果和原文不符，下一栏的预测结果虽然没有明确出示，但足以指示学生，关注原文内容，准确猜测出答案。表格，清晰地呈现了预测是如何产生的，让学生明白要预测，先要认真阅读，之后联系自己的体会思考，最后顺势做出推断，完成预测。

2019 年更换后的"课后练习"就是一组对话，内容如下：

读课文的过程中，你有没有猜到后面会发生什么？和同学交流。

1. 当我读到老母鸡请求老屋不要倒下时，我猜老屋可能会不耐烦。因为不断地被别人打扰，可能会觉得很烦。

2. 一读到小蜘蛛来请求老屋，我就猜到老屋会同意。因为故事中的老屋很乐于帮助别人。生活中也有这样的人，他们都很愿意帮助别人。

3. 我发现，文章的题目、插图，文章内容里的一些线索，都可以帮助我们预测。

4. 我预测的内容有的跟故事的实际内容一样，有的不一样。

第一位小伙伴说的是"我是如何预测的"，显然，预测的结果是错的，此条对话内容，意在告知学生，预测怎么做。同时，透露出一个信息：预测的结果可能和原文是一致的，也可能是不一致的。第二位小伙伴抓住文中关键句来预测，同时提示预测时要联系生活。第三位小伙伴的对话内容提示读者预测来源于何处，提醒要关注"文章的题目、插图，文章内容"等。第四位小伙伴再次提示预测的内容和原文比对，有相同和不同之分。

补充说一句：其实这些对话，很多源于之前版本中，表格下方的"泡泡提示语"。只不过，原先的提示语孤零零地出现，如同表格之下的遗落物；如今对话，成组抱团出现，阵容强大。

先后两版教科书在课后练习上做出这样大的调整与更换，引发了一线执教者的关注与热议。大家都在猜测：这样的替换，到底是为什么？

其一，有专家学者提供了思考结果。例如，上海师范大学吴忠豪教授，在一次评课时，针对执教者对表格部分的教学设计时指出：

　　探究预测的依据，这一步设计得比较细致，要求学生讨论"预测的内容是怎样得出来的""鼓励学生说出不同的预测"，还要把自己"预测内容设计成表格"完成表格的填写。这样设计的出发点是好的，但是要说清楚预测的"依据"非常困难，因为预测的依据是个人内心感觉和生活经验，是感性的而不是理性的，是隐藏在思想深处的模糊感觉，要把这些说不清道不明的依据表达清楚，其难度可能会超过预测本身。因此，这一板块似乎应该降低难度，学生只要了解预测要有依据即可，不必过度展开。

　　吴教授的评价带有对"预测"这一策略的学理认识，指导得精准到位。其中涉及的对预测的理解，如"要说清楚预测的依据非常困难，因为预测的依据是个人内心感觉和生活经验，是感性的而不是理性的，是隐藏在思想深处的模糊感觉，要把这些说不清道不明的依据表达清楚，其难度可能会超过预测本身"，也成为教材编撰者们替换这一表格的重要原因。

　　同时，一线教学的难易反馈是重要参考。2018 年版本在一线教学实验中，收集了大量源自一线教师的体验与反馈。教学中，大家发现这一表格教学难度系数很高，上课时将表格中各框的内容进行讲解、比对、拓展，消耗的时间很多。因此，替换的极大可能性来自"学情反馈"。

　　第三，还考虑到学习结果的多样性。表格中的预测，不论对错，都是固定的结果，这就使得预测的结果变得单一。同时，表格直接出现在教科书上，学生的认可度极高，相信这就是"唯一的学习结果"。诸如"预测就是要根据生活经验和生活常识"。也许，很多学生根据的是"上下文的信息"。同时，即便是知道"预测结果有准确与不准确"之分，也很容易将不准确的预测结果简单认定为表格中出现的内容。预测结果的多样性得不到认识。

　　表格更换成对话，是代表着统编教科书理念上的更新。但在新一轮教学实践中，一线教师也发现，更换后至少也存在三个比较明显的缺憾：

第一个缺憾：对话过于直接给出了结果

给出结果，另一层意思就是"不需要思考，不经过验证"了。在四组对话中，对于"如何预测"都以"我发现""我是这样做的"的形式出现，同时直接给出发现的结果，实践的结果。这样的话语直接呈现，形式简洁，结果明了，但显然缺乏了一种可贵的探索过程。这如同给了一个更为直接的"学习定论"。而且，通过对话的形式给出，没有其他的参照，给得那样直接、果断。

回想原先的表格，虽说也有结果的呈现，但至少留下一定的空间，表格中各个框里的内容，要顺延读，还要回读，更要比对，这就使得这一结果的出现伴随着学习的过程。倘若将表格的部分框空出，成为真正的"填表练习"，也许会让这一学习的过程更为突出。因为填表的过程，就是一种探索性的学习过程。

第二个缺憾：对话的内容都是"对"的

对话中的内容，都是"对"的。也就是说，对话给出的是一个让人无法怀疑的正确结论。也许大家会说：对话中不是也给出"错误的预测"吗？例如"1. 当我读到老母鸡请求老屋不要倒下时，我猜老屋可能会不耐烦。因为不断地被别人打扰，可能会觉得很烦。"但要知道，即便是这一"错误"，本身就是一个学习结论，也是用来接受的。

"对"的内容，无疑是学习目标获取的保障。通过对话，学生能很简单、快速、精准地获取预测的应有学习内容，例如：预测并非都要准确；预测可以借助文本的各处进行；预测应关注文中最为核心部分。殊不知，学习的乐趣就在于犯错，特别是对预测的学习，"犯错"更是可贵的学习。联结主义心理学上的"尝试错误"理论，从源头上让我们认识到错误的价值。但如今，借助这四组对话来学习预测，学到"正确"的内容是很容易的，犯错的可能，几乎为零。

原先的表格展示，虽说阅读起来难度系数较高，比较复杂，但值得琢磨和比对的地方较多，学生还能在上下两行的比较中拥有更多的学习体验，特别是"错误的预测是怎么来的？"这一犯错的体验就显得尤为珍贵了。

第三个缺憾：读对话让学习变得"轻松"

诚然，用"读对话"的方式学习，是省时高效的。例如：课堂教学推进变得轻松，教学效果明显，教学时间容易把握等。但是，通过这样的"接受式"学习，缺失了非常独特的"攻关"的乐趣。原先的表格学习，确实在教学操作时有难度，可是这样的"难度"更具有学习的意义。预测本来就是全新的学习内容，历经困难后学得，这也是规律。如果针对新知的学习都在旧的经验区里，半步不敢越出"雷池"，只是在自己会的方面不断读，不断去记住读的内容，学习的乐趣也不存在。而迈向"最近发展区"的攻关，才是一种学习的路径，学习的经历，或者说，这才是真正的学习。

还有一点值得提。

表格，让思维的路径清晰可见；表格，具有较为理性的逻辑特色。预测是怎么产生的？一步一步是怎么变化的？表格可以非常清晰地罗列出来。对话也可以，但是用话语内容逐句说，学生逐句读，学习的路径没有改变，语言的逻辑也没有得到提升。删除表格，也就删除了这一体验性学习的存在可能。

统编教科书在不断更新，这是非常可喜的，从中足以看出编撰者的严谨、负责。每次的修改，都让教科书具备更强大的"服务于学"的功能。修改后的教科书在实践操作中，是否能适合学情，并不是坐而论道能得出结论的，也不是这篇小小的文章能谈得清楚的，还是将其留给真正的教学实践去检验吧。因为在真实的学习实践中，还有情况发生，也就还可以再修订，再调整。

策略单元教学，需特别注重"软着陆"

执教统编教材，特别注重"语文要素"的落实。在一线教学实践中，难以避免地出现了全新的问题——对"语文要素"实行简单且生硬的教学，我们称之为"语文要素硬着陆"。

这一问题相对普遍。解决的方案也很明确——让"语文要素"实现"软着陆"。具体的教学思想与操作是怎样的？我们以五年级上册"速读"策略单元为例，和大家做分享。

首先，明确本单元的教学目标"学习提高阅读速度的方法"，同时在写作上"能够结合具体事例，写出人物的特点"。作为策略单元，最为困扰一线教师的，当然是"如何提高阅读速度"这一核心问题。因此，本单元编排了四篇课文，对如何提高阅读速度各有侧重。

第一篇《搭石》。作为单元首篇，阅读提示中直接鼓励学生"用较快的速度默读课文"。关于如何"快"，则提醒学生"注意力要集中，特别是遇到不懂的词语，不要停下来，不回读"。在课文后的同伴对话框中，两个同学交流的内容，都围绕着"遇到不懂的地方，不停下来，不回读"这一要点进行。可见，这一课重在训练学生以"跳读"的方式，提高阅读速度。

所谓"跳读"，就是跳过那些暂时不理解的地方，继续往下读，不回读。很显然，这样读，阅读的速度自然很快提高。但是"跳读"是有代价的，那就是很容易错过许多耐嚼的语言，错过思考的乐趣，错过解疑中的进展。幸好，还可以用"好读书，不求甚解"来自我安慰。不过也有老师质疑：这样行吗？

行！因为本单元的教学目标就是"提升阅读的速度"。因此，在本单元中，就可以直接尝试用"跳读"的方法，先感受阅读速度提升后是什么样？先学会提升阅读速度的方法，抵达单元教学目标。关于品味、质疑、拓展等其他阅读教学目标，则在其他单元中侧重实现。很显然，关于质疑，四年级的策略单元就是重点。

本单元第二课是经典课文《将相和》。本课阅读提示为"用较快的速度默读课文，记下所用的时间。尽量连词成句地读，不要一字一字地读。"显然，这就是所谓的"扫读"。如同扫描，一行一段地快速扫描，成段成篇地推进阅读。用这种方法读，阅读速度提升是必然的。课后的同伴对话框中也不断地提示"一眼看过去，看到了什么？"可见，就是要求学会用快速浏览全段的方式，提升阅读速度。相对于第一种速度方法，这算是"旧经验"了，因为《义务教育语文课程标准》在第二学段的阅读教学目标中，已经提出"学习略读，粗知文章大意。"在第三学段又直接提出"学习浏览，扩大知识面，根据需要搜集信息。"因此，"扫读"并不是新生事物，带有强化巩固的意思。

第三篇课文是《什么比猎豹的速度更快》。阅读提示中明显地提出"借助关键词语，用较快的速度默读课文"。在实际操作中，可以让学生进行"寻读"。什么是"寻读"呢？即每读一段话，都寻找到本段最为核心的关键词，其余内容的阅读，就是不断印证关键词所表达的核心意思。抓住关键词，印证剩余内容，以这样的"组合"提升阅读速度。课后对话框中也不断地提示学生"发现每个自然段中最关键的部分"，以此提高阅读速度。

至此，本单元三篇课文，分别给了学生提高阅读速度的三个方法：其一为"跳读"；其二为"扫读"；其三为"寻读"。三个方法"打包"，就成了"速读的策略"。

第四篇为《冀中的地道战》。阅读提示中让学生"带着问题，快速的阅读。"究竟怎么快速阅读呢？每个人读书时都带着"自己的问题"，如何快速，应该是自己对方法的选择和运用。基于此篇为"单元末篇"这一特殊位置，此篇阅读实践，就是对前三篇所学方法的综合运用。例如，根据自己提出的问题，迅速寻找答案，进行"寻读"；根据自己提出的问题，快速连词成句，进行"扫读"；根据自己的问题，跳过不理解的地方，大致了解相关内容，建构初步的答案，进行"跳读"。单元的最后一篇，就是对前三个方法的综合运用。

回到开头的话题：策略单元教学，很容易让语文要素的落实，变得无比生硬。例如，直接教学"提升阅读速度的三个方法"，让这一"语文要素"由记忆转为强化迁移运用。这样"硬教"导致的结果是——学生有了速读的方法，却丢掉了读书的乐趣，忽略了文本自身的魅力。要知道入选统编教材的课文，无论从人文价值还是语言文字层面，或者说所携带的文化信息，都是极具教学价值的。因此，我们应特别注意在策略单元教学中，让语文要素实现"软着陆"。

以《将相和》一课为例，我们可以分四步来实现"软着陆"。

第一步，初步尝试，累积体验

让学生自由默读全文，并真实计算用时多少。教师可以统计全班"最快的"和"最慢的"之间相差多少时间，初步感受提升阅读速度后，带来的全新体验。

第二步，巧用问题，提质保量

确保学生在速读的基础上，依然不能忘本，要把握故事内容。教师可以提出四个问题：第一问，文中的"将"与"相"分别是谁？第二问，文中的"相"究竟经历了什么事？第三问，文中的"将"与"相"不和，是怎么回事？第四问，文中的"将"与"相"最后和了吗？

通过四个问题，让学生在回答的同时，大致了解课文内容，把握文本的故事价值。这样也确保了速读之后，阅读的基本质量有所保证。

第三步，集中训练，重点提升

不妨拿出一个故事，进行集中、专项的速读训练。建议选择"完璧归赵"。理由很简单，这个故事占据了 10 个自然段，是全文的主体故事。训练，确保语文要素在教学得到落实。具体实施时，也可以分三层推进：第一层，扫读，看看在完璧归赵这个故事中，共出现了几个人？以此检测学生快速阅读时，对关键信息的把握是否有遗漏；第二层，扫读，看看完璧归赵故事中，大概发生了什么事？阅读速度提升虽然重要，但不能因为追求速度，连故事写的是什么都不知晓，这是捡了芝麻丢了西瓜的低效教学。我们要通过专项的扫读练习，捡起这个"大西瓜"；第三层，扫读，让学生借助关键词进一步把握故事。让学生通过扫读，用关键词串联起整个故事。例如，可以抓"欺骗"，记住秦王的用心；抓"毛病"，记住蔺相如的计策；抓"撞碎"，记住蔺相如的勇敢和机智；抓"信用"，记住秦王在这件事情上"失道寡助"的根本原因。这样一来，既完成了"完璧归赵"故事的成段的速读，又让学生把握了故事大致内容，还传承了应有的文化。教学的效率不断提升。

第四步，自由速读，统整全文

在结合"完璧归赵"这一故事进行集中训练之后，学生基本掌握了"扫读"的速读方法，接下来可以自由完成课后第四题"蔺相如、廉颇给你留下了怎样的印象，结合具体事例说一说。"让学生自由说"印象"的同时配合阅读的收获，为自己佐证。这一教学环节，各抒己见，不要特别注重结果，重在检测"速读的质量"。看看提升速度之后，质量是否打折扣。这就是让语文要素在最后的环节中，通过教学检测，实现"软着陆"。

谁说那只"老麻雀"就一定是母的？

一天深夜，我收到一条微信，来自云南省白鹤滩镇中心学校的杨小雁老师。

何老师，我向您说一说：

统编四年级上册第五单元第 16 课《麻雀》中写到的故事很动人，老麻雀奋不顾身保护小麻雀。可是参考书中都说这"体现了伟大的母爱"。我认为这只老麻雀有可能是公的，难道只有母爱才伟大吗？当自己的亲人遇到危险的时候，任何一个大人都会救的。这些都是爱，爱使我变得强大、勇敢。

杨老师觉得，一味认为这是一只"母麻雀"，是值得质疑的。

看到这条微信，我也觉得意外，因为我也从心里认定——这是一只母麻雀。但杨老师的留言，引起了我的兴趣，将课文从头到尾读一遍，不禁惊叹：文中并没有说这是一只母麻雀。为了让大家都能了解，以下转载课文内容部分：

我打猎回来，走在林阴路上。猎狗跑在我的前面。

突然，我的猎狗放慢脚步，悄悄地向前走，好像嗅到了前面有什么野物。

风猛烈地摇撼着路旁的梧桐树。我顺着林阴路望去，看见一只小麻雀呆呆地站在地上，无可奈何地拍打着小翅膀。它嘴角嫩黄，头上长着绒毛，分明是刚出生不久，从巢里掉下来的。

猎狗慢慢地走近小麻雀，嗅了嗅，张开大嘴，露出锋利的牙齿。突然，一只老麻雀从一棵树上飞下来，像一块石头似的落在猎狗面前。它挓挲起全身的羽毛，绝望地尖叫着。

老麻雀用自己的身躯掩护着小麻雀，想拯救自己的幼儿。可是因为紧张，它浑身发抖了，发出嘶哑的声音。它呆立着不动，准备着一场搏斗。在它看来，猎狗是个多么庞大的怪物啊！可是它不能安然地站在高高的没有危险的树枝上，一种强大的力量使它飞了下来。

猎狗愣住了，它可能没料到老麻雀会有这么大的勇气，慢慢地，慢慢地向后退。

我急忙唤回我的猎狗，带着它走开了。

全文上下，没有一处说这是一只母麻雀。随后，杨老师查询了资料并转发给我。再一看，发现这只麻雀，还真有可能是"公麻雀"：

春季繁殖期间，雌雄成对活动，共同营巢、孵卵、喂养幼鸟，幼鸟长大习飞离巢，先随老鸟一起活动，而后老鸟进行第二次繁殖，幼鸟才自相结群活动。

资料中赫然写着"雌雄成对活动，共同营巢、孵卵、喂养幼鸟"。所以，这只"砸下来"的老麻雀，很难说就是"母麻雀"。事已至此，究竟这只麻雀是"公"还是"母"，答案有意思，但似乎不那么重要。杨老师发来的微信让我久久不能平静的，是带给我的思考——究竟一线教学研究，该怎样进行？感谢杨老师，带给我三条启发，在我心中树立起一个平凡且可敬的一线教师形象：

其一，唤醒一线教学中最为可贵的文本解读意识

一线教师，应该能够自己解读文本，这是一种自觉的意识。至少，要能对文本进行"教学解读"——为教学而进行的解读。然而，太多的老师越来越依赖各种辅助材料。例如杨老师微信中说的"教参"。还有的信奉各种名师案例，有的已经到了没有辅助材料就无法执教的程度。我们不反对大家拥有各种辅助材料，但唯一不能缺乏的，应该是自己解读文本的意识。要知道，在这样的意识消退后，解读的能力也随之衰败。

我曾写过一篇文章，题目是《无奈啊，到处"跪求"教案、课件》，此处截取几段：

开学季，网络上到处都是一线教师"跪求"的信息。一时间，提供这些教案、课件下载的平台瞬间火爆，即便有收费，也被一线老师心甘情愿地接受。在"买单"的那一刹那，没有人再去顾及这些教案、课件到手后，到底能不能用，花的钱到底值不值……答案是肯定的——能用！特别有用！特别值得！一年的辛劳，就在此间完成。

怎么用呢，基本上有四种用法：第一，拿了教案，抄一抄，变成手抄本；第二，拿了教案，扫一扫，变成电子版；第三，拿了教案，看一看，变成参考书；第四，拿了教案，改一改，变成自己的讲稿。很显然，后两种用法算是"性价比"更高的。前两种，累到手抽筋，眼泛花，对于教师本人的成长而言，没有好处。课件拿到手，直接使用的，无疑是让自己的大脑成为别人思想的跑马场，你的灵魂已经被人牵着走。即便你信誓旦旦地要修改，要调整，可一旦进入"一天又一天的教学轮回"时，可能连事先打开看的时间都没有。

文本解读是教师首要的基本功，是有效教学的重要保障。老师日常应该更多地自己接触文本，凭借着对文本解读的理论学习，以及长期积累的解读经验，更重要的是结合学情，进行教学解读。

如果是一个文学爱好者，还可以进行更加纯粹的文本解读。但不管怎么样，文本解读都应成为教师的基本功，成为教学前的规定动作。杨老师的疑问，让我们牢记：不让自己的大脑成为别人思想的跑马场。

其二，代表着一线教学中温暖的生命教育情怀

从杨老师的微信中，我们能明显地感觉到：一线教学应存有温润的教育情怀，应让教学关联每一个鲜活的生命，这样才能不断提升教育的格局、教学的视野，才能对每一个生命个体予以理解、尊重与热爱。

杨老师真正做到了这一点。正是她对教学的慎重，对学生的尊重，对课堂的敬畏，才使她在看到参考书时，会去思考。请注意，她的思考最实质的部分，就是——生命和爱。所以，她才纠结"这是一只母麻雀？""难道不能是公麻雀？"这个问题的背后就是一个信念——父母的爱，都是无私的。

就在众人昏昏沉沉地接纳一切"喂"到嘴边的信息时，就在大家都觉得这是可笑、不起眼的问题时，有生命教育情怀的人开始了思考……这一思考，在学习与成长之间架起了一座温暖的彩虹桥。

2019 年基础教育领域关注的热点就是——学科育人。特别是小学语文学科，每位一线老师都应该在自己的日常备课与执教中，承担起学科育人的重任。这应该成为一种教学自觉。语文学科核心素养中，就带有审美素养、文化素养，这些都是学科育人的丰富而真实的内涵。

其三，建构出一线教研的基本路径

很多一线教师说自己忙，忙得没有时间教学，没有时间研究。这一次，来自乡镇的杨老师提出的问题，则带给一线教师以启示——再忙，都要做研究，都不要放弃发展。

其实，在探究这是一只"公麻雀"还是"母麻雀"的背后，清晰可见的是一线教研的一种可行的、必经的基本路径：

第一步，细读文本，这是基本保障，前文已叙，不再赘述。

第二步，查询并比对各种资讯。研究不是坐而论道，更不是闭门造车。广泛地查阅资料，同时不迷信权威，进行各种资料的比对，为自己的思考找到切入点。比对，可以是甲资料和乙资料的比对；可以是资料信息和自己想法的比对；可以是资料和当下学情的比对……有比较，才会有发现，有突破。

第三步，寻根问源。当我们发现差异后，就沿着这一发现，寻找证据，探索源头，在获取答案的同时，我们也确定好非常个性化的教学内容，选择并设计好教学思路，为实现"以学定教"做好准备。

"麻雀到底是公还是母"，我们很期待大家从这个问题的背后得到属于自己专业发展的一些启发。请牢记：

在自己感到迷茫的时候，不要放弃思考，不要放弃求证。穷追不舍，追根溯源，把我们丢失的研究精神找回来。

"推荐类"写作的教学定位

和青年教师备课五年级上册统编习作《推荐一本书》，上了几次都感觉不对劲。最后，青年教师有点不耐烦，说出了这样一句话："反正推荐了，剩下的不管啦。爱看不看。"

这句话看起来有理，其实藏着对"推荐类"写作的严重误识，也体现着写作教学中"大而泛之"的现实问题。

例如《推荐一本书》，一不小心就写成《我的读后感》。看起来是作者向读者推荐，实则是作者的自言自语。文中总是写到这本书的书名是什么，目录有什么，章节有哪些，好看的句子摘抄一两个，明白的道理总结一两句……看起来严丝合缝，没有问题，而且在文章结尾，还有一两句口号，很有推荐的意味，大多类似这样——"这么好看的图书，你还等什么呢？"

联想到统编四年级上册第一单元的习作《推荐一个好地方》，居然也有类似的写法。例如，堆砌一些材料，说这个地方有多好，也不管自己有没有去过；借助一些套路化的结构铺排文字：亮出地方——说出好处——喊出"欢迎光临"的标语。之后呢？当然不管了，感觉万事大吉了。

至于说读者"到底看不看""究竟来不来"，似乎和作者无关，真的可以"不管了"吗？不管，结局似乎不错。大约写到以上的内容，在老师评改的时候会得到高分。因为就连评改的老师都认为——已经做好推荐了，优点已经列出来了，读到这篇文章的人"爱不爱来"，不重要。

实际上，写"推荐类"作文，类似"爱不爱""来不来"的结果尤其重要，可以说是评价文章的"红线标准"，带有"一票否决"的至高权柄。原因很简单，这是一类具有特殊意图，带有极强的真实性写作体验的特殊性实践。

2007 年秋，美国在《1998 年写作评价框架和说明》的基础上，又推出了《2011 年 NAEP 写作评价框架》《2011 年 NAEP 写作评价说明》两个重要文件，对写作以及评价体系进行了详尽的描述。这一体系中最应引发我国小学教师关注的是其对写作目标的分类。NAEP 的写作能力架构将写作分为三类，每一类都有不同的交际目的、目标读者、写作形式。而且，每一类也都匹配了不同的评价标准，涵盖了对写作思路的形成、写作逻辑的组织、语言能力与语言规范的要求①。具体如下表：

NAEP 写作评定框架

写作类型	按交际目的划定了"为了劝说""为了解释说明""为了传递经验（真实的或虚构的）"三类	
目标读者	教师、家人、同龄人等；校长、编辑、公务人员等	
写作形式	写作技巧：分析、叙述、反思、描写、疑问、评价、比较、联想等	
	写作体裁：书信、记叙文、议论文、说明文、报告等	
评价标准	写作思路的形式	思想具有深度和复杂性；思维方法、写作方式运用有效
	写作逻辑的组织	文章结构具有逻辑性，切合学生写作目标和所运用的思维、评价标准、逻辑及写作方式；段落之间保持连贯性；重点突出
	语言应用的规范	句子结构控制合理，句子多样化，且符合主题要求；用词、语言应用与规范精准、恰当，表达清晰，突出思想；符合语法习惯，措辞清晰、展现作者思路等

---

① 施耐德·马克. 美国国家教育进展评估 [J]. 考试研究，2011（3）：3—11.

对照此系统可知，"推荐"这一类的习作属于"为了解释说明"，是一种在特定目标统照下的，具有功能性、交际性的专属写作，不能把它当作一般的"散文"来写；不能以文句美不美，内容多不多来做评价；也不能因循"开篇亮出地点——材料列出优点——结尾喊出'欢迎'"这样"三点一线"的套路，写出样板文。

照"老规矩"写，写和没写一样，没有认知增长点。之前笼统的"散文"写法，在这一次实践中不可取。教学，要完成学生从参与之前的认知起点到完成之后的认知生长点之间的"认知落差"，要让学生体验"推荐"的真实与独特之处。参考美国"NAEP写作评定框架"，我们可以重新定位这类教学的三个核心要素。

首先，要有一个具体、明晰的读者

无论是《推荐一个好地方》，还是《推荐一本书》，都要考虑：向谁推荐。必须明确推荐的目标读者，不但让其有身份，还要有个性特征。例如《推荐一个好地方》的读者，是外地人还是本地人？推荐时大不一样；是爱旅行的还是不爱旅行的，推荐时的力度不一样；旅行时喜欢拍照还是喜欢美食，推荐时的重点就不一样……对读者的评估与认定，直接决定了推荐是否成功。推荐的成功，就是写这一类文章最核心的目标。

可见，"反正推荐了，剩下的不管"这一观点，完全错误。推荐了，只是"万里长征走出第一步"，剩下的要真正管起来，才算进入写作程序。

其次，"推荐类"写作，其实是个组合后的"学习项目"

在课程论系统中有"大概念"这一概念。凡是与生活关联，在未来生活中能够用得上的专家级认知，可以认为是学习中最为上位的

"大概念"。

"大概念"不是空洞的文字条款。其一，它是生活中用得上的概念；其二，它是成熟的专家级认知，是经历检验，能在实践中产生效果的；其三，它是统领着整个教学，驱动着学生不断地参与，持续迈向学习的深水区的总目标。

以《推荐一个好地方》为例，"让推荐的内容成功地被接受"，这就是本次学习的大概念。这里涉及了推荐文章的文体采纳，例如，可以考虑图文匹配；推荐内容的审定，例如针对美食爱好者，重点推荐特色小吃；推荐话语的设计，例如以何种风格来表述；推荐主旨的确证，例如，引导他人前来，是为了推广我们的地域文化吗……整个写作过程都注重作者与读者的互动，让文字成为信息传递的桥梁，让传递的信息成为联通作者和读者的纽带。推荐成功，"大概念"就能实现"高位迁移"——在未来类似的生活情境中发挥作用。

也就是说，能《推荐一个好地方》，应当能《推荐一本书》。如此一来，教学的负荷明显就减少了。

基于对"大概念"的认识，"推荐类"写作尤为需要精准的读者定位；需要合理的内容选择；需要适当的话语方式采纳；需要借助相关的资料；需要考虑具有诱惑力、召唤性的语义传达。整个写作类似一个打包后的"学习项目"。这绝非一篇堆砌柔美文字的"散文化写作"所能取代的。二者有着本质上的差别。

最后，"推荐类"写作，师生需要全程合作

项目式写作，是不能"不管了"的，反而要一管到底。项目式学习，教师需要全程设计，师生要全程参与。在写作前，写作过程中，写作后，师生的行为都要有针对性，以应对"散文化写作"的庸常范式，让这一次的写作实践具有独特的存在价值。

在写作前准备阶段：可以组织学生自主学习，大量阅读"解释说

明"类的成功语篇。自学，从模仿开始，熟悉推荐语的话术，掌握推荐文的独特结构，做到心中有数。

在写作过程中：要设定好专属的读者，面对其做推荐。这是目标抵达的前提要件。虽说写推荐，依然是虚拟的，但在作者心中设定真实的读者，对写作成功起到至关重要的作用。例如，在写《推荐一个好地方》时，我们可以设定面向外地来的游客，推荐富有本地特色的民俗风情游览。又如，我们可以给一个"不爱读书的孩子"，推荐一本名为《我不爱读书》的绘本作品，在设定读者与选定内容的同时，就奠定了"推荐类"写作成功的可能。

在写作后的修改环节：此类习作不应以语言文字的华丽、复杂度为方向，而应始终保持对项目的瞄准与靶向，借助评价流程来评估目标的达成。达成的，评为优秀；未曾达成的，进行修改。而进入修改环节，也不是停留在语言文字的"微调"上。依然以"项目"为核心来决定修改的行为。

例如，推荐就是为了达成"被接纳"这一目标。为了目标达成，可以调整文章表述的先后顺序，可以替换选择的材料，可以改变话语的风格，用更为煽情性、热烈度更高的语言。当然，如果读者是个温和的女性，也可以采用更为婉约、诗意的语言。总之，一切都基于读者，指向目标，服务目标的达成。在目标这一"大概念"的统合下，学生充分发挥作为作者的主体能动性，对自己的文章负责。

对自己的文章负责，自然不存在"不管了"的可能。

认识到这些，师生都会在这样的写作过程中感受到"学习正在发生"。因为认知的改变正在发生，独特的创作感受正在体验。谁都不会再去按老路子堆砌材料，简单"吼几句"，随便"写一写"。教师的评改，也能从对文字幻真柔弱的苛求中，挣扎与解脱出来。

了解了这一些，你不会再说"反正推荐了，剩下的不管啦。"

写作教学中的『小问题』

读写统整中"填空式"写作的流行与审视

统编本教科书注重对写作教学内容的编撰，整体看依然属于"以读带写"的格局，借助阅读带动写作，指引写作，在读写统整中实现以读带写。因此，阅读与写作教学的融合，就是当前统编本教育研究的基本方向。在众多课例中呈现出来的样本，都佐证了这一模式能在当前写作教学相对匮乏的生态中，提升学生的写作力。

在读写融合教学中，"填空式"写作甚是流行。以我执教统编教科书四年级上册的《故事二则》为例，在即将完成《扁鹊治病》教学时，也设计了"填空式"写作环节（课件如图）：

显然，这样"读写结合"的写作设计，完全是结合故事的意蕴内涵，从教学推进中顺势延伸出来的。意图也很明确，让学生结合自己的

生活体验，联系实际情况，说一说"如何防微杜渐，如何防患于未然"。有了之前的教学铺垫，以及鲜活的临场感受，按理说教学效果应该很不错。而实际情况是——学生讲得索然无味。大多就事论事，例如说"当我要生病了，我要提早吃药""当我不舒服时，我要提前休息"等。这样的表达结果不能认定为"错"，但没有达到预期的效果。

听青年教师执教统编三年级上册的《那一定会很好》时，也遇到类似的设计。这是一篇具有丰富想象的童话作品，在学习即将结束时，教师给出了一个微型写作框架：

在 ____ 的时候，我希望变成 _____。
在 ____ 的时候，我还希望变成 _____。

这一写作的话语框架，依然抽取自课文，并且和原文中"愿想在时过境迁中不断改变"的想象逻辑相吻合。但从现场听课的效果看，学生"填空"的内容比较拘谨，想象力没有被释放，语言缺乏一种儿童应有的生命力。

我们所接触到的失败案例并不代表这样的设计是失败的。"填空式"写作成功的例子尚在多数。特别是在公开课上，这样的设计最适合用来满足"弹性时间"：时间有剩余时，填空写，等待的时间不断被拉长，再拉长，总有学生一直低头写着呢；时间局促时，填空写，等待的时间正好可以很短，几个词、几个短语马上反馈，反正也总有一些学生能迅速举手回答。这一流行现象引发出的思考是：这样设计，到底好不好？对不对？

以上的描述，还不能论证"填空式"写作之隐"蔽"，毕竟在显见处，存在着两个突出的优势：

其一，思维成本降低，表达变得相对简单

搭建了写作的框架，提供了支架辅助，表达有了依据、凭借、抓手。学生只要填出缺失的内容，和教师提供的语言内容黏合在一起，就能够形成一段较为完整的段子。所得结果和阅读内容有关，具备一定的格式美感，含有特定的逻辑，符合言说的基本规律。最重要的是，产出这样的话，成本比较低——一下子就能写出来。我们看到一些成功的"填空式"写作，学生可以不假思索地张口就来，且能赢得满堂喝彩。

其二，语言格式统一，表达效果显得漂亮

真实状态下的自由表达，也许效果并不理想。例如，可能写不出来；写出来的也许是零零散散，漫无边际的话；也有可能跑题，写出言不达意的内容。于是，我们更加仰仗于框架的辅助，或者说甘愿受其限制，简单填空后组合。因为这样做能呈现严整、规矩的效果。特别是课堂教学中，这样的设计往往安排多人集中汇报，会出现语言路子一致，整齐划一的铺排气势，如同一人一句串联成诗。

这样的设计，效果容易显露出来。短时间产生的优质写作结果，也构成对之前教学有效的当场印证。因此，在很多的课堂中出现了这样的教学设计。不过，填空式的表达，少了一份自信，丢了一点灵性。梁启超先生曾批判过这样的"讨巧"式教学，他说："文章好不好，以及能感人与否，在乎修辞。不过修辞是要有天才，教员只能教学生做文章，不能教学生做好文章。孟子说得好'大匠能予人以规矩，不能使人巧'。世间懂规矩而不能巧者有之，万万没有离规矩而能巧者……现在教中文的最大底毛病便是不言规矩而专言巧。去规矩而言巧，没有什么

效果。"①

　　为什么"填空式"写作那样火热呢？根源上，是教学中倾向于对"训练"的崇拜，忽视对写作本质的叩问。

　　表达框架的限定，让言语表达的工具性得到凸显，效果的可控程度也变得更高了。填空式表达，保障了教学的成功率。然而，这些上了"保险"的教学效果，更多是源自对写作的"工具""方法""技术"的寄宿，镶嵌在狭隘的言语之"匣"中，处于"器物"层面的。

　　重"器"，不是母语养成的旨归。如《易经·系辞》中说"形乃谓之器。"孔子在《易传》里解释说"形而上者谓之道，形而下者谓之器。"而在《论语·为政》中则直接亮出观点："君子不器。"孔子的意思是，作为君子，不能满足于掌握技术，不能只求达成目的。君子应志于道，要追求更高层次的生命体验。老子在《道德经·二十八章》中也提出"朴散则为器。"提醒我们要是不学习，不动脑，就可能成为他人的工具。诚如夏丏尊先生批评的那样，我们不能过于功利地追求"实用"主义管控下的训练，那可能是竭泽而渔的蠢事："在真正的教育面前，总之都免不掉浅薄粗疏。效率原是要顾的，但只顾效率，究竟是蠢事……文章真要动人，非有好人格、好学问做根据不可，仅从方法上着想总是末技。因为所可讲得出的不过是文章的规矩，而不是文章的巧。"② 言说的真正意图不是展示话语的机巧，而是传递思想，展露生命气质，不是填充格式。

　　来自西方根深蒂固且沿用至今的"训练"理念，对这一类教学法产生了较大的影响，以至于我们对其司空见惯，习以为常。如下表所示③，在美国学者道格拉斯·费希尔所著的《势不可挡——释放学生潜能的 7 个基本要素》中，就列举出如何提出主张，如何提供证据，如何

　　① 梁启超. 中学以上作文教学法［M］. 上海：中华书局，1936 年版：3.
　　② 夏丏尊、刘薰宇. 文章作法［M］. 浙江：浙江文艺出版社，1983 年版：67.
　　③ ［美］格拉斯·费希尔. 势不可挡——释放学生潜能的 7 个基本要素［M］. 江苏：江苏凤凰科学技术出版社，2020：83.

询问，如何反对，如何推测，如何达成共识的"言说指导框架"。很显然，在"话术"的指引下，学生很容易说得头头是道。然而我们在被西学"氧化"的过程中，应该更多地对不同环境中的写作教学学情与写作教学本质进行追踪思考。

提出主张	在_____时，我观察到_____，我把_____和_____做了比较，在_____时，我注意到_____对_____的影响是_____
提供证据	我用于支持_____的证据是_____我相信_____（陈述），因为_____（论证）我知道_____是_____。因为_____基于_____，我认为_____基于_____，我的假设是_____
询问证据	关于_____，我有个疑问_____有更多的_____吗？是什么导致_____变成_____？你能告诉我你是从哪儿获得关于_____的信息吗
提出反对意见	我不赞同_____，因为_____我之所以认为_____，是因为_____支撑我观点的事实有_____，在我看来，_____我和你观点之间的不同之处在于_____
引发推测	我想知道如果_____，会发生什么关于_____，我有个问题我们来看看，怎么测试这些用于_____的样本，我们想要测试_____，以发现是否_____，如果我改变_____（实验中的变量），那么我相信_____会发生，因为_____我想知道为什么_____是什么导致了_____如果_____，会有什么样的区别？如果接下来_____，你认为会发生什么事
达成共识	我赞同_____，因为_____如果_____，会有什么样的区别？关于_____，我们的观点是一致的

"训练"观，更趋向于对应试的皈依，让教学变成模式化、工具化、僵硬化的机械劳动。训练，更多的是对"学绩"的追求，而不是对"学力"的培植。特别是在应试教育与竞争体制的合力膨胀下，我们将原本充满灵性的写作简化为"填空"，真的应该予以反思。即便我们依然委屈地呐喊着"课堂时间有限"，也无法遮掩骨子里透露出来的对写作本质属性的误解。

休伯纳说"教师的天职是呼唤。"呼唤起儿童发自内在的灵性的声音。从写作教学的学科本位来看，应该呼唤起学生对写作本身一种发自内心的热爱，对自己独特的生命见解的确证。一个教学行为的实施，应然引发学生向自我的内心发出质问：学习的本质是什么？对本质的叩问，才能带来思想上的彻底开放与转型，也才能看清"填空式"练习的真正弊端。训练观下的写作，不能说没有思考，但思考局限于对出题者的意思的揣摩，更多的是被动接受。训练所带来的结果，不是写作能力的提升，而是强化学生敏感、简约地捕捉出题者意图，之后机灵地迎合的能力。这不是真正的学习能力。

我们为什么要写作？回到本质去审视，我们会对"填空式"写作有更多存疑。

潘新和教授在《语文：表现与存在》一书中提出写作生命动力学的主张，为我们阐释了写作最为本初的缘由——彰显生命个体与众不同的存在价值。写作最为关切的是写作主体的言语动机、价值观，知情意行等素养。最在意的不是表面"写得怎样"，而是作者的内在心灵是否充实，是否丰盈。相对于此，写作技法操控下的表达，未曾经过内心的认可与同化，也不曾经历思维的淘洗与蚀刻，仅由限定的框架简单组合而成的形式主义表达结果，绝非写作的真相。诚然，小学写作教学具有"打基础"的意味，但也不能将"宝"押在"填空式"的速成型写作训练上。需要注意的是，这一思考结果的逻辑前提是，依然认定"读写融合，从读学写"是一条正确的路，特别适合小学写作教学中的"打基础"。例如宋代谢枋得的《文章轨范》，就是对选自汉、晋、唐、宋 15

位大家的 69 篇文章进行逐一评点。其教学的基本思想就是从读学写、以读促写、读写统整，是讲究在读与写的整合与兼并中，慢工出细活，从根源上提升写作能力的。这可以视为写作力提升的童子功，也就是我们在打基础时应该做的，如以粮食酿酒，在涵养与浸润中质变。

韩愈曾告诫学子"无望其速成，无诱于势利。"可是，当我们的写作教学退化到"手工作坊"的层面时，就开始走向了速成的反方向。因为学生不会写，害怕写，或者我们急于看到学习结果产出，"手把手"地教，让学生"照葫芦画瓢"地练。不要说思想，就是话语内容也担心丝毫越界，以一条留空的横线，坚如磐石地锁定了预约的结果。如同在模具里种植西瓜，要方的就是方的，要椭圆的也可以获得椭圆的。潘新和教授认为：写作的提升，是养护的结果，作为基础的教学，更应给予丰厚的养分，而不是强化训练的效果。"养"是写作修炼的内核本质。而"练"唯文章形式。如：立意选材、谋篇布局、遣词造句之类的"技术"，并不能解决文章写作的目的意图、情意内蕴、个性境界等问题。①从《孟子·告子上》的："我善养吾浩然之气。"到韩愈《答李翊书》中的："养其根而俟其实，加其膏而希其光。根之茂者其实遂，膏之沃者其光晔。"我们忘记了先贤的告诫，在欢愉地享受技术的绝杀利器之路上渐行渐远，开始丢失了写作的仁义之心，温润之举，舍弃了诗书之源，去往迷途。

王尚文教授指出：语文教师出于培养学生理解和运用语言文字的能力这一独特的目的，就必须关注课文"怎么说"，必须侧重课文的言语形式。读写融合确为当下教学的主流形式，读与写在学习中的紧密结合并非毒瘤，不能一刀割除求个痛快。我们也没有主张废除"训练"，其存在的价值不容忽视。而且，如前文所叙，"填空式"写作并非一无是处，关键问题在于——我们如何改良呢？

---

① 潘新和. 写作学观念的回视与反思 [J]. 写作，2020. 3：42.

实质上，倾向萃取文本的核心

所谓核心，就是文本最有价值的部分。填空式表达，关注的是语言的表面形式，这固然是文本的价值之一，但只看到这一层面，就导致"填空式"写作大行其道。聚焦于此，教学的价值也无法凸显。郑桂华教授在《基于语文核心素养的小学写作教学思考》一文中指出[①]：小学写作教学的核心任务以及当务之急是帮助学生获取合宜的写作内容，掌握基本的书面语建构要素，养成初步的书面语感。而不是笼统的，没有具体路径的观察生活能力、想象能力等。在建构书面语表达机制的各项要素中，也存在一个先与后，主与次，核心与边缘的问题。帮助学生建立对书面语言的亲近感、运用书面语言的成就感，就比掌握句式和修辞手法重要；让学生把大体意思、大致经过介绍清楚，就比文从字顺重要；引导学生将阅读中获得的语感、阅读中积累的语言模型转化为书面表达能力，就比准确记忆某个标点符号的作用、正确区分"的""地""得"重要。

可见，我们应该减少对语言表面形式的模仿，切莫拘泥于虚拟的，对一些局部言语的模拟运用。那样的零散、碎片化的语言表达仅是一块美丽的"瓷砖"，是无法支撑起写作的大厦的。例如我们在填空式写作时，常针对"关联词"，运用"虽然……但是……""只要……就……"等。读写统整教学应积极指向文本蕴藏的最核心的价值，发现其中的写作密码。

例如第二学段，更多地发现段落的逻辑结构，了解几句话是怎样组合在一起的？形成了怎样的表达力？第三学段更多地关注篇章的结构，关注文章主旨的确立，意思的呈现方式等。关注焦点的转移，有助于获

---

① 郑桂华.基于语文核心素养的小学写作教学思考［J］.语文教学通讯（小学），2017（7－8）：6.

取真正的，能支持自己写的能力。同时也可以使读写统整中的"写"形式更为多样化。即便不动笔，更多地进行思考与发现，明确构思对于写作的意义，这都更有助于真实写作能力的提升，是一种隐性的、更为优质的以读带写，读写共进。

形式上，去除写作的人为束缚

让学生进行"填空式"写作，教师无疑是过于小心了。生怕学生跃出雷池，小心翼翼地将其思想关进模板中。当我们以"填空式"写作模板套取期待中的写作结果时，适得其反的是，学生的创造性被剥夺了。在这样的写作过程中，存在两个弊病：忽视了学生原有的语言表达创意性；人为制造了表达的障碍。

模板，限制了学生的自由发挥。上文中提及的《扁鹊治病》一例中，我们后期对这一设计做了修改，去除了"填空式"的写作框架，学生果然能够自由表达，而且丰富多样。因此，我们要去除写作的人为束缚，充分相信学生，释放学生的写作天性。

当然，我们也知道写作框架是一种支架，能起到辅助作用。特别是对写作后进生而言，具有较强的提携功能。因此，我们可以借助教学设计对写作框架进行改良：其一，让学生看见模板。教师仍旧出示这样的写作框架，让学生看见言语中的结构；其二，让学生自由发挥。在写作时，鼓励学生自由发挥，只要符合逻辑，未必要"按律填词"，不要在意模板的限制。既有样板，又不苛求。

当学生获取表达的逻辑，发现结构的秘密时，真正填充的是自己的生活体验，自己的话语系统，是在符合写作逻辑的前提下，充分发挥其语言魅力。

时间上，给予学生应有的延时反应

给予大脑适当的"停工时间"，这将带来读写统整式学习质量的改良。脑科学研究表明，脑的神经联结在形成之后需要时间进行巩固和安置。因此，大脑需要一定的安置时间。新知识学习越紧张，反思的时间就必须越长，但是这个时间是必需的，并且富有价值。它给学习者提供了内化知识的机会，使学习变得个人化、有目的、有意义、有关联，促使大脑彻底理解新的概念并使之成为有意义的识记。其中，学习材料的新颖性和复杂性与学习者需要的加工时间成正比，而学习者的背景知识与学习者需要的加工时间成反比。①

因此，我们主张给予学生应有的延时反应时间，不要立刻进行练习，即便是"填空式"写作，也需要有一段时间进行酝酿。首先，时间是一种刚需。刚刚阅读完，应该让大脑冷却，让紧张的学习情绪得到缓解，产生一种写作的安全感与舒适感，这更有利于写作；其次，时间是一种保障。在真正写作之前，要让构思介入，更多地指向对文章组合逻辑或内在规律的理解，而不是生硬地对文字进行模仿。这样的停工时间也有助于保障写出来的文字携带着作者的个性，而不是简单地照猫画虎；最后，时间也是一种隐性的制约。特别是班级集体教学，学习同一文本，由于背景知识、内容的复杂性、新颖度等各种因素的左右，需要加工反应的时间也不一样，应该取一个均值，而不应该只以个别优等生的速度为标准。

所以，应给予学生充分的思考时间去酝酿，去构思，再进行写作。这样的停滞，反而有利于产出优质的写作结果。停工、沉淀、反思时间，是个体深度加工新知识和技能的必要时间，并非消极时间。"填空

---

① 金才兵. TTT5.0 培训师的大脑基于脑科学的培训新技术［M］. 北京：机械工业出版社，2020：52.

式"写作，也不要追求效果，让学生"站起来就说"，而应让学生想一想，讨论一下，写一写，再做交流。

存在即道理。"填空式"写作流行至今，一定有其或显露或隐匿的生命价值。改良，就是为了去弊存真，充分发挥其应有的价值与功能。对写作本质的叩问，将为我们的教学指明方向，也势必让教学中的各种形式发挥应有的作用，更具实质效果。

想法比写法更重要

给学生上绘本写作课时，我借用《小真的长头发》让学生展开想象，将思维的结果表达出来。其中有这样一个教学环节，让我收获到无与伦比的美妙思维。

教师出示一段选自绘本的语篇，让学生模仿写话。语篇如下：

> 要是从桥上把辫子垂下来，就能钓到鱼呢。挂上一点鱼饵，不管什么鱼，都能钓上来。你们说，长不长？

要求学生用上"要是……就……"的句式，先想一想"头发还能有多长"，之后写一段话，写出小真的长头发。写话的评价标准是：看谁的想象很生动，表达很清楚，让人感觉很有意思。为了让所有学生都能完成，我对语篇进行了分析，帮助学生了解这段话的逻辑结构：先写了自己要用头发做什么，之后用准确的动词，例如"垂"，写怎么做，最后写做的效果，体现头发很长，很美。之后，学生进行了模仿练习，精彩不断呈现：

> 生1：要是把我的辫子拉直了，就能成为一条拔河的绳子，只不过是我一个人抵抗一堆人，看谁力气大。
>
> 生2：要是把我的辫子每一根连起来，就能绕地球三圈半了。那时候，我就沿着辫子去旅行。

生3：要是用我的辫子向天空一抛，就能碰到星星。也许还会捎带下一颗星星呢。

生4：要是把我的辫子往海峡那一头一甩，就能成为一座通往海峡对岸的桥，到时候我们就能直接过海去玩了。

其中，语惊四座的莫过于这句：

要是想将长头发染成各种颜色，不如就晒晒彩虹吧。一下子就能拥有七彩的长头发啦。

思维的绮丽，一下子让全场学生情不自禁为之鼓掌。我也很佩服，不断追踪思考：这样非常的思维是怎么来的呢？可以肯定地说：不是教出来的，也教不出来的。

也许，是生活滋养的结果吧。在生活中见过彩虹，见过妈妈烫发、染发，有生活经验的储备；也许，是因为童心的自由与敞亮。有储备却表达不出的例子很多，正是因为无拘无束的天真，自由宽松的学习氛围，思维才得以驰骋，想象才能够大胆地得到表达与展露；也许和教学的气场有关，在同伴的关注下，催发了自己的灵感，所以在课堂上的一瞬间，产生了让人惊叹的表达结果。

这样的结果，更不可能是训练出来的。优质的思维，极为需要的是"养护"。养护童心，培植思维，促进生长。而写作的技法呢，则依赖训练。从这个角度看，技法学习比思维成长容易；拥有想法比获得写法重要，思维养护比技法习得的意义更为重大。

请一定注意，这样比对的意图，绝对不是排斥技法，相反，而是更为准确地认识到技法的存在价值。例如之前的教学中我们给予的技法训练是有路径，也是行之有效的。具体路径为：1. 看到样本；2. 拆解样本，明确逻辑结构；3. 根据样本的模板，填充自己的话语内容，进行仿写。相信这样简单、明晰、容易操作的技法训练，很受欢迎，训练效果也很扎实，能够确保大部分学生完成写作练习。

但要想得到特别精彩的语言，就显得力不从心了。所以，基于技法教学，我们更应该着力探索：如何让思维带来更为优质的教学结果。这才有了文题中的结论——想法比写法更重要。之前的"想要染彩发，就晒彩虹"的例子，就说明了写出这一结果的背后存在的思维。我们可以想象到在思维的主导下，形象摄入后转化为文字的"生产过程"——

首先，思维是一种本能，但不能凭空进行，思维需要借助日常生活中获得的表象为材料。这些材料，以具体鲜活的形象存在于认知系统中。经由思维，这些形象也不再停留于表象，而是开始关联并反映着事物的发展、联系和本质。之后，作者用自己的内部语言，对这些材料进行加工、调和、重构、制约、渗透，很自觉地让这些原本只是静态储备的表象，开始运动起来。最后，经由外部语言表达出来，就成了我们看到的文字，听到的话。呈现出来的语言结果，反过来又反映着客观事物的本质。例如，彩虹是七彩的，要染多彩的头发，就和七彩的彩虹多接触，接触的方式就是"加热"，就是"晒"。思维在这一转化过程，让语言变得更加具体、生动、有血有肉，同时又具有鲜明的个性，具有高度概括性。

整个过程，都有思维的参与，最终文字组合成的语篇中最被欣赏的，依然是文字背后蕴藏着的思维。"天哪，她怎么会这样想啊？这是怎么想出来的？"会想，比会用什么方法写出，更让人折服，价值也更大。其实，"会用什么方法写出"原本也是"想"的结果。

北京师范大学林崇德教授的研究为我的结论提供了更有力的说明。林崇德教授主持了核心素养的研究课题。于 2016 年发布了研究成果，2017 年教育部颁布的《普通高中语文课程标准》上，采用并宣布了这一成果，确认"语文学科核心素养"为语文学科教学的终极目标。语文学科的素养包括四个：语言建构与运用、思维发展与提升、审美鉴赏与创造、文化传承与理解。林教授说：如果我们从思维发展与提升出发，就能够看到思维能力是整个中学课程与教材编写首选的。为什么？我们教学的目的，是不是要在传授知识的同时发展学生的智力，培养学生的能力？而智力和能力的核心成分是什么？思维！思维是智力与能力的核心。

想法比写法更重要。例如，我们运用与表达的，的确是语言，直接与人接触的，依然是语言。然而，语言背后的支撑，就是思维。怎么想，才会怎么说，才会说成什么样。思维的品质决定了语言的高下与优劣。不仅如此，想法还决定了人的审美品位。一个人认为什么是美的，判断靠思维；决定如何去追求美，行动也听从思维指挥。此外，想法还决定了人的文化层次，要去传承什么文化，怎么传承等，一切都源于思维，而不是靠简单的"拍脑袋"行动。

在写作中，即便表达的水平暂时有局限，出现眼高手低的状态，有错别字，语句不通，语言不美，词汇储备不丰富等，这些都可以靠阅读与积累完成。而一旦缺乏想法则会让表达显得索然无味。况且，想法的形成，除了突发灵感外，更多情况下并非一朝一夕就能拥有，思维的提升是在经年累月的过程中汇聚而成的。

还有一个有趣的例子，也能说明想法比写法更为重要。

在一场讲座中，邓彤博士介绍了当年高玉宝的入党申请书，如下图。全文就写了两个字，其中画的"虫"就是"从"的意思；画的眼睛和心，就是"心眼"的意思；画的梨子，就是"里"字；"党"字不会写，就画了个"铃铛"挂在树上。"入"在方言中读作"yù"，所以画了一条"鱼"。整篇申请书写的是"我从心眼里要入党"。高玉宝不具备文字表达力，但最后能通过口述写小说，这足以说明思维在写作中的意义。

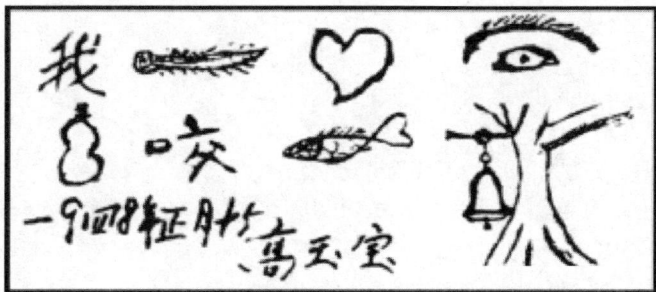

　　强调想法比写法重要，并不是否认写法。在小学写作教学中，写法的教学依然具有不可撼动的地位，一句话——必须进行训练，但不能仅限于训练，还要练得扎实。训练是小学写作教学的基础，训练是写作能力与写作思维发展的根基。思维很重要，但也不是凭空获取，更不能凭空生长出来。再好的思维，必须用精准的语言予以表达，才能达到与人分享的目的。我们提出"想法比写法重要"，主要是提醒青年教师不能因噎废食，不要一味搞训练，要学会欣赏儿童的想象，要在教学中留一个空间给思维。

　　思维，完全可以先走一步，不需要等待技法跟上。审美能力、判断能力等与思维相关的能力，都可以视为高阶思维，都是造福于写作的。

　　当我们认识到这一点时，就有可能在教学中看到凡·高。

模仿例文写，怎么才能有创意呢？

模仿例文写，是个好办法。但是，千篇一律怎么办？怎么做才能既享受例文带来的写作便利，又不至于过分雷同，甚至，还能发挥创意呢？

统编教科书中的习作单元，无一例外都安排了两篇例文，可见，例文引路、样本示范，确实是学生学习写作的一条阳光大道。可以理解的是——但凡模仿，都有痕迹，都会向着原件靠拢。于是，"看起来都差不多"的问题不解决，"模仿"这一极具价值的学习方式都会被质疑。

不要小看模仿。研究学习会发现：不仅在学习的起步阶段离不开模仿。高级别的学习，其本质依然是在模仿的基础上进行微小的创新。

对于例文的模仿，如何有效呢？所谓"有效"，就是达到标题所暗示的：能轻松写出，还能写得与原文不同。

一直在模仿，总想要超越。我们提出三个阶段的训练模型。

第一阶段：结构化练习

顾名思义，就是不断在模仿中强化对例文结构的认识，练习写出"像样"的结构。这里的"样"就是强调看清并理解例文的结构，在模仿时获得与体现。通过频次较高的练习，不断操演，达到熟练掌握，清晰了解结构的程度，通过指向结构的练习，达成目标。在这一类练习中，教师应给予非常简洁、明快的示范，少牵扯无关的信息，诸如生字教学，修辞手法教学等，集中精力让学生多尝试，通过"阅读例文＋揣测表达方式＋片段练习"三步骤，获取对结构的学习经验。

例如，统编习作单元中提供的《颐和园》，作为写景类的例文值得模仿。教学时，让学生看到《颐和园》一文中清晰的，在移步换景的写法作用下呈现出来的"地点转换结构"。通过圈画作者所到的观察点，标注观察点之间变化时的转接词等，让学生非常清楚地看到作者到底写了些什么？是怎么写的？结构化的练习在模仿的成功率上提供了保障。

请注意，这个阶段的练习是会出现雷同的。雷同本身不可怕，这是模仿的必经阶段，或者说是起始阶段的样式。同理推想：在模仿中学习写作，希望一步到位跳出千篇一律的魔咒，是不大可能的。模仿，天然带有雷同的气质。

第二阶段：流畅性练习

此类练习，位列第二阶段，依然是练习，意味着创新本身就是一种练习的结果，急不得。所谓"流畅性"练习，就是要反复练习，达到顺利，将例文印刻在心，实现例文模样的内在固化。

拙劣的赝品与真迹之间之所以差别大，是因为仅仅是照猫画虎的笼统框架上的类似。第一类的练习，我们基本可以拉出一个粗胚。而"高仿"在细节上也与原作有着惊人的相似。为什么？因为模仿者的水平不同。水平怎么来？出自熟练，熟能生巧。模仿，不要试图"一学就像"，要多次接触，明晰对象，才能清楚地吸纳模仿对象的信息，这些信息在写作时都将成为模仿写作者的内部语言。到了这一步，你应该知道，内部语言丰富了，才可能流畅地输出，成为文章。可见，高级的模仿者，都是要下苦功夫的。

对例文的模仿，第二个阶段可以借助"每日百字"的形式，更为集中在一个时间段中进行流畅性练习。依然以《颐和园》为例。不要试图讲解一次，练习一篇，就达到优质效果，这几乎是天方夜谭。实际上讲解例文结构之后，应该拆解，针对局部进行多次的"小微百字片段"练习，促进写作的流畅性。例如，这一次进行一个"景点"的模仿写：先总述到达哪个景点；之后分述看到什么，听到什么，想到什么，把自己的观察所得写下来。写几次之后，第二步再进行两个点之间的描述。其中的每个点，写法一样，点与点转换间注重写好连接词，让两个点的描写可以联通。之后再描述三个点，达到更流畅，以此类推。

心中存着样本的框架，之后分步走，每次完成一个小细节的模仿，这如同建筑上按照图纸施工，精心完成小构件，但并不是"各自为政"，心中依然向着整体迈进，存着"落架"后的样子。在打磨细节的过程中，对局部的把握逐渐趋于精细化，流畅性的练习，对模仿的精确度提供保障。

心急的你一定发现，在这个阶段的模仿，雷同依然成为最显眼的特征。实际上，我们需要强调的是——要入格，才能出格，最后才有可能破格。要创新，模仿中经历雷同，就是规律，也是路径。幸好有百字作文的训练形式，度过这一阶段，能逐步提升写作实力。

第三阶段：变化式练习

随着对结构的一再固定，局部练习的流畅度增加，对例文的模仿，可以在教师的指导下，逐渐多样化。也就是进入变式练习阶段，达到我们所期待的创新。循着这条练习的阶梯，我们更大的获益是认识了创新——很可能是反复模仿后的主动微调，或者是在多次练习时，写作者遭遇的灵感来袭。

例如，之前我们通过对《颐和园》结构的认识与模仿，知道了移步换景的写作方法以及通篇的布局，发现作者从一个点到另外一个点之间，非常注意使用转接词，以"行走路线＋方位词"的组合来完成全篇。每一个"点"的描写，作者又带有充分的自信。如今，我们可以让学生进行变式练习，改变思路更自主地写：先抒发情感，然后再做介绍；以游览中的感受统摄素材；按照某一个特点，随即选择景点，串联成文……例如，整体抒发对景物"精巧"这一特征的捕捉和欣赏，选择建筑的精巧，雕刻的精巧，绘画的精巧，天然的精巧等，串联成文。多样的、多变的练习安排在第三个阶段，水到渠成地迎接各种创新的驾临。至此，你会发现"磨刀不误砍柴工"。之前，牢牢地掌握例文的模板、框架，熟练地进行局部练习，促进行文的流畅，就是重要的前提与基础。此刻学生会很主动地跳出框架，以自己的构思来指挥自己的写作行为。

为什么要经历三个阶段才迎来创新？其一，前两个阶段就是保障；其二，一段时间的限制，是为了迎接开放之后的腾空逾越；其三，这就是创新需要的阶段，绕不过。作为一个熟练的写作者，才能有余力去思考怎样写得与众不同。模仿者本身对例文并非想象中那样熟悉，自己就是一个生涩的新手，如何有余力去创新？即便心中有想法，笔头也无法支撑对想法的表达。如今，对框架了如指掌，对细节拥有写作自信，模仿学习就有了剩余的精力，创新就在灵魂中生长出来。

行文至此，大家应该明白，"千篇一律"的问题为什么无法抛开。剔除模仿自带的天然基因，最大的根源在于——过于急躁地要获得差异化、优质的表达结果。

把故事写成传奇，这个信念必须有

执教统编五年级下册习作单元中的第 14 课《刷子李》，我提出了一个问题：课文中的刷子李，真有其人吗？

其实，提出问题时，我已经预计了答案——刷子李，应该是个传奇。

刷子李，就是冯骥才先生笔下的传奇人物。未必真有其人，或者只是个模糊的原型，而冯先生以艺术加工使得复活，且在文字中活灵活现。然而，学生的答案却让人非常意外。特别是有一位学生说：今天来看，确实没有；但过去，一定有！我追问：为什么过去就一定有呢？学生说：过去是慢生活，追求的是极致，手艺就是手艺人安身立命之本，是他吃饭的功夫。所以，必须精准。而今天是快节奏，追求的是效益，讲究的是"时间就是金钱"。所以，谁都没有功夫把一堵墙刷成雪白的屏障。

这个答案，超越了我的预期。

以至于我得再次查询资料，确证冯骥才先生自己的观点——这就是传奇。

先生在接受媒体采访，讲述创作经历时，已经透露了"好的故事，就是传奇"的观点。冯先生说："在古代，如果你没有什么传奇的东西，大家也不会口口相传。而传奇离不开虚构，故事里的人物性格、命运，可以虚构；情节，可以虚构。虚构，要有厚实的生活做基础。没有这个基础，虚构就没有条件。"

作家本人说故事是虚构的，但学生却坚信——刷子李，在过去是存在的。旁的不说，单凭这一点，足见《刷子李》的写作是极成功的。

不禁想到今天的写作教学，真的像学生说的那样，急功近利地把故事写得简单了。而且，我们还为这样的简单找到了最堂皇的借口——小学教写作，不是培养作家的。言下之意，既然最终目的是低端的"练习一下"，结果好不好，不要太计较。

最简单，最张扬地追求眼前的成功，实现教学的利益最大化，教学中的工匠精神，开始消亡。

例如写故事吧，我们总是强调写好六要素，似乎有了这六要素，一切就万事大吉。又比如说，我们讲究要把故事顺畅地写出来，最好一开始就写得顺顺利利，而且一下子就能写完。殊不知，故事最讲究冲突，讲究制造矛盾，但我们却带着学生背道而驰。

也许你会说——还早，急什么。我们不是培养作家的。的确，那种冲突的设置，似乎是未来的事，可从另一个角度看，我们在文字表达上希望一步到位。例如，我们很善于进行"局部囊肿"式的精细化教学。总是强调怎么写好对话，也不管故事中要不要写对话；强调怎么写好提示语，也不管故事中要不要写提示语；如何写好动作，写好语言，写好外貌，写好衣着……可实际情况也许是——没有这些描写，大量的留白更有助于写出一个好故事。

在细枝末节上，在局部上不断实施"高标准，严要求"，舍本逐末地追求"写漂亮的句子"，这就是我们的现状。而对整个故事的创作呢？甘愿接受平平无奇。为了通顺流畅，我们可以放弃对故事的基本认识。

从来就没有出奇制胜的信念，怎么能写出好故事？就像那句话——不想当将军的士兵，不是好的士兵。如何把故事写成传奇呢？如何让学生在写作中体验成功，未来也有成为优秀作家的可能呢？我们给出三条建议。

其一，从"做加法" 改为"做减法"

之前我们对习作的认识就是不断叠加。例如叠加各种修辞、美文、好句子；添加成语、歇后语、俗语、农谚；进行拟人、夸张、排比；不断加上形容词，一个不够加两个，两个不够连续用三个……这样的加法式教学，就是最为典型的"文章结果制作"的思路，要的就是"学生写出一篇漂亮的文章"。

实际上，最考验语言功夫的，正是做减法。例如《刷子李》中有几句话写到对刷子李的评价：

> 但这是传说。人信也不会全信。行外的没见过的不信。行内的生气愣说不信。

课堂上，学生针对这些评价语句分析，都觉得这是极大的好评。特别是那个"愣"字，现场还有学生进行了演绎，扮演刷子李的同行，在酒楼茶坊里肆意聊天，胡说八道，损毁刷子李的荣誉，硬说他是自己吹自己。简单的一个字，抵上千言万语，还原成生动的现场。无怪冯骥才先生说："我是非常考究的。特别是单个方块字的运用，绝不是一写一大片。故而我修正的遍数许多。"莫言先生也对冯先生严谨、精炼的写作态度做出评价："冯老的《俗世奇人》，阅世即阅人。那些小人物的浮世悲欢，酸甜苦辣，着墨不多，但让人过目不忘，值得再三拜读。"

可见，精简、短小的文字，更考验真功夫。我们的写作教学，请注意不要一味拉长、变粗，而应该培养学生考究文字的功夫。

其二，从"立刻写" 到"暂缓写"

教学中，我们总希望学生一接到写作指令就立刻动笔，越快越好，马上写好上交。这依然是"文章结果制作"的思想在作祟。我们仅要结果，只要学生给出结果就万事大吉。其实，写作的全过程包括预写构思，然后才是起草，之后是修改、校正、发表。在起草之前的构思极为重要。例如创作故事，预计写几个角色？安排怎样的场景？准备设计哪些情节？有什么突发事件？故事如何收场？一切都要设计清楚。

印象深刻的是《刷子李》中的那个裤子上的"小破洞"，必定是冯骥才先生精心设计的。要不，怎么会里面穿一件白色衬裤，而外面的黑色长裤烧出一个破洞，刻意露出白点？这样的巧合还有意安排在故事结尾，让读者的心提到了嗓子眼。如文中所说"高大的形象，轰然倒地"。而也就在信念即将摧毁的时候，再借助刷子李和曹小三的对话揭开真相，重新树立了刷子李的高大形象，进一步凸显了他的技艺高超。

巧妙的构思，带来无与伦比的表达效果。这绝非"拍脑袋，立刻写"能做到的，必须经过深思熟虑。

其三，从"封闭写"到"开放写"

我们的作文教学，总是关起门，让学生靠着积累硬写。所以，我们很强调阅读、积累，因为这是学生唯一的依靠，脑子里的那点"存货"就是"老本"，要不断被挖掘，之后当堂"变现"。

而真要写出好的故事，就必须走出课堂，走向生活。作者要去采访，去收集，去编排，去遴选，去构思，犹如鲁迅先生说的，要去"采花酿蜜"。

冯骥才先生写《俗世奇人》，也要走到码头、车站、茶馆，一个一个去采写故事，去听老百姓讲传说。所以，《俗世奇人》中写到的刷子李、苏七块、泥人张、黄金指等人物，有了生活的基础，才那样地栩栩如生，成为留在读者心中永远不老的传奇。

倘若真要让学生爱上写，就要爱上生活。教师可以带着学生去广袤的生活中发现写作素材，在体验生活中感受人间冷暖，这才是写作成长的最佳路径。

回到现状看，学生仅凭着一点的课外阅读积累，凭着现场加工制作时的那些"干货型"方法不断瞎编乱造，胡乱应付，写出来的东西，充其量只能是应付上交的"作业"而已。说实话，算不上文章。所幸《义务教育语文课程标准》中将小学生的文章称为"习作"，算是让我们遮掩了一下吧。

不过，老这样急功近利地低端写，从小学一直写到高中毕业，写到大学……看起来写得唯美，实际上败坏了学生写作的胃口，扭曲了学生对写作的认识，真是得不偿失。

除了语言，作文评价还要关注思维

评价学生的作文，我们总是用"文从字顺"来衡量。这是个万用标准，但不是唯一标准。更不要说，不少教师将"文从字顺"局限在语言表达的表面，不断审视：句子写得通顺吗？句子中的用词准确吗？使用的修辞方法恰当吗？

必须强调：这真是评价写作质量的重要标准。也许在小学作文教学体系内，这应该被奉为圭臬。即便是从事写作的专业作家，更是为了追求精准表达的"唯一"而苦苦挣扎。也许正是他们在写作史上留下的这些传奇佳话，使得我们对这样的追求更加执着与热切。

我们有没有去思考——文从字顺背后的支撑力量是什么？

针对小学生的作文，在评价时常会遇到这样一类"有意思"的情况——思维特别活跃，思考相对深入，但从文字层面看，有诸多不尽如人意的地方。

面对这样的写作结果，如果不能予以正确、客观、促进其发展性质的评价，也许评价就成为灭杀写作激情的屠刀。思维，是写作中最为珍贵的黄金元素，也是写作能否长远地持续下去的核动力。

在评价系统中，我们可以借助澳大利亚心理学家约翰·彼格斯教授和凯文·科利斯教授共同提出的 SOLO 分类理论，对隐逸于语言之中的思维进行评定。"SOLO"翻译为"可观察的学习成果结构"（Structure of the Observed Learning Outcome），这一系统认为，可以根据学生对某一话题的认识，判断学生的思维结构处于哪一层次，达到哪一个思维的高度。

在 SOLO 系统中，思维水平层次由低到高可以分为：前结构、单点结构、多点结构、关联结构、抽象拓展结构五个层次。

所谓"前结构层次"，处于最低端，即思维含糊不清，无法理解、正确判断，也无法解决问题，因此呈现出的思维逻辑是混乱的；

所谓"单点结构层次"指只能涉及单一的关联点，仅凭单一的依据直接得出结论；

所谓"多点结构层次"指能够找到多个关联要点，但也许这些要点只能简单堆积，无法实现有机整合；

所谓"关联结构层次"则更倾向把多个要点联系起来，统整连贯成一个整体，系统地对问题进行思考，得出结论；

所谓的"抽象拓展结构层次"不局限于说理、分析，而是向着更高层次的思考，从现象到本质，从形象到抽象，思考结果能促使结论与问题都得到拓展。

很显然，SOLO 分类理论特别适合在"开放性"学习实践活动中应用，集中指向对学生的思维操作模式和思维水平层次的评价。应用 SOLO 分层评价，可以在最为开放的写作评价中，区分学生面对同一写作任务的不同思维层次，有利于学生的思维提升——从简单、直觉反应；到多方关联，整体把握；再到对问题的核心层面进行探索，从现象抽象到本质，拓宽学生的思维空间，提升思维高度。（如下图）评价，打开了思维的扇面，让学生获得与生活、世界的对接。

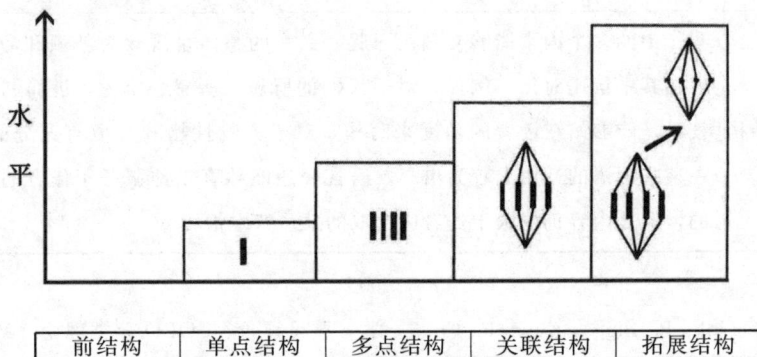

| 前结构 | 单点结构 | 多点结构 | 关联结构 | 拓展结构 |

面对学生的作文，评价时不要仅盯着"文从字顺"，可以采用思维层级评价理念，关注到学生思维的不同层级，借助 SOLO 中的层级描述，评定学生作文中的思维到底处于何种层面，判断学生的思维水平。

一句话：评价在思维层面，评价就步入了深水区。

如下表，这一评价系统还可以非常贴切地运用于作文评价中，实现对思维水平的诊断。①

写作能力的 SOLO 层级

层级	SOLO 各层级的特点描述
前结构	前结构写作表现出无序性，文章内容不连贯，仅有一些支离破碎的文字呈现，给人一些转瞬即逝的印象。这种写作是以作者为中心的，没有考虑到读者的因素
单点结构	学生在进行写作的时候仅能够使用一个因素（通常是按照时间顺序来安排事件）。文章以单一线索呈现，即我们通常所说的"流水账"。语言使用方面平淡无奇，文章整体高度具象化，而且比较简单，其中几乎没有任何想象的因素
多点结构	通常具有较强的一条故事线索，一些基本的方面如正字、标点、书写都较好，并且能够选择适当的叙事手法，但是各个方面不能够很好地融合在一起。文章给人的总体印象是墨守成规，平淡而缺乏想象，叙述过程中不变换人称，还有一些陈词滥调的表达。例如"在一个阳光明媚的早晨"之类的学生作文常见的开头表达方式
关联结构	写作中的多个因素能够交融在一起，文章的整体呈现较为新颖和巧妙。能够在其中运用对比，例如，对照人们的所想、所感、所为，进而制造紧张气氛。能够站在读者的角度来写作，对于人物性格和环境有充分的描写，在某些词语的运用上较为出彩。语言表达能够真正地服务于作者的写作目的，但是内容仍局限于作者所选取的某些特定情境

---

① John B. Biggs, Kevin F. Collis, 学习质量评价：SOLO 分类理论 [M]. 高凌飚，张洪岩等译. 北京：人民教育出版社，2010：127－128.

层级	SOLO 各层级的特点描述
拓展抽象结构	处于拓展抽象结构层次的写作除了具备上述多元结构及关联结构所涉及的主要特征外，还具有另外两个显著特征：（1）能够超越现有情境表现出更为深刻的思想含义，并且结尾能够让人有所回味；（2）对于多种写作手段的创新运用，表达多重的含义。文本本身能够超越具象的描写表达深层的意义，即具有隐喻性和象征意义。总体而言，写作的手段能够与作者写作的目的形成完美的结合

例如统编四年级上册第二单元习作《小小"动物园"》，就可以借助 SOLO 标准进行评判。这一单元的习作内容为让学生展开想象，将家人联想成"小动物"。为了引导学生思维，教科书中配制了一幅生动的思维导图。举出了"妈妈像绵羊"的三个特点。其一，头发烫成波浪卷，外形关联；其二，脾气特别温顺，性格关联；其三，爱吃青菜，喜好关联。在导图支架的辅助下，学生进行写作。请注意，教科书中的导图已经呈现了"多方关联"的思维结构，无疑，这是一种很好的启发与引导。

可是，写出来的作文看起来都差不多。学生大多能完成"家人与动物的关联"。对于四年级学生来说，这并非难事。因此，评价时容易笼统地定为"优"或者"良"，或者写下的评语就是"像"或者"不像"。的确，写作评价一直以来就是这样的玄虚与笼统，我们给出的是终结性、定性的判定，而这些"结论"对于学生而言，缺乏促进改变与提升的意义。

给予"优"或"良"，"像"或"不像"，就是给出结果，而隐蔽了结果获取的思维过程。学生得到这一结果评定，无法找到发展与突围的路径，无法提升。获得"优""像"的好评的，也不知道好在哪里，对于个人而言，也无法继续提升。

评价，将学生置入一个"黑箱"之中。而借助 SOLO 标准的评价，就可以在"玄之又玄，无理而妙"的黑箱中，豁开一道口子，透出一道亮光来。让不同层次的思维都得到发展。

例如，学生只是简单地强调"爸爸像狮子""妈妈像老虎""妹妹像小兔子"，这基本处于前结构阶段，能简单、直接地将人物和动物进行关联，并未说清关联中存在的关系。面对这样的思维结果，显然需要更多链接生活，储备语言材料，积累生活体验。

也有能在这个基础上举出事例，说出"爸爸像狮子"的原因——特别爱吃肉。之后，按照这一逻辑，将家人逐一进行举证与对应。这样简单的、直线型的关联，就是单点结构。虽然对"家人像什么"能做出准确判断，但只从单方面进行关注。应引导这一类学生更多、更持久地观察，更细致地瞄准生活细节。

教科书中提供的思维导图，如果转化为文字，就属于多点关联了。从不同角度来证明人物与某个动物的关联。所列举的方向多，维度多，基本指向"一种动物"，进行集中关联，多维拓展，思维就处于多点结构上。可见，教师应特别注重对教材的解读，不应草率应对，将作文教学简化为"发布写作指令"。

在写"爸爸像狮子"中，有同学能列举出：他吼我的时候，声音特别恐怖，楼下都能听得见；他一上餐桌，特别钟爱吃肉；早晨最好不要和他眼神相对，因为他的头发乱糟糟，看起来有点像一只刚刚搏斗后的雄狮；他喜欢健身，且非常强壮……写作中的思维很活跃，从饮食结构、兴趣爱好、体型特征、脾气态度等多个角度来关联，各个层面中相互协调，共同佐证"爸爸像狮子"。如果学生抵达这一思维层次，则应予以鼓励，并提供机会，让学生进行思维分享——我是如何写出这样的文字。

在这个基础上，部分学生能再写出自己和家人相处的感受，对家人做出评价。按照这个写作路径与思维逻辑，将家中的每一个人都进行这样的关联，就可以判断为这是一篇质量优质、思维层次较高的作文。作文蕴藏的思维，走向"抽象拓展"的层次。

当然，我们生硬地将四年级学生的文字和 SOLO 标准进行对应，难免漏洞百出，仅是借助 SOLO 标准，勉强给大家提供了一个对思维进行关注与评价的框架。原因很简单，对作文的评价，不能拘泥在文字表面层次，深入思维，也就深入核心。

习作单元中，有了"阅读"，
为什么还要有"习作例文"？

　　不少青年教师发现，统编本在每一册都安排了习作专属单元，大多排列为"第五单元"。这一单元的教学目标很明确——阅读为写作服务，教阅读就是为了能写好作文。

　　大家还发现，这样的习作单元，既编排了"课文"，同时还编排了"习作例文"。并且，看起来"课文"和"习作例文"之间并没有多少差别。为什么要这样编排呢？让我们以统编四年级下册第五单元为例，和大家分享对这一问题的思考。

　　先看本单元的教学目标，有两项：第一，了解课文按一定顺序写景物的方法。第二，学习按游览的顺序写景物。从最后的单元习作内容来看，要求学生写景《游……》，要求学生写出游览这一地方后留下的"深刻印象"，按游览的顺序，把游览的过程写清楚。从习作要求来看，特别注重"按一定顺序来写"。为了达成这一目标，本单元编排了两篇课文和两篇习作例文。课文是巴金的《海上日出》和叶圣陶的《记金华的双龙洞》；习作例文则有《颐和园》与《七月的天山》。

　　这样的编排系统，到底在教学上要如何处理，例如，怎样区别，怎样确立重点，而不至于重复用力，导致无效呢？可见，认识"课文篇目"和"习作例文"的差别，就是有效教学的前提。

第一处差别："有批注"和"没批注"，形式上显而易见有差别

习作单元中的课文部分，基本上不给批注；习作例文中基本都给出批注。这一差别显而易见，是形式上的差别。我们要追踪思考的是：现象背后的实质是什么？

不给批注，学生的注意力更多集中在对文本本身的学习上，能不受干扰地融入字里行间，感受文本细节的意蕴。这样的学习，更适合在阅读文本的过程中学得写作的方法，但确实需要教师指引，让其"看见"。因此，未加批注的课文篇目，需要教师实施教读。

带有批注的习作例文，放手自读就好。读的时候，不明白，"看不见"的地方，学生很自觉就要借助批注来辅助。批注中，集中指向对本单元需要掌握的写作方法的点拨与指示，自学时，能够集中靶定目标，方向性较强，目标更加明晰。毕竟，从课文学习再到习作例文，之后就要开始写。而对于写作，学生的层次是有差距的。有的同学能够通过自读自悟，自行领悟；有的同学需要直接指示，简单明确地接受后再到实践中去执行。但不管怎样，一切都是为了最终目标的实现——写好作文。

从这一形式上的差距以及教学方式的分析看，虽然存在"有批注"和"没有批注"两种不同形式，都是为了提供不同的学习样态，同时也满足不同层次学生学习的需要。这一差别，不会造成太多的认识误区。

第二处差别：注重"学习过程"与实施"结果验证"决定教学应有不同侧重

单元中的课文篇目学习，重要的意义是让学生经历整个学习的过

程，不要过快地得出学习结果。当然，过程学习，都要指向学习目标的达成，都要服务学习结果的获取。例如《海上日出》一文，重点学习日出时的景象是怎样的，意在"了解作者如何突出景物的特点"。同时，文本的内容还决定着可以同时获得"按顺序写出景物特点"这一学习结果。因为作者写日出，是按照不同时段，写出不同的观察和感受，是按照时间顺序记录景物变化特点的。因此，更多时间让学生经历"了解时间的变化，并跟随变化去感受景物的不同特点"，这就是本课的学习价值。

《记金华的双龙洞》更加明晰地指向本单元的写作教学目标——按一定的顺序写景。只需阅读课后练习就能明白。课后练习中，让学生理清作者游览双龙洞的顺序，再把下面的线路图补充完整。当然，本课也能同时满足"写出景物特点"这一目标的学习需要，因为文本中所描绘的双龙洞游览历程，在路上，抵达外洞、进入孔隙、游览内洞，不同景点有不同的特点，留下的印象也各不相同。因此，教学中，应该充分借助文本，让学生在读文的过程中得法。

习作例文《颐和园》同样具备学得单元导读中提示的两个习作教学要素，完成目标学得的可能。基于之前的教学中，"了解课文按一定顺序写景物的方法"与"学习按游览的顺序写景物"这两个知识点已经点明，同时也基本获取。此时借助习作例文，更多应该承担巩固、强化的作用，为即将进行的迁移、运用做好准备。因此，教学中引导学生关注批注，根据课后的提示，再次通过自读、体悟，强化对"游览顺序"的理解，明确知道如何按游览顺序写景物。学习成果的确证和巩固，为即将开始的运用做足准备。《七月的天山》也同样承担着"结果确证"的任务，只是更加侧重于"按一定顺序写出景物不同特色"这一知识点的获得。

如果说，习作单元的课文篇目是完整地演绎着学习过程的话，两篇习作例文都在强化与印证过程中初步认知的方法，形成一种固定的图式。图式的获取，才有助于迁移到新的学习任务中。课文学习的内容看起来和习作例文有重叠，但学习的目的不同，方式不同，在教学过程中着力点是不同的。课文，教读，重在获取过程，可以缓慢学得；习作例文，自读，重在结果确证，可以简要、快速地确定下来。

第三处差别："专家语言"和"伙伴语言"带来不同的学习体验

一般而言，课文部分选用的更多是名家名篇。例如，本单元的《海上日出》是巴金的散文，而《记金华的双龙洞》选用叶圣陶先生的游记。而《颐和园》的作者标注为"根据人教社教材改编"。《七月的天山》的作者和小学生有一点距离，相对陌生。虽然每一篇都是文字优美，条理清晰，但还是有差别的。

课文，是优质范文，是经典名篇，是专家语言；习作例文，也是优质范文，是标准样本，更接近于伙伴语言。所谓的"专家语言"，就是让学生看到经典的示范，高水平的演绎。专家语言容易产生"高不可攀"的距离感。所谓"伙伴语言"更多使用和学生表达接近的方式，让学生看到自己，产生"我也能写"的安全感。当然，并不是说《七月的天山》与《颐和园》是低级的"学生水平"，其实以作家的角度和层次，要写到让学生都能接受，能喜爱，当然是高水平。"伙伴语言"源自作家作品不需要怀疑，只是用"伙伴"一词强调一种特殊的读者意识、写作态度和示范效果。

这一差别，在本单元中不够明显，在其他习作单元中体现得很突出。例如，三年级习作单元中《尾巴它有一只猫》《我想变成一棵树》；六年级习作单元中《爸爸的计划》《小站》等，相对于前面的课文篇目而言，都更加接近于学生的话语。这样的编排，让学生从名家范本中看到优秀应该有的样子，知道"方法用得好了，文章会是什么样"；同时能在倍感亲切的习作例文中增强信心，看到别人写成什么样，产生我也来试一试的写作冲动。这一切，都为接下来的应用和迁移做足准备。

三个差别，带来教学时方式方法的不同。

最后给大家一个重要的提醒——千万不可忽视习作单元中特别编排的"交流平台"与"初试身手"。其位置在"课文篇目"和"习作例文"之间，是一个学习"中转站"。以本单元为例，"交流平台"中就提示了写作要点。例如《记金华的双龙洞》一文，提示了关注游览顺序，同时提示了这一篇课文中所写的"外洞""内洞""孔隙"等景点，是有着不同特点的；指出了《海上日出》中"按照时间变化突出景物变化"的写作手法。这些，都是对之前的课文学习做的归纳与梳理。

在"初试身手"部分还让学生尝试绘制游览线路图，进行小练笔。这样一来，整个习作单元构成了一种完美的起、承、转、合的认知路径。所谓"起"，通过课文学习，名家示范，让学生去领悟，初步感受，简单学得；所谓"承"，通过交流平台的提示与指点，让学生加深体会，并在初试身手时，浅尝辄止；所谓"转"，通过习作例文，让经典的"专家语言"转向"伙伴语言"，继续为写作准备；所谓"合"，指的是最后让学生参与习作，完成单元习作任务。

按顾黄初先生说的："教学，不要从事半截子工程，要让教师的教匹配学生的学。"统编本习作单元的编排，符合作文写出来的基本流程，从"教材"层面，确保了学生最终能够顺畅写出来。接下来，使用教材教学，应该实施"单元统整式"备课和设计思路，注重前后关联，做好相互比对，确立教学重点，促成学生最后顺利写出来，抵达单元总目标。

"好看的故事"必将驱逐"简陋的真事"

指导学生写作文，我们总爱提"真实"。

真实，作为衡量作文质量的标杆，很好用——真的优质，假的劣质。真实，作为教学的"口头禅"，说起来也有正义感，主张写"真"，绝对没错；理念正确，其他的也不至于有多大问题了。真实，成为作文教学的救命稻草，或者是标签符号。

似乎，我们有意忽视一个事实，真正优秀的文学作品，都是虚构的。当然，一提及"文学作品"四个字，很快就被义愤填膺地镇压下去，在这个问题上的讨论，大多自甘于拘泥在"作文"层面。即便是作文吧，也应是一种思维运作的结果，真实的事例，也需要思维的介入，进行加工、改良、重组。构思，让真实变得更有利于表达，有益于阅读。

即便如此，当"思维"遭遇"真实"的时候，依然被贬损得一文不值。好似处于危难困苦边缘的人们，衣衫褴褛但仍旧怡然自得，他们只是团结一致地抵触一个衣着尚且完整，仪态端庄大方的人到来。苏格拉底说"未经思考的人生，不值一提。"在写作上，未经思维的表达，值得一看么？

原本明晰的答案，恍惚间变得不确定起来……

随即，又被一阵声浪压制下去，我们习惯不经思考地接受那些充满简单暴力色彩的"真理"，例如：写真人，写真事，写真心情，写真景致，真实写吧……只要这样呐喊，剩下的就是小孩的问题，我们就可以横加指责，还可以像审判者一样，为写成的文章"定刑"。

简单地、过度地强调真实，导致真实本身变得越发简陋，让文章本身都具有明显的硬伤。

其一：线性推演的霸权泛滥

排挤思维的真实，就是一种口号式的强调。这样强势植入的意念，导致学生在叙述表达时，基本按照事情发展顺序来写，按部就班地推出一件又一件的事。例如：早晨出门，遇到谁，说了什么话，做了什么事，回到家又有哪些安排……流水账，成为无法逃避的写作形式。当然，我们是不会承认的，依然会将其视为"有序"。

其二：传统要素的盲目崇拜

说到真实，无可回避地提到"六要素"：时间、地点、人物、起因、经过、结果。这六样真管用，用了就显得有根有据——真实。但这六样也很淘气，必须同时登台才有效，六个主角一个都不能少。同时，多一个也没必要。

六要素的盲目崇拜与简单叠加，导致我们对真实产生了极大的误解——真实，就是这样简单，写作文，犹如回答问题一样，按点得分。

其三：局部美化的自鸣得意

说心里话，我们也害怕就这样简单写下来的文字不好看，没有艺术效果。瞧。关键时候，艺术成了触发我们觉醒的按键。而回避艺术时，又成为避之不及的瘟疫病毒。

我们开始美化真实，教给学生管用的局部美化的方法。例如，写对话如何添加提示语，叠加一个不够，再来两个；提示语在前不够，在中间，跟在最后，不断变化位置。我们总以为做到这些文章就好看了，的确，看起来好看了。实际上，没有对整篇文章进行调整、重构，只是在局部做技巧性的"美容手术"。

可我们，却沾沾自喜，认为这就是得到了写作之道。道虽是一条道，却将文章推向了荒芜的孤岛。岛上没有文学，没有创作，没有鉴赏，有的只是一个个奇怪、孤立的样本。其实，是一个个离奇扭曲的怪胎。无怪，这样学习写作，长大后，极少问津，因为从小就败坏了写作的胃口。

抛出问题简单，解决问题困难。我们提出让"好看的故事"驱逐"简单的真事"，让写出好故事，成为作文教学必然的追求，至少，应给学生三类必要的指导，让他们具有"写出好看故事"的体验。

第一：人物的标志性建设

故事，都有基本的创作模板。曾有人将所有好莱坞的电影剧本，归为九个类型，这就是故事的九个模板。故事看起来千奇百怪，但从更高的角度俯瞰，会发现结构都可以合并，都具有规律。特别是学生在日常生活中遇到的真事，相对都是平淡的。这也正是"平平淡淡才是真"的深刻含义。

但写作不能屈服于平淡，可以在平淡的故事中，努力建设标志性的人物图腾。例如，让故事中的人物爱说标志性的话，爱做标志性的动作，具备标志性的思想，产生标志性的效应等。而这一切的根源，依然是思维——人的思维，决定了他说什么话，做什么事，选择穿什么样的衣服……

我们对故事中人物进行标志性的建设，可以让学生精心设计人物说话的内容，而不是提示语；精心的去描写人物的外貌，而不是套用"水汪汪的大眼睛"一类的美颜写作法；精心地去设计人物的言行，努力与其思想相吻合，实现"心、口、手"三者合一。例如一个人很谨慎，很保守，可以描写留着三七分的发型，梳得一丝不苟；穿着紧身的小西装，扣子必定严丝合缝地合拢着。瞧，这样一来，就建设着标志性的人物。

希望你不要在这一方面较真——哎呀，我看到他的时候，穿的是运动衫。这一偶然且微观的真实，要服从于宏观且恒定的标志性建设，要以思维为帅，主导这一建构过程。

举个例子，特别容易让人明白——美国作家海明威的著作《老人与海》。老渔夫桑提亚哥连续 84 天捕不到鱼，在第 85 天时终于捕到了一条 1000 磅重的马林鱼。在这个捕鱼过程中，他克服了难以想象的困难，表现出了非凡的毅力和坚韧的决心，而就在他把鱼拖回的过程中，和前来觅食的鲨鱼又进行着搏斗。结局是——只剩一个鱼骨架。

单看这个故事，确实有一点烦。84 天的境遇，文字中也看不出有多少审美的气象。故事不断重复着桑提亚哥相似的经历。然而，《老人与海》之所以成为世界级名著，就在于故事中的桑提亚哥，是大众心中的一种图腾，是一个具有顽强精神意念，坚不可摧的形象代表。因此，桑提亚哥并不会随着故事的老旧而消弭，相反，这个"老人"将在文学中得到永生。

人物标志性的建设一旦成功，就将成为经典，成为永恒。

第二：故事情节上的谋划

按照事情发展顺序，线性写，固然能保有真实性。但这不代表经由思维融入后，变序写就摧毁了真实性。真实，如果可贵的话，是可以经受住考验与淬炼的。

而好看的故事，更主张基于真实，融入思维，进行更为高级的变序，让情节与故事的表现力进行合谋。我们主张因循需要，借助思考来组织材料，部署篇章结构，让"真实的事"变成"好看的故事"。具体说，可以思考三个要点：

要点一：故事的表现实力。即用什么方式去表现，故事更有张力，对读者构成影响，例如故事开篇，我们可以用"中部横切"的思维，敞开向读者展开一个最高潮的场面，就好像直接拦腰切开一棵千年古树，让您看中间不曾公开的年轮奥秘一样，我们会惊叹，哇，这棵树的中间，有这么多圈圈啊；哇，这棵树这么苍老啊……

要点二：读者的阅读心态。故事写给读者看，读者的阅读心态就成了关注的焦点。在故事框架不变的前提下，读者爱看什么，可以先写什么，把读者的注意力吸引进来，之后再让其不离不弃地阅读。例如之前讲到的"流水账"，同样写自己一天的经历，当我们发现在这一天中，作者和陌生人对话了，这可能是读者关注的，因为这是不同于其他日子的遭遇。于是，不妨先写着这个场景，借助读者的惊奇引发后续阅读。

要点三：作者特长的支撑。作者应该大张旗鼓地优先展示写作的特长，先发制人。例如，擅长细节描写的，可以先描写一个细节场景；擅长动作描述的，你就可以先描述一个正在进行的动作；擅长什么，就优先描写什么，让文章在最开始就博得关注，受到读者欢迎。

有一篇作文很特别，写的是《掰手腕》。作文没有从班会课的开始写起，没有提到老师的活动宣布，活动组织等，而是直接从掰手腕的"僵持阶段"写起——甲方的手臂已经扭曲到变形，而乙方还在不断地用力。双方牙根紧咬，进入了殊死角力的僵持状态。四周的呐喊声如雷鸣一般，整个教室都好像在颤抖。

瞧这一段描写，你说不真实吗？你说没有序列吗？你说它凌乱吗？不！相反，它带有极大的表现力，也满足了读者的需要，想必作者是特别擅长场面描写的。融入思维，经过加工，让情节经过谋划之后，更具有感染力。这才是真正的写作高峰体验。

第三：打好环境描写的重要补丁

我们几乎忘记了教学生写环境。在我们的作文教学系统中，很少看到专门针对环境描写的教学。环境是整个作品的语境，环境营造出了人物的生存空间。这就是对王国维说的"一切景语皆情语"更为深邃的体悟。

例如统编教科书中选编的《穷人》。开篇就是一段绵长的环境描写，展示了渔夫的妻子桑娜勤俭持家，温柔善良的品质。看吧，在那样贫穷的环境中，如果没有善良作为支撑，怎么能够这样的去料理家庭，去耐心等待渔夫归来？环境就是语境，就是人的心境，也是故事的情境。而我们的写作教学呢，几乎很少涉及。

现在，我们慎重地提起：找回这丢失的一环，作为故事的补丁，必须严密铆定。

以上的三个方面，综合起来就是写出一个好故事的基本模板。当我们拥有写好故事的理想时，能很自然地比对得出——简陋的真实并不值得我们高举在头顶，成为写作教学的圭臬。粗暴而又毫无辅助举措地要求学生写真实的事，是多么的可笑。

真实，是一种高贵的创作态度，但不是写作教学的救命稻草。

想象很大胆，却只写出几句话的故事

　　青年教师指导学生写想象故事时，发现一个奇怪的现象：让学生说出心中所想，没问题，都能侃侃而谈；而顺势让学生写出故事，却一下子变得非常困难。写了半天，也就几句话，无外乎就是以下这个毫无生气的句式：

　　谁＋在什么时间＋在哪里＋做了什么。

　　简单的一两句话，写了好长的时间。一节课就 40 分钟，等不起。所以，青年教师最后采用的方法是让学生"带回家写，之后交上来"。而上交的故事也让人不悦，看起来是多了点，但依然是那么几句话，完全没有说故事时的精彩和创意。

　　这究竟是为什么呢？回答这个问题，也很简单——说得容易，写起来难。自古是这个道理。写，的确不容易。想到，说出，大家都可以做到；真正要写了，作者本人会遇到前所未有的困难。而且，这些困难无人可替代，只有自己独立承担。想想看，在"说不下去"的情况下，我们还可以用"嗯""然后呢""等一下啊""于是""所以"这些词来遮掩，或是作为"休止符"，让思维得到缓冲，之后继续说。同时，说的时候有人在听，观众效应也会让说的人不断努力。但写的时候却不同，总是一个人孤军奋战，遇到困难解决不了，就会停笔，琢磨不出也就敷衍过去。多停几次，更是没了力气，写不下去了。

　　以上的解释，凭借的是个人感觉与执教的经验。这一问题是座冰山，海面之下隐藏的是更主要的原因——教师也许压根没有教学生如何写出想象。所以，学生不会是因为教学的失职。

说出来时，思考就完成了；写下来，就是语言的形式转化问题。如果能够用教学辅助，应该能顺利实现从说到写的转化。很可惜，我们太少教给学生如何将想象输出为文字。也许你会大为意外，也会大声疾呼："这是哪里话？我们当然有教啊！"的确，我们很注重想象的指导，但大多时候，我们将指导简化为指示、指令，认真地提出"大胆想象"的要求。或者，温和地说"请大胆想象吧，相信你一定行！"结局呢？结局就是开篇所示的那样。

发出指令，或者说带着善意地鼓励学生，对于解决困难的意义是渺小的，特别是像"写作文"这一类的思维活动，更多需要的是方法、策略，而不是柔弱、空泛，放之四海而皆准的鼓励。就好像我们去学习打网球，心里清楚打网球时的速度很重要，而教练总是让我们大力发球，快速击球，但关于发力的姿势，击球的动作要领，步法的变化等"如何做到"的本事，教练并没有教，导致的结果必定是我们随意发挥，无效练习。这些泛泛而谈的"一般要求"在教育学者杜威看来，是不存在的。杜威说：这世界上并没有所谓的一般的看、听或想的能力，我们只有具体针对某一事物的看、听或记忆某种东西的能力。一般的心理和身体训练，其实全都是废话。

请注意：特别是想象力，这是属于个体相对稳定的特征，是不容易受教育所影响的能力。而我们试图用后天的要求来施展、改变这种能力，少了方法的辅助，是无法提升的。所以，当我们提出"让学生大胆想象"的时候，构成的是对想象的束缚。学生一下子懵圈了——大胆想象，怎么样才算大胆想象呢？这也就解释了为什么在教学中，学生写的想象的故事不如在自然而然的环境下，随意说出的故事。

然而，在统编习作教学中，特别是第二学段，想象类习作次数特别多。如果每次都让学生"大胆想象"，等于每次教学都落空。怎么办？应该教给方法。也许有人会说："想象是自己的事，用什么方法想象，自己决定，还能教？"必须说明的是：能教。因为我们教的是引发、激活、输出想象的方法，是从如何写的层面做启发，是教学层面的给予。所以，不但可行，而且势在必行。

借助统编三年级上册第三单元《我来编童话》这一典型案例来阐述。这次习作的教学目标就是让学生"编童话，写童话故事"。三年级学生，写童话故事是轻车熟路的吗？执教过才发现，当堂编写是异常困难的。像是中了魔咒，课堂上编写的，大多是"一句话童话"。格式就是——

谁＋在什么时间＋在哪里＋做了什么。

特别是"做什么"部分，老师让学生大胆想象，努力写出更丰富的情节。学生像挤牙膏似的又往下编了几句，却再也无能为力了。我们都很奇怪——那么多的童话故事，都读到哪儿去了呢？为什么在写作时，一点都用不上呢？其实，问题真正在于：我们并没有告诉他"怎么编"，只是说"你大胆地编吧"。要让学生大胆，又没给大胆的方法，学生无从下手。此时此刻在学生的认识中，并非要展示自己想象中的童话故事，只是完成一次教材作文任务而已，显得被动。而老师却无动于衷，给了任务又不给方法，还要催促完美达成任务，真有点让人为难。

明白了吧，即便是写想象故事，教法不对，也让学生厌烦。而合理、适当的教学，是能够让学生展开想象，编出童话的，我们可以分三步，这么教：

第一步：按照交流平台中的提示，让学生添加童话故事中的角色。故事要好看，角色可以有多样，角色多了才有喜、怒、哀、乐，才可以对话，可以一起行动。这是单元中交流平台给我们的提示。教师可提供片段让学生模仿，例如本单元的《在牛肚子里旅行》开篇第一段，让孩子直接给自己的童话故事增添角色，不需要多，两三个足矣，只要每个角色都各有特色即可。有角色，自然有故事。

第二步：样本学习，让学生添加童话故事中的环境描写。第一步为写好童话故事奠定了基础，第二步就是锦上添花。故事不能发生在真空里，原来的童话故事中只编写"地点"，更准确地说就是写了个名词而已。所谓"编"，就要让名词变得生动起来，让人阅读故事时如同身临其境。可以让学生关注本单元的《卖火柴的小女孩》，学习如何描写想象中的场景。例如，小女孩写自己走到街上，顺势就写街景；写自己想到烤鹅，顺势就写餐桌上的圣诞树，喷香的烤鹅。而在学生编写的童话故事中，如果写自己来到森林里，不妨就顺势写下一段对森林的描写：

> 哇，这魔法森林里的每棵树，至少三个人才能抱得住；绿茵茵的草地上，每隔十步就会长出一颗白蘑菇；蓝色的食人花总是一开一合，到处都充满着魔法。

当教师把这一段下水文提供给学生，让其感受什么是"一提到'地方'就立刻添加'这地方是什么样''这地方有些什么'的描写"时，学生能感受到故事中添加环境的好处，也知道了如何想象，添加环境描写的方法。

第三步：提供具体方案，指导继续编故事。经历了前两步，学生已经感觉到编写童话的趣味。其实，故事都在学生的潜意识中，储存在脑子里。只不过要借助教学，激活、调动、引导出来而已。如今，学生的故事中有多样的角色，有丰富的场景，也就有了故事应具备的"情境性"。那么，接下来怎么编？

让角色之间有交往，有互动，就是童话故事；即便没有，角色之间聊聊天，说说话，也是童话故事；还可以做得更"大"些，让角色一起合谋，完成某件事，经历某些场景，更是童话故事。这样一来，编好童话故事，我们至少提供三招，故事就能编出来了。

当然，最后能编得好，编得快，编得多的，依然要看"人"。譬如说，从来不阅读童话故事的学生，无法在阅读中汲养，只能凭空想象，还要组织语言，编写起来举步维艰。并非说我们的教学要仰仗"个人的修养"。我们深知想象力确实有高低、强弱之分，但只要是孩子，想象力足够丰富，都能支撑起编写简单的故事。感觉想象不够丰富，实际上要更多思考教学有没有充分激活学生的想象。

原本此文已经结束。眼尖的读者会发现，之前的"一句话"童话中，"时间"元素还没有被加工与编写，难道不可以吗？或者是没有什么编写的价值？此处藏有一个惊人的秘密：时间元素，可以进行想象加工，但不要轻易触碰哦。只要时间一改换，就等于换了一幕故事，一个时间一幕剧，一幕一幕不断往下写，写出整个系列的童话故事，也许会写成一本童话故事书呢。所以，在课堂上编写故事，尝试一下方法是否管用就好。

当我们教给学生具体可操作的方法后，学生写起想象故事如有神助。所以，当我们发现学生能大胆想象，却写不出几句话的时候，不要着急，也不要软弱无力地给予鼓励，而应该教给他方法。有方法，才能持续不断地往前发展。

写人的方法，讲来讲去怎么就那么几个？

统编五年级下册的第五单元是习作单元，教学目标是"学习描写人物的基本方法。"

要学习的方法有哪些呢？和青年教师备课后发现：讲来讲去，就那么几个。例如：可以正面描写，也可以侧面描写；写的时候要注重细节，越细越好；可以写人物的外貌、语言、动作、神态、心理，从方方面面来描写人物……

整个单元学下来，就总结出这几样。学完之后问一问："还有什么别的方法吗？"回答说："没有了，就这么多。"再追问："之前呢？学了什么方法？"回答说："也是这些。"继续追问："之后呢？还学什么？"回答说："看起来依然是这些。"

难道，天下写人的方法，就这么几个？更关键的在于：所学的方法，能用吗？好用吗？看起来可以用，凡是人，都可以这么写。这样写，自己都不知道写出来的是什么人，反正"一切人都这么写""是人就这么写""写成的人，也都差不多"……

为什么会有这样尴尬的局面呢？说到底是我们的教学，一直靶定在"练习"的属性上。我们一直把作文教学看作是一种训练，要强化练习。即便我们也了解写作的其他功能，例如：表达功能，交际功能，创造功能，传递信息功能等。但是，根深蒂固的，对早就认定了的"练习"属性，是极为笃定，是占据主流的。所以，我们的教学目标，就是追求——练得漂亮，练得好看。这就好像去学习打乒乓球，练习挥拍动作是必须的，是基本功，但问题在于——我们一味练习挥拍，认为只要挥拍到位了，打球就没问题。而且，这是基本功，必须扎实。最后，我们只学了挥拍，不会打乒乓球。

"练习"写得漂亮，真正要写人的时候，却又不知从何下手。一个活生生的人，也会写得死气沉沉。在没有目的，只顾训练的写作中，我们收获的就是最熟悉的，用的时候不知从何下手的"标签技术"。

借用第五单元中的一篇精读课文，冯骥才先生的《刷子李》来说，特别能让大家有同感。此课位于单元中第三篇，按理说，学习时应该用上之前所学的写人的方法来检验，巩固所学。可惜方法还是那些方法，没有多少新意，只是写的"人"不同了而已。这样的学习，如同嚼蜡，完全不能够感受到冯骥才先生过人的笔力，无法感受到写作的趣味。怎么办？请抛弃那些标签技术的习得，针对此课，给予学生"精炼认知"的获取。

精炼认知的"精"，就是精确的针对性。瞄准这一课中的人物"刷子李"，一个具有"高超技艺"的人，探索如何写具有高超技艺的人，这就是我们集中的学习指向。

精炼认知的"炼"，就是提炼。假定写高超技艺的人的方法很多，作为小学五年级学生来说，不要贪多，应该提炼出一些与本课密切相关的，最为特殊的，突出的，适合小学生学习的进行教学。教得精炼，学得牢靠，效果更好。

精炼认知的"认知"，就是指学习都要像做研究一样，参与过程，探索奥秘，去揭开隐藏在文字表面下的写作秘密，获得生命气象的成长。例如本课学习，可以去看看作家是怎么写的，怎么把一个人的高超技术写出来的？而不是一味将已有的写作结果简化为一句句的标签技术，沾沾自喜地收藏。应该有目的地去研究，不仅在过程中融合实践，学得实用的写作技术，同时增长自己的知识水平，提升了认知的层次。

冯骥才先生笔下的"刷子李"具有高超的技艺，用与众不同的方法来呈现。比如写"高超"，自然要用到"与他人的对比""众人的评价"

这两个看似普通的方法。但结合文本，发现作家的写法不同。文中的对比和评价只有一处——"这是传说。人信也不会全信。外行没见过的不信，行内的生气愣说不信。"这样的比对和评价，不是标签、口号，而是内涵丰富的精彩语言。学习时，让学生去琢磨：这是对刷子李的好评吗？看起来似乎不像，读几遍又觉得很像。学生围绕着语言内容，进行辩论、分析、比对，同时在整个语言环境中去观照、回味，能发现作家独特的语言风格。整个过程都伴随着学习，不仅学方法，还学语言，更体验了"如何学习语言的技术"，元认知也获得生长。

再比如写"技艺"，很明显集中在第五自然段，不妨先看看：

> 一间房子，一个屋顶四面墙，先刷屋顶后刷墙。屋顶尤其难刷，蘸了稀溜溜粉浆的板刷往上一举，谁能一滴不掉？一掉准掉在身上。可刷子李一举刷子，就像没有蘸浆。但刷子划过屋顶，立时匀匀实实一道白，白得透亮，白得清爽。有人说这蘸浆的手法有高招，有人说这调浆的配料有秘方。曹小三哪里看得出来？只见师傅的手臂悠然摆来，悠然摆去，如同伴着鼓点，和着琴音，每一摆刷，那长长的带浆的毛刷便在墙面啪地清脆一响，极是好听。啪啪声里，一道道浆，衔接得天衣无缝，刷过去的墙面，真好比平平整整打开一面雪白的屏障。曹小三最关心的还是刷子李身上到底有没有白点。

学生细读本段，发现文字中既写了刷子李刷墙的动作，又写他刷墙时墙壁的变化，还写出发出的声响，观看者内心的起伏等。要是简单获取结果，也就是得出：写动作、写样子、写声音、写心情等标签技术。这也让我们明白，那些通用的知识并不是不能学，而是不能作为唯一的学习结果来自我陶醉。我们要继续研究：写"技艺的高超"，还有什么可学的呢？这一段携带的精炼认知，又是什么呢？

要得出这个问题的答案，需先探索冯骥才先生《俗世奇人》的创作背景——冯先生在听说故事的脚本后，进一步加工，虚构而成。冯先生自述说："这些故事根据民间传说而写，创作时经过虚构，意图在于让人们记住一个又一个的故事，记住故事中的一个又一个的人。"冯先生在接受记者采访时，还说过关键的话——"好的故事在古代，就叫作'传奇'。只有传奇才能口耳相传。"可见，要写出技艺高超的刷子李，就要让读者看他"奇"在哪里？文字就要把这个"奇"传播出去，而我们要学的，就是用文字传播"奇"的方法，而不仅仅是"写看到的，听到的，想到的"这样模糊、笼统、通用的"标签技术"。

在写"技艺的高超"中，除了之前文字描述的现场，冯骥才先生还用了三种方法，是本课的精炼知识。

第一，选择了写徒弟曹小三。这个角色能全程关注各个细节，他的介入，类似见证者，其实也把观众带到事发现场。

第二，安排了一个非常特殊的意外。刷子李裤子上有破洞，在结束时被曹小三发现，也让读者的心一紧，产生惊叹。在明确缘由之余，更加深了对刷子李高超技艺的认可。这种曲折的情节，惊叹意外的设计，就是一种写作方法，这个方法显得大气、有创意。

第三，选择了全知的视角来写作。不用曹小三的口吻写，以免视野不够宽阔；也不以刷子李自夸的口吻写，以免读者生厌。冯先生安排一个神奇的，看不见，摸不着，却时时存在的"第三方"角度来写，这神一样存在的角度在故事中穿梭自如，游刃有余，可收可放，让读者在精细处看得痛快，在无关紧要处迅速撤离，在需要处随时切换，甚至可以直抵人心深处。这是本课专属的精炼知识，是写高超技艺的专属方法。

这样一来，通过《刷子李》一课的学习，学生收获了精炼的知识，学会了"如何写具有高超技艺的人"。末了，青年教师会问：这样学，太集中了，只能写技艺高超的人，能够应对写"一般的人"吗？

回答如下：

其一，真很一般，自不必写。写作是需要选择的，既然是一般，不在选择范畴之内。你非要选择写一般的人，兴许你是超级写作高手。要在一般中洞见不同，这确实需要很不一般的水平。

其二，按部就班，扎实有效。这一次，结合这一课，我们就学写有高超的技艺的人，下一次，结合其他文本，提取不同的精炼知识，获得认知生长，我们再学另外一类。一类又一类，真正学扎实。

其三，举一反三，顺势迁移。会写具有高超技术的人，也会写一般的人啦。而且，还能写出一般人很不一般的地方，因为每个人都有与众不同之处，相对而言，都是"具有高超技术的人"。当你学完这些特殊类之后，写什么样的人都感觉"嗯，好像我可以。"

最重要的是，从这个角度去备课，去设计，我们会发现：写人的方法，并非讲来讲去就那么几个，而是无穷多，而是很生动。跟着文本，密切结合，不仅学到方法，还获得成长，多么快乐啊！

教学研修中的『小问题』

让"胖问题"在课堂上得到充分发酵

一、问题的提出

英国学者史密斯所著的《学习性评价丛书》中，提供了针对 1000 名教师的课堂提问所作出的分析。教师泰德·雷格在调研中发现，在所有被统计的课堂提问中，仅有 8% 的问题能够鼓励学生们去交谈与思考，而 35% 的问题是对已经获取的知识进行检查与再次重复理解，例如：举出你所知道的某某；请说出某某的特点等。更让人惊讶的是，有 57% 的问题属于"管理类"问题。① 例如：你们准备好了吗？你们查找好了吗？你们完成了回答了吗？……

美国学者南希·塞西尔与珍妮·法菲尔在《老师如何提问学生才会思考》一书中，也提出"合适的问题"这一概念——开放式的，带有思考价值的问题才是合适的。因为这些问题能够提高学生的想象力，促进学生的批判性思维。教师布罗姆利在课堂观察中发现"合适的问题"明显不足，教师异常青睐于"事实性的问题或者文字语言方面的问题"。统计观察结果，布罗姆利得出了如下的结论：其一，教师提出的问题，75% 属于事实性的问题或者文字语言方面的问题。这些问题基本不具备思考价值，仅是对记忆与占据资料的考查；其二，超过 50% 的问题，

---

① ［英］史密斯著，剑桥教育（中国）译. 学习性评价丛书［M］. 北京：教育科学出版社，2010. 7.

在幼儿园时就已经提出过，如今在小学课堂上又一次被提问，而这些问题也都是事实性的问题或者文字语言方面的问题。例如：你知道的颜色有哪些？说出你喜欢的花朵……其三，在平均30分钟一节课的课堂上，属于事实性的问题或者文字语言方面的问题出现的概率过高，时长过长，超过70%。[①]

我们的确喜欢在课堂上提问，但我们的问题过于"瘦削"，学生回答问题的思考空间狭小，仅仅是对旧经验的回顾与重复，或者是临场"抖机灵"，而我们则习惯于对这样的瞬间反应予以赞赏，无形中又让深度而系统的思考被排挤，取而代之的是讨巧式、碎片化的灵光闪现。同时，在提出问题时，我们希望得到的是集中且精准的答案。例如，我们喜欢问：这是一个动词吗？我们不善于问：这个动词用在这里，恰当吗？展示出怎样一种动态？又如，我们喜欢问：你觉得文中的他具有什么样的品质？我们不善于问：你如何看待文中的他？我们喜欢让学生做出判断，例如："诺曼底号"遇难了，船长哈尔威是不是英雄？我们不善于引发讨论：英雄都有壮举，而，船长哈尔威仅仅是执行一个船长应有的职责，只是坚守岗位而已，这是一种古典的骑士精神，他算是英雄吗？

课堂上提问的狭小格局是课堂提问的特殊性造成的。有调研发现，小学语文新授课，教师平均每堂要问30～40个问题，对所提问题的类型统计，结果统计如下页图[②]：朗读或背诵、纪律问题等，只需学生服从、照着做的，占18.2%；简单思维或无思考的应答性问题占64.5%；由学生引发的问题仅占1.0%。课堂提问的无效性可见一斑。

① ［美］南希·塞西尔，珍妮·法菲尔. 老师如何提问学生才会思考［M］. 北京：中国青年出版社，2016. 5.

② 陈亮. 课堂提问之惑［J］. 人民教育，2016. 第17期：48.

课堂教学提问类型分配							
问题类型	学生引发问题	朗读或背诵问题	纪律问题	结果选择问题	过程问题	见解问题	表演问题	总计
互动次数	6	94	17	393	55	15	29	609
比例	1.0%	15.4%	2.8%	64.5%	9.0%	2.5%	4.8%	100%

让我们从源头思考，先确证一个核心问题——什么才算是问题？人工智能符号主义学派的创始人赫伯特·西蒙和艾伦·纽厄尔提出了"问题"的概念："个体想做某件事，但不能马上知道对这件事所需采取的一系列行动，就构成问题。"可见，问题就是对未知的好奇。之前那些重复已知，可以说是"伪问题"。进一步思考：教师在课堂教学中的提问是什么？教师提问不同于学生在生活中的自然发问。课堂提问，是已知者对未知者、求知者的提问；生活中学生发问，是未知者、求知者对预设中的已知者的提问。这一本质区别带来问题性质的差异，提问的方式也会变化。课堂中的提问者，倘若一心充满期待，希望未知者通过回答获取答案。这就可能造成提问以获取结果为目标，自觉地缩减思考空间，让问题瘦身，让准确的答案尽快浮出水面，这有些类似为了打捞一个沉入水池中的物件而抽干整池的水。然而，优质的课堂教学不应满足于获得学习结果，而应致力于让学生参与学习的过程。也就是说，教师应该洞见学习的历程，不以快速得到结果为目标。学习，要具身介入，要亲自参与，教学，必须展开学的过程，允许融入。学习本质上就是开放的。美国学者罗伯特·马扎诺博士发现优质的学习应在多个维度上展开，这一成果在中小学教学中普遍得到应用。马扎诺博士的学习维度具体分为：态度与感受；获取或整合知识；扩展与精炼知识；有意义地运用知识；良好的思维习惯。其中的维度3"扩展与精炼知识"和维度4

"有意义地运用知识"涉及了较多的思维技能和思维过程。[①] 五个维度都力主学习不停留在粗浅的感受上，即便是运用知识，也提倡对其进行"整合""扩展""精炼"，同时强调"思维习惯的养成"。可见，让学习真正发生，我们需要学生"真思考""深思考"。提问，毫无疑问将引发思考。因此，问题的品质决定着思考的深度，决定着学习的存在，也决定着课堂教学的质量。

二、实践与方向

针对问题过于"瘦削"，我们形象地将具有思考内涵的问题代称为"胖问题"。胖问题，是问题发酵后的结果，发酵，是教学的隐喻。问题的"胖"，表现在思维的容积上，在拓展的体量上。"胖"也是主张问题要带有启发性，包容性，带有研究价值。问题在指向学习的焦点提出后，要打开空间，引发学生参与讨论、辨析、评价、批判，在问题的思考与回答中，产生思维的交锋。课堂因为这样的问题，而成为思维的磁场。课堂教学中致力于设计"胖问题"，可以让学习过程充分展开，让学习实践更加丰富，学习结果更加多元。具体说，教学提问可以针对四个方面，让问题发酵为"胖问题"。

第一个方面：针对既定结果的重建。

很多时候，我们习惯给出一个思考好的结果，这一结果往往还被考试拱上高台，成为一种定性的结论。提问，如果只是强调结论，学习就弱化为记忆与储存。学习结果也会随着遗忘而损耗。针对看似定论的结果，可以借助提出"胖问题"对其予以重建，通过反思、追问，让思维卷入对结果的再加工，让结果经由个性化思维成为属于个人的特殊性结果。这样的有意义的学习，也能有效抵抗遗忘。

---

① 盛群力. 旨在培养解决问题的高层次能力——马扎诺认知目标分类学详解 [J]. 开放教育研究，第 14 卷第 2 期，2008. 4：19.

例如统编四年级上册的《故事二则》中，执教"扁鹊治病"时，可以针对"蔡桓侯病死"这一结果进行重建。查找资料可得知，蔡桓侯在位 20 年，"桓"字意为"威武""强大"，而在故事中却是那样愚蠢、固执，这样的结局难道不值得质疑吗？在对结果的质疑中，提出一个"胖问题"。教学中，可以围绕着问题，让学生温习扁鹊与蔡桓侯的三次正面交锋，并提出"穿越时空，拯救蔡桓侯"的设想，邀请学生再次细读扁鹊与蔡桓侯的对话，在"病还在皮肤"时，以大臣的身份劝告蔡桓侯。劝告中，可以《道德经》第 64 章内容，让蔡桓侯知道"合抱之木，生于毫末；九层之台，起于垒土；千里之行，始于足下；为之于未有，治之于未乱"的道理。要知道"扁鹊治病"的故事选自《韩非子·喻老》，原本就是韩非子用 25 个历史故事和民间传说来解释老子思想的。在"胖问题"的指引下，学生对原有结果进行了重建，无疑极大地丰富、充实了故事的内涵，以更为主动的姿态介入故事。即便不能改变历史，也可以改变思维的方式，思考的结果，获得故事中蕴含的更深层次的道理——在事情还没有恶化的时候，就积极主动地去解决，防患于未然。

第二个方面：针对表现形式的关注。

提出的问题具有思考价值，并非要一下子就将问题抛入"深水区"，不是用一个茫无边际的难题吓退学生。相反，应是循序渐进的。从特殊的形式入手，让学生在感受与发现中寻路而进，也符合马扎诺博士学习维度理论的观点，从第 1 维度"态度与感受"展开学习。

阅读学习的文本中，不乏表现形式特殊的样本。因为特殊，很容易引发关注，但如果仅限于对形式本身的热爱而都设计成朗读、模仿等思维含量较低的活动，实质上依然为了记忆。如果能针对表现形式的特殊性充分设计阶梯式问题，借助问题支架的辅助，让学生从形式到内涵地渐入佳境，之后再对形式本身的样态以及所携带的功能予以迁移，无疑将让学生体验完整的学习过程，也将获得更为完美的学习结果。

例如统编五年级上册的《慈母情深》一文中，有一段少年梁晓声与母亲的对话，呈现形式特殊——一句一行。很多教学都关注到这段话，进行"带感情朗读"。而学生未能身处特殊的时代，无法一下子产生体验，所带的感情就是教师要求带着的感情。设计成有阶梯的"问题组"，可以让一组"胖问题"来推动学习：

问题1（关注形式）：发现了吗，这一组对话与往常写的对话，形式有什么不同？问题2（形式解密）：对话中的"提示语"这么少，该怎么读，才能读出当时的感觉？例如，少年梁晓声要买书，他惴惴不安地向母亲要钱，看到母亲那样的工作环境时，该如何读才接近当时的场景？回答这一问题时，学生能体会到少年梁晓声因为心虚而唯唯诺诺、结结巴巴。而读母亲的话时，则变得果决、干脆且声音宏大，因为在母亲心中，孩子来买书必须支持，没有什么好犹豫的。在对形式揣摩之后，可以让学生试读。问题3（比对发现）：这样"一句一行"写对话和"混合一起"写对话，在表现人物品质上，有什么差异化的效果呢？学生经过比对，能够发现"一句一行"的形式更能凸显人物的思想，体现在当时殊场合下的思想交锋。问题4（迁移与运用）：你能将这样的形式运用在什么地方呢？教师可以通过提问，鼓励学生将这样的表现形式迁移在需要体现激烈思想交锋时，以"一句一行写对话"的特殊形式达到表现目的。以上的问题组依托着对形式的关注，让问题不断发酵，让学习结果不断得到优化与稳固，学生最终拥有的不仅是形式本身，还有形式的功能，激活在自主表达中尝试的愿望。

第三个方面：针对写作方法的探索。

福建师范大学潘新和教授指出：由于教学目标选择的不同，在"教什么""怎么教"上，在教学重点、难点的确定上，也往往是错位的。在阅读本位下，为了读懂文本，其重点、难点主要是放在对某些重要文字（主题、意思等）的诠释上，而在写作本位下的阅读，为了提高学生的写作认知，其重点、难点是放在学生某些写作缺陷的纠正与写作素养的培育上，以写作素养培育的系统性作为教学设计的出发点，自始至终贯彻着"阅读指向写作"的目标。写作是阅读的目的、指向、归宿，阅读须服务于写作。教学中考虑的学情主要是学生对写作观念的培育与他们写作实践中的问题状况。其中的写作教学是刻意的、基本的、主要的、全局的，可具体描述为：为写而读、为写择读、由读悟写、以写促读、读以致写。①

而我们在很长一段时间里，缺乏对这一空间的探索。所幸，"胖问题"倡导"思维在场"，提示我们在阅读学习中应针对相对陌生，但更具思考价值的问题。无疑，对写作"秘妙"（王国维语）的探索是个要素。即主张提问可服务于获得文本表面之下所隐藏的写作方法，习得文章组构的重要逻辑。王荣生教授提出，教师不应在一望便知的问题上大费周折。而实际上大部分字面上的问题是一望便知的，而字里行间的问题或者是文字背后衍生出来的问题，为思维的驰骋提供了更为广袤的空间。

例如统编四年级的《麻雀》一文的学习中，就要着力探索屠格涅夫是怎样写具体的。此课隶属于习作单元，精读课文的学习就是为了掌握习作的方法。这一课文字中所携带的"如何写具体"的方法典型、生动，容易掌握，值得好好探索。通过提出"胖问题"——作家是如何写具体的呢？引发学生对写作方法的密切关注。带着这一目标，从文本表面逐步破解出隐藏的"写具体"的方法。如：猎狗、老麻雀、小麻雀，一个一个地写，有序列不乱；不但写看到的，还将听到的，想到的一并写出，让现场感更强。同时，聚焦关键语句"老麻雀从树上落下来，像一块石头似的落在猎狗面前。"让学生理解在描写中追加作者本人的联想，也能产生写具体的效果。这样的问题引路，不断深度思考，让语言中携带的方法被挖掘，学习结果不停留在"比喻、夸张、拟人手法的运

---

① 何捷. 一课都不能少 何捷老师的奇趣语文课 ［M］. 福建：海峡文艺出版社，2013. 8.

用"这一类标签化、空洞化、雷同化的表面学习结果上。学生不仅发现写具体的方法，还获取操作"如何写具体"的程序化知识。

第四个方面：针对内涵意蕴的深究。

在 2017 年颁布的《普通高中语文课程标准》中，将"语文学科的核心素养"定为基础教育领域中语文学习的终极目标。语文学科核心素养的内涵为四大项：语言建构与运用、思维发展与提升、审美鉴赏与创造、文化传承与理解。①《义务教育语文课程标准》中提及的语文学科的工具性与人文性，在核心素养中得到印证与凸显。在设计"胖问题"时，可以针对文本的内涵意蕴进行深度探究，引领学生关注文本所蕴含的审美价值与文化价值，获取人文意蕴的滋养。这不仅是目标达成的需要，也是更为丰富的学习结果，能让学生在对优质的文字的品味与咀嚼中，实现素养的整体提升。

统编四年级的神话单元中，安排学习《精卫填海》。本课为文言文，全文就两句话。读通，读懂，得出道理，教学大概只需要 20 分钟，似乎没有多少可深究的地方。关照整个单元后发现，单元首篇《盘古开天地》和紧随其后的《女娲补天》很不一样。同样作为神话，"神"的力量非常强大。而《精卫填海》中的炎帝之女娃，神的力量却极为弱小。不但游泳被淹死，还化为一只哀怨的小鸟，做出让人无法理解的举动——衔着树枝、石头去填海。为什么会留下这样的神话？这一故事的内涵到底是什么？由此可以设计成"胖问题"——同样是神，精卫与女娲、盘古有什么差别？在这一问题的指引下，学生通过比对发现了"精卫的神力不足，但人性光芒特别恢宏"，感悟出"精卫身上人的属性更加明晰"。继而在了解了共工撞山、后羿射日、夸父追日、嫦娥奔月等中国古代神话故事之后，又可以发现故事中的"神"，都有非常一致的特点：不畏生死，挑战自然，勇敢面对困难。在"胖问题"的指引下，

① 中华人民共和国教育部. 普通高中语文课程标准（2017 年版）［S］北京：人民教育出版社，2017.

学生对《精卫填海》中所蕴藏的上古先民的人文精神更为明晰，体察也更为深刻。在"胖问题"的探究中，学生借助互文关照，前后牵连，还同时获取了对比式学习的路径。

三、操作的补遗

其一，提问的话术。

"胖问题"并非本身就这么"胖"，要通过发酵。所谓发酵，指的就是教师的文本解读、教学设计，特别是对问题的精准定位。对"胖问题"的发酵，就体现在问题的设计与执行实践中。我们也总结出几个简单易操作的"提问话术"和大家分享，让一线教师能更为形象直观地了解，轻松地掌握：

话术一：你怎么看？这一类问题主张学生进行自由、个性化的解读；话术二：你发现什么不同？这一类问题，大力推动比对式学习，让互文印证，差异提取等在问题解决中发挥作用；话术三：你想怎么做？这一类的话术让问题指引实践，成为学习行动中的过程指导。

"胖问题"并不强求一步到位。相反，更主张一个问题分为阶梯式的小问题。一步一步分解，一步一步搭建，一次一次在回答中建构出相对完整、系统的思考结果。例如针对统编五年级下册的《田忌赛马》，教师提出居于最上层的"胖问题"是：孙膑到底有什么与众不同之处？针对这一问题，化解为三个小问题，让学生在细节中发现差异：问题1：大家看热闹，孙膑看的是什么？说明了什么？问题2：大家注重的是赛马的结果，而孙膑注重的是什么？这又说明什么？问题3：大家只顾着看赛马，而孙膑却在关注的是什么？三个小问题，让学生从"对结果的思辨""对人物性格的了解""对当前形势的分析"三个层次去了解与众不同的孙膑，建构起孙膑完整而鲜活的形象。这样的铺垫获取的学习结果，显然比"用一个词来形容孙膑"，给任务贴标签的"瘦问题"

学习，有意义得多。

其二，必要的辅助。

在回答"胖问题"过程中，教师并非无事可做，可以在三个方面提供资助：

资助1：补充资料。有的"胖问题"，依靠个人现有经验无法回答，需要资料辅助。教师可以提供资料，也可以让学生事先收集、整理资料。例如执教统编五年级的《桂花雨》，提出的"胖问题"是"桂花雨中蕴藏了作者怎样一种情愫？"要解开这一问题，教师可以提供作者琦君的资料来辅助，包括：琦君散文风格、琦君人生历程等。学生阅读了资料，更能理解《桂花雨》这样一段活泼、优雅的文字中蕴藏的思乡之情与童趣。又如执教统编五年级的《牛郎织女》，教学中就可以提供七夕的传说，七夕的民俗、不同的故事版本等资料，让学生进行综合性思考。

资助2：提供干扰。"胖问题"有助于让学习迈向深度，也需要一些方法达成。教师可以提供一些干扰信息，让思考在影响中趋于沉着，让思辨的精神在左右摇摆后变得笃定。例如执教统编六年级微型小说《桥》，要体会故事主人公老村支书的形象，就可以提出干扰性的问题。本文课后提出"借助动作、语言体会人物的形象"的要求，教师可以干扰：本课中关于主人公的语言描写那么少，总共只有四句话。而且，每句话都说得那么简短，有时甚至只有几个字，能通过这样的语言展示出人物的品质吗？这个问题看起来在对文本进行批判，实际上当学生去面对这一批判，提供佐证去驳斥时，思维也步入更深处了。

资助3：借助工具。"胖问题"力主思维在场。但思维过程却是让人着迷的黑箱，"如何想好的"，过程往往无法公之于众。课堂教学中，即便有优等生展示了思考的结果，也难以共享获悉结果的学习路径。这个时候，老师可以提供一些思维的工具，让黑箱照进阳光。例如我们可以借助以下表格①，让学生在研究性学习中，借助关键词提出好问题。

带着问题做研究

研究题目：_____姓名：_____

既然大家已经确定了研究题目，那就花些时间好好思考一下你们希望得到什么样的研究成果。请思考：你对什么感兴趣？你想弄清楚什么？你调查的重点是什么？好问题意味着好答案，请用下列关键词完成问题。

是否	
能够	
将会	
一定	
应当	
可否	
能否	
已经	

还比如，我们也可以做出如下表②的提示，让学生在阅读中提问，从文字表面去提出"字面问题"；从字里行间去提出"推断性问题"；从文字背后去提出"评价类的问题"。

阅读并提问	
文字类字面问题？	
推断类字间问题？	
评价类字后问题？	

---

① ［加］卡洛·凯什兰，桑迪·兹万（著）. 戴华鹏等（译）. 会问才会学习 引导学生提问的实训策略 ［M］. 重庆：西南师范大学出版社，2017. 9.

② ［加］卡洛·凯什兰，桑迪·兹万（著）. 戴华鹏等（译）. 会问才会学习 引导学生提问的实训策略 ［M］. 重庆：西南师范大学出版社，2017. 9.

有了这些表格、导图、批注等工具的辅助，提出优质的"胖问题"就显得更加轻松。

本文提及的"胖问题"，还未涉及"让学生提问"，出于聚焦话题的原因。同时，"胖问题"的概念提出也并非空穴来风。"问题"不是天降神兵，都是源于教师对文本细致入微的解读，依据学科学理的教学设计，以及融洽、民主、和谐的师生关系。"胖问题"的可爱，就因为它是"活体"，是在课堂学习中值得被思考、被挑战、被不断开掘、不断延展的，具有无限可能性的问题。这些问题并非以高冷、生僻、玄虚的面目示人，而是应该符合最近发展区，应适合于课堂这一特殊的学习环境，适切于学生在现场进行挑战。回答的问题就是学习，整个过程不是带有逼迫感，而是带有思维的愉悦感。"胖问题"是开放也是模糊的，也许没有明确的答案，而这正是我们所期待的。因为模糊代表着无限可能，代表着更多的获取欲望。"胖问题"的设计，让学习真正的发生。

课堂就是学习场，你能提出好问题吗？

在一次面向中国、澳大利亚、法国、芬兰四国教师"课堂提问的次数和对象"的教学观察与测量中，经过对观测数据的分析与比对，发现了中国教师在课堂上提问的三个特征：

第一，问题提得多；第二，大多数问题面向全体学生；第三，提问的话语表述较为冗长。

测量数据显示，中国教师面向个别的提问，约占 20%；面向全班的提问则占到 80%；面向小组的提问则不足 1%。同时，课堂上"提问——回答"的组合方式也有三类：

第一，教师发问，集体共同回答；第二，教师发问，集体自由抢答；第三，教师发问，个别同学被指定回答。当然，这里还有不足 1% 的"教师发问，小组回答"无法列为第四类。

已经划分的三类中，"教师发问，集体共答"与"教师发问，集体自由抢答"，发出的问题大多属于管理型问题，服务于集中注意力，整顿课堂秩序，提振精气神等，思维含量较少。提问的话术为："对不对？""好不好？""可不可以？""喜不喜欢？""要不要？""能不能？""会不会？"由于教师发问时的语调以及肢体语言等诸多干扰因素，往往能够得到期待中的答案。例如，教学童话时，老师问"你们喜不喜欢读童话故事？"学生会乖巧地回答"喜欢"。又如，即便最后看出是写不好作文的班级，教师问"今天要写作文，你们想不想写？爱不爱写？"学生会一致性回答"想""爱"。可见，这两类提问对于真正的思考和学习几乎是无意义的。

问题集中到第三类——教师提问，个别学生回答。这里有思考价值，有学习的存在吗？观察课堂发现，当教师提出问题时，这个问题是面对全体抛出的。指名个别回答时，个体会有一种惊悚感，因为突然被点到，立刻被邀请站起来回答。于是，学生张嘴就说，很明显也是欠缺思考的，更多是为了避免尴尬。尴尬的不仅是学生，一般情况下，教师会邀请优等生进行回答。这样一来，个别学生与教师遭遇的尴尬是少了，但对于集体的思考也构成了遮蔽。我将其称之为"启动优等生秒杀功能"。当教师直接指定某一个体"某某，请你来说一说"，在这种情况下，既然个体已经被指定，集体就陷入沉默。课堂成了教师与个体的独角戏。

课堂就是学习场，你能提出好问题吗？如何解决提问的困境呢？以下提供三个参考方案：

方案一：注重自我控制

首先是监控自己提问时的习惯性絮絮叨叨。教师在课堂上提问，很习惯"碎碎念"，例如爱说"你们要不要？""你们想不想？""你们爱不爱？"这些组织目的性强的话语。说的时候可能是无意识的，习惯性地张嘴就来，无形中增加了无效提问的频数，值得注意，应该予以自我约束。低年级可能是必要的，进入中高年级，应努力克服，减缓这些问题出现的概率。

其次，监控冗长的话语铺垫。提出主干问题前，说了一大堆煽情的话，让学生无法捕获关键信息，无法快速提取问题的关键词，不知道要问什么。的确，不少老师喜欢营造一种文绉绉的课堂氛围，一大段的排比铺叙，情感抒发，然后才提出问题，让人云山雾罩，不知所踪。这些都属于提问语言修炼，需要自我监控。

方案二：注重问题的归纳，精准提出问题

思维要展开，问题就要精简，集中才有助于思考，也才有助于有针对性，有方向感的学习。显然，问题那么多，一个接一个，自然不知道该思考哪一个。

在这一点上，于永正、贾志敏、支玉恒、王崧舟、窦桂梅等教学名家都做了极好的示范。名家的教学提问，往往让人陷入深思。例如执教《曼谷的小象》，提出"文字中藏着一个'美'字，你发现了吗?"又如执教《飞机遇险的时候》，提出"在飞机遇险的过程中，你最敬佩的是哪一人?"这些问题牵一发动全身，属于典型的"牵住牛鼻子的问题"。

我在执教统编四年级上册的《麻雀》一课时，也提出了一个问题："麻雀与猎犬，猎人究竟站在哪一边?"这个问题并不容易回答，需要关联全文进行思考。因为故事中的猎人，正带着猎犬打猎回来，此时，猎犬是有功劳，也有苦劳的。而眼前的麻雀，都可以作为猎犬的猎物，算是一种奖赏；猎犬是属于猎人的，而麻雀是属于自然的，站在哪一边，答案似乎明确，但文中的描述却提供不同的结果——猎人带着猎狗走开了。在知晓前情的情况下，要做出准确判断，势必思考猎人内心的活动，触及猎人的情感——对爱的敬畏，对弱小的呵护。回答这样一个问题，思维也将推动着学生挖掘出文字中隐藏的深意。

"牛鼻子问题"到底该怎么提出呢?首先，归纳后提出的问题不能一下子得出答案，答案应该是丰富多彩的。其次，归纳后提出的问题，应引发学习者的前后关联，要调动与重组旧知识，已有的经验，而不应该是"拍脑袋想出来"的，也不应该是随意猜测的。学习有依据，有逻辑，有路径，思考才有品质。最后，归纳后提出的问题，应适度引发争论，过程是活泼开放的。学习者可以从不同角度进入，可以往前推进也可以回头反复，还可以在某一个焦点处停下，产生分歧，形成问题思考方向的分野。归纳后提出的问题，就交给学生好好思考，好好学习吧。

方案三：预备动令的发布

如同赛跑前，我们总是发出预备动令——"预备，跑"。在队列训练中，我们也会发出预备动令——"全体注意，向右看齐"。这些预备动令给了受动者以提示，有助于引发关注，做好应有的准备。

教师在课堂上提出问题前，也可以设计预备动令。我们可以提供预备动令设计的三类话术：

1. 明确范畴：接下来这个问题，需要集体思考，之后还要请个别同学代表发言。

"需要集体思考""请个别同学代表发言"，两个预备动令后提出问题，学生就明确了"我该做什么"。显然，接下来的问题大家都要参与，个别学生还可以准备好发表自己的观点。

2. 发出挑战：即将要提出的问题，难度系数很高，来挑战吧。

听到这样的预备动令，会激发学生迎接挑战的欲望，做好回答的准备。要知道，迎接挑战，是大多数学生期待的学习状态，也是一种优质的学习心理。"迎接挑战"的预备动令引发了全体关注，也激活了学习探索的欲望。跃跃欲试的学习状态就被激活出来，即便是思维力不足的学生，也因为好奇而期待看看——究竟是什么问题，能难得住我吗？同时，学生也期待分享个别同伴的思考结果，分享接受挑战的乐趣。

3. 困难求助：有一个问题困扰着老师，想了很久也不明白，期待得到帮助。

帮助弱小是人之常情，也是学生的天性。更何况，如今示弱的是"强大的教师"。这样的预备动令起到的作用可想而知，学生大多跃跃欲试，集体提供帮助的力度很大，问题的思考价值被充分开发。与此同时，教师在回答过程中，随机评点，或者继续提出质疑，进一步引导学习迈向深度。高品质的学习，需要集体参与，更能促进个体发展。

应该说，教师成为提问的高手，是确保教学质量的必备条件与必修素养。问题是开启一切探索的源头，问题是课堂上的交互活动，问题也极容易引发一场思维的风暴。提出优质的问题，能驱动学生学习，开启储存已久的探求欲望。"提出好问题"值得我们关注与自觉修炼。

问题越“模糊”越有利于创造力发挥

在由美国学者 Ronald A. Beghetto 与 James C. Kaufman 两位博士联合主编的《培养学生的创造力》（*Nurturing Creativity in the Classroom*）一书中，提供了一个研究结果。研究者从有利于创造力发挥的角度，对课堂中的问题做出了分类——“良好结构问题”与“模糊结构问题”。

在实验中，研究者关注的是问题本身的结构模型。他们发现问题的结构是问题解决的前提，而问题的结构又决定了问题的表征，问题的组织和解决方式等。所以，从最根本上看，一个问题的结构到底是什么样，这是我们忽略的，却是极为重要的。研究者发现，一个问题的结构大致包括三个部分：

其一，初始状态。发出问题，但并不是僵死的，而是有待替换，可以改变的。

其二，目标状态。设计解决的方案，衡量问题是否解决，目标是否达成。

其三，搜索状态。建构一个包含从初始状态到目标状态之间的解决途径的搜索空间。“搜索”提示在解决问题的过程中，要寻找合适的方案，寻求解决途径。这里的“途径”，就是一系列基于“如果条件是 X，那么可以做 Y”的解决问题的设想与行动方案。

当从“X”到“Y”的搜索空间设定详细且完整时，称之为“良好结构（well - defined）”；当搜索空间零散、缺损、相对混乱时，称之为“模糊结构（ill - defined）”。

让我们意外的是：创造力只可能发生于尚未完全确定结构的"模糊问题"解决过程中。因为模糊的结构，意味着解决该问题所需的部分信息缺失，这就驱动着学习者主动去探索，去填补信息，以自己的行动去解决问题。而这样的行动本身就是一种创造——产生了前所未有的答案。

为了更直观的理解，我们以统编六年级上册《好的故事》一文中的片段为例。先呈现此片段：

> 我仿佛记得坐小船经过山阴道，两岸边的乌柏，新禾，野花，鸡，狗，丛树和枯树，茅屋，塔，伽蓝，农夫和村妇，村女，晒着的衣裳，和尚，蓑笠，天，云，竹，……都倒影在澄碧的小河中，随着每一打桨，各各夹带了闪烁的日光，并水里的萍藻游鱼，一同荡漾。诸影诸物，无不解散，而且摇动，扩大，互相融和；刚一融和，却又退缩，复近于原形。边缘都参差如夏云头，镶着日光，发出水银色焰。凡是我所经过的河，都是如此。

结构良好的问题，我们常常在课堂上提出。

例如：这段话中写了哪几样景物？这几样景物构成一幅怎样的画面？这幅画面给你留下什么样的感受？乍一看，这些问题层层递进，是有思考量的。仔细一分析，要得出最后一个问题的"目标答案"，几乎从一开始就注定了。

首先，从文中检索出景物，对六年级的同学来说，这是不费吹灰之力的。应该说，在二年级就已经可以完成。因此，这一"搜索"的过程，不具备太多思维的含量，只是一种劳作。

其次，在检索的基础上，组合成一幅"画面"，老师的提问是——画面中有什么？为了抵达这一问题的目标答案，将搜索出来的信息直接拼接就可以完成。这里也欠缺着创新思维。

最后，在拼接过程中，由于信息中透露着太多恬淡、静谧、缓慢的气息，最终的目标答案可以很顺利被发现。学生很自然地会感受到恬静、优雅、和谐的乡村生活意境。可见，从初始状态，到经历检索，再到目标达成，学生解决问题中的思维含量很少，目标可以顺利无误地抵达，这就是结构良好问题。

可以说，这一答案的出现没有太多的创意，在提出问题时，就注定将获得这样的答案，不会有其他的结果，没有给创造力留下空间。

模糊结构问题，需要精心设计。

模糊结构的问题是什么样的呢？例如《好的故事》中，课后第二道问题为："《好的故事》其实是一个梦境，这故事的美丽、优雅、有趣体现在哪儿？"这个问题算是模糊的问题吗？

还不算。这个问题依然有着清晰的结构。学生只要依据"美丽、优雅、有趣"三个关键词，寻找到课文中相关的部分，结合课文内容说一说自己的体会，问题也就解决了。而说出来的答案，大致是"我从……处体会到这梦境是美丽、优雅、有趣的"。很显然，依然是简单检索。

我们对这一问题进行加工，改换为这样，就是一个模糊的问题了："《好的故事》其实是一个美丽、优雅、有趣的梦境，你是如何体会到的呢？"

这一问题从提出的初始阶段看，是极为开放的。如何体会得到美丽、优雅、有趣？每个人有各自的门道，没有固定的方法，问题中提供的路径、辅助、方法、提示等，明显不足，学生不能从问题本身得到明示，不能顺理成章推演答案；这个问题的抵达目标也是未知的——如何体会，就是要学生阐述体会的路径，体会的方法，分享体会的经历，共享体会的结果。目标在每位学生的答案中，都是不同的。目标的未知多样性，也使得问题变得模糊起来；基于这两点，回答的过程不仅仅是搜索段落内容这么简单，而是要加上自己的感受、理解，对经验进行二次加工——

有的同学从文中所写到的"乌桕，新禾，野花，鸡，狗，丛树和枯树，茅屋……"这些景物，联系自己家乡的景致进行回答；

有的同学从"诸影诸物，无不解散，而且摇动，扩大，互相融和"等语言文字细节中敏感地产生体会；

有的同学从一句不起眼的文末补叙"凡是我所经过的河，都是如此。"中阐述体会；

……

各种答案事先未知且多元丰富，体现了模糊问题带来的创造性的结果。面对模糊问题，看起来需要耗费精力，实则是极大限度地激活大脑，促成创造力的发挥。

如何提出模糊结构的问题呢？我们给出三个建议：

其一，少让学生"找来找去"。

我们发现不少老师一上课就让学生忙碌地"找来找去"。找这个，找那个，找到之后就汇报，汇报结果就是得到答案，而答案就在文中，是静止状态的。这样的提问若在一二年级进行，还有能力训练的意味，而到了三年级以后，就是拉低、滞后、阻碍思维发展的，应予以警惕。

其二，少用"接话"的形式。

让学生接教师提问的话，回答出只言片语，这是流行，但不可取。不少老师害怕学生的回答超出自己驾驭的范畴，谨慎地用接话的形式，说出前半句，让学生填空单词、短语、接话回答。例如，此时此刻你心中感到一丝——学生回答"安慰"，老师点头，继续追问；此时此刻，你心中还有一丝——学生回答"敬畏"，老师点头，继续追问；此时此刻，你心中还有一丝——学生回答"忐忑"，老师欣喜……看起来，答案丰富多彩，实际上，思维在同一个层次游滑，没有提升。

其实，接话式提问，提出的就是最典型的结构良好问题。问题提出时已经给定了限制，封闭了答案的获得区间，让思维窒息在一个非常狭小的时空里。接话式提问最大的价值就是营造一种顺畅的教学效果。可是，越顺畅，创意越少。因为每一个创造都要历经磨难。

其三，少针对"事实"发问。

尽量减少提出"是什么""有什么""什么样"一类的问题。因为这一类问题针对事实性知识，而事实性知识依赖的就是记忆能力和检索能力，缺位的就是创造力。描述事实性答案时，就是对已知进行又一次的回顾与认定。

模糊结构的问题，多在"为什么""怎么办""如何做"这些类型上发问，针对概念性知识的建构。由于提问中提供的指示不明，辅助缺损，所以需要学生在回答时消耗精力，调动思维，建构起全新的概念。建构过程要经历分析、理解、思考、判断、辨析、说明、争论等，在学习中逐渐建立起对某一事物的认知，形成对这一事物的概念。过程中经历了真正的学习，创造了全新的结果。

即便创造出来的结果有高、低、优、劣之分，只要是创造，品质就优于对已有知识、旧经验的复制。

想不到吧，问题越模糊，越有利于创造力的发挥。课堂教学中的提问，你是否经历加工与改良，让其变得更模糊？改变提问者本身的经验主义，让自己以及学生都走出舒适区，在下一个陌生区域里前行吧。即便在探索之路上只是捡到一颗原石，也值得珍惜。也许切开原石后，你得到的是一块优质的翡翠。

语文教师"课堂教学提问术"

去车站的路上，乘坐了一辆出租车，和出租车司机闲聊中，有惊人的发现。他居然教会我，一个专业的语文教师"课堂教学提问"的技术。教授方式就是现场演绎，师生对话，一切都是最好的安排。

务必先做个沙盘推演，还原现场。来吧，用意念和我一起挤回那狭小的出租车内，请听我们的对话。所有的"……"，都是车内的沉默，也表示我无言以对。

何：倘若包车去机场，要多少钱？

司：200块，含过路费。

何：哇，这样算来，一天挣个500元，养家糊口不成问题啊。去一趟机场就200，回来后再拉几趟不就得了？

司：你这外行人，说的是外行话。200块一趟，真正赚到手的，扣除各种费用，就剩下几十块钱，还要消耗半天时间，而且很可能空车回，哪有什么钱挣！

何：……

司：你知不知道，福州市目前还有1000多辆出租车，没有人去开呀？

何：……

司：你怎么不问我这个？不问为什么没人去开呢？咳，跟你讲，你也不懂。你这个外行。就像那么多人开小店铺，根本不赚钱，为什么他们还要开这些店呢？

何：……

路程结束了，下车进站，我就写下了这篇很有意思，好懂，能操作的文章。课堂教学中的提问，原来可以这样分类，这样操作：

1. 自然性发问

首先，我的发问，源于好奇。下一段要去机场，我就问"包车去机场要多少钱"，纯属好奇，属于课堂教学中，源自学生的自然提问。

2. 核心性问题

出租车司机的"你知不知道，福州市目前还有 1000 多辆出租车，没有人去开呀？"就是本次"教学"的核心问题，此问题切中话题的风暴眼——出租车司机能否养家糊口。因此，是信息容量最大，亟待解决的问题。

而我在这个问题上的沉默，也正显出这一问题难度较大，无法直接回答。需要回答前有所了解，有多思考，有所交流。当然，路程短，教师（司机）最后没有将这一核心展开。

3. 控制性问题

当核心问题没有得到回应时，教师（司机）又抛出了一个能够控制教学节奏，催促学生回答核心问题的问题"你怎么不问我这个？不问为什么没人去开呢？"这一问题提出的意义就在于提示学生关注核心问题，鼓励尝试回答。

当然，当时的效果是"学生没有给出答案"。因为核心问题太过陌生化，且几乎没有时间思考。回忆出租车司机，真有点像老师——怒其不争，哀其不幸，启而不发，只好自问。对比一下，多少次课堂教学中，我们像他一样，自己问，自己讲，不等学生思考，或者故弄玄虚地抛出核心问题而没有落实在思考中。

4. 诱导性问题

为了继续给予辅助，教师（司机）提供了诱导性问题"那么多人开店都不挣钱，为什么依然开着店？"这一问题看起来和主题无关，实际上提供了回答核心问题的支架，是亟待教师认真设计的。这一问题的设计，如果梯度还能缓和一些，铺垫还能更多一些，能有效实现对核心问题的回答。例如，可以这样铺垫：

第一层铺垫："1000 部出租车，找一些人随便开一开，不就能够养家吗？"

这个问题铺垫，"激活认知"，说学生已知道的，召唤学生参与到问题场中，因为，学生心里就是这么想的。提问者与回答者站到了一起，蓄势待发。

第二层铺垫："要是在过去，你知道的，哪有这种情况。出租车总是被抢着开的，几个人轮着开。是不是这样？"

这个问题属于"新旧经验对比"，让学生继续思考。

第三层铺垫："并不是街面上的车过剩哦，那么多人需要用时打不到车，为什么却没有人去开车呢？"

这属于"直面现实"的问题铺垫。让学生在思考时能结合现状，联系自我，设身处地去想，想好后还有助于解决实际问题。

想想看，倘若在引诱性问题的提出时，有这层铺垫，学生是不是会很自然地参与思考，甚至会主动追问："为什么有 1000 多辆车，没人去开呢？"可见，提问类型要设计，要区分，提出问题的方案也要统筹规划，问题要"下放"，要安置"扶梯"。我们的问题和司机相似，太直接，太心急地抛出核心问题，试图让学生直接回答。

心急，情有可原。因为核心问题不可撼动的地位——决定着课堂教学的目标是否抵达，学习是否有效。但是，教学是艺术，不是纯粹的技术，自然要关注到学习者的心态，还要考量学情，不要盲目地强加。

总结来看，课堂教学中的提问，有的属于自然发问，有的属于控制性提问，还有的就属于诱导性提问。当然，我们也发现这个案例中的"诱导性问题"，其实也可以是一种"拓展探究性问题"，可以在课堂教学中"留给课后思考"。

不曾想是从一次出租车乘坐经历中得到，是一个出租车司机亲口传授，真是让我受益。不敢独享，和大家分享。

课堂中的五类提问法，更有助于学习

我们常见的课堂提问，类型不同，功能也不一样。问得到位，有利于学习继续推进；有的提问，思考含量低，无助于推进学习继续进行。或者说，有的问题看起来是问题，实际上不是问题。

例如，有这三类常见的问题，思考含金量就比较低：

第一类：应和型问题。课堂上老师随机提问："你们说，我讲得对不对？"学生一律回答："对。"而且，因为缺乏思考，回答时拉长了声。老师问："你们觉得我做得好不好？"学生一律回答："好。"又拉长了声。这无异于在拍照前，被拍照的人问围观的人：看我长得美不美，我帅不帅？大家都说美，都说帅。真实情况暂且不去讨论，临场应和的性质很明显，这一类问题制造的是课堂的热闹气氛。

第二类：管理型问题。在教学的某一环节进行中，我们会问："准备好了吗？"学生回答："准备好了。"或者问："我们能开始吗？"学生回答："能。"这一类问题都为教学管理服务，属于管理类问题，为的是提振精气神，集中注意力，开始学习活动。所谓"开始"，就是还没有真正进入，正在准备阶段。

第三类：展示型问题。课堂上让学生展示已有的学习结果。例如要求学生进行检索和汇报："你们找到了某某词，某某句吗？请为我们读一读好吗？"或者是："你们有什么感受吗？能不能通过你的朗读分享你的感受？"类似这样的问题，属于展示已有学习结果，依然没有推进学习发展。

那么，怎样提问才能够有助于学习发生，不断推进发展呢？我们分享关乎学习的"六问"：

一问：思考源。要验证学生的答案是否可靠，是否能在某一话题上始终保持正确的答案，最好的方法是询问原因，"思考的源头是什么？你们是怎么发现这些答案的？你们能不能解释一下你们的答案呢？"

我们常喜欢问学生："你是怎么想的？"这一问，好像和学生的思想在一起散步，在亲切交谈。例如学习统编三年级预测单元中的《胡萝卜先生的长胡子》，当学生做出预测，说道："胡萝卜先生继续前进，继续用他的长胡子帮助他人，解决困难。"教师就问："你是怎么想的？这么预测有什么根据？"学生则继续解释："这些预测是根据前文情节做出的。前文中，胡萝卜先生的胡子很长，每次遇到他人有困难时，总是毫不犹豫地剪下一段胡子，提供帮助。帮助别人之后，总是快乐地往前走。因此，继续走，继续遇到人，继续帮助人。"预测是根据对之前课文的情节把握。当学生说出理由时，思考也在同步进行。我们不仅追求结果的完美，更追求思考过程的丰富。

这一问，也在询问"证据链"。即当学生得出结论时，教师可以要求他继续说出得出这些知识、结论的证据，描述并提出支持结论、论证观点的过程。其实，很多时候，答案本身价值不大，最具学习意味的是论证的过程。或者说，探寻思维的痕迹，这才是最具学习意味的。这样的提问，也有助于学生未来的深度学习。

二问：差异性。一个问题往往有许多的答案，不同的学生得出的答案不同。可以询问："你们发现答案之间的差异是什么呢？"或者说，"你们发现前后两次思考有什么变化吗？"

关于差异性的提问，案例比较丰富。例如学习统编五年级的《鸟的天堂》，作者前后两次前往，发现不同，感受到差异。教学中就可以引导学生在比对中，理解"那'鸟的天堂'的确是鸟的天堂"一句的含义。又如学习统编四年级的《精卫填海》，同样作为神话单元中的一课，精卫鸟与开天的盘古、造人的女娲，在神的气质上有所不同，神的威力上也不一样，但是作为人，都有着勇于挑战自然，造福人类，不服输等的共性。比对后，能更好地理解共性，把握精神主旨。又比如统编五年级《田忌赛马》中，可以进行孙膑和"众人"的对比。众人观看赛马，看的是热闹；孙膑观看赛马，看的是门道。其一，看人，知道大王为人宽厚、爱才，是可以接受建议，有重新比赛的可能；其二，看制度，知道赛马的制度灵活，有获胜的可能；其三，看实力，知道双方的马，实力相差不大，只要调整战略，还是可以获胜的。在比对中了解差异，在比对中推动学习。

三问：精确度。特别是在学生描述某个概念，讲述见闻时，一开始可能会用笼统的、模糊的口头语言，教师可以给他一些时间，让他进行调整选择，尽量使用更加精准的语言进行表达。

例如，学习统编五年级课文《桂花雨》，发现作者琦君写桂花雨时，用了"摇啊摇……"的表达。教师可以针对这一处描写提问："为什么要这么写，要使用'摇'字呢？"这一问，指向作者语言表达的精确度，在指导学生回答时，也让其更为精确地分享与表达自己的思考结果。例如，"摇"字突出了桂花雨是怎么来的；从"摇"字感受到儿童特有的生活趣味；"摇"字是作者童年时与母亲共同的回忆；"摇"字展示了作者的亲身体验，所以才留下深刻而持久的记忆；使用"摇啊摇"的写法，还能够在朗读时起到作用，让读者感受特别丰富的意境……指导学生思考并回答问题，从不同角度切入，提供不同答案，精确地表达自己的学习结果。这样的提问，有助于让学习变得更为精准且深刻。

四问：实践法。当学生有了一些答案或者明确了一些道理之后，可以继续追问：你想怎么做？你如何将这一收获与生活相关联？你会怎么实践？这些问题鼓励学生将思考的结果运用在生活中。

例如学习统编六年级的《故宫博物院》，可以提出这一类的问题：如果要为家人定制"故宫博物院一日游"的计划，打算怎么去设计？要求学生设计的路线要让家人在一天之中，最大限度地利用好时间，不走回头路，尽可能多地参观各个不同的景点。问题提出之后，可以让学生先实践，自己设计路线，之后进行小组讨论，还可以组织各组之间不同路线的比对和交流，评选出最佳路线。设计，就是实践，同时课堂中对虚拟的"游览"构想，也足以让人兴奋，学生很容易沉浸在学习中。

五问：反思型。"这一次的学习给你带来怎样的结果？带来怎样的思考？对你今后有什么启发？"

例如学习统编六年级的《十六年前的回忆》之后，可以通过提问促进学生反思："我们了解了共产主义先驱为我们今天的幸福生活所做的牺牲，请反思自己，是否应该更懂得珍惜？是否应该更加主动去了解先烈的革命历史？是否应该更加努力勤奋，去缔造美好的未来？同时，是否应该更加警惕地去面对可能的思想侵袭？是否应该更加热爱美好的生活，热爱党，热爱国家？"这一切的反思，都不是空洞的说教，而是伴随着学习结果做出的，是推动学习继续进步的动力，也让已有的学习结果不断得到升华。

我们分享的五类提问法，实际上仅提供了提问的话术。具体怎么问，可以灵活操作。关键在于要把握提问的方向，要知晓提问的目的，要明确提问存在的意义——为了学习真正发生。好的问题可以不断推动学习，糟糕的问题只能累计提问的次数。我们深知：你也不希望自己的课堂，只有问题而没有学习。

如何轻松驾驭片段教学

与之前的版本不同，统编版教科书有着自身的特质。片段教学必定需要随之而改。如果还用老办法，按照老一套进行，也许就会露出"马脚"——教材吃不透，设计想不通。

以统编教科书五年级上册为例，我们整册观照，梳理出片段教学的规律，提出"分门别类"的设想，帮助大家把复杂的事做简单，轻松驾驭统编版的片段教学。

最为首要的事：分类。

分类，就是让自己从繁重劳作中挣脱出来的基础。统编教科书从大的角度，可以分为"普通型"课文和"特殊型"课文。特殊型课文专指"策略单元"与"习作单元"中的课文。除此之外，都属于普通型。而普通型课文又可以按照"是否有标记＊号"，分为精读课文与略读课文。不论哪一类课文，从文体角度来区分，仅归为三类：

第一类：特殊型文体。教材中的诗歌就是此类，如《题临安邸》《己亥杂诗》《山居秋暝》《枫桥夜泊》等。本册还有一种更为特殊的"节选组合"型，例如《古人谈读书》，就是几个片段组合在一起的特殊文体。

第二类：功能型文体。文章具备一定的功能。例如为了介绍，为了说明，为了解释等。如《太阳》《松鼠》《风向袋的制作》等，此类文章，服务并致力于抵达一定的目的，实现一定的功能。

第三类：散文。此处说的"散文"，范畴大于文学性文体中的"散文"，宽泛地指各种记叙性、描写性、抒情性的文章，都归为这一类。可以说，除了第一、二两类外，其余都是"散文"。

这样的分类有助于我们根据不同类型找到规律，总结归纳出不同类型课文的片段教学操作法，实现化大为小，化繁为简。

先谈谈特殊型文体的片段教学。

此类片段教学的重点就是凸显文体的特殊性。例如片段选自阅读策略单元，设计时应注重对策略的认识，策略的提取，策略在实践过程中的运用；又如习作单元，设计时应注重对片段中涵盖的写作知识点的学习，对写作方法的获取，对方法在实践中的运用等。

特别说明：诗歌篇幅较短，不能再拆解为"片段"，因此进行片段教学的概率相对小。

总之，特殊型文体的片段教学，除了做好下文所说的"规定动作"外，最为重要的就是在设计时突出其特别之处，在短短十几分钟的虚拟教学展示中，让评委感觉教师对教材的特殊性有着充分的认识，这一认识，就是教师的基本功，也是学科素养的体现。

假定片段选自第五课《搭石》，此课属于策略单元，在片段教学中就可以设计"统计阅读时间""比对阅读速度""处理阅读中不理解词语"等，注重指导在遇到不理解的词时，跳过去往下读，并将其归纳为"快读阅读的策略"。面对此课片段教学，不要落入俗套地分析哪里用了比喻，哪里用了排比。

再谈谈精读与略读的片段教学。

针对精读课文的片段教学，务必设计一到两处"精致"的教学。例如，精致的文本解读，精致的词语解释，精致的语法分析，精致的修辞品读，精致的写法探索，精致的内涵意蕴感悟。所谓"精致"就是提示在设计时不要"一句带过"，要"反复多次"，从不同角度，展开学习过程，呈现丰富的学习结果。"精致"的基本教学策略可以表述为：出示样本——分析样本——提取知识——运用迁移。经由这四个步骤，给评委留下较为强烈的"精致"印象。

略读课文的片段教学，则要营造出"学生为学习主体"的特征。片段教学中，不断表示教师的意图，就是让学生自主表达，小组合作，集体讨论，实现智慧共享。设计中，要抑制教师的言行，至少要滞后于学生的学习。不妨先虚拟学生的学习结果，教师再进行回应，并做好总结与梳理，最后提炼出学法知识点。此类片段教学中，要确保组织一次小组合作，或者安排针对一个"大问题"的探讨，体现自主学习的特色。

例如设计《珍珠鸟》的片段。教师可以提及本单元学习的目标为"学习借助具体事物抒发情感的方法"。可以出示之前的学习结果，具体表述为：我们通过学习，从《白鹭》《落花生》《桂花雨》这三课中了解到借物抒情、借事抒情、借景抒情这三种抒发情感的方法。此次学习《珍珠鸟》，可以运用之前所学，迁移到具体片段内容中，针对某片段中的内容，合作完成。

最为实用的，基本的操作方法。

参与片段教学考核的教师，都希望获取基本的、通用的操作方法。基于"片段教学"的虚拟性，类似"流程化"的操作法，可以总结为四个"不"：

第一个"不"：目标导航不能忘。

统编教科书3-6年级的单元导读中，都写明了本单元的学习目标。建议在片段教学一开始时，就直接亮出本单元的目标，然后再指向本次片段学习的具体内容，以此体现教师对统编教科书编撰特色的把握。

例如五年级上册第二单元的学习目标为"学习提高阅读速度的方法"。在片段教学中，教师可以第一时间表述目标，然后用一句引导语——"如何能够在阅读时，读得更快呢？让我们一起来学习……"直接切换到本次学习的片段内容。这样的操作步骤，凸显教师对统编教材中教学目标的清晰认识。

第二个"不"：课后练习不能少。

统编教科书中每一课的课后练习，就是学习的指南，更是片段教学设计中不可或缺的依据。建议教师在片段教学开始时，直接亮出目标后，引出相关的课后练习作为设计的切入口。例如《将相和》的片段设计中，教师可以直接提出"你读了以下片段，需要用几分钟呢？有哪些快速阅读的方法在阅读时能运用？"一开始就提出课后问题，而且明确表示这就是"课后练习第一题"。

当然，可以在片段教学的过程中提出，也可以在最后总结时点明。例如，学习部分片段后，教师提出："刚才大家用到的是哪些快速阅读的方法？我们一起来分享吧。"虚拟学生分享的内容后，教师总结："这些方法都可以让自己读得更快。恭喜大家完成了课后的第一道练习。"之后再推进其他段落的学习。

对课后练习题的重视，体现了教师对统编教科书编撰特点的明了，展示了教师对教材的尊重与基本认知，能让所展示的片段教学具有统编特色。

第三个"不"：助学系统不能丢。

统编教科书中编撰有交流平台、批注、导语等不同类型的助学系统。在片段教学时，不能对这些助学系统不管不顾，反而应充分予以运用。

例如《牛郎织女（二）》为略读课文。课题下就编撰有"导读提示"这一助学系统。具体表述为"用上一个单元学到的阅读方法，尽可能快速默读课文，了解牛郎织女故事的结局。联系上一篇课文，说说如果给《牛郎织女》绘制连环画，你打算画哪些内容？每幅图配的是什么文字？"设计片段教学时，不妨直接亮出导读提示，让学生围绕着提示展开自学，片段教学的步骤清楚地拟定为：快速自读，设想连环画，为连环画配文字。

第四个"不"：规定动作不能漏。

语文学习有着特殊的"语文味"，包括听、说、读、写、思五项能力；涵盖字、词、句、段、篇、语、修、逻这八字宪法。在设计片段教学时，要注重保存这些基本内容，做好语文学习的"规定动作"。如：片段教学中至少要有朗读指导，要有生字教学，要有写作方法探索，要有关键字、词、句的品读与分析等。这些"规定动作"的出现，让片段教学显得内容充实，又富有语文味。

例如《慈母情深》片段教学中。可以针对"我的母亲"这一反复手法的运用，融合进行朗读指导、写法指导。宁凿一口井，不挖十条沟，做足一处指导，能让片段教学更显丰富与饱满。

为大家总结所谓的"规律"，意在减轻老师们的负担，获得些许轻松。但"规律"属于上位的思维方式，把规律运用到实践中，还需要转化，更离不开对每一篇文章的精致解读。

如何把"终结性"评价变成"发展性"评价

在课堂教学中,我们常常对学生的学习结果进行评价。评价中,常见的形式不外乎两类:教师评价学生;学生评价学生。

两类评价中的常用语惊人地相似,最为常见的评价用语,大致有三类:好不好,"说一说同学讲得好不好";对不对,"你认为同学说得对不对";有什么感受,"听了同学的发言,你有什么感受"。在这三类评价后,大多跟上老师的定性评价——真不错,有进步。或是给予一些鼓励,提出一些建议。

评价犹如终止符,就这样终结了学习活动。

为什么以上的评价,基本可归纳为"终结性评价"呢?因为评价之后,我们就结束了这个环节的学习,直接转入下一个环节的学习。即便给出建议,也不需要当场解决,而总是提议"课后再修改""今后请多注意"。那些不痛不痒的"你真棒"式的鼓励,提供的是外部刺激,即便能产生激励作用,能量也是很快衰败,不断递减的。

我们提倡把"终结性"评价变成"发展性"评价,邀约学生再次进入学习现场。该怎么做呢?先来看个例子。

在统编四年级上册单元习作《小小"动物园"》中,教材要求学生先写出"家人像什么动物",再举出例子写"为什么像这个动物",最后写出"和家人在一起的感受",表达在一起的感觉。这样的要求需要在写作中得到落实,成为教学的目标。当学生写下一个片段后,我们组织集体"围听式"评点。先看片段——

我的爸爸像一头狮子。他爱吃肉，不爱吃青菜。他的脾气特别坏，动不动就发怒。而且，发火时的声音特别大，震耳欲聋就像狮子吼。

所谓"围听式"评价，就是邀请所有学生暂停一切活动，集中针对这篇文章进行评价。评价时，绝非简单地说"写得好不好""掌声鼓励"之类，教师是给出要求的。我们具体做了三个层次的具体要求：

要求一：认真听，写作层次区分出来了吗？教材的要求转化为写作目标，需要写出三个层次：关联动物——举出例子——总结想象。三个层次在一段中出现，要能区分。听后评价的第一步，就是针对目标开展，要求学生评——样本是否写得有层次，是否完成了目标中提出的三方面内容要求。

这样的围听，意图在于让学生练出一对辨识灵敏的耳朵。这时的评价是发现层次，辨识、区分层级，其重心就是"目标是否初步抵达"。

要求二：认真听，写作中的逻辑是什么？写作前提出要求，至少有三个举证。评价时，就让学生重点关注——三个举证是否符合逻辑。学生写到"爸爸像狮子"并不难，可以说是条件反射，几乎没有思维成本。而写作认知的生长点则在于——举出的三个点，要集中围绕证明"像狮子"，不能模棱两可，更不能缺乏关联。这是本段的写作逻辑——各句写作均围绕总述句进行。

在围听评价中，意在让学生练出一对会思考的耳朵，能辨识语言中的逻辑。从写作教学的意图来看，掌握了逻辑，也就理解了段落的框架；明确了框架，就有了通盘构思的能力。这样的构思力，就是写作教学中重点要培养的思维力。

要求三：认真听，是否有更好的表达？围听后进行自由发言，提出建议：把爸爸写成狮子，有没有更好的材料？更适合的表达？更妥帖的句式？这是让学生练出一对能够促进自主发展，能有助于水平提升的耳朵。评价带来的是全新的学习思路。

以上文的写作课为例，写作的层次区分开了，写得有条理；段落中的逻辑明确了，框架清晰了，写作效果能确保；写作的新思路有了，接下来再投入全新的实践，经由学习，提升实实在在能看得见。

这样的评价，就是邀请学生再次参与学习。不仅如此，从案例中还可以提炼出"让评价成为学习邀约"的具体操作路径：

首先，集中针对一个样本。评价要集合力量，发挥集体作用。不能你说你的，我做我的；不能个别关注，其他不管不顾。学习中的样本罗列就是学习发生的前提与保障，须让全体学生一起关注。

其次，组织学生对样本进行审定。面对样本，不能随意评价，而要认真进行审定。审定标准就是是否达到"教学目标"。达到，学习就生长了；未曾达到，通过评价促成。样本的生成，也是出自目标的；评价的介入，依然紧扣目标，这也就是"教""评"一体化，学习真正地发生了。

最后，对样本进行品质再造。评价之后继续学习，评价的结果立刻转化为新的学习活动的指南。和目标之间的落差比对，从样本审定中得出的结论，都直接转化为进一步学习的新要求，评价让学习实现对标调校，持续提升。

用评价邀约学生再次参与学习，非常适合班集体教学。

最显而易见的原因是，评价是集体参与的。评价时，需要"放下手中的活儿"，专注参加。评价不是可有可无，更不是"有人参加就好，我继续忙自己的"。评价要求全员参与。

评价中聚合的是集体智慧。请去除习惯性的表扬，不主张同学之间漫无目的的夸奖，不再组织一些空乏无力，若有若无的合作。我们就希望集合全体智慧，围绕样本中的问题进行集体攻关。评价让学习在任务的驱动下进展。

评价中的学习，是集中发力的。评价瞄准对象，让学习力最大限度地集中。这里的"对象"有两层含义。第一层，对象指的是事先设定的学习目标。例如"有没有写出和动物的联想""有没有举出合适的例子"

"有没有谈出感受"。学习前就公示目标，犹如设定了瞄准的"靶心"；评价中依然瞄定目标，集中指向这一学习的"红心"。第二层，对象指的就是提供的样本。建议选取水平适中，最具大众化特征的样本。倘若样本过于优质，只能膜拜；样本过于拙劣，问题讲不完，不利于提炼出通用的，适用范围广的普世性知识。

整个评价，实施的是"项目性"研究。例如我们让学生"听出层次""发现逻辑""提出建议"，所有的学习都不是简单回答"对或错""好或坏"的，而是要结合具体的学习内容，充分地展开观测、识别、论证、辨析，针对样本中的现象进行师生互动。老师在这个过程中成为学习活动的组织者，而不是终极裁判。这样的评价，具备项目式学习的基本特征——有明确目标，经历过程，具有开放性，能获得结果。

如在统编四年级上册《故事二则——扁鹊治病》教学中，学习的目标是"抓住情节，实行简要复述"。当复述的样本呈现后，一位学生对照目标评价时，提出改进意见，做出更为简要的复述：

> 有一次，扁鹊见蔡桓侯，发现他皮肤上有点小病，希望他治疗，蔡桓侯不治。后来，每隔十天扁鹊就去看一次蔡桓侯，发现他的病不断发展，从皮肤到肌肉，再到肠胃，最后到骨髓。扁鹊觉得蔡桓侯无法医治了，果然不久蔡桓侯就死了。

这位学生在样本的基础上，发现规律"扁鹊每隔十天去看望大王一次"。所以，改进后的复述更简要，更切合目标，学习结果更优质，刷新了全班的认知。此后，大家都按照评价中出现的新样本，做更为简要的复述。

邀请全员参与，瞄准对象，进行项目研究，评价触发认知生长。因此，组织学生进行评价，就是邀请学生再次参与学习。这里的评价，是发展性的，是过程性的。所以，请让你的教学充满思维的光芒，课堂上不要施舍低廉的评价。因为，评价本身就是一种学习，评价还能促进学习持续发展。

参加培训，这样做笔记你能收获更多

不少教师在教研培训中都很积极，忙着做笔记，有时候几乎没有时间喝水。记了那么多，等到培训结束后却又是一种情形——基本不再翻阅。

在现场时感受到的那份激动，那样紧张的心情，随着笔记本的合并而烟消云散。很多时候，曾经新鲜的笔记，仅仅成为备用检查的台账，完全失去了笔记应有的学习价值。

许多教学成果丰厚的老师都主张笔记的重要性。我甚至阅读过不少如何做专业教学笔记的书籍。笔记的重要性不言而喻，关键问题是——有没有一种简单的方法，能让笔记发挥应有的作用。

和大家分享一种"五星笔记法"，帮助大家在整理笔记时抓住核心，把握要点。这是我在阅读成甲的《好好思考》一书时，发现的"笔记模型"。结合教师参与的教研活动，为大家做了改良与转换。如下图，五星笔记法的五个角，分别提示笔记的五个维度：1. 提炼核心内容；2. 记录讲解逻辑；3. 记下疑问、启发；4. 建构思维模型；5. 实施具体行动。

1. 提炼核心内容

5. 实施具体行动　　　五星笔记　　　2. 记录讲解逻辑

4. 建构思维模型　　　3. 记下疑问、启发

维度一：提炼核心

原先的五星笔记，第一个维度是"预判核心内容"。"预判"是针对讲座前而言，提示我们在听讲之前，根据演讲者提供的标题进行预先判断，之后的听讲，其实是对预判的一种验证。

教研培训中，更多涉及事后整理，因此将"预判"改良为"提炼"，指的是用最简单的语言，萃取演讲中最核心的内容。不管是哪一种，"核心"都不要太多。即便再长的讲座，核心的观点也就一两个。多了，就不叫"核心"。

例如我的《全程写作，教出好效果》，根据题目可以预判，也可以在讲座后提炼核心观点——全程教写。我力主写作教学应契合学生写作的流程，在写作的前、中、后，整个过程实施教写互动。这一核心观点决定着整个讲座的内容以及结构，期间的举例也好，引述也罢，都围绕着核心观点进行。提炼出这一观点，就能把握住整个讲座的核心要义。

维度二：讲解逻辑

我们听讲解，总是从头听到尾，总是被演讲者的口语表达技巧所牵引，有的时候感觉渐入佳境，有的时候享受高潮迭起，有的时候相逢柳暗花明，有的时候却陷入云山雾罩，不知所云。这些感受都源于演讲者设定的逻辑，内在逻辑与外显内容的组合，在很大程度上影响了我们的听讲感受。

在整理笔记时，我们要反客为主，不能再被临场的感受所指挥，冷静地分析与回顾——讲师分享的"逻辑"，到底是什么。例如，可以追问：讲座中有提出观点吗？能论证观点吗？有多方举证吗？观点有多少分支？每个分支又该如何论证主题……在整理笔记时，可以分析整个讲座的内隐逻辑，这样既有助于我们清晰地回忆讲座内容，也有助于培养我们的逻辑梳理能力。

例如我的《统编习作教学设计就三招》的逻辑脉络为：提出设计的三要素——解释三要素——实证列举，佐证三要素在实际中的运用——三要素的日常练习法——三要素的误判与回避。整理出这样的逻辑，也就明确了什么是"三要素"，同时清晰认定了三要素的实用性，了解了三要素的具体获取方法。逻辑的获取，等于得到了讲座中知识干货的"提货券"。

维度三：疑问与启发

这点不需赘言。在整理笔记时，很自然地会留存一些疑问，也能获得不少启发。

面对疑问，有条件的可以向演讲者发问，也许演讲者就在身边，也许演讲者会留下"提问的路径"。

面对启发，则可以选择部分写成随笔、随记，让转瞬即逝的"启发"定格成永恒。很多时候启发就在"心灵一颤"的瞬间，不记录很快就消失，记录了也许能成"气候"。之前出版的《何捷老师的生动语文50问》，整个撰写过程中，常常是被"突如其来的灵感"推动着执行的，因为我养成了习惯——有想法就写下来。

维度四：建构模型

建构思维的模型，这点是"五星笔记法"中最为新颖的。

关于思维模型，众说纷纭。有人认为思维模型就是思想的基本过程，有人把它看成头脑中主体认识事物的"索引夹"，也有人认为思维模型就是思维结构，相当于某种图表、格式。网上搜索"思维模型"，是指人凭借外部活动逐步建立起来并不断完善着的基本的概念框架、概念网络，是思维活动特征的总和或整体。不管什么样的观点，思维模型一般应包括以下几个组成因素：思维的目的，思维的过程，思维的结果。优质的思维，还能在过程中具备监控与自我调节能力。

思维模型对人的认识具有重要作用，其实我们常接触到一些思维模型，涉及各个领域：比如奥卡姆的剃刀（哲学）、格雷欣法则（经济学）、泊松分布（统计概率学）、确认偏误（心理学）、机会成本（经济学）等。美国投资家，沃伦·巴菲特的黄金搭档，伯克希尔·哈撒韦公司的副主席查理·芒格特别重视思维模型，他说模型是"任何能够帮助你更好理解现实世界的人造框架。"他还建议学习者"首先必须要去学习关键学科中的这些模型，然后将模型串成网格，并确保在余生里可以对这个网格调用自如。"

例如，在写作教学中使用例文，应该如何用才有效，我曾经设计了"波式模型"。这一模型让例文这一"支架"从教学的黑箱中突围，让教学步骤明晰，效果得到保证。在每一步教学中，例文与教学环节之间的关联是什么？具体应起到何种作用？这些都不是随机生成的，可以事先预设。波式模型讲究在写作目标既定的前提下，充分预设教学序列，在适当的时候引入例文，并对其分析指导，之后由学生模仿运用，最后进行评价反馈。教与学环环相扣，犹如从投石入水的靶心开始，向外扩散出各层波环，每一环都可以清晰定位，分工明确。

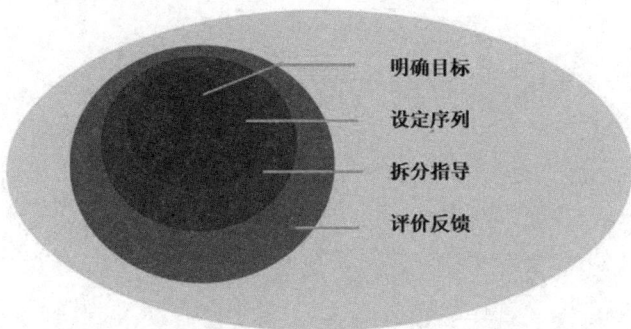

明确目标
设定序列
拆分指导
评价反馈

维度五：转化行动

笔记做得再好，没有行动也是空洞的。做好笔记，接下来你要做的就是——行动！

也许要做的事，要实施的改变，非常渺小，但请一定落实，一定展开行动。至少，行动都是有价值的。也许你准备付诸的行动是"相对长远的规划"，请务必不要沦为纸上谈兵。列出行动计划，如同"定好闹钟"，让行动在设定的时间点上顺利启动。

不少教师在分享了《何捷老师的百字作文系统》后，就在自己的班级中开展了百字作文实验，一开展就取得了效果。还有一些教师感觉"每天写百字会很烦，批改会很难"，自己被自己想象中的困难吓倒了，至今没有行动，自然没有遇到想象中的困难，更没有感受到百字作文带来的红利。没有行动，没有结果，没有感受。

教师参加培训，不能得过且过，不应浑浑噩噩。能分享，能演讲的，必定有可吸收、可借鉴、可模仿的地方。五星笔记，就是一种可操作的好方法，值得尝试。

从"在挣扎中阅读"到"在阅读中挣扎"

统编教科书编撰理念中,大力倡导学生多读书,真正读书,读整本书,这是非常正确的指导方向。

在这一思想的指导下,统编教科书从一年级起就编撰了各种各样与阅读相关的项目。例如:和大人一起读,快乐读书吧,阅读加油站等。这就明确告知每一位学生、父母、教师,从小学一年级直到毕业,读整本书,是语文学习不可或缺的重要组成部分。

可以说,原先我们是"在挣扎中阅读"。例如,总是讨论:要不要让学生多读书?要怎么读书?要读什么书?一切都经过热烈讨论,终于尘埃落定,而且以国家统一编撰教材的方式呈现,达成了共识——必须读,整本地读,持续读,好好读。

谁都没有想到,在提倡阅读后,于很短的时间内,我们把集体阅读做得红红火火,从一个极端走向了另外一个极端,开始了"在阅读中挣扎"。

也许你也发现了,如今四处都在大声呐喊着:让学生读整本书;以班级的名义来整体推进阅读;让我们一起读这本书吧……于是,阅读成了一种整齐划一的集体行动:有统一的时间,统一的指挥,统一的任务,还有统一的管理与统一的实施计划。在具体实施中,我们甚至开始对各个细节也实行统一,例如在班级共读一本书的时候,教师要让学生做些什么,也可以很统一:列出书中的人物列表;欣赏某一个片段,写下心得;制作书本的结构图……当然,有的时候也表现为推荐、分享等读书会形式，不过得出的结论，大多处在一个思维层面。

我们没有否认这些阅读行为本身的存在意义，对于阅读，它们绝对有着价值，也发挥过功能。然而。在阅读中挣扎的"花样"越多，越是让我们渐渐偏离了方向，走向一条我们自己都感到陌生的路上。很多曾经热爱阅读的教师坦言，自己变得不会指导班级学生一起读一本书了。读书从来是一种私密的享受，而形式主义下的花样繁多，让阅读行为本身都被遮蔽。例如那些不断被微信传播或者如光荣墙一样悬挂出来的"书中人物谱"，也不知道是为了展览，为了向世人宣告成果，还是能对阅读真正起到作用。

幸好，在各种花样的挣扎中，有人开始思考——这么读，到底对不对，能不能，有意义吗？不幸，很快这样的思考就被一阵阵声浪所扑灭，犹如一点火星被一张绝缘的厚毯子掩埋，连熄灭前的些许烟火味也荡然无存。当我们发现身边的人都在这么做，而且做得越来越有气势的时候，从众心理开始作祟，且成为一种流行。谁都没有去问：这么做对不对？即便有人依然感觉这么做"好像有点不大舒服"，但依然坚持去做了。我们安慰自己说——先做再说吧，反正大家都说好。

曾经一段时间，我们将好多的期望、责任付诸语文教学，语文教学就是我们的乌托邦；如今我们将曾经的期望、责任集中地寄于阅读，更准确地说是班级共同阅读一本书，阅读又成为什么呢？当然，实打实的阅读总不至于是乌托邦吧？可我们忽略了一条：整齐划一地执行，是与阅读本意背道而驰的。

《颠覆性思维——为什么我们的阅读方式很重要》一书中呈现的调查结果，让我们咋舌，因为它让之前的疑惑与猜想，找到了研究者的实证作为依据——全班共读一本书，不能简单、粗暴、整齐划一地执行。

美国教育家凯琳·比尔斯与罗伯特·E·普罗布斯特合著的《颠覆性思维——为什么我们的阅读方式很重要》引起业界关注。此书作者就是业内权威人士。其中，凯琳·比尔斯在读写教育方面已成为国际知名的权威专家，他曾担任美国英语教师协会主席。2011年获得美国英语教师协会领导奖，目前在耶鲁大学医学院的未来学校发展项目中担任阅读研究员，同时兼任哥伦比亚大学教育学院读写项目的高级阅读顾问。罗伯特·E·普罗布斯特也是佐治亚州立大学英语教育的名誉教授，曾为佛罗里达国际大学的研究员。

在这一本书中，作者究竟和我们说出了怎样一个研究结果呢？

美国人的研究，就是从疑惑开始的。请注意，这样的疑惑，我们也有。诸如：请问，孩子们是否应该读同一本书？教师是否应该给予同样的指导？得到同一个回应，是否有效？

为了解开疑惑，研究开始了。

首先，没有人会反对在课堂上让全班一起阅读，比如一篇较短的文本，例如：一首诗、一篇文章、一部短篇小说……随即反思：如此花一两周时间，让班上每个人一起读同一本小说，真的合适吗？而这样的行为出现在各个学段，真的合适吗？学生会喜欢吗？

研究者发现，在小学阶段，教师会为孩子大声朗读一些书，有些书的篇幅短一些，有些则长一些。他们大声朗读着他们认为孩子们会喜欢的内容，希望借此帮助孩子们培养阅读兴趣。基于此，教师尤多拉·韦尔蒂曾提出一个概念——"读者之耳"。即每个人都读同一本书，都会以自己的取向做出选择。也就是说：不同的人，相同的选择，这样做好吗？

经过试验研究，结局是这样的：学生的阅读喜好很不相同，他们最喜欢阅读的是自己挑选的书。调查中有91%的孩子表示喜欢读自己选择的书；90%的孩子认为只有自己选择的书才愿意读，也才能够读得完。

关注此书中呈现的研究结论，我们发现：在小学低年级，教师会朗读较短的段落或简短章节的故事书，从而让许多学生爱上阅读。这样的做法，将为他们日后阅读更长篇幅的文学作品，进入文学世界打开窗口。可见，共读，是有效的。但除了那些早期共同阅读的时光之外，后期学生们的自主阅读，或者与好友一起阅读，对此构成了更为有益的补

孩子们想从书中得到什么

不同年龄段的孩子都认为他们最喜欢的书——
那些他们最可能读完的书——是由他们自己挑选的。

孩子们对这个命题的认同度

信息来源：6岁~17岁的孩子

"我最喜欢的是自己挑选的书"　　　**"我更有可能读完自己挑选的书"**

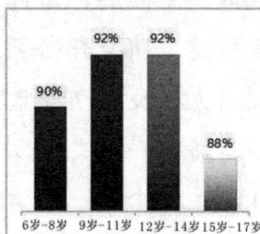

92%　93%　93%　88%	90%　92%　92%　88%
6岁~8岁 9岁~11岁 12岁~14岁 15岁~17岁	6岁~8岁 9岁~11岁 12岁~14岁 15岁~17岁

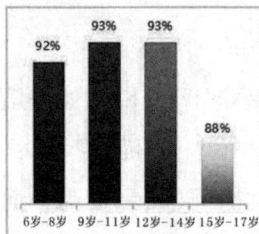

总共有**91%**的孩子同意　　　　　总共有**90%**的孩子同意

充。也就是说——集体共读，不应成为主流形式，至少说，不应成为中高年级学生的阅读方式。这个学段的学生，审美情趣以及个性的发展，还有阅读的积累等，都对选择构成影响，理论上是无法统一的。

特别是年纪渐长，让每个人同时阅读同一本书，并不能真正为所有学生提供积极的阅读体验。对于许多学生来说，这将是非常消极的体验，它不仅不能提高学生的理解能力和流利程度，反而会使他们产生厌恶阅读的情绪。要想明白这个道理也很简单，书中列举了一个很形象的说法——任何一位女性都会告诉你，"均码"衣服并不适合每一个人。量身定做才是最适合的。同理，共读同一本书，显然不可能适合所有人。更不要说，这样的共读是教师组织的，而且是要通过一定的教学流程予以实现的，更不安的是，阅读的结果是要粗暴地经历考题来检测的。

研究中还做了很具体的时间检测。全班共同阅读一本小说，会花费较长的时间。书中记载的一次实验发生于2014年，教师对478名四年级至八年级的教师展开了调查，结果显示：平均花六到八周的时间与学生一起读小说，而且是读一本并非自己特别喜欢的小说，让学生感到无法接受。

这是让人匪夷所思的结果，而在我们的行动中，这成了理所当然的事。

回到我们自己的体验来思考。如果让自己读一本喜欢的书，很可能会"一口气读完"。而如今，即便是不喜欢这本书，也要一起读，而且要不断持续读，真是让人感到难受。所以，灵活的学生在这样的环境中，为了尽快度过难熬的时光，很可能会迎合教师的需要，尽快地完成阅读中的各种"花样"，让老师高兴，尽快结束这样的集体共读。

如果是那样，那么我们所看到的"美好的阅读结果"，很可能是阳光背后的阴暗。

此文的观点会让很多沉迷其中的实践者不悦。我们必须强调——只是不要让集体共读一本书，做得很简单，很粗暴。不要让我们从"在挣扎中阅读"沦陷到"在阅读中挣扎"。集体共读有着不可替代的优势，但也必须因循阅读本身的规律。

如何有效地上好网课

　　如今，通过网络进行课程化学习，已成趋势。所以，不要讨论这样的形式好不好，要不要，直接思考——如何做！

　　如何让网课有效，同时自己也轻松、高效？和大家分享——教师网课简洁操作的"三板斧"。"三板斧"的威力是：不虚，有用，能胜。

　　首先，我们提倡每日的网课，不要一次性开展，可以分两个阶段推出：A阶段为：先学后教；B阶段为：验学再教。

A阶段：先学后教

　　面向全体，发送学习任务单。以3-6年级为例，学习任务单中包含四个板块：第一，自学生字；第二，读通课文；第三，思考课后练习；第四，由教师指定一道必答课后练习。任务单完成后，家长拍照，于正式开讲前发图、打卡，或者班级群内接龙上传。

　　我们说的"三板斧"在B阶段，取名为"全""精""联"。

B阶段：验学再教

　　"验学"，就是教师要在开课前，检验提交学习单的情况，对没有提交的进行提示。学习任务要完成，这个无须商量。个别身体原因暂时无法完成的，随后补齐。

之后的"再教"，我们提出简洁教学的"三板斧"。以三年级下册《鹿角和鹿腿》为例，解释具体操作法。

第一板斧"全"。网课面向全体，要求全部提交，全部参与，这是底线。

第二板斧"精"。网课时，应精选教学内容，实行精讲。学习单中，能预习，能自学的，不要在网络公开讲授时讲，即便有同学预习效果不好，例如生字掌握不好，课文读不好，也不要占用这个时间，做个别辅导。《鹿角和鹿腿》一课，可以这样确定精讲内容：

其一，寓意的掌握；其二，课后练习中"小鹿心情的变化"线索的理清；其三，故事的复述。精选精讲，就是减轻负担，也是让网络学习有效的保障。此处还要注意"全"字诀，既然是选定精讲的内容，必须面向全体，要努力实现全体掌握。例如，知道这篇寓言的寓意；圈画出小鹿心情变化的句子，理解小鹿心情变化的原因；学习后完成故事复述。

如何确保"精"的内容能够实现"全"？我们要用到第三板斧"联"。

第三板斧"联"。网课，不是教师一个人在战斗。网络公司的配合度很高，父母也要参与。

例如，故事的复述，可以联动家长，进行逐个复述；又如作业的提交，可以联动班委、小组长，还可以联动公司技术员，进行统计；教师也可以参与联动，如在群内安排一两个同学示范复述，其余同学进行评点，之后再向家长复述；家长之间也可以联动，群内信息有序接龙，互相提醒监督和落实；还有阅读的联动，以《鹿角和鹿腿》为例，可以在《伊索寓言》《拉封丹寓言》《克雷洛夫寓言》《莱辛寓言》这四大寓言以及《庄子》《韩非子》寓言故事中，任选一个让学生读一读，写一篇……

联，就是一种关系的建立，也是一种教学的计划，是教师在备课时就要设定的程序。